Indenização e Resolução Contratual

Indenização e Resolução Contratual

2022

Deborah Pereira Pinto dos Santos

INDENIZAÇÃO E RESOLUÇÃO CONTRATUAL
© Almedina, 2022
AUTORA: Deborah Pereira Pinto dos Santos

DIRETOR ALMEDINA BRASIL: Rodrigo Mentz
EDITORA JURÍDICA: Manuella Santos de Castro
EDITOR DE DESENVOLVIMENTO: Aurélio Cesar Nogueira
ASSISTENTES EDITORIAIS: Isabela Leite e Larissa Nogueira
ESTAGIÁRIA DE PRODUÇÃO: Laura Roberti

DIAGRAMAÇÃO: Almedina
DESIGN DE CAPA: Roberta Bassanetto

ISBN: 9786556275321
Junho, 2022

Dados Internacionais de Catalogação na Publicação (CIP)
(Câmara Brasileira do Livro, SP, Brasil)

Santos, Deborah Pereira Pinto dos
Indenização e resolução contratual /
Deborah Pereira Pinto dos Santos. – São Paulo :
Almedina, 2022.

ISBN 978-65-5627-532-1

1. Contratos 2. Contratos (Direito civil) 3. Danos
(Direito civil) 4. Direito civil 5. Indenização
(Direito civil) 6. Obrigações (Direito) 7. Resolução
(Direito) I. Título.

22-106214   CDU-347.4

Índices para catálogo sistemático:

1. Direito das obrigações : Direito civil 347.4
Maria Alice Ferreira – Bibliotecária – CRB-8/7964

Coleção IDiP
Coordenador Científico: *Francisco Paulo De Crescenzo Marino*

Este livro segue as regras do novo Acordo Ortográfico da Língua Portuguesa (1990).

Todos os direitos reservados. Nenhuma parte deste livro, protegido por copyright, pode ser reproduzida, armazenada ou transmitida de alguma forma ou por algum meio, seja eletrônico ou mecânico, inclusive fotocópia, gravação ou qualquer sistema de armazenagem de informações, sem a permissão expressa e por escrito da editora.

EDITORA: Almedina Brasil
Rua José Maria Lisboa, 860, Conj.131 e 132, Jardim Paulista | 01423-001 São Paulo | Brasil
editora@almedina.com.br
www.almedina.com.br

The definition of injustice is no other than
the non-performance of Covenant.

Thomas Hobbes, Leviathan

Para meus pais, José Carlos e Regina,
e meu irmão, Pedro Ivo, com amor

AGRADECIMENTOS

Este livro é produto da tese de doutorado defendida junto à Faculdade de Direito da Universidade do Estado do Rio de Janeiro e aprovada por banca composta pelos professores Gustavo Tepedino, Aline de Miranda Valverde Terra, Gisela Sampaio da Cruz Costa Guedes, Carlos Nelson de Paula Konder, Judith Hofmeister Martins-Costa e Cristiano de Sousa Zanetti. Aos membros da banca, agradeço vivamente pelas enriquecedoras sugestões e críticas, as quais incorporei, ao máximo, na versão final do livro.

Em *Como se faz uma tese*, afirma Umberto Eco que se pode preparar tese digna mesmo fora do ambiente acadêmico perfeito. Escrita ao longo do ano de 2020, a tese que deu origem ao presente livro foi desenvolvida em isolamento durante a pandemia da Covid-19 e, apesar do contexto distante do ideal, ela se tornou realidade pelo imprescindível apoio recebido de pessoas queridas, ainda que fisicamente distantes. Sou muito grata ao suporte incondicional da minha família. Perto ou longe, meus pais, José Carlos e Regina, e irmão, Pedro Ivo, formam a minha base para tudo, sempre acreditando e torcendo por mim, neste e em muitos outros projetos.

No campo acadêmico, devo gratidão a todos os professores do Programa de Pós-Graduação *stricto sensu* em Direito Civil da Faculdade de Direito da UERJ. Do professor Gustavo Tepedino, recebi orientação firme e atenta, que rendeu conselhos preciosos não só para a tese, mas também para a vida toda. Agradeço ao professor Tepedino pela gentileza e generosidade, de que venho desfrutando por bem mais de uma década, sendo o meu maior referencial no universo jurídico. O professor Tepedino acompanhou a minha carreira profissional desde o início da graduação até o doutorado, e é o contínuo responsável pelo meu interesse no direito civil. Da professora Aline de Miranda Valverde Terra, pude contar com a orientação precisa e técnica. Como grande estudiosa do tema do inadimplemento contratual, ela compartilhou comigo suas ideias, muitas das quais integralmente adotadas neste trabalho. Devo agradecimento mais que especial à professora Aline Terra, que vai além do suporte acadêmico, já que se tornou uma das minhas principais fontes de inspiração feminina tanto na seara profissional, quanto na seara pessoal.

Agradeço aos professores Anderson Schreiber, Carlos Affonso Pereira de Souza, Carlos Edison do Rêgo Monteiro Filho, Carlos Nelson de Paula Konder, Gisela Sampaio da Cruz Costa Guedes, Heloisa Helena Barboza, Maria Celina Bodin de Moraes, Mauricio Jorge Pereira da Mota e Milena Donato Oliva, pelas excelentes aulas durante os anos do mestrado e do doutorado na UERJ, além do afetuoso convívio acadêmico.

Reconheço dívida de fraterna gratidão com os amigos que conquistei ao longo dos anos de convívio na Pós-Graduação da Faculdade de Direito da UERJ. Faço especial menção aos professores Daniel Bucar, Marília Lopes, Paula Moura e Vitor Almeida, que foram essenciais para o desenvolvimento da tese, debatendo comigo ideias, emprestando livros e dando suporte intangível durante o duro e solitário período de escrita. Desde a época da graduação, devo muito à professora Carolina Noronha, que gentilmente sugeriu textos para a tese, revisou os originais e ainda ajudou na formatação da versão final.

Além dos muros uerjianos, fica meu agradecimento aos queridos professores da Faculdade de Direito da Pontifícia Católica do Rio de Janeiro (PUC-RIO), com quem tive profícua troca acadêmica nos nossos encontros semanais ao longo do ano de 2019, no Grupo de Pesquisa em Direito e Novas Tecnologias (DROIT). Meu sincero muito obrigada aos professores Caitlin Sampaio Mulholland, Roberta Mauro Medina Maia, Pablo Waldemar Rentería e, novamente, Aline de Miranda Valverde Terra.

No primeiro ano do doutorado, em 2017, tive a incrível oportunidade de cursar mestrado na Universidade de Harvard. Durante meu período em Cambridge, MA, tive acesso a inúmeros professores e pesquisadores, que muito contribuíram para a minha formação acadêmica. Faço meu agradecimento aos professores Oren Bar-Gill, meu orientador do mestrado, Charles Fried, David Kennedy, Janet Halley, Joseph Singer, Louis Kaplow, Rosalind Dixon, Steven Shavell, Susan Crawford e Vicky Jackson. Além deles, o que seria de mim sem meu *Harvard girl squad*: muito obrigada, amigas Aisiling Murray, Aline Osório, Ayelet Hochman, Barbara

Medrado, Ilana Levin, Maria Paz, Pankti Vora, Rocio Monzon, Rotem Gilad e May Elshaarawy.

No início de 2020, no último ano da tese, pude usufruir, na condição de pesquisadora visitante, da biblioteca do *Max Planck Institute for Comparative and International Private Law*. Em Hamburgo, tive contato com exímios pesquisadores e com o fantástico acervo ofertado pelo Instituto. Ainda que o período de pesquisa tenha sido encurtado pela pandemia da Covid-19, foi incrivelmente proveitoso. Ao professor Jan Peter Schmidt, agradeço por ter, generosamente, discutido comigo o tema da tese e me presenteado com sugestões bibliográficas. Igualmente, ao professor Philipp Scholz, agradeço o auxílio na obtenção de precioso material, já a distância, e o debate de ideias sobre o direito alemão. Durante meu período no MPI, tive a sorte de encontrar uma amiga para a vida toda, o que por si só fez a viagem valer a pena. À professora Mariana Martins-Costa Ferreira, agradeço o companheirismo no último ano da tese, sendo fonte constante de troca acadêmica.

Fora do universo jurídico, agradeço aos amigos que me acompanharam nos últimos anos e me afastaram dos livros, às vezes quase à força, para preciosos momentos de ócio: Adam Lounis, Ariela Serra, Diana Jarve, Flavia Sobral, Giuliana Romani, Jennifer Vestin, Lilia e Werner Refle, Natalia Pi, Priscila Engiel e Stephanie Lundby. No direito e fora dele, agradeço à minha irmã da vida toda, amiga genial, Aline Osório.

Faço meu sincero agradecimento a todos os colegas, servidores, residentes e estagiários com quem tive o prazer de conviver na Procuradoria Geral do Município do Rio de Janeiro (PGM-RJ) nos últimos dez anos. Faço especial menção aos mais recentes chefes da procuradoria de pessoal, que, com paciência, me substituíram e ajudaram em diversas tarefas para que tivesse fôlego para a tese: Carolina Zaja, Fernando Carvalho, Giovanna Porchéra, Marina Viana e Paulo Mendonça. Além deles, agradeço às solícitas funcionárias da biblioteca do Centro de Estudos, Maridete Santos e Andreia Santos.

Devo obrigada mais que especial à querida acadêmica Carolina Sampaio Chueke, pelo auxílio com pesquisas doutrinárias e jurisprudenciais, que foram essenciais para o trabalho. Agradeço à querida professora Alda da Graça Marques Valverde, que fez belíssima revisão ortográfica e gramatical da tese.

Por fim, já no apagar das luzes da escrita da tese e da revisão da versão do livro, faço meu agradecimento final a John Gram Slattery, por ter entrado – por obra do destino – na minha vida e – por escolha – ter decidido ficar nela.

APRESENTAÇÃO

Apresentação à obra Indenização e resolução contratual, de Deborah Pereira Pinto dos Santos, 2022.

Fruto da tese de Doutorado defendida pela autora no âmbito do Programa de Pós-graduação da Faculdade de Direito da UERJ, que mereceu aprovação com recomendação para publicação pela unanimidade da Banca Examinadora – da qual tive a honra de participar como Coorientadora juntamente com os ilustres Professores Gustavo Tepedino (UERJ), Gisela Sampaio da Cruz Guedes (UERJ), Carlos Nelson de Paula Konder (UERJ), Judith Martins-Costa (USP) e Cristiano de Souza Zanetti (USP) –, o livro que ora se apresenta enfrenta, com galhardia, um dos mais desafiadores temas do Direito Civil contemporâneo: a quantificação da indenização devida ao credor em caso de resolução por inadimplemento contratual.

Antes de se debruçar sobre o ponto central da obra, Deborah Pereira revisita, no primeiro capítulo, conceitos basilares da dogmática obrigacional, a exemplo da concepção funcionalizada de adimplemento e da noção contemporânea de inadimplemento. Ainda neste capítulo inicial, a autora analisa a disciplina da resolução por inadimplemento, investigando os seus pressupostos bem como a possibilidade de as partes alocarem entre si os riscos do inadimplemento absoluto. Conforme pontua, referida alocação pode ser realizada por meio da cláusula resolutiva expressa, de cujo suporte fático constarão as hipóteses que, uma vez verificadas, serão qualificadas como inadimplemento absoluto no âmbito do concreto programa contratual, a autorizar a resolução extrajudicial da relação obrigacional, ou da cláusula de irresolubilidade, que impedirá a parte prejudicada pelo inadimplemento de recorrer à resolução.

No segundo capítulo, Deborah Pereira analisa a relação de liquidação que se inaugura com a resolução. O ponto de partida da investigação, e que será o fio condutor de toda a obra, é a retroatividade resolutiva – entendida como fenômeno jurídico, não já natural –, a conduzir as partes ao status quo ante em tudo quanto seja econômica e juridicamente possível. Estabelecida a premissa, a autora passa a discorrer sobre os efeitos que podem se verificar no âmbito da relação de liquidação: o liberatório, o restitutório e o indenizatório.

O primeiro desonera as partes do dever de prestar, libera-as do cumprimento das obrigações correspectivas, mas não as isenta da observância de certos deveres decorrentes da boa-fé objetiva. O segundo, por sua vez, impõe a ambas as partes a restituição de tudo o que hajam recebido da contraparte por força do contrato. Cuida-se, no entender da autora, de efeito legal da resolução, pelo que não se funda na vedação ao enriquecimento sem causa. Deborah Pereira discorre acerca do momento em que devem ocorrer as restituições recíprocas bem como a respeito da extensão do seu objeto. O efeito indenizatório, a seu turno, é o cerne da obra. De acordo com a autora, se a resolução conduz os contratantes ao status quo ante dinâmico, ou seja, à posição econômico-jurídica em que estariam, no presente, se não houvessem realizado o contrato, o efeito indenizatório deve caminhar na mesma direção, razão pela qual a quantificação das perdas e danos deve se pautar pelo interesse negativo.

O terceiro capítulo, ponto alto da leitura, é inteiramente dedicado ao estudo da medida e da composição da indenização na resolução por inadimplemento. Nessa direção, abordam-se aspectos relevantes atinentes à função do nexo causal na quantificação do dano indenizável e à disciplina dos juros legais de mora. Na sequência, analisa-se a categorização dos danos patrimoniais indenizáveis, que incluem a perda patrimonial (danos emergentes) e a privação de ganhos (lucros cessantes), desde que em relação de causalidade com o inadimplemento. A autora classifica, então, os danos patrimoniais em intrínsecos ou extrínsecos ao programa contratual. Os danos intrínsecos seriam aqueles desembolsos que não teriam ocorrido se o contrato não tivesse sido celebrado, mas que se materializariam como consequências patrimoniais dentro da álea normal se o contrato tivesse sido corretamente executado, a abarcar, por exemplo, despesas inutilmente assumidas para a celebração e a execução do programa contratual. Os danos extrínsecos, por sua vez, seriam aqueles relacionados diretamente à inexecução imputável ao devedor, como as despesas causadas à parte pelo inadimplemento contratual e aquelas assumidas por causa da responsabilidade perante terceiros que estejam em relação de necessariedade com o inadimplemento.

Por fim, considerando que a tutela do interesse negativo na resolução está inexoravelmente vinculada à sua eficácia retroativa, Deborah Pereira sustenta a possibilidade de se tutelar o interesse positivo quando houver a necessidade de preservação do quanto se tenha alcançado em relação à execução do programa contratual. Nos contratos de duração, por exemplo, caso haja o atendimento parcial ou por certo tempo da função econômico-individual do contrato, deve-se, segundo a autora, atribuir eficácia prospectiva à resolução. Consequentemente, o ressarcimento do dano sofrido pelo credor poderá levar em conta o valor da prestação a cargo do devedor, o que representa a tutela progressiva do interesse contratual positivo, conforme o atendimento da finalidade econômica do contrato, o que, no seu entender, nunca será de forma integral, tendo em vista a não realização plena do programa contratual.

Este livro ostenta o grande mérito de oferecer ao leitor, por meio de escrita elegante e escorreita, análise profunda e didática de tema complexo, desvendando para estudantes, estudiosos e operadores do direito as até então nebulosas nuances da composição das perdas e danos na responsabilidade contratual. Cuida-se, em definitivo, de obra inovadora e de inquestionável relevância prática, que honra as melhores tradições do programa de Pós-graduação da Faculdade de Direito da UERJ e enriquece a cultura jurídica nacional.

ALINE DE MIRANDA VALVERDE TERRA
Professora de Direito Civil da Universidade do Estado do Rio de Janeiro (UERJ) e da Pontifícia Universidade Católica do Rio de Janeiro (PUC-Rio).

PREFÁCIO

Prefácio a Deborah Pereira Pinto dos Santos, *Indenização e resolução contratual*, 2022.

O Direito das Obrigações, a despeito de congregar institutos clássicos, por muito tempo tidos como neutros e impermeáveis a valores sociais, transformou-se profundamente nas últimas décadas. Nessa direção, sobressai a valorização do aspecto funcional e dinâmico da relação obrigacional, o que determina o conteúdo e justifica a estrutura de cada modelo de negócio que caracteriza a atividade econômica. Mostram-se notáveis os efeitos dessa perspectiva na teoria do inadimplemento, a exigir a compreensão do contexto no qual o negócio jurídico se insere e a averiguação do propósito efetivamente perseguido pelas partes desde a constituição da específica relação obrigacional.

Em tal alvissareira linha metodológica lança-se a Profa. Deborah Pereira Pinto dos Santos ao estudo da indenização na resolução por inadimplemento, fruto de sua Tese de doutoramento junto à Faculdade de Direito da UERJ, cuja defesa foi submetida à Banca examinadora formada pelos ilustres professores Judith Martins-Costa (UFRGS), Cristiano Zanetti (USP), Carlos Nelson Konder (UERJ), Gisela Sampaio da Cruz Guedes (UERJ) e Aline Terra (UERJ), e pelo signatário, como orientador. Com base em profícua pesquisa, a autora revisita as principais questões em torno da categorização dos danos patrimoniais indenizáveis na resolução por inadimplemento, e analisa, de forma densa e em linguagem elegante, o tratamento legal da temática na ordem jurídica brasileira.

Já no item introdutivo, com o propósito de situar o leitor e permitir a compreensão global do inadimplemento, a obra perpassa os principais efeitos da resolução, quais sejam: a liberação das partes do cumprimento das obrigações correspectivas (efeito liberatório); o dever de ambas as partes de restituição de tudo que foi prestado em razão da relação obrigacional extinta (efeito restitutório); e o dever da parte lesante de indenizar as perdas e danos sofridas pela parte lesada (efeito ressarcitório). Especialmente nesse último efeito se concentra o trabalho que o leitor tem em mãos, em substancioso estudo acerca da identificação e composição das perdas e danos a que faz jus a parte lesada pelo inadimplemento.

No primeiro capítulo, a autora sintetiza as bases teóricas, consolidadas em sua evolução histórica, do conceito funcionalizado de inadimplemento, logrando oferecer benfazeja construção da noção de interesse útil do credor, em seus elementos objetivo e subjetivo. A partir daí, analisa-se a resolução contratual, nos moldes estabelecidos pelo art. 475 do Código Civil. Nesse momento, identificando-se a resolução como direito potestativo extintivo, passa-se a examinar, com apuro didático, os pressupostos de seu exercício, tendo-se em conta os diversos instrumentos voltados à alocação positiva dos riscos do inadimplemento, de forma a compatibilizar os fundamentos legais e o espaço atribuído à autonomia privada.

Volta-se então a obra, no segundo capítulo, à análise da problemática da liquidação de perdas e danos inaugurada com a resolução da obrigação, que visa a possibilitar o retorno da situação patrimonial das partes ao *status quo ante*, explicitando-se, então, os três aludidos efeitos produzidos pela resolução por inadimplemento: liberatório, restitutório e indenizatório. Sustenta a autora, com razão, que a identificação do dano indenizável se submete a hipotético exercício de retroatividade do remédio resolutivo, tendo-se em mira a posição econômico-jurídica em que estaria o credor lesado no momento da resolução caso não houvesse contratado.

No terceiro capítulo, a obra dedica-se à composição da indenização decorrente da resolução por inadimplemento. Deborah passa em revista, analiticamente, os danos patrimoniais indenizáveis na resolução, sempre à luz do interesse contratual do credor. Assim, preceitua que a indenização deve ser medida de acordo com a perda patrimonial por ele sofrida – danos emergentes –, bem como com a privação de ganhos a que fora sujeitado ‾ lucros cessantes – em função do descumprimento da obrigação pactuada. Ambos, danos emergentes e lucros cessantes, afirma a autora, devem guardar relação de causalidade com o inadimplemento, podendo ser identificados como intrínsecos ou extrínsecos frente ao programa contratual. Ainda neste tópico, desenvolve-se a possibilidade de reparação de ganhos outros, obstados em negócios subsequentes que guardem relação causal com o inadimplemento obrigacional; assim como a composição de perdas e danos no âmbito de contratos de longa duração, cuja resolução se dê prospectivamente, utilizando-se, para tanto, da teoria da tutela progressiva do interesse positivo do credor.

Após longo percurso em torno da matéria, a autora apresenta síntese conclusiva, demonstrando a enorme relevância do estudo para fins de identificação e liquidação do dano indenizável em sede de resolução obrigacional, propondo-se a olhar o fenômeno a partir de experiência prática. Reportando-se à categorização dos danos indenizáveis na resolução por inadimplemento, fiel à premissa de que a indenização deve corresponder ao dano causado pelo devedor com o inadimplemento, enfatiza-se a defesa do interesse contratual incutido no programa contratual.

Assim concebido, o texto torna-se extraordinária fonte de consulta para estudiosos e profissionais do direito, dada a sua relevância para o enfrentamento dos novos desafios da teoria obrigacional. Se, de um lado, adquirem cada vez maior importância os meios de execução específica das prestações, voltados à conservação dos negócios e à preservação de seu escopo econômico, a (in)existência do interesse útil à prestação torna-se o ponto de ruptura, divisor de águas a partir do qual a ordem jurídica há que buscar remédios compatíveis com a reparação (ou redução) dos danos. A pormenorizada análise da extinção do contrato permite ao leitor perceber os instrumentos postos à disposição das partes diante do inadimplemento absoluto, ressaltando-se, então, dois aspectos fundamentais trazidos a lume por essa bela obra. Em primeiro lugar, a distinção dos mecanismos de execução específica e de preservação do interesse contratual daqueles oferecidos pela ordem jurídica para a fase extintiva da relação obrigacional. Em seguida, a compreensão de que, frustrado o programa contratual com o descumprimento capaz de desvanecer o interesse útil do credor à relação contratual, ingressa-se na (resposta do ordenamento à) fase patológica propriamente dita do direito das obrigações, cuja liquidação há de preservar, o quanto possível, a situação jurídica do contratante fiel, atraindo-se a técnica e os princípios próprios da responsabilidade civil. Cuida-se de processo complexo e dinâmico, no qual se mostra indispensável a interpretação das situações jurídicas que precedem e a que se destinam a relação obrigacional, para a efetiva compreensão da justificativa funcional da estrutura adotada pelas partes e, conseguintemente, do interesse útil por elas perseguido.

Petrópolis, fevereiro 2022

GUSTAVO TEPEDINO
Professor Titular de Direito Civil da Universidade do Estado do Rio de Janeiro (UERJ).
Ex-Diretor da Faculdade de Direito da UERJ

SUMÁRIO

INTRODUÇÃO.. 23

1. A DISCIPLINA DA RESOLUÇÃO CONTRATUAL
   POR INADIMPLEMENTO...................................... 31
1.1 A funcionalização do adimplemento contratual à obtenção do resultado
    útil programado.. 31
1.2 Conceito de inadimplemento na teoria contratual 40
    1.2.1 Nexo de imputação 41
    1.2.2 Não satisfação do interesse do credor 52
1.3 Fundamento e pressupostos do direito à resolução contratual 62
    1.3.1 Obrigações inter-relacionadas à função econômico-individual
          do contrato... 68
    1.3.2 A prestação é irrecuperável: o inadimplemento absoluto.......... 75
    1.3.3 Não inadimplência do credor 89
1.4 A resolução como direito potestativo da parte prejudicada
    pelo inadimplemento contratual 96
    1.4.1 Espaço da autonomia privada e a alocação positiva do risco
          do inadimplemento absoluto – o chamado contrato irresolúvel.... 111

2. DA RELAÇÃO OBRIGACIONAL À RELAÇÃO DE LIQUIDAÇÃO 123
2.1 A relação de liquidação na resolução e a discutida retroatividade
    de seus efeitos jurídicos 123
2.2 A liberação dos contratantes do cumprimento da prestação............. 133
    2.2.1 Cláusulas vigentes na relação de liquidação.................... 136
2.3 A restituição da prestação pelos contratantes........................ 150

2.3.1 Natureza obrigacional do dever de restituir e a restituição
pelo equivalente pecuniário. 161
2.3.2 Restituição (ou não) nos contratos de duração 173
2.4 A indenização devida ao credor: a função reparatória
da responsabilidade civil 181
2.4.1 O dilema acerca do interesse contratual do credor a ser tutelado
na resolução contratual por inadimplemento 190
2.4.2 A prevalência da tutela do interesse contratual negativo do credor
à luz da retroatividade da resolução e a necessária separação entre
restituição e indenização 206

3. O DANO PATRIMONIAL INDENIZÁVEL NA RESOLUÇÃO
CONTRATUAL POR INADIMPLEMENTO. 223
3.1 A medida da indenização na resolução contratual: interesse do credor
e diferença patrimonial 223
3.1.1 Sobre o nexo causal na quantificação dos danos contratuais 233
3.1.2 O papel dos juros legais de mora nas obrigações pecuniárias
que acompanham a resolução contratual 252
3.2 A composição das perdas e danos na resolução – a tutela do interesse
contratual negativo do credor. 267
3.2.1 Danos emergentes 279
3.2.1.1 Despesas no *iter negocial* inutilizadas 281
3.2.1.2 Danos relacionados ao inadimplemento da prestação 288
3.2.1.3 Danos por causa da responsabilidade perante terceiros 294
3.2.2 Lucros cessantes. 297
3.2.2.1 Perda de negócios alternativos (custo de oportunidade) 302
3.2.2.2 Lucros obstados em negócios subsequentes 314
3.3 A subtração do "passivo" na composição da indenização: as despesas
reutilizadas, os valores produzidos e as perdas evitadas 319
3.4 A composição das perdas e danos na resolução prospectiva
nos contratos de duração – a tutela progressiva do interesse contratual
positivo do credor 324

INTRODUÇÃO

Com a ascensão do liberalismo político e econômico ao longo do Século XVIII, consagra-se a noção de contrato fundamentada na ideia de consentimento, o qual se constitui por meio de manifestação autônoma de vontade dos contratantes. O conceito de liberdade contratual, cuja origem é firmada no individualismo, passa a ser adotado na quase unanimidade dos ordenamentos jurídicos, especialmente no mundo ocidental, vinculando-se à economia de livre mercado.[1]

A obrigatoriedade dos pactos autônomos (i. e. *pacta sunt servanda*) torna-se o paradigma central de teoria contratual. Na seara da responsabilidade civil, associa-se a inexecução da prestação, isto é, o descumprimento desses pactos, ao pagamento de danos referentes ao cumprimento da prestação contratual: o contratante tem o dever, substitutivo à obrigação assumida, de entregar ao seu co-contratante o valor equivalente à prestação em pecúnia, independentemente de a obrigação correspectiva ter sido executada. Tal dever justifica-se não porque ele tivesse recebido qualquer benefício, nem porque o outro contratante confiou nele, mas, sim, porque havia lhe feito uma promessa.[2]

---

[1] GLISSEN, John. *Introdução histórica ao direito*. Tradução de HESPANHA, A. M. e MALHEIROS, L. M. Macaísta. 4. ed. Lisboa: Fundação Calouste Gulbenkian, 2003. p. 736-739. Ressalta o autor que a doutrina da autonomia da vontade surge no século XVI, toma corpo doutrinal a partir do Século XVII e triunfa ao longo do Século XVIII e XIX, associando-se às concepções políticas e econômicas do individualismo e do liberalismo.

[2] ATIYAH, Patrick S. *The rise and fall of freedom of contract*. Oxford: Oxford University Press, 1985. p. 419-431.

Com o declínio da visão individualista no fim do Século XIX e ao longo do Século XX, renova-se a discussão acerca do fundamento da obrigatoriedade de cumprir contratos e, principalmente, em relação às consequências do seu descumprimento. Nesse contexto, são desenvolvidos os conceitos de expectativa (*expectation*), confiança (*reliance*) e restituição (*restitution*), como parâmetros para a definição da indenização devida à parte prejudicada em razão do inadimplemento contratual. Com efeito, para um jurista familiarizado com a diferença entre tais conceitos, poderá não ser muito significativo dizer apenas que a promessa vincula os contratantes, a menos que haja explicação adicional sobre quais os remédios oferecidos pelo ordenamento jurídico diante da sua violação.[3]

Na Alemanha, ainda na segunda metade do Século XIX, Rudolf Von Jhering desenvolve estudo sobre a culpa *in contrahendo*, no qual é debatida a indenizabilidade dos danos na situação de invalidade do contrato, diante da ausência de eficácia do programa contratual, uma vez que frustradas as expectativas da parte prejudicada em relação à sua perfeição. Para o autor alemão, há dois interesses do credor que podem ser tutelados, a respeito do contrato: o *interesse do credor na manutenção do contrato*, consistente no equivalente em dinheiro ao benefício que seria obtido com o cumprimento, e *o interesse na não conclusão do contrato*, traduzido no ressarcimento do dano causado pela sua conclusão. Ao adotar as denominações interesse contratual positivo e interesse contratual negativo, conclui Jhering pela indenizabilidade do parâmetro negativo na situação de invalidade do contrato. Portanto, há danos relacionados à existência em si do contrato que não se confundem com outros danos derivados do incumprimento contratual.[4]

Passadas algumas décadas, já no Século XX, Fuller e Perdue renovam a discussão a respeito da definição do dano ressarcível no contexto da inexecução contratual, que perpassa pela adoção de parâmetros bastante similares às ideias de interesse positivo e de interesse negativo. De acordo com os autores, a consequência patrimonial que a lei pretende

---

[3] ATIYAH, Patrick S. *The rise and fall of freedom of contract*. Oxford: Oxford University Press, 1985. p. 652-653.

[4] JHERING, Rudolf Von. *Culpa in contrahendo ou indemnização em contratos nulos ou não chegados à perfeição*. Tradução e nota introdutória de Paulo Mota Pinto. Coimbra: Almedina, 2008. p. 12-14.

INTRODUÇÃO

medir – o dano indenizável – constitui criação legal conforme a definição do próprio conceito de dano, de modo que o mensurar é parte do mesmo processo que o criar. Para tanto, devem ser distinguidos os três objetivos principais que podem ser perseguidos pela parte prejudicada com a concessão de indenização na seara da responsabilidade contratual.

Pelo *primeiro*, a parte que confiou na promessa feita pela outra parte pode ter lhe transferido algum valor e, se ela não cumprir a sua promessa, poderá ser obrigada a devolvê-lo. Assim, objetiva-se a prevenção de ganho pelo contratante inadimplente às custas da perda pelo outro contratante, o que se denomina de interesse de restituição (*restitution interest*).

Já pelo *segundo*, uma das partes, confiando na promessa feita pela outra parte, muda a sua posição patrimonial, incorrendo em dispêndios ou renunciando a outras oportunidades negociais. Em consequência, concede-se indenização ao credor, com a finalidade de desfazer o dano que a confiança na promessa do devedor lhe causou, colocando-o em posição tão boa quanto a que teria se a promessa não tivesse sido feita, o que se define pelo interesse da confiança (*reliance interest*).

Por fim, pelo *terceiro*, sem insistir na confiança no prometido ou no enriquecimento de quem prometeu, procura-se garantir ao prejudicado o valor da expectativa que a promessa criou, fazendo com que a parte receba o o equivalente em dinheiro que era esperado da execução da obrigação contratual. Dessa forma, visa-se a colocar o credor em posição tão boa quanto teria ocupado se o devedor tivesse cumprido sua promessa, o que se chama de interesse da expectativa (*expectation interest*).[5]

Apesar de a construção elaborada por Jhering ter sido inicialmente desenvolvida no âmbito da teoria das invalidades, é inegável a adaptabilidade dos conceitos de interesse contratual positivo e interesse contratual negativo à discussão acerca da indenizabilidade de danos advindos do inadimplemento. Ademais, há identidade entre o interesse positivo e o interesse da expectativa, conforme visto por Fuller e Perdue, bem como entre o interesse negativo e o interesse da confiança, constituindo parâmetros para a definição do dano indenizável em matéria de responsabilidade contratual. Por conseguinte, o par conceitual – interesse positivo e

---

[5] FULLER, L. L.; PERDUE JR., William R. The Reliance Interest in Contract Damages: 1. In: *Yale Law Journal*, v. 46, p. 52-96, 1936. p. 52-54.

interesse negativo – poderá ser aplicado à amplitude de situações maior do que aquela que fora inicialmente imaginada pelo festejado autor alemão, de forma a incluir a identificação e a quantificação dos danos patrimoniais ao longo de todo o *iter negocial*.

Nesse sentido, identifica-se paralelo entre a situação econômico-jurídica da parte prejudicada na invalidade do contrato e na resolução por inadimplemento. Isso, porque tanto a invalidade quanto a resolução afetam o plano da eficácia do negócio jurídico, e a retroatividade dos efeitos terá consequências na definição do interesse do credor a ser tutelado pelo ordenamento. Não obstante as origens diversas, a indenização vinculada ao prejuízo oriundo da conclusão de contrato nulo e àquela vinculada à extinção da relação obrigacional pela resolução tendem, porém, a idêntico escopo, qual seja: a recolocação da vítima na situação que teria sido sua, no momento da extinção da relação obrigacional, se o contrato aniquilado pela nulidade ou pela resolução não tivesse sido sequer celebrado, ante a sua concreta imperfeição.

Indubitavelmente, o propósito do contrato é a execução do programa contratual. Se uma das partes violar um ou vários termos expressos ou implícitos em seu conteúdo, é provável que ocorra reação da outra parte, cabendo ao ordenamento definir as regras que disciplinam essas reações e quais os seus pressupostos. Em termos gerais, são admitidas reações de três ordens: (i) execução da prestação *in natura*; (ii) execução pelo equivalente pecuniário; e (iii) extinção da relação com o retorno das partes ao *status quo ante*. Assim, quando o devedor deixa de cumprir a obrigação, o credor – em vez de instar a execução específica pelo devedor ou a execução por terceiro que o substitua, se a prestação ainda lhe for útil, ou reclamar o equivalente, mantendo o programa do contrato subsistente – poderá se subtrair do vínculo obrigacional, fazendo desaparecer os seus efeitos do mundo jurídico. Em todos os casos, a parte prejudicada poderá requerer a indenização correspondente aos danos sofridos.

Especialmente nos contratos bilaterais, a resolução é direito potestativo do credor, parte não inadimplente, desde que presente a situação de incumprimento definitivo da obrigação que seja imputável ao devedor, isto é, diante da impossibilidade da prestação ou da perda da utilidade econômica. Ela possui os seguintes efeitos: (i) a liberação das partes do cumprimento das obrigações correspectivas; (ii) o dever de ambas as partes de restituição de tudo que foi prestado em razão da relação obrigacional ora extinta; e (iii) o dever da parte lesante de indenizar as perdas e danos sofridas pela parte lesada.

Por conseguinte, com o presente trabalho, propõe-se a identificação e a composição das perdas e danos a que faz jus a parte prejudicada na resolução contratual. O objetivo central do trabalho é a categorização dos danos indenizáveis na resolução, por meio da definição de parâmetro do *id quod interest*: a indenização deve corresponder ao dano causado pelo devedor com o inadimplemento da prestação na perspectiva de tutela do interesse contratual do credor. Para tanto, o plano de trabalho estrutura-se em três capítulos.

No primeiro capítulo, inicia-se pela consolidação das bases teóricas sobre as quais se erguerá a tese, passando-se pelo conceito de adimplemento, que deve ser visto na concepção funcionalizada, em que se objetiva a obtenção do resultado útil programado pelas partes para a relação contratual. De partida, também se analisa o conceito de inadimplemento, tanto em seu aspecto objetivo (como a não satisfação do interesse concreto do credor), quanto em seu aspecto subjetivo (como o nexo de imputação da inexecução contratual à conduta do devedor).

Em seguida, passa-se à análise da disciplina da resolução contratual por inadimplemento, conforme prevista no artigo 475 do Código Civil. Afirma-se que, na ausência de norma contratual, o fundamento da resolução encontra-se no ordenamento jurídico, e, na sequência, são desenvolvidos os pressupostos para o exercício do direito potestativo extintivo: (i) a correspectividade das obrigações que estejam inter-relacionadas à finalidade econômica do contrato; (ii) a configuração da situação de inadimplemento absoluto da prestação contratual; e (iii) a não inadimplência da parte que requer a resolução. Aborda-se, ainda, o espaço da autonomia privada na alocação positiva do risco de inadimplemento no contrato, o que pode ser feito por meio da cláusula resolutiva expressa e da cláusula de irresolubilidade. Tais instrumentos permitem às partes preestabelecer as consequências (inclusive econômicas) da inexecução da obrigação, o que, todavia, não afasta controle de juridicidade do conteúdo contratual.

O segundo capítulo trata da passagem da relação obrigacional, que é finda, em regra, por decisão judicial em razão do exercício pelo credor do direito à resolução, à relação de liquidação inaugurada entre os contratantes. Essa relação de liquidação possui o escopo de conduzir ambos os contratantes ao *status quo ante*, havendo a liberação das partes do cumprimento das prestações correspectivas e, caso já tenha havido o cumprimento (parcial ou não) por um dos contratantes, a restituição de tudo o que foi cumprido.

Desse modo, são desenvolvidos os efeitos da resolução contratual, quais sejam: (i) o efeito liberatório, pois, se não há meios de o credor obter a utilidade da prestação, não mais se justifica a manutenção do vínculo obrigacional, podendo as partes se libertarem do programa do contrato; (ii) o efeito restituitório, já que, em razão da existência de causa de atribuição recíproca entre prestação e contraprestação, ambos os contratantes deverão devolver a prestação, caso já a tenham recebido; e (iii) o efeito indenizatório, isto é, a responsabilidade contratual da parte inadimplente pelos danos causados à outra parte prejudicada. Pelo prisma funcional, desde que presente a retroatividade do remédio resolutivo, a identificação do dano indenizável deverá determinar aquele que, sem ele, seja possível conduzir o credor à posição econômico-jurídica em que estaria, no momento da resolução, se nunca tivesse contratado.

O terceiro capítulo será o centro da tese, tendo por foco de análise a medida e a composição da indenização que acompanha a resolução. Aborda-se a teoria da diferença, como fórmula geral de avaliação dos danos patrimoniais que tenham origem em relações contratuais, pela qual se realiza a comparação entre a situação patrimonial real em que o credor se encontra, em virtude do inadimplemento pelo devedor, e a posição hipotética em que a parte estaria não fosse pela inadimplência. Tal teoria deverá ser associada ao critério subjetivo, que deverá ser verificado conforme o interesse concreto do credor na relação obrigacional. Em seguida, são estudados os aspectos relevantes atinentes à função do nexo de causalidade na delimitação do dano indenizável, que detém papel definidor da medida quantitativa das perdas e danos, e à disciplina dos juros legais de mora nas obrigações pecuniárias devidas na resolução, os quais exercem a função de lucros cessantes por presunção legal.

Na sequência, chega-se à análise da categorização dos danos indenizáveis na resolução, cujo conteúdo é composto pelo interesse contratual do credor. A medida da indenização deverá incluir a perda patrimonial (danos emergentes) e a privação de ganhos (lucros cessantes), que estejam em relação de causalidade com o inadimplemento, podendo tais danos ser intrínsecos ou extrínsecos frente ao programa contratual. Por fim, seguem-se os dois pontos finais do presente trabalho, sendo o primeiro dedicado ao estudo do chamado "passivo" na composição da indenização: as despesas reutilizadas, os valores produzidos e as perdas evitadas. Encerra-se a tese com último item, em que se analisa a composição das perdas e danos que acompanham a resolução nos contratos de duração.

1.
A DISCIPLINA DA RESOLUÇÃO CONTRATUAL POR INADIMPLEMENTO

1.1 A funcionalização do adimplemento contratual à obtenção do resultado útil programado

O *contrato* configura negócio jurídico de conteúdo patrimonial que encontra proteção jurídica por visar ao atendimento de interesses merecedores de tutela pelo ordenamento.[6] Como criação social e historicamente situada, o contrato atua como "instituição imaginária da sociedade", cuja função é reger relações patrimoniais entre pessoas e a realidade socioeconômica.[7] Ao contratar, realiza-se não só a distribuição de riquezas econômicas para atender aos interesses privados (imediatos) dos contratantes, mas também se tutelam – de forma mediata – os interesses coletivos de toda a sociedade.

Por um lado, o escopo imediato da formação da relação contratual – por meio de negócio jurídico bilateral, que é essencialmente ato voluntário e lícito – é a viabilização da circulação de riquezas entre patrimônios diversos, permitindo a formação e a transformação de situações jurídicas patrimoniais. De outro lado, contratos não são feitos no vácuo social e, se são instrumentos voltados ao atendimento de finalidade econômica definida pelos próprios contratantes, também devem alcançar fins socialmente relevantes. Por meio de contratos, as partes criam relações jurídicas e as introduzem no meio social, que vão interagir com outras relações já existentes.

---

[6] PERLINGIERI, Pietro. *O direito civil na legalidade constitucional*. Tradução de Maria Cristina de Cicco. Rio de Janeiro: Renovar, 2008. p. 355.

[7] MARTINS-COSTA, Judith. Contratos. Conceito e evolução. In: LOTUFO, Renan e NANNI, Giovanni Ettore (Coord.). *Teoria geral dos contratos*. São Paulo: Atlas, 2011. p. 24 e 37.

A concepção de liberdade de iniciativa quase absoluta, que exerceu verdadeiro fascínio durante o período de liberalismo econômico e político nos séculos XVIII e XIX, não mais subsiste.[8] À época das grandes codificações, atribuía-se papel constitucional ao Código Civil, sendo que ao direito privado cumpriria somente garantir à atividade privada e ao sujeito de direito a estabilidade proporcionada por regras imutáveis, que regiam as relações econômicas.[9] Por sua vez, a livre iniciativa econômica não é o único valor consagrado em diversos ordenamentos jurídicos e não representa liberdade ilimitada, de forma que os contratantes não podem agir como se o mercado funcionasse como "zona de guerra sem regras".[10]

Nesse contexto, especial relevância tem a *funcionalização* dos institutos no campo do direito obrigacional. A função é elemento interno da situação jurídica, condicionando a sua estrutura e contribuindo com a identificação da essência do próprio instituto.[11] Em obra clássica, Salvatore Pugliatti afirma que, para encontrar a função de determinado instituto, é necessária a identificação de quais os interesses que o legislador pretendeu tutelar por meio dele, como sua razão de ser.[12] Todo fato juridicamente relevante possui função: ela representa os seus efeitos essenciais – e é constituída pela síntese global dos interesses sobre os quais o fato incide – e, por isso, determina a estrutura, sendo possível que a mesma função se realize mediante estruturas diversas.[13]

Em síntese, a funcionalização das situações jurídicas patrimoniais leva à consideração de que os interesses individuais dos titulares da atividade

---

[8] ATIYAH, Patrick S. *The rise and fall of freedom of contract.* Oxford: Oxford University Press, 1985. p. 36; e HESPANHA, António Manuel. *A cultura jurídica europeia:* síntese de um milénio. Coimbra: Almedina, 2012. p. 386-387.

[9] TEPEDINO, Gustavo. Premissas metodológicas para a constitucionalização do direito civil. In: *Temas de direito civil.* 4. ed. rev. e atual. Rio de Janeiro: Renovar, 2008. t. 1. p. 3.

[10] A expressão é de Joseph Singer, e se tornou conhecida no contexto da crise financeira que se iniciou nos Estados Unidos a partir de 2008, espalhando-se pelo mundo nos anos seguintes. Como solução para a crise, os EUA e outros países optaram por mudar a sua política econômica, então de viés mais liberal, e aumentar a intervenção estatal na economia, por meio da regulação do mercado (SINGER, Joseph William. *No freedom without regulation:* the hidden lesson of the subprime crisis. Yale Scholarship Press, 2015. p. 7-8).

[11] RODOTÀ, Stefano. *Le fonti di integrazione del contratto.* Milano: Giuffrè, 1970. p. 19.

[12] PUGLIATTI, Salvatore. *La proprietà nel nuovo diritto.* Milano: Giuffrè, 1954. p. 300.

[13] PERLINGIERI, Pietro. *Manuale di diritto civile.* 7 ed. Napoli: ESI, 2014. p. 74-75.

econômica devem ser compatibilizados com demais interesses coletivos, a serem promovidos no âmbito da atividade econômica.[14] Como principal ato de autonomia privada, o contrato tem de ser direcionado a realizar interesses merecedores de tutela e socialmente úteis.[15] Tais interesses estão positivados no próprio ordenamento jurídico, não ficando a definição livre à arbitrariedade do intérprete, o que poderia deturpar a função social ao impor viés assistencialista à atividade contratual.[16]

A atribuição de função social ao contrato não pode ser feita a título de construção incompatível com a função econômico-individual que ele deve desempenhar. O contrato é instrumento para viabilizar operações econômicas, o qual possibilita a construção, no meio social, de novas situações jurídicas patrimoniais. Dizer que todo negócio jurídico de conteúdo patrimonial tem função social não representa a adoção de posição "paternalista" (*i.e.* de justiça distributiva) nem é justificativa para afastar a ideia de contrato como instrumento de economia de mercado, que possui finalidade econômica circulatória.[17]

Por conseguinte, funcionalizar o contrato ao atingimento de interesses coletivos relevantes não representa a desconsideração de "seu papel primário e natural, que é o econômico".[18] A função social cria deveres para ambas as partes do contrato no sentido de privilegiar interesses coletivos que tenham alto valor axiológico no ordenamento jurídico. A função social do contrato não desconsidera os interesses estabelecidos

---

[14] TEPEDINO, Gustavo. O princípio da função social no Direito Civil contemporâneo. In: *Direito e justiça social*: por uma sociedade mais justa, livre e solidária. Estudos em homenagem ao Professor Sylvio Capanema de Souza. São Paulo: Atlas, 2013. p. 260- 263.

[15] PERLINGIERI, Pietro. *O direito civil na legalidade constitucional*. Tradução de Maria Cristina de Cicco. Rio de Janeiro: Renovar, 2008. p. 348.

[16] Sobre o tema da função social, seja concedido remeter à SANTOS, Deborah Pereira Pinto dos; MENDES, Eduardo Heitor. Função, funcionalização e função social. In: SCHREIBER, Anderson; e KONDER, Carlos Nelson (Coord.). *Direito civil constitucional*. São Paulo: Atlas, 2013. p. 97-124.

[17] SANTOS, Deborah Pereira Pinto dos. Contrato de consórcio e cumprimento da função social: comentários à Apelação nº 0007861-86.2012.8.19.0042 do Tribunal de Justiça do Estado do Rio de Janeiro. In: *Revista Brasileira de Direito Civil* – RBDCivil, Belo Horizonte, v. 19, p. 177-198, jan./mar. 2019. p. 198.

[18] BRASIL. Superior Tribunal de Justiça. *REsp 803.481/GO*. Relator(a): Min. Nancy Andrighi. Julgamento: 28/06/2007. Órgão Julgador: 3ª Turma. Publicação: DJe 01/08/2007.

pelos contratantes em relação ao objeto contratual, cujo espaço é destinado à autonomia privada. Ao contrário, visa a permitir a concretização do programa econômico do contrato, contanto que a finalidade econômica definida pelas partes encontre juridicidade na ordem jurídica.[19] [20]

Em sua visão clássica, o adimplemento contratual pode ser definido como a realização voluntária da prestação pelo devedor, isto é, constitui "a atuação da relação obrigacional, no que respeita ao dever de prestar".[21] Por sua vez, na sua versão *funcionalizada*, a análise do conceito de adimplemento ganha maior complexidade e deve partir da premissa segundo a qual o objetivo das partes, ao contratar, é a concretização da finalidade econômica atribuída ao acordo pelos contratantes, desde que tal finalidade esteja em conformidade com finalidade social também presente no ordenamento jurídico. Nesse sentido, a prestação deve ser concebida como *"realização do interesse do credor através da ação de prestar"*, ou seja, a prestação como atividade do devedor voltada ao alcance de determinada finalidade, que é a satisfação do interesse do credor.[22] O objeto da prestação consiste na *prestação-comportamento*: o credor tem o direito a exigir do devedor a necessária cooperação voltada a satisfazer o seu interesse.[23]

Em poucas palavras, o adimplemento do contrato objetiva a *obtenção do resultado útil programado, com a satisfação do interesse concreto do credor por*

---

[19] RODOTÀ, Stefano. *Le fonti di integrazione del contrato*. Milano: Giuffrè, 1970. p. 49.

[20] Para análise um pouco diversa da função social do contrato e sua aplicação pela jurisprudência do Superior Tribunal de Justiça, ver ZANETTI, Cristiano de Sousa. A respeito da leitura jurisprudencial da função social do contrato. In: HIRONAKA, Gisela Maria Fernandes Novaes (Coord.). *A outra face do Pode Judiciário*: decisões inovadoras e mudanças de paradigmas. São Paulo: Del Rey, 2007. p. 123-145, em que conclui o autor: "não parece incorreto afirmar que o papel próprio à função social seja o de indicar a tendência do direito brasileiro a, por um lado, aproveitar soluções oferecidas pelo sistema jurídico para promover o equilíbrio e, por outro, preservar os contratos que observem a sua finalidade social, vista como valor que interessa a toda a sociedade" (p. 142).

[21] VARELA, João de Matos Antunes. *Das obrigações em geral*. 7. ed. Coimbra: Almedina, 2017. v. 2. p. 7.

[22] MARTINS-COSTA, Judith; COSTA E SILVA, Paula. *Crise e Perturbações no Cumprimento da Prestação*. São Paulo: Quartier Latin, 2020. p. 57-59.

[23] KONDER, Carlos Nelson; RENTERÍA, Pablo. A funcionalização das relações obrigacionais: interesse do credor e patrimonialidade da prestação. In: TEPEDINO, Gustavo; FACHIN, Luiz Edson. (Org.). *Diálogos sobre direito civil*. Rio de Janeiro: Renovar, 2008. v. 2. p. 274-275.

meio do atendimento à causa contratual. O cumprimento da prestação tem sentido finalístico ao visar ao escopo da própria obrigação, formando programa voltado à realização do interesse do credor, o que constitui roteiro complexo. Como "ordenação funcional", o adimplemento dá corpo à própria obrigação em cada relação concreta e deverá ser visto como processo contínuo e unitário.[24]

A noção de finalidade, presente na ideia de causa do contrato, é o fim econômico a que as partes, por meio de determinado contrato, pretendem atingir.[25] Com efeito, adota-se a concepção de causa como a *função econômico-individual do contrato*, que expressa o valor que as partes atribuíram à operação negocial em sua totalidade, considerada em sua manifestação concreta.[26] A principal utilidade da análise do elemento causal do negócio jurídico concretiza-se pela produção de meio de recusa à proteção jurídica de relações contratuais que não encontrem justificativas no ordenamento para lhes garantir juridicidade.[27]

A causa do contrato objetivamente verificada "não pode desprezar o papel que desempenha o escopo prático perseguido pelas partes no sentido de identificar o negócio concreto em exame – em comparação com a tipicidade abstrata do ordenamento".[28] A verificação do adimplemento da prestação deve ser feita conforme o "propósito efetivamente perseguido pelas partes com a constituição específica da relação obrigacional", atentando-se para os efeitos essenciais do negócio jurídico celebrado.[29] Em consequência, com o adimplemento contratual, busca-se atender à

---

[24] CORDEIRO, António Menezes. *Tratado de direito civil.* 3. ed. rev. e aum. Coimbra: Almedina, 2017. v. 9. p. 164-165.

[25] TEPEDINO, Gustavo. Notas sobre a cláusula penal compensatória. In: *Temas de direito civil.* Rio de Janeiro: Renovar. 2006. t.2. p. 56.

[26] PERLINGIERI, Pietro. *Manuale di Diritto Civile.* Napoli: ESI, 1997. p. 370.

[27] MORAES, Maria Celina Bodin de. A causa dos contratos. In: *Na medida da pessoa humana*: estudos de direito civil-constitucional. Rio de Janeiro: Renovar, 2010. p. 297.

[28] KONDER, Carlos Nelson. Causa do contrato x função social do contrato: estudo comparativo sobre o controle da autonomia negocial. In: *Revista Trimestral de Direito Civil*, v. 43, p. 33-75, jul./set. 2010. p. 47.

[29] SCHREIBER, Anderson. Tríplice transformação do adimplemento. In: *Direito Civil e Constituição.* São Paulo: Atlas, 2013. p. 102.

causa do negócio jurídico, o que não é sinônimo de mero cumprimento estrutural da prestação principal do contrato.[30]

Adimplir contratos configura dever jurídico fundado nas normas constitucionais e infraconstitucionais que estão positivadas na ordem jurídica. O contrato é negócio jurídico patrimonial, porém socialmente relevante, e deve se submeter à valoração positiva pelo ordenamento. O conteúdo contratual, incluído o regramento acerca da execução da prestação, é formado por fonte autônoma e heterônoma, no sentido da aplicação obrigatória das normas imperativas. Especialmente pela fonte heterônoma, aplicam-se às relações privadas deveres de lealdade e cooperação entre os contratantes, em razão da criação de expectativas legítimas quanto à função econômico-individual do contrato que sejam necessárias para o alcance do resultado útil programado pelos próprios contratantes.[31]

A relação obrigacional pressupõe "a cooperação devida por um membro do conjunto social no interesse típico de outro membro do conjunto social", tendo em vista que o interesse da parte (credora) somente será realizado por meio de atividade desempenhada pela outra parte (devedora), que constituirá a prestação devida. Entende-se que a prestação passa por dois momentos ao longo da execução da relação obrigacional, quais sejam: (i) o *momento subjetivo*, que se realiza na conduta de cooperação imputada ao devedor, quem deverá atuar de forma a alcançar o interesse do credor; e (ii) o *momento objetivo*, que se traduz na utilidade da prestação para o credor, conforme o programa econômico contratual, isto é, de acordo com a causa do contrato. A combinação dos momentos subjetivo e objetivo conduz ao adimplemento da prestação, que é a finalidade máxima da relação obrigacional.[32]

Nessa direção, quando não estejam expressos em norma contratual autônoma ou não advenham diretamente de dispositivo legal específico, os deveres de cooperação constituem deveres heterônomos inseridos na

---

[30] SCHREIBER, Anderson. Tríplice transformação do adimplemento. In: *Direito Civil e Constituição*. São Paulo: Atlas, 2013. p. 108.

[31] PERLINGIERI, Pietro. *O direito civil na legalidade constitucional*. Tradução de Maria Cristina de Cicco. Rio de Janeiro: Renovar, 2008, p. 142.

[32] MARTINS-COSTA, Judith. *A boa-fé no Direito Privado*: critérios para a sua aplicação. 2. ed. São Paulo: Saraiva, 2018. p. 235.

relação obrigacional que representam a concretização da boa-fé objetiva. No sentido de critério de suficiência (*corretezza*), que garanta a avaliação qualitativa do comportamento das partes na execução da prestação, a boa-fé objetiva deverá permitir (i) a formação de regramento contratual, que possibilite a realização completa da operação econômica perseguida por ambas as partes; e (ii) a compatibilização do tipo de regulamento de interesses, previsto com a formação de norma contratual adequada às finalidades de ordem social desejadas pelo ordenamento.[33]

Reconhece-se o protagonismo, na ordem jurídica, desempenhado pela boa-fé objetiva nas relações obrigacionais, ao criar deveres instrumentais à prestação principal, além de outros de proteção. Assim, encerra-se o processo de cooperação entre os contratantes, voltado à consecução dos objetivos perseguidos com a celebração do contrato – que se inicia na fase negocial e se estende até a fase posterior ao adimplemento da prestação principal.[34] Tais deveres determinam que ambos os contratantes pautem sua conduta em consonância com padrões normativos de lealdade dirigidos ao programa contratual, de forma que são condicionados e limitados pela própria finalidade econômica do negócio jurídico celebrado.[35]

Com efeito, a ideia de cooperação na relação obrigacional passa a fazer parte do conceito de adimplemento, por influir no comportamento que deve ser adotado pelo devedor para a satisfação do credor com o

---

[33] RODOTÀ, Stefano. *Le fonti di integrazione del contrato*. Milano: Giuffrè, 1970. p. 151-152.

[34] TEPEDINO, Gustavo. Formação progressiva dos contratos e responsabilidade pré--contratual: notas para uma sistematização. In: BENETTI, Giovana Valentiniano (Org.) et al. *Direito, Cultura, Método:* leituras da obra de Judith Martins-Costa. Rio de Janeiro: GZ Editora, 2019. p. 588.

[35] TEPEDINO, Gustavo; SCHREIBER, Anderson. A boa-fé objetiva no Código de Defesa do Consumidor e no novo Código Civil. In: TEPEDINO, Gustavo (Coord.). *Obrigações:* estudos na perspectiva civil-constitucional. Rio de Janeiro: Renovar, 2005. p. 32-33. Na jurisprudência, cf. "[...] Deve-se, portanto, atribuir função econômico-individual ao ajuste, sobretudo diante da redação do art. 422 e do parágrafo único do art. 2.035 do Código Civil de 2002, os quais impõem aos negócios jurídicos ⁻ mesmo àqueles constituídos antes da entrada em vigor deste diploma ⁻, a obediência à cláusula geral de ordem pública da boa-fé objetiva, a qual, por sua vez, sujeita ambos os contratantes à recíproca cooperação a fim de alcançar o efeito prático que justifica a própria existência do contrato" (BRASIL. Superior Tribunal de Justiça. *REsp 1217951/PR*. Relator: Min. Mauro Campbell Marques. Julgamento: 17/02/2011. Órgão Julgador: 2ª Turma. Publicação: DJe 10/03/2011.).

recebimento da prestação, de modo a possibilitar, mensurar e qualificar o adimplemento. Em primeiro lugar, o dever de cooperação possibilita o adimplemento, porque é essencial para que o objetivo almejado com a prestação seja atingido, tendo em vista que o interesse do credor pressupõe a sua realização. Em segundo lugar, a cooperação mensura e qualifica o adimplemento, na medida em que o cumprimento da prestação deve ser informado pelos valores do ordenamento jurídico, dentre os quais estão a autonomia privada e a boa-fé objetiva.[36]

Tal visão pressupõe a adoção da relação obrigacional como unidade complexa, sendo a obrigação vista como *processo* dotado de aspectos dinâmicos que se desencadeiam em direção ao adimplemento e que são voltados a satisfazer o interesse do credor.[37] O vínculo obrigacional tem significado próprio como composto orgânico de direitos, deveres, faculdades e ônus, que formam o conjunto de atividades necessárias e orientadas ao alcance de determinado fim, que se traduz na satisfação do interesse do credor com o atendimento da prestação contratual.[38]

O adimplemento constitui unidade complexa e não visa apenas à entrega da prestação principal ao credor, mas também à satisfação plena de seu interesse típico e concreto, isto é, que lhe garanta o *resultado útil programado* para a operação econômica. Para o adimplemento da obrigação, não é suficiente o mero cumprimento da prestação principal: igualmente imprescindível é a observância de deveres secundários e acessórios relacionados à finalidade econômica do contrato na relação concreta. Em outras palavras, o adimplemento constitui a forma ideal de extinção das obrigações, pois, ao cumprir a prestação devida, o devedor se libera da obrigação e, ao mesmo tempo, o credor obtém a satisfação de seu interesse.[39]

Em chave *funcional*, o adimplemento pressupõe "o cumprimento da prestação concretamente devida, presente a realização dos deveres deri-

---

[36] MARTINS-COSTA, Judith. *A boa-fé no Direito Privado*: critérios para a sua aplicação. 2. ed. São Paulo: Saraiva, 2018. p. 236.

[37] SILVA, Clovis do Couto e. *A obrigação como processo*. Rio de Janeiro: FGV, 2006. p. 17.

[38] SILVA, Clovis do Couto e. *A obrigação como processo*. Rio de Janeiro: FGV, 2006. p. 20-21.

[39] PROENÇA, José Carlos Brandão. *Lições de cumprimento e não cumprimento das obrigações*. 2. ed. rev. e atual. Porto: Universidade Católica Editora Porto, 2017. p. 24-25.

A DISCIPLINA DA RESOLUÇÃO CONTRATUAL POR INADIMPLEMENTO

vados da boa-fé que se fizeram instrumentalmente necessários para o atendimento satisfatório do escopo da relação, em acordo ao seu fim e às suas circunstâncias concretas".[40] Para tanto, é imprescindível que o interesse do credor no cumprimento da prestação esteja em conformidade com o ordenamento jurídico, de modo que "a própria razão para o ordenamento tutelar determinada relação obrigacional passa pela apreciação da legitimidade das finalidades, que as partes perseguem com o cumprimento da obrigação".[41]

O interesse do credor só será efetivamente satisfeito com a obtenção da utilidade concreta da prestação, conforme a função econômico-individual do contrato, não lhe sendo indiferente receber a indenização substitutiva no lugar do bem da vida esperado. Apesar de a voluntariedade da conduta ser a regra em relação ao conceito de adimplemento, o que interessa ao credor é a existência de meios de alcançar o resultado útil programado. Desde que o credor consiga receber a prestação *in natura*, não importa se o devedor cumpriu voluntariamente a obrigação ou se o primeiro somente conseguiu receber tal utilidade econômica por outro meio ante a recusa resistente do segundo (*i. e.* execução por terceiro).[42]

Por sua vez, se o adimplemento contratual visto objetivamente representa o atendimento da causa do contrato, isso não se confunde com o sentimento arbitrário de satisfação do credor. O relevante para a qualificação da prestação como satisfativa – e, portanto, para que o interesse do credor seja tido como atendido – é que se alcancem os efeitos essenciais pretendidos pelos contratantes com a celebração do contrato, desde que a finalidade econômica almejada se mostre em consonância com a ordem jurídica, independentemente de estado psicológico de satisfação da parte.[43]

---

[40] Martins-Costa, Judith. *Comentários ao novo Código civil*: do inadimplemento das obrigações. 2. ed. Rio de Janeiro: Forense, 2009. v. 5, t. 2. p. 67.

[41] Konder, Carlos Nelson; Rentería, Pablo. A funcionalização das relações obrigacionais: interesse do credor e patrimonialidade da prestação. In: Tepedino, Gustavo; Fachin, Luiz Edson. (Org.). *Diálogos sobre direito civil*. Rio de Janeiro: Renovar, 2008. v. 2. p. 266.

[42] Alvim, Agostinho. *Da Inexecução das obrigações e suas consequências*. 3.ed. Rio de Janeiro - São Paulo: Editora Jurídica e Universitária Ltda., 1965. p. 58-59.

[43] Schreiber, Anderson. Tríplice transformação do adimplemento. In: *Direito Civil e Constituição*. São Paulo: Atlas, 2013. p. 107-108.

1.2 Conceito de inadimplemento na teoria contratual

Contratos são o instrumento jurídico prioritário para a alocação de riscos inerentes a operações econômicas realizadas por agentes privados. Como formulação jurídica, o contrato representa a "conquista da ideia de que as operações econômicas podem e devem ser reguladas pelo direito".[44] A conclusão de qualquer contrato já expõe as partes a todo tipo de risco que envolva a iniciativa econômica, inclusive ao risco da não obtenção definitiva do resultado esperado do programa contratual por fato que seja imputável ao devedor.[45]

Na visão do liberalismo clássico, contratos funcionam como promessas que regem relações privadas e regulam interesses patrimoniais, constituindo instrumentos da autonomia privada. O princípio da obrigatoriedade (i.e. *pacta sunt servanda*) significa que as partes estão obrigadas a cumprir o conteúdo do contrato, porque assim o quiseram e o prometeram. Esse ajuste entre as partes pode posteriormente ser executado, mesmo contra a vontade de um dos contratantes.[46] Por sua vez, no campo filosófico, afirma-se que o sentimento inerente ao dever de cumprir promessas não é virtude natural do ser humano, mas é fruto das convenções humanas, de modo que são as próprias convenções criadas pelas pessoas que geram o dever de cumprir promessas, o qual é justificado nas necessidades e interesses essenciais para a vida em sociedade.[47]

De forma puramente *estrutural*, o inadimplemento pode ser definido como o "descumprimento de dever jurídico qualificado pela pré-existência de relação obrigacional",[48] isto é, constitui a violação de dever que possua origem na relação jurídica existente entre credor e devedor, a qual foi instituída no contrato. Não basta, contudo, o descumprimento formal

---

[44] Roppo, Enzo. *O contrato*. Tradução de Ana Coimbra e M. Januário C. Gomes. Coimbra: Almedina, 1988. p. 13.

[45] Bessone, Mario. *Adempimento e rischio contrattuale*. Milano: Giuffrè, 1969. p. 1-3.

[46] Fried, Charles. *Contract as promise*: a theory of contractual obligation. 2. ed. 2015. p. 16.

[47] Hume, David. *Tratado da natureza humana*: uma tentativa de introduzir o método experimental de raciocínio nos assuntos morais. Tradução de Débora Danowski. 2. ed. São Paulo: Editora UNESP, 2009. p. 564.

[48] Silva, Jorge Cesa Ferreira da. *Inadimplemento das obrigações*. São Paulo: Revista dos Tribunais, 2007. p. 32.

da prestação contratual: é essencial a identificação da *causa*. Somente quando o descumprimento da prestação for imputável à parte que deveria cumpri-la, se estará diante de verdadeiro inadimplemento, porquanto o incumprimento não imputável será hipótese de impossibilidade superveniente da prestação com a extinção da relação obrigacional.[49]

Além do requisito da imputabilidade, para a configuração de inadimplemento é necessário atentar para os *efeitos* do incumprimento no programa contratual, consoante a função econômico-individual da avença. A baliza para a verificação da ocorrência de inadimplemento, em cada relação obrigacional, será o efeito da inexecução no interesse concreto do credor da obrigação, o que não é restrito ao descumprimento da prestação principal. Diante da concepção funcionalizada de adimplemento – já analisada –, discute-se a ampliação do conceito de inadimplemento, que passa a ser definido como a *não satisfação dos interesses concretos do credor que estejam em relação de causalidade com a ausência do cumprimento da prestação contratual ou de seu cumprimento imperfeito, desde que seja imputável ao devedor*.

Portanto, a noção de inadimplemento contratual deve ser vista por seus dois aspectos. No aspecto *subjetivo*, o inadimplemento traduz-se no comportamento culpável do devedor (ou, senão culpável, que lhe seja imputável conforme norma contratual ou legal) em contraste com a prestação que lhe incumbe. Por sua vez, no aspecto *objetivo*, configura inadimplemento a situação de falta de satisfação do interesse do credor em razão do não recebimento da prestação devida.[50] São os aspectos subjetivo e objetivo do inadimplemento que se passam a analisar.

1.2.1 Nexo de imputação

Como aspecto subjetivo do inadimplemento, a imputabilidade parte de análise de juridicidade pelo ordenamento acerca da conduta do devedor, que deixa de atender à prestação contratual. A culpa e risco formam o nexo de imputação, sendo também chamados de fatores de atribuição, e

---

[49] MARTINS-COSTA, Judith. *Comentários ao novo Código civil*: do inadimplemento das obrigações. 2. ed. Rio de Janeiro: Forense, 2009. v. 5, t. 2. p. 217-218.
[50] GIORGIANNI, Michele. *L'inadempimento*: corso di diritto civile. 3. ed. Milano: Giuffrè, 1975. p. 29.

funcionam como critérios de conexão entre a responsabilidade civil e o interesse juridicamente tutelado.[51]

Diversos motivos podem levar a parte a decidir entre cumprir ou não o que prometeu ao seu contratante. Pode-se dizer que a própria ética, como "voz da consciência", pode estimular o cumprimento da prestação a bom termo. Se razões morais não forem suficientes, o temor de reprovação social poderá empurrar o devedor ao adimplemento. Se nada disso bastar, há a proteção pelo ordenamento jurídico, que concede ao credor o direito de compelir o devedor a cumprir a prestação acordada.[52]

A ordem jurídica brasileira parece não valorizar o motivo como elemento do negócio jurídico quando não seja reputado como relevante, isto é, a razão determinante do ato.[53] Ou seja; "não importa que posteriormente ao ato seja verificada a frustração da motivação subjetiva, interna e psicológica das partes".[54] É dever jurídico cumprir contratos, e a posterior alteração de motivo interno não justifica que o devedor não cumpra a prestação nem que o credor deixe de aceitá-la. Ademais, a referida alteração interna não afasta a análise da conduta das partes, para fins de verificação do atendimento da finalidade econômica do contrato, assim como da eventual atribuição de responsabilidade na ausência.

Ao menos como regra, o conceito de inadimplemento não dispensa o comportamento culpável do devedor que esteja em contraste com a prestação que lhe foi atribuída no contrato.[55] A atuação culposa significa a censurabilidade pelo ordenamento de quem deixa de cumprir a pres-

---

[51] MARTINS-COSTA, Judith. A linguagem da responsabilidade civil. In: BIANCHI, José Flávio, PINHEIRO, Rodrigo Gomes de Mendonça; e ALVIM, Teresa Arruda. *Jurisdição e Direito Privado*: Estudos em homenagem aos 20 anos da Ministra Nancy Andrighi no STJ. São Paulo: Revista dos Tribunais, 2020. p. 395.

[52] ALVIM, Agostinho. *Da Inexecução das obrigações e suas consequências*. 3.ed. Rio de Janeiro ̄ São Paulo: Editora Jurídica e Universitária Ltda., 1965.p. 23-24.

[53] Código Civil de 2002, art. 140. "O falso motivo só vicia a declaração de vontade quando expresso como razão determinante".

[54] TEPEDINO, Gustavo; BARBOZA, Heloisa Helena; e MORAES, Maria Celina Bodin de. *Código Civil interpretado conforme a Constituição da República*. 2. ed. Rio de Janeiro: Renovar, 2007. v. 1. p. 277.

[55] GIORGIANNI, Michele. *L'inadempimento*: corso di diritto civile. 3. ed. Milano: Giuffrè, 1975. p. 29.

tação em determinada relação contratual.[56] A imputação de responsabilidade ao devedor, no caso de inexecução da obrigação ou de execução imperfeita, supõe, seja em situação de inadimplemento absoluto, seja de mora, a conduta culposa da parte.[57] Em outras palavras, para haver inadimplemento, quer por ação, quer por omissão, é necessária a *liberdade de agir de outra maneira* que estivesse em conformidade com as regras legais e as contratuais e a sua *desconsideração pela parte*.[58]

Com inspiração na doutrina francesa, entende-se que a culpa é fator gerador do dever de indenizar[59] e, nas relações obrigacionais, o fundamento da responsabilização da parte supõe a culpa *lata* e *subjetiva* na inexecução da obrigação.[60] Toda violação voluntária da diligência prometida na seara obrigacional constitui culpa, de sorte que o princípio é que a parte responde por qualquer conduta culposa, mesmo que leve, sem distinção.[61] A inexecução da obrigação, sozinha, não basta para a responsabilização, e o dever de reparar danos é limitado à situação que possa ser atribuída à conduta culposa da parte inadimplente.[62]

Em síntese, a responsabilidade decorrente do inadimplemento contratual assenta-se nos seguintes elementos: (i) a existência de obrigação

---

[56] Varela, João de Matos Antunes. *Das obrigações em geral.* 7. ed. Coimbra: Almedina, 2017. v. 2. p. 97.

[57] Alvim, Agostinho. *Da inexecução das obrigações e suas consequências.* 3.e.d. Rio de Janeiro ‑São Paulo: Editora Jurídica e Universitária Ltda., 1965. p. 254.

[58] Larenz, Karl. *Derecho de Obligaciones.* Tradução de Jaime Santos Briz. Madrid: Editorial Revista de Derecho Privado, 1958. t. 1. p. 280.

[59] Planiol, Marcel. *Traité élémentaire de droit civil conforme au programme officiel des facultés de droit.* 9. ed. Paris: Librairie Générale de Droit et de Jurisprudence, 1923. t. 2. n. 227, p. 82.

[60] Rochfeld, Judith. *Les grandes notions du droit privé.* Paris: Presse Universitaire du France, 2011. p. 486.

[61] Saleilles, Raymond. *Théorie générale de l'obligation.* Paris: Librairie Générale de Droit et de Jurisprudence, 1925. p. 14. No direito brasileiro, já defendia Clóvis Beviláqua a ausência de maior relevância na gradação da culpa para efeitos de definição da responsabilidade do devedor, salvo situações específicas previstas na legislação, a exemplo da limitação da responsabilidade da parte à sua conduta dolosa nos contratos gratuitos como a doação. Cf. Beviláqua, Clóvis. *Código Civil dos Estados Unidos do Brasil.* 8. ed. Rio de Janeiro: Editora Paulo de Azevedo Ltda., 1950. v. 4. p. 211.

[62] Constantinesco, Léontin-Jean. *Inexécution et faute contractuelle in droit comparé.* Stuttgart-Bruxelles: W. Kohlhammer Verlag et Librairie Encyclopédique, 1960. p. 201-202.

lícita e exigível; (ii) a conduta culposa ou dolosa do agente; (iii) o dano decorrente do descumprimento; e (iv) o nexo de causalidade entre o ato lesivo e o dano. Configura culpa *subjetiva* o descumprimento volitivo e consciente de dever preexistente, em que haja a previsibilidade do resultado. Soma-se ao elemento *objetivo*, que é o ato injustamente cometido, o *subjetivo*, consistente no estado particular de ânimo do agente em relação à conduta injusta.[63] Se o ato voluntário representa a recusa intencional da parte em fazer, não fazer ou dar o que prometera, tem-se o inadimplemento doloso. Já se a vontade não se dirigiu ao incumprimento propriamente dito, porém houve falha das cautelas em cumprir a prestação, tem-se o inadimplemento culposo.[64]

O conceito de culpa, todavia, tal como concebido em sua origem *voluntarista*, por permitir subjetividade na análise da conduta da parte, abre espaço de excessiva discricionariedade e, potencialmente, até arbitrariedade do intérprete no caso concreto. Tal visão não se coaduna com ordenamento que funcionaliza as situações patrimoniais aos interesses coletivos de relevância social e que concebe a autonomia privada não como valor em si, mas que encontra fundamento nos interesses a serem realizados na relação contratual concreta.[65]

Por essa razão, prefere-se adotar critério *normativo* de culpa, que não vincula ao seu conceito qualquer problema psíquico do agente. Passa, dessa forma, a lhe atribuir culpa quando a sua conduta se afasta do padrão objetivo de comportamento exigido pelo ordenamento, definido conforme o princípio da boa-fé objetiva, que atua como fonte integrativa de deveres.[66] A análise da culpa, na seara da responsabilidade contratual, encerra juízo de mérito do ordenamento acerca do comportamento dos contratantes, reprovando-o quando suas ações ou omissões estejam em

---

[63] CHIRONI, Giampietro. *La colpa nel diritto civile odierno*. Torino: Fratelli Bocca Editori, 1897. p. 1-5.

[64] DANTAS, San Tiago. *Programa de Direito Civil II*. Rio de Janeiro: Editora Rio, 1983. p. 98.

[65] PERLINGIERI, Pietro. *O direito civil na legalidade constitucional*. Tradução de Maria Cristina de Cicco. Rio de Janeiro: Renovar, 2008. p. 347-348.

[66] TEPEDINO, Gustavo. Editorial: O art. 931 e a antijuridicidade do dano injusto. In: *Revista Brasileira de Direito Civil* – RBDCIVIL. Belo Horizonte, v. 22, p. 11-13, out./dez. 2019.

A DISCIPLINA DA RESOLUÇÃO CONTRATUAL POR INADIMPLEMENTO

desconformidade com a ordem jurídica.[67][68] Em síntese, culpa é "a violação de dever preexistente que o agente devia e podia observar".[69]

A definição de padrão de conduta a ser adotada visa a objetivar a investigação da culpa, ao lhe garantir contornos consentâneos com a especificidade fática e circunstancial na relação de crédito concreta. Com efeito, haverá enorme diversidade de padrões de comportamento de acordo com as múltiplas possibilidades de atuação da autonomia privada,[70] que poderão mudar consoante as atividades profissionais e as circunstâncias pessoais das partes.[71] Assim, interessam conhecimentos e aptidões típicas de pessoa que seja do mesmo grupo profissional do devedor e, partindo-se desse parâmetro, se analisará a aptidão e a atuação da parte na relação concreta.[72]

Apesar de a análise da culpa como forma de se verificar a imputabilidade do incumprimento ser a regra, ela tende a ser presumida, de forma que o credor terá que provar a inexecução da obrigação, e o devedor deverá apontar causa exonerativa de responsabilidade.[73] Embora constitua a culpa – desde a sua origem subjetiva até a atual concepção normativa – elemento historicamente relevante na disciplina do inadimplemento,

---

[67] LORENZETTI, Ricardo Luis. *Tratado de los contratos:* parte general. Buenos Aires: Rubinzal – Culzoni, 2004. p. 603.

[68] Registre-se que, ao adotar a expressão responsabilidade contratual, não se está referindo à fonte do dever violado, que poderá ser autônoma ou heterônoma, mas, sim, à ocorrência da violação dentro do âmbito da relação contratual. Cf. TEPEDINO, Gustavo; TERRA, Aline de Miranda Valverde; e GUEDES, Gisela Sampaio da Cruz. *Fundamentos do direito civil*: Responsabilidade Civil. Rio de Janeiro: Forense, 2020. v. 4. p. 11-13.

[69] MARTINS-COSTA, Judith. A linguagem da responsabilidade civil. In: BIANCHI, José Flávio, PINHEIRO, Rodrigo Gomes de Mendonça; e ALVIM, Teresa Arruda. *Jurisdição e Direito Privado*: Estudos em homenagem aos 20 anos da Ministra Nancy Andrighi no STJ. São Paulo: Revista dos Tribunais, 2020. p. 396.

[70] TEPEDINO, Gustavo; TERRA, Aline de Miranda Valverde; e GUEDES, Gisela Sampaio da Cruz. *Fundamentos do direito civil*: Responsabilidade Civil. Rio de Janeiro: Forense, 2020. v. 4. p. 106.

[71] MORAES, Maria Celina Bodin de. *Danos à pessoa humana*: uma leitura civil-constitucional dos danos morais. Rio de Janeiro: Renovar, 2003. p. 213.

[72] LARENZ, Karl. *Derecho de Obligaciones*. Tradução de Jaime Santos Briz. Madrid: Editorial Revista de Derecho Privado, 1958. t. 1. p. 288.

[73] DANTAS, San Tiago. *Programa de Direito Civil II*. Rio de Janeiro: Editora Rio, 1983. p. 106.

configurando requisito da responsabilidade da parte, a importância prática, muitas vezes, será reduzida.[74]

Em síntese, cabe ao devedor fazer a prova da ausência do elemento subjetivo no incumprimento da prestação, isto é, que a inexecução da obrigação não foi fruto de conduta culposa ou que não lhe seja pessoalmente censurável a não adoção do comportamento devido. Por sua vez, caberá ao credor a prova da conduta positiva do devedor que configure o elemento objetivo, ou seja, a inexecução da obrigação, quando ela constituir em omissão (*i.e.* violação de obrigação de não fazer) ou, ainda, em situações de cumprimento incompleto ou defeituoso da prestação, que leve à perda do interesse no seu recebimento.[75]

Nesse sentido, e adotando-se a concepção normativa, a aferição da culpa do devedor no incumprimento deverá ser realizada pela comparação, em juízo valorativo, do *standard* de conduta esperado diante de determinada situação concreta, considerando as suas especificidades, com o comportamento efetivamente adotado na inexecução da obrigação, restando dispensadas investigações acerca de estado anímico. Caberá ao devedor a demonstração de que sua conduta não se afastou do padrão de comportamento esperado, relativo à atividade desempenhada, ou que tal afastamento se deu por motivo de fortuito ou de força maior.

Ademais, a versão normativa da culpa ao dispensar o elemento anímico do agente afasta qualquer discussão sobre a relevância do dolo na definição da responsabilidade no campo da relação obrigacional, uma vez que a recusa do devedor em cumprir a prestação poderá ser intencional e não meramente culposa. Entende-se que a inexecução resultante de ato doloso do devedor tem exatamente a mesma consequência daquela resultante da mera culpa, no que tange à configuração e aos limites do dano ressarcível.[76]

Além disso, a relativização da importância prática do elemento da culpa no campo da responsabilidade civil também é verificada pelo

---

[74] Zimmermann, Reinhard. *La indemnización de los daños contractuales*. Santiago: Ediciones Olejnik, 2019. p. 50.

[75] Leitão, Luís Manuel Teles de Menezes. *Direito das Obrigações*. 12. ed. Coimbra: Almedina, 2018. v. 2. p. 258.

[76] Martins-Costa, Judith. *Comentários ao novo Código Civil*: do inadimplemento das obrigações. 2. ed. Rio de Janeiro: Forense, 2009. v. 5, t. 2. p. 497.

aumento do número de hipóteses legais em que se adota a responsabilidade objetiva, isto é: sem que haja a aferição de culpa da parte, seja por atos de outras pessoas (*i. e.* prepostos), seja por consequência da obrigação contraída no âmbito da atividade econômica exercida.[77] Dessa forma, há a indenizabilidade dos danos causados na relação contratual em virtude de um ato ilícito (*i. e.* antijurídico), sejam aqueles cometidos na seara da responsabilidade subjetiva, cujo fator de imputação é a culpa, sejam aqueles cometidos na seara da responsabilidade objetiva, que tem o risco como fator de imputação.[78]

No direito brasileiro, o principal exemplo de responsabilidade objetiva, em matéria de direito contratual, está no regramento da responsabilidade dos fornecedores de produtos e serviços nas relações formadas no mercado de consumo com consumidores finais (artigos 14 e 17 do Código de Defesa do Consumidor).[79] [80] Como é de conhecimento comum, a exceção à regra da responsabilidade objetiva são os profissionais liberais que, mesmo como fornecedores, respondem mediante a verificação de culpa (artigo 14 § 4° do CDC).[81] Além disso, há a cláusula geral de responsabilidade objetiva aplicável aos negócios jurídicos patrimoniais que

---

[77] LARENZ, Karl. *Derecho de Obligaciones.* Tradução de Jaime Santos Briz. Madrid: Editorial Revista de Derecho Privado, 1958. t. 1. p. 281.

[78] MARTINS-COSTA, Judith. A linguagem da responsabilidade civil. In: BIANCHI, José Flávio, PINHEIRO, Rodrigo Gomes de Mendonça; e ALVIM, Teresa Arruda. *Jurisdição e Direito Privado*: Estudos em homenagem aos 20 anos da Ministra Nancy Andrighi no STJ. São Paulo: Revista dos Tribunais, 2020. p. 399.

[79] Código de Defesa do Consumidor, art. 14. "O fornecedor de serviços responde, independentemente da existência de culpa, pela reparação dos danos causados aos consumidores por defeitos relativos à prestação dos serviços, bem como por informações insuficientes ou inadequadas sobre sua fruição e riscos".

[80] Código de Defesa do Consumidor, art. 17. "Para os efeitos desta Seção, equiparam-se aos consumidores todas as vítimas do evento".

[81] Código de Defesa do Consumidor, art. 14, §4º. "A responsabilidade pessoal dos profissionais liberais será apurada mediante a verificação de culpa". Sobre o tema, cf. BENJAMIN, Antônio Herman V.; MARQUES, Cláudia Lima; e BESSA, Leonardo Roscoe. *Manual de direito do consumidor.* 2. ed. São Paulo: Revista dos Tribunais, 2009, *passim.*

envolvam atividade de risco, de acordo com o parágrafo único do artigo 927 do Código Civil.[82]

Por sua vez, nos ordenamentos jurídicos da *common law*, o contrato é tradicionalmente visto como o intercâmbio de promessas, de forma que o devedor funciona como garante do resultado prometido e, caso descumpra a promessa, a parte deverá entregar ao credor prejudicado o equivalente à sua prestação, sendo a indenização, em regra, fixada conforme os danos de expectativa.[83] Para o nascimento da responsabilidade contratual, é suficiente o não cumprimento objetivo da prestação, sendo absolutamente irrelevante a voluntariedade do comportamento.[84] Adota-se a chamada *no fault theory of contract law*,[85] pela qual é risco alocado ao devedor que a prestação seja executada nos exatos termos do contrato.[86]

---

[82] "Art. 927, Parágrafo único. Haverá obrigação de reparar o dano, independentemente de culpa, nos casos especificados em lei, ou quando a atividade normalmente desenvolvida pelo autor do dano implicar, por sua natureza, risco para os direitos de outrem".

[83] FRIED, Charles. *Contract as promise*: a theory of contractual obligation. 2. ed. 2015. p. 17.

[84] MALO VALENZUELA, Miguel Ángel. *Remedios frente al incumplimiento contractual*. Cizur Menor: Aranzadi, 2016. p. 52-54. De acordo com a doutrina especialista do tema, a regra da responsabilidade estrita também foi adotada nos artigos 45 e 61 da Convenção das Nações Unidas para a Venda Internacional de Mercadorias – CISG, firmada pelo Brasil em Viena em abril de 1980 e promulgada pelo Decreto n. 8.327, de outubro de 2014, porém a CISG traz a exceção da prova de força maior (art. 79). Cf. LANDO, Ole. Non-performance (Breach) of Contracts. In: HARTKAMP, Arthur S.; HESSELINK, Martijn W.; HONDIUS, Ewoud H.; MAK, Chantal; DU PERRON, C. Edgar. *Towards a European Civil Code*. 4. ed. Alphen aan den Rijn: Wolters Kluwer, 2011. p. 681-697. p. 686. ZELLER, Bruno. *Damages under the Convention of Contracts for the International Sales of Goods*. 3.ed. Oxford: Oxford University Press, 2018. p. 52-54.

[85] HOLMES, Oliver Wendall. *The Common Law*, 1881. p. 300-301.

[86] FARNSWORTH, E. Allan. Comparative Contract Law. In: REIMANN, Mathias; ZIMMERMANN, Reinhard. *The Oxford Handbook of Comparative Law*. Oxford: Oxford University Press, 2008. p. 922. ZWEIGERT, Konrad; KÖTZ, Hein. *An introduction to comparative law*. 3. ed. Oxford: Clarendon Press, 1998. p. 503. A regra clássica da responsabilidade estrita (*strict liability*), todavia, poderá ser afastada em determinadas situações específicas, a exemplo da teoria da frustração do fim do contrato (*frustration of purpose*), segundo a qual considera implícita, nos contratos, a cláusula que exime as partes do cumprimento a prestação, caso se torne inútil ao alcance do programa contratual. A teoria é aplicada em situações nas quais o evento de frustração – o qual leva à diminuição severa ou perda da utilidade da prestação – ocorreu *após* a formação do contrato, mas *antes* da (ou ainda durante a) execução da prestação, embora não tenha tornado a *performance* em si

De todo modo, a definição normativa da culpa, somada à sua presunção em favor da parte prejudicada, assim como o seu afastamento por

impossível. Por exemplo, no contrato de empreitada para a reforma de uma varanda, a parte interna da casa pega fogo antes do início da obra, fazendo com que o prédio seja condenado. Em razão disso, o dono da obra perde o interesse na execução da prestação pelo empreiteiro (AYRES, Ian; KLASS, Gregory. *Studies in Contract Law*. 8. ed. Foundation Press, 2012. p. 834). O caso mais paradigmático da teoria da frustração do fim do contrato é Krell v. Henry [1903] 2 KB 740, que foi o primeiro de grupo de casos ingleses que ficaram conhecidos como *coronation cases*, nos quais, em razão do adiamento por tempo indeterminado da procissão e da cerimônia de coroamento do Rei Eduardo VII, sucessor da Rainha Victoria, e de sua esposa Rainha Alexandra, diversos contratos de locação de espaços em janelas de apartamentos com vista para percurso da procissão perderam completamente seu propósito, o qual era originalmente garantir aos locatários visão privilegiada do evento da realeza britânica. Isso, porque o evento não mais aconteceria na data prevista por motivo externo ao contrato e inimputável aos contratantes, relacionado à condição de saúde do Rei Eduardo. A frustração é do resultado contratado, pois o aluguel do espaço físico em si não se tornou literalmente impossível, mas apenas concretamente inútil ao interesse dos locatários (AYRES, Ian; KLASS, Gregory. *Studies in Contract Law*. 8. ed. Foundation Press, 2012. p. 835-840). Para a aplicação da *frustration of purpose*, apontam-se quatro requisitos: (i) o evento deve ter "substancialmente frustrado" o principal objetivo para a parte decidir contratar; (ii) a não ocorrência de tal evento deve configurar "suposição básica sobre a qual o contrato foi feito"; (iii) a parte que está buscando o alívio não pode ter causado, culposamente, o evento que levou à frustração do fim do contrato; e, finalmente, (iv) ela também não pode ter assumido, contratualmente, o risco da ocorrência de tal evento, ou seja, "a parte não deve ter assumido obrigação maior do que a lei impõe". Essa teoria funciona como válvula de escape para o credor, que perdeu o interesse na prestação e, também, para o devedor, que não deverá prestar inutilmente; no entanto – inegavelmente – representa a análise do elemento subjetivo para a configuração do inadimplemento (como mora do credor), seja na perspectiva da (ausência de) conduta culposa da parte que rejeita a prestação, seja na perspectiva da (não) alocação de determinado risco, que consiste no evento frustrante do fim contratual (FARNSWORTH, E. Allan. *Contracts*. 4. ed. New York: Aspen Publishers, 2004. p. 635-637). O tema tem despertado algum interesse da doutrina no direito brasileiro. Para a primeira visão, entende-se pela aplicação da função social como fundamento da frustração do fim do contrato. Cf. AZEVEDO, Antônio Junqueira de. A natureza jurídica do contrato de consórcio: Classificação dos atos Jurídicos quanto ao número de partes e quanto aos efeitos. A boa-fé nos contratos relacionais. Contrato de duração. Alteração das circunstâncias e onerosidade excessiva. Sinalagma e resolução contratual. Resolução parcial do contrato. Função social do contrato. In: *Revista dos Tribunais*, v. 94, n. 832, p. 113-137, fev. 2005. p. 132-133; e COGO, Rodrigo Barreto de. *A frustração do fim do*

completo pela lei em determinadas hipóteses, com a responsabilidade objetiva, demonstram não só certa aproximação entre os sistemas da *civil law* e da *common law*, como também a redução da importância da análise do elemento culpa no conceito de inadimplemento contratual. Dito de forma diversa: sai o protagonismo da culpa subjetiva, e torna-se cada vez mais relevante o elemento objetivo para a definição do conceito de adimplemento, e, em consequência, do inadimplemento visto como o não alcance do resultado útil programado, consoante a finalidade econômica perseguida pelo negócio.[87]

Além disso, o ordenamento jurídico brasileiro também reconhece a possibilidade de o devedor assumir contratualmente os riscos da força

---

contrato: o impacto dos fatores supervenientes sobre o programa contratual. Rio de Janeiro: Renovar, 2012. p. 334-335. Para a segunda visão, defende-se que a frustração do fim do contrato é hipótese de impossibilidade superveniente por causa inimputável às partes, em razão da concreta impossibilidade de atendimento do resultado útil programado para o contrato, não havendo necessidade em se socorrer como fundamento da função social. Cf. Martins-Costa, Judith. Alteração da relação obrigacional estabelecida em acordos societários por impossibilidade superveniente não imputável às partes contratantes em virtude do desaparecimento de sua finalidade (parecer). In: *Revista de Direito Civil Contemporâneo*, vol. 18, p. 371-404, jan./mar. 2019. Aguiar Júnior. Ruy Rosado de. *Extinção dos contratos por incumprimento do devedor*. 2. ed. rev. e atual. Rio de Janeiro: AIDE Editora, 2003. p. 100. Apesar de não fazer expressa referência à teoria da frustração do fim do contrato, há decisão no Superior Tribunal de Justiça reconhecendo que a perda da utilidade econômica da prestação para o credor leva à extinção do contrato bilateral, ante a impossibilidade da prestação em virtude da quebra do sinalagma: BRASIL. Superior Tribunal de Justiça. *REsp 1707405/SP*. Relator: Min. Ricardo Villas Bôas Cueva, Relator p/ Acórdão Min. Moura Ribeiro. Julgamento: 07/05/2019. Órgão Julgador: 3ª Turma. Publicação: DJe 10/06/2019. Por sua vez, para estudo na perspectiva do direito alemão e português, cf. PIRES, Catarina Monteiro. *Impossibilidade da prestação*. Coimbra: Almedina, 2017. p. 329-349, na qual a autora, após detalhada análise da doutrina, conclui pela inclusão da teoria da frustração do fim do contrato no quadrante da impossibilidade. Por fim, para a terceira visão, afirma-se a autonomia da frustração do fim do contrato em relação à impossibilidade da prestação, cf. Nanni, Giovanni Ettore. Frustração do fim do contrato: análise de seu perfil conceitual. In: *Revista Brasileira de Direito Civil* – RBDCivil, Belo Horizonte, v. 23, p. 39-56, jan./mar. 2020.

[87] Meoro, Mario E. Clemente. *La resolución de los contratos por incumplimiento*. Valencia: Tirant lo Blanch, 1992. p. 158-159.

maior e do fortuito.[88] O princípio que considera o devedor responsável somente pela conduta culposa ou dolosa na inexecução da obrigação é norma dispositiva e pode ser excluída por acordo prévio entre os contratantes. Nos contratos paritários e que estejam focados na tutela de interesses patrimoniais, sem a presença de partes vulneráveis, a livre distribuição dos riscos está aberta aos contratantes, desde que eles atuem dentro das balizas do ordenamento, e o elemento volitivo afasta o risco que, como algo revestido de incerteza, é com ele incompatível.[89]

Nada disso representa, todavia, o afastamento da imputabilidade como elemento conceitual do inadimplemento contratual. Inadimplemento é a inexecução da obrigação que seja *imputável* à pessoa do devedor, quer por sua conduta culposa, quer porque é dele o risco conforme a lei ou o contrato. Em definitivo, no ordenamento jurídico brasileiro, não constitui inadimplemento a simples ausência de cumprimento da prestação devida: é imprescindível que a não realização corresponda à violação de norma (autônoma ou heterônoma) dirigida à parte, o que caracteriza a imputabilidade.[90]

O nexo de imputação deve ser visto em suas duas formas, a depender do caso concreto: (i) *imputação subjetiva*, que é regida pela culpa, ainda

---

[88] Código Civil de 2002, art. 393. "O devedor não responde pelos prejuízos resultantes de caso fortuito ou força maior, se expressamente não se houver por eles responsabilizado".

[89] Cf. BRASIL. Superior Tribunal de Justiça. *REsp 1.131.073/MG*. Relator(a): Min. Nancy Andrighi. Julgamento: 05/04/2011. Órgão Julgador: 3ª Turma. Publicação: DJe 13/06/2011. Em 2019, foi promulgada a Lei Federal n. 13.874, que trouxe a Declaração dos Direitos de Liberdade Econômica, alterando, dentre outros dispositivos, o artigo 421 do Código Civil, com a inserção do parágrafo único, segundo o qual: "Nas relações contratuais privadas, prevalecerão o princípio da intervenção mínima e a excepcionalidade da revisão contratual". Ainda, foi inserido o artigo 421-A, pelo qual: "Os contratos civis e empresariais presumem-se paritários e simétricos até a presença de elementos concretos que justifiquem o afastamento dessa presunção, ressalvados os regimes jurídicos previstos em leis especiais, garantido também que: I – as partes negociantes poderão estabelecer parâmetros objetivos para a interpretação das cláusulas negociais e de seus pressupostos de revisão ou de resolução; II – a alocação de riscos definida pelas partes deve ser respeitada e observada; e III – a revisão contratual somente ocorrerá de maneira excepcional e limitada".

[90] MARTINS-COSTA, Judith. *Comentários ao novo Código civil*: do inadimplemento das obrigações. 2. ed. Rio de Janeiro: Forense, 2009. v. 5, t. 2. p. 130.

que na versão normativa e com a presunção em favor da parte prejudicada pelo inadimplemento; (ii) *imputação objetiva*, que não requer a presença da culpa da parte que deixa de cumprir a prestação, conforme haja previsão no contrato ou na legislação específica.[91] Por conseguinte, a imputabilidade referente à conduta do devedor é elemento necessário para o surgimento da faculdade do credor de resolver a relação obrigacional por inadimplemento, quando haja o incumprimento definitivo da prestação.[92]

1.2.2 Não satisfação do interesse do credor

Como enfatizado em linhas acima, adota-se a concepção da relação obrigacional como processo, de modo que – no dizer clássico de Clóvis do Couto e Silva – "o adimplemento atrai e polariza a obrigação. É o seu fim. O tratamento teleológico permeia toda a obra, e lhe dá unidade".[93] Com isso, fica evidente que o conceito de inadimplemento não se resume ao descumprimento formal da prestação principal do contrato, devendo ser funcionalmente ampliado e visto como a *não satisfação do interesse do credor na relação contratual concreta, tendo em vista o não cumprimento ou o cumprimento imperfeito da prestação, desde que imputável ao devedor.*

Para a configuração do inadimplemento, é preciso atentar ao seu aspecto objetivo, que está relacionado aos *efeitos* do descumprimento no programa contratual, por causa da inexecução da obrigação ou por sua execução defeituosa. Dito diversamente, se o atendimento da obrigação visa a proporcionar o alcance do resultado útil programado, que leve à satisfação do interesse do credor; a ausência de sua concretização constitui efeito que qualifica a situação como inadimplemento contratual.[94]

Antes da análise do aspecto objetivo do conceito de inadimplemento, como falta de atendimento do interesse concreto do credor, deve ser com-

---

[91] MARTINS-COSTA, Judith. *Comentários ao novo Código civil*: do inadimplemento das obrigações. 2. ed. Rio de Janeiro: Forense, 2009. v. 5, t. 2. p. 135-136.

[92] AGUIAR JÚNIOR, Ruy Rosado de. *Extinção dos contratos por incumprimento do devedor*. 2. ed. rev. e atual. Rio de Janeiro: AIDE Editora, 2003. p. 26.

[93] SILVA, Clovis do Couto e. *A obrigação como processo*. Rio de Janeiro: FGV, 2006. p. 17.

[94] KONDER, Carlos Nelson; RENTERÍA, Pablo. A funcionalização das relações obrigacionais: interesse do credor e patrimonialidade da prestação. In: TEPEDINO, Gustavo; FACHIN, Luiz Edson. (Org.). *Diálogos sobre direito civil*. Rio de Janeiro: Renovar, 2008. v. 2. p. 275.

preendido o conceito jurídico de *interesse*. Pela simples leitura do verbete fornecido por dicionário de língua portuguesa, verifica-se a multiplicidade de acepções atribuídas à palavra interesse. Por exemplo, identificam-se as ideias de lucro material ou pecuniário; de procura de vantagem pessoal ou de proveito; os sentimentos de cobiça, avidez; ou ainda os de zelo, simpatia, preocupação ou curiosidade por alguém ou alguma coisa.[95] Por sua vez, no campo do direito, o termo interesse também encontra, normalmente adjetivado ou em composição com outros termos jurídicos, enorme diversidade de usos, constituindo vários conceitos jurídicos.[96]

No âmbito do direito privado, mais especificamente ao tratar da responsabilidade civil, a noção de interesse é associada aos conceitos de direito subjetivo e de dano, de modo que o interesse não é só a fonte, mas também a medida desses conceitos.[97] Em relação ao direito subjetivo, o termo interesse possui a função de criar o conteúdo de direitos individuais, bem como de controlar o exercício de tais direitos na esfera individual. Acrescente-se a função de permitir a regulação global desses direitos em relação a outros, não só referentes à esfera de direitos individuais, como também aos direitos sociais e coletivos, com o equilíbrio necessário entre direitos de titularidade diferentes.[98]

Tradicionalmente, contrapõem-se duas concepções de direito subjetivo. De acordo com a primeira, cuja formulação foi feita por Savigny, o direito subjetivo constitui a atribuição de poder individual à disposição da vontade de cada pessoa.[99] Trata-se de conceito que tem origem no *voluntarismo*, isto é, constitui fruto de movimento ideológico, que valoriza o poder da vontade individual. Dentro dessa teoria, o direito objetivo reconhece ao titular do direito de propriedade o poder de disposição do

---

[95] Ferreira, Aurélio Buarque de Holanda. Miniaurélio: o minidicionário da língua portuguesa. 7. ed. Curitiba: Editora Positivo, 2008. p. 485.

[96] Guedes, Gisela Sampaio da Cruz. *Lucros cessantes:* do bom-senso ao postulado normativo da razoabilidade. São Paulo: Editora Revista dos Tribunais, 2011. p. 125.

[97] Gérard, Philippe; OST, François. *Droit et intérêt*: entre droit et non-droit. Bruxelles: Facultés Universitaire Saint-Louis, 1990. t. 2. p. 10-11.

[98] Gérard, Philippe; OST, François. *Droit et intérêt*: entre droit et non-droit. Bruxelles: Facultés Universitaire Saint-Louis, 1990. t. 2. p. 17.

[99] Savigny, Friedrich Karl Von. *Traité de droit romain*. Tradução de M. Ch. Guenoux. 2. ed. Paris: Librairie de Fimin Didot Frères, 1855, t. 1. p. 7-9.

bem como lhe for conveniente e remete à sua vontade para exercitar tal prerrogativa.[100]

Por sua vez, a segunda concepção, que foi elaborada por Rudolf von Jhering, adota visão teleológica do direito, segundo a qual o reconhecimento do direito subjetivo depende de três condições: (i) a existência de interesse como prerrogativa referente à vantagem material ou moral; (ii) a verificação da legitimidade de tal interesse, conforme valores da sociedade; (iii) a definição, pelo ordenamento jurídico, das prerrogativas do direito subjetivo e da ação jurídica a que o titular poderá se socorrer caso haja a violação.[101] Em consequência, o direito subjetivo não é tutelado pela simples vontade individual, mas pelo conteúdo ser composto por interesse protegido pelo ordenamento.[102]

O conceito tradicional de direito subjetivo apoia-se em ambas as teorias. A relação jurídica obrigacional é constituída pelas respectivas posições de poder e dever entre uma pessoa (credor) e outra pessoa (devedor). Tais posições jurídicas são estabelecidas pelo ordenamento para a tutela de determinado interesse. Precisamente por efeito da relação constituída entre credor e devedor e pela concessão de poder à disposição do sujeito ativo, o interesse do sujeito passivo estará subordinado à vontade e ao interesse do sujeito ativo. O interesse não configura bem em si, mas o valor relativo que determinado bem possui para o sujeito de direito, de modo que, para o mesmo bem, é possível a gradação do interesse de vários sujeitos.[103]

Dentro dessa perspectiva, a relação obrigacional é formada pelo direito subjetivo do credor e pelo respectivo dever de prestar atribuído ao devedor: os direitos patrimoniais são suscetíveis de valoração pecuniária, cuja finalidade consiste na atribuição à pessoa do titular de poder jurídico-econômico de senhorio sobre bens de natureza econômica.

---

[100] ROCHFELD, Judith. *Les grandes notions du droit privé*. Paris: Presse Universitaire du France, 2011. p. 149-150.

[101] JHERING, Rudolf Von. *L'esprit du droit romain dans les diverses phases de son developpement*. Tradução de O. Meulenaere, 3. ed. Paris: Librairie Marescq Ainé, 1888, t.4, p. 325-329.

[102] ROCHFELD, Judith. *Les grandes notions du droit privé*. Paris: Presse Universitaire du France, 2011. p. 151.

[103] SANTORO-PASSARELLI, Francesco. *Dottrine Generali del Diritto Civile*. 9. ed. Napoli: Casa Editrice Dott. Eugenio Jovene, 2012. p. 69-70.

Esses direitos subjetivos possuem sempre caráter instrumental, pois se dirigem a satisfazer interesses econômicos ou de outra índole, porém restritos ao seu titular.[104] Na visão tradicional, é a não satisfação do interesse (em regra, econômico) como conteúdo e medida do direito subjetivo ao crédito (*i. e.* direito à prestação) que constitui objetivamente o inadimplemento da obrigação.

O termo *interesse* denota certa ambivalência quando inserido no contexto da relação obrigacional, significando, ao mesmo tempo, valor positivo e valor negativo. Se, por um lado, o interesse se identifica como vantagem de titularidade do credor; por outro lado, o interesse constitui o *quid* a pagar, isto é, a desvantagem atribuída ao devedor.[105] Apesar da ambivalência, como aspecto *objetivo* do conceito de inadimplemento, o interesse deve ser visto na perspectiva do credor, como *"pressuposto de um certo efeito favorável ao seu próprio titular"*,[106] tendo em vista que o escopo da relação obrigacional é o seu cumprimento, pela satisfação do interesse do credor.

Ressalte-se que a concepção *voluntarista* da relação obrigacional encontra-se ultrapassada e que o interesse da parte não é tutelado pelo ordenamento como *fim em si mesmo*. Dessa forma, a constituição de direitos subjetivos individuais não se faz apartada de deveres, ônus e obrigações. Acrescente-se que as situações jurídicas favoráveis, como também aquelas desfavoráveis, não podem ser consideradas isoladamente, fora do contexto da relação em que se inserem. Diversamente, o interesse é tutelado se estiver e enquanto esteja em conformidade não apenas com o interesse individual do titular, mas também com aquele da coletividade, sendo que ambos devem encontrar fundamento na ordem jurídica.[107]

O processo de erosão do direito subjetivo, apartando-o da origem voluntarista, também altera a definição do *dano ressarcível* em caso de ina-

---

[104] Díez-Picazo, Luis. *Fundamentos del derecho civil patrimonial*. 6.ed. Cizur Menor: Thomson Civitas, 2007. v.1. p. 73-75

[105] Pinto, Paulo Mota. *Interesse contratual negativo e interesse contratual positivo*. Coimbra: Coimbra Editora, 2008. v. 1. p. 86.

[106] Pinto, Paulo Mota. *Interesse contratual negativo e interesse contratual positivo*. Coimbra: Coimbra Editora, 2008. v. 1. p. 489-490 (grifos no original).

[107] Perlingieri, Pietro. *O direito civil na legalidade constitucional*. Tradução de Maria Cristina de Cicco. Rio de Janeiro: Renovar, 2008. p. 681-682.

dimplemento da prestação.[108] Dentro desse contexto, fica evidente que a leitura tradicional da obrigação, limitada ao dever do devedor de cumprir a prestação principal, não é capaz de dar conta da multiplicidade de interesses subjacentes às operações econômicas, bem como não releva o caráter dinâmico da relação obrigacional.[109] O conceito de inexecução da obrigação é *relativo*, no sentido de que sua configuração dependerá de cada caso concreto, podendo "consistir numa conduta positiva ou negativa, material ou jurídica [e] determinado comportamento integrará uma inexecução se o agente *devia* ter tido *outra* conduta diferente daquela".[110]

A obrigação deve ser vista como processo complexo e dinâmico, cujas fases surgem no desenvolvimento da relação concreta e se ligam com interdependência, compondo todas as atividades necessárias à satisfação do interesse do credor.[111] A partir da funcionalização da relação obrigacional, o melhor adimplemento é, em verdade, o adimplemento devido. Isso significa que, para o alcance do interesse do credor, não basta o cumprimento da prestação principal pelo devedor. Passa a ser necessária a atenção de ambas as partes a todos os deveres que compõem a complexidade da obrigação, de forma a assegurar o efetivo atendimento do programa contratual.[112]

São várias as fontes de integração do contrato, inclusive de origem heterônoma.[113] Especial fonte integrativa é a boa-fé objetiva, como máxima de conduta ético-jurídica, que cria deveres atribuídos a ambos os contratantes.[114] Esses deveres são diversos da obrigação principal prevista no enlace, podendo constituir deveres de lealdade, de proteção e de

---

[108] Sobre o conceito de dano, ver itens 2.4 e 3.1 *infra*.

[109] TEPEDINO, Gustavo; e SCHREIBER, Anderson. *Fundamentos do direito civil*: Obrigações. Rio de Janeiro: Forense, 2020. v. 2. p. 316.

[110] JORGE, Fernando de Sandy Lopes Pessoa. *Ensaio sobre os pressupostos da responsabilidade civil*. 3. reimp. Coimbra: Almedina, 1999. p. 20.

[111] SILVA, Clovis do Couto e. *A obrigação como processo*. Rio de Janeiro: FGV, 2006. p. 20.

[112] TERRA, Aline de Miranda Valverde. *Cláusula Resolutiva Expressa*. Belo Horizonte: Fórum, 2017. p. 109.

[113] RODOTÀ, Stefano. *Le fonti di integrazione del contratto*. Milano: Giuffrè, 1970. p. 104-110.

[114] WIEACKER, Franz. *El principio general de la buena fe*. Tradução de José Luís Carro. Madrid: Civitas, 1977. p. 59-60.

esclarecimento ou informação.[115] Configura inadimplemento não só a conduta da parte que deixa de cumprir a prestação principal, mas também aquela pela qual são descumpridos os deveres heterônomos derivados da noção de obrigação como processo.[116] Melhor dizendo: importam tanto a obrigação *principal*, como também aquelas *secundárias* e *acessórias* relevantes para a obtenção do resultado útil programado.[117] Em síntese, há o inadimplemento pela "não realização da *prestação devida*, com a consequente insatisfação do credor, e não o mero descumprimento da prestação principal",[118] desde que imputável ao devedor.

Segundo doutrina especialista do tema, a boa-fé origina duas espécies de deveres na relação obrigacional, conforme os interesses envolvidos: os deveres anexos (ou instrumentais) e os deveres de proteção. Já os deveres de informação podem ser tanto instrumentais como de proteção, a depender do caso concreto.[119] Enquanto os deveres anexos são inseridos no contrato no *interesse da prestação* e atuam como forma de otimização do adimplemento satisfatório, os deveres de proteção tutelam o *interesse de proteção*, isto é, o interesse do credor à integridade de sua esfera jurídica.[120] Ressalte-se que tanto a violação de dever anexo quanto a viola-

---

[115] Sobre os diversos deveres oriundos da aplicação da boa-fé objetiva nas relações obrigacionais, cf. CORDEIRO, António Menezes. *Da boa fé no direito civil*. Coimbra: Almedina, 2013. p. 604-616.

[116] Cf. BRASIL. Superior Tribunal de Justiça. *REsp 1.655.139/DF*. Relator(a): Min. Nancy Andrighi. Julgamento: 05/12/2017. Órgão Julgador: 3ª. Turma. Publicação: DJe 07/12/2017.

[117] MOSCO, Luigi. *La risoluzione del contratto*. Napoli: Casa Editrice Dott. Eugenio Jovene, 1950. p. 74-75.

[118] TERRA, Aline de Miranda Valverde. *Inadimplemento anterior ao termo*. Rio de Janeiro: Renovar, 2009. p. 96.

[119] MARTINS-COSTA, Judith. *A boa-fé no Direito Privado*: critérios para a sua aplicação. 2. ed. São Paulo: Saraiva, 2018. p. 239.

[120] MARTINS-COSTA, Judith. *A boa-fé no Direito Privado*: critérios para a sua aplicação. 2. ed. São Paulo: Saraiva, 2018. p. 241-244. De acordo com importante corrente doutrinária, o conceito de mora e incumprimento definitivo não são aptos a incluir a situação de violação de alguns deveres oriundos da boa-fé objetiva, que são aqueles relacionados aos interesses de proteção, o que abriria espaço para a aplicação – ainda que restrita – da teoria da violação positiva do contrato. Cf. SILVA, Jorge Cesa Ferreira da. A boa-fé e a violação positiva do contrato. Rio de Janeiro: Renovar, 2002, para quem "a violação positiva do contrato constitui o inadimplemento decorrente do descumprimento culposo do dever

ção de dever de proteção poderão gerar o direito de o credor resolver o contrato, quando haja grave afetação da confiança legítima, com a transmudação da mora em inadimplemento absoluto, em razão da perda do interesse do credor na manutenção do vínculo obrigacional.[121]

Ademais, a teoria da quebra eficiente do contrato, importada da prática contratual anglo-saxônica, merece aqui breve menção por destacar os *efeitos* do incumprimento no programa contratual, conforme o interesse concreto do credor. Além disso, como se desenvolverá melhor oportunamente, essa teoria tem grande influência na definição da indenização, que acompanha a resolução contratual. Denominada na origem de *efficient breach theory*, trata-se da situação em que há a inexecução não só voluntária, mas também intencional da obrigação pelo devedor, motivada pela

---

lateral, quando este dever não tenha nenhuma vinculação direta com os interesses do credor na prestação" (p.268). A teoria da violação positiva do contrato (*Positive Forderungsverletzung*), atribuída à Hermann Staub, tem sua origem no direito alemão em razão do conceito restrito de inadimplemento previsto na versão primitiva do texto do Código Civil Alemão – BGB. (STAUB, Hermann. *La violazioni positive del contrato*. Tradução de Giovanni Varanese. Napoli: Edizioni Scientifiche Italiane, 2001). Na formulação original, essa teoria aplicava-se às situações nas quais não seria possível conduzir o descumprimento da prestação ao simples retardo culposo na execução (mora) ou à impossibilidade definitiva, bem como às situações de violação de dever de cuidado pela parte que ocasionasse lesão à pessoa ou danos à propriedade da outra parte ou ainda às situações de compra de produtos que se mostrassem defeituosos (ZWEIGERT, Konrad; KÖTZ, Hein. *An introduction to comparative law*. 3. ed. Oxford: Clarendon Press, 1998. p. 494). A reforma do direito das obrigações alemão em 2002 trouxe, contudo, relevante mudança no BGB ao inserir cláusula geral sobre a indenização devida na hipótese de inadimplemento da prestação, de forma que o conceito de inadimplemento passou a ser entendido em sentido mais amplo. Com a nova redação do artigo § 280 I do BGB, se o devedor falhar em atender a qualquer dever oriundo do contrato, o credor poderá reclamar indenização por perdas e danos que tenham sido causados pela quebra de dever pela parte, desde que o inadimplemento possa ser atribuído à sua responsabilidade (RÜFNER, Thomas. Art. 8:103: Fundamental Non-performance. In: JANSEN, Nils; ZIMMERMANN, Reinhard. *Commentaries on European Contract Laws*. Oxford: Oxford University Press, 2018. p. 1110-1120).

[121] Mesmo a doutrina que reconhece a violação positiva do contrato como modalidade autônoma de inadimplemento admite a sua conversão em inadimplemento absoluto, o que poderá ensejar a resolução pelo contratante prejudicado. cf. MARTINS-COSTA, Judith. *A boa-fé no Direito Privado*: critérios para a sua aplicação. 2. ed. São Paulo: Saraiva, 2018. p. 246-247.

existência de *incentivo econômico* a justificar a conduta. Em outras palavras, o ganho da parte com o inadimplemento excede o lucro esperado com o adimplemento, considerando-se ainda gastos com o pagamento de perdas e danos (em regra, conforme os danos de expectativa) ou de multa contratual à outra parte.[122]

Para elucidar a teoria, apresentam-se duas situações, em que o devedor poderá se encontrar, nas quais o custo de oportunidade do inadimplemento lhe será maior do que a perspectiva econômica de execução do programa contratual. No primeiro cenário, imagine-se que foi realizado contrato de compra e venda de determinado bem, cujo preço foi fixado em 1000 moedas. Contudo, antes da entrega do objeto, há súbito aumento do custo de produção para o vendedor, que antes era de 600 moedas e dobrou para 1200 moedas. Em tal situação, não se deve esperar que o devedor gaste mais do que o preço (1000 moedas) para cumprir o contrato, pois ele teria prejuízo concreto de 200 moedas.

Já no segundo cenário, tem-se que, após a realização de idêntico contrato, há repentino aumento do valor do objeto no mercado, sendo que o vendedor recebe nova proposta de terceiro que aceita comprar o mesmo bem pelo preço de 5000 moedas. Na nova situação, admite-se que o devedor possa inadimplir o contrato primitivo (pelo preço de 1000 moedas) e realizar novo contrato pelo preço de 5000 moedas, desde que pague indenização ao credor originário no valor da prestação (isto é, pelos danos de expectativa no valor de 1000 moedas), considerando a oportunidade de obter lucro na operação econômica de 3400 moedas (composto pelo preço do novo contrato, subtraída a indenização ao credor prejudicado e o custo de produção).

Em ambas as situações, de acordo com a análise econômica do direito, o custo de oportunidade para o devedor adimplir o contrato induz que

---

[122] BIRMINGHAM, Robert L. Breach of Contract, Damage Measures, and Economic Efficiency. In: *Rutgers L. Rev.*, v. 24, p. 273-292, 1970. Apesar de o desenvolvimento da ideia de o inadimplemento incentivado por razões econômicas ser atribuído a Robert Birmingham, a nomenclatura *theory of efficient breach* somente foi usada anos depois em trabalho acadêmico escrito por Charles Goetz e Robert Scott. Cf. GOETZ, Charles J.; SCOTT, Robert E. Liquidated Damages, Penalties and the Just Compensation Principle: Some Notes on an Enforcement Model and a Theory of Efficient Breach. In *Colum. L. Rev.*, v. 77, p. 554-594, 1977.

a escolha eficiente é não executar a obrigação, ainda que lhe seja fática e juridicamente possível e mesmo que haja o interesse útil do credor no recebimento.[123] No entanto, entende-se que, à luz do ordenamento brasileiro, poderá haver situação de comportamento *oportunista* do devedor no inadimplemento eficiente do contrato, a qual não merece chancela jurídica, especialmente quando a parte optar por inadimplir movida por expectativa de lucro que supere à alocação de riscos fixada na equação econômica do contrato.

Isso, porque, na situação de valorização do bem no mercado, após a formação da relação jurídica, a inexecução eficiente configura tentativa de obter ganho que supere o preço negociado contratualmente à custa da intervenção no direito de crédito do outro contratante. Ao descumprir intencionalmente a prestação para *acrescer* o próprio lucro, o contratante viola a transparência e a cooperação que devem caracterizar a conduta das partes.[124] Além disso, se o norte do contrato é a sua finalidade econômica (ou, melhor dizendo, sua função econômico-individual) – as partes contratam para obter o bem da vida que foi definido como objeto do pro-

---

[123] BIRMINGHAM, Robert L. Breach of Contract, Damage Measures, and Economic Efficiency. In: *Rutgers L. Rev.*, v. 24, p. 273-292, 1970. p. 292. A origem da discussão remonta à Análise Econômica do Direito (*Economic Analysis of Law*), que foi desenvolvida a partir da segunda metade do Século XX por estudiosos da Escola do Direito e da Economia (*Law and Economics*). Cuida-se de movimento acadêmico, cujo escopo é analisar institutos na seara patrimonial – especialmente contrato, responsabilidade civil e propriedade –, por meio do uso de ferramentas teóricas da microeconomia. Para tal visão, o direito deve atuar estritamente como sistema voltado à garantia de eficiência na distribuição de riquezas pelo mercado. Os primeiros trabalhos percursores do movimento da *Law and Economics* foram desenvolvidos pelo ganhador do prêmio Nobel da Economia Ronald Hart Coase e por Guido Calabresi e trataram, respectivamente, dos custos sociais e dos custos dos acidentes. Cf. COASE, R. Hart. The problem of social costs. In: *Law and Economics*, v. 3. p. 1-41, 1960; e CALABRESI, Guido. *The Cost of Accidents*: a Legal and Economic Analysis. New Heaven: Yale University Press, 1970, *passim*. No direito brasileiro, foi pioneiro o trabalho desenvolvido por FARIA, Guiomar T. Estrella. *Interpretação econômica do Direito*. Porto Alegre: Livraria do Advogado, 1994, *passim*.

[124] MARTINS, José Eduardo Figueiredo de Andrade. Reflexões sobre a incorporação da teoria da quebra eficiente (efficient breach theory) no direito civil brasileiro. In: TEPEDINO, Gustavo; MENEZES, Joyceane Bezerra de; MENDES, Vanessa Correia; e CASTRO E LINS, Ana Paola de. *Anais do VI Congresso do Instituto Brasileiro de Direito Civil*. Belo Horizonte: 2019. p. 100.

grama contratual e visam ao escopo que lhes pareça mutuamente vantajoso –, o inadimplemento eficiente impede o contratante prejudicado de obter o resultado útil programado, o qual terá que se contentar com a indenização substitutiva.[125]

Como já visto, o conceito funcionalizado de adimplemento contratual é centrado no atendimento da função econômico-individual do contrato, de modo que o compromisso dos contratantes é com a prestação, e não com o pagamento da indenização substitutiva. Ou seja, as partes, ao adentrarem na relação obrigacional, normalmente conhecem os propósitos que levaram o outro contratante a realizar a avença. Na quebra eficiente do contrato, ainda que se admita o pagamento de indenização equivalente aos danos de expectativa, impede-se que as pessoas alcancem projetos de vida.[126] No fim, o instituto do contrato perde o seu valor como mecanismo de promoção do bem-estar social.[127]

Enfatize-se que o interesse do credor deve ser avaliado à luz do resultado útil programado no contrato pelas partes, isto é, a função econômico-individual do contrato. Somente quando o devedor *dê, faça,* ou *não faça* tudo e exatamente aquilo que é obrigado a *dar, fazer,* ou *não fazer,* se poderá confiar, ao menos em linha de princípio, que o interesse do credor que sustenta a relação obrigacional foi satisfeito. Em síntese, o cumprimento da prestação é a plena implementação do conteúdo da obrigação – o que não é restrito àquela principal –, mas é composto por todo o programa contratual destinado ao atendimento do interesse do credor, conforme o resultado útil programado pelas partes.[128]

---

[125] FORGIONI, Paula A. *Contratos empresariais*: teoria geral e aplicação. São Paulo: Revista dos Tribunais, 2015. p. 58-59.

[126] ADLER, Barry E. Efficient Breach Theory through the Looking Glass. In: *New York University Law Review,* v. 83, n. 6, p. 1679-1725, 2008. p. 1680. Como ressalta o autor, no coração da teoria do inadimplemento eficiente está o remédio dos danos de expectativa (*expectation damages*), que cria incentivo para que a parte somente cumpra o programa contratual se lhe for a saída mais eficiente em termos econômicos se comparada à indenização substitutiva.

[127] BAGCHI, Aditi. Managing Moral Risk: The Case of Contract. In: *Colum. L. Rev.,* v. 111, p. 1917-1924, 2011.

[128] BASINI, Giovanni Francesco. *Risoluzione del contratto e sanzione dell'inadempiente.* Milano: Dott. A. Giuffrè Editore, 2001. p. 2-3.

Tal afirmação, todavia, não significa espaço de arbitrariedade pelo credor, que não poderá recusar o recebimento da prestação seja *antes, no termo do contrato*, ou até mesmo *depois* dele (em caso de purgação da mora pelo devedor) por mero capricho.[129] Diversamente, trata-se de certeza objetiva e, ao menos como regra, com base em viés econômico, que não se confunde com motivos psicológicos que, por ficarem apenas internalizados, não são perceptíveis à outra parte. Em suma, a finalidade econômica do contrato constitui seu norte, o *"plus* que integra o fim da atribuição e que está com ele intimamente ligado"*, de forma que o desatendimento torna a inexecução da obrigação em inadimplemento da prestação, por ser insatisfatória e imperfeita.[130]

1.3 Fundamento e pressupostos do direito à resolução contratual

O propósito do contrato é sempre a execução, de modo que, se a parte violar um ou vários termos expressos ou implícitos do contrato, é provável que ocorra reação da outra parte, cabendo ao ordenamento definir

---

[129] TEPEDINO, Gustavo; BARBOZA, Heloisa Helena; e MORAES, Maria Celina Bodin de. *Código Civil interpretado conforme a Constituição da República*, 2. ed. Rio de Janeiro: Renovar, 2007. v. 1. p. 718. Ressalte-se que o inadimplemento da prestação poderá ocorrer mesmo antes do termo, conforme a teoria do *breach of contract by anticipatory repudiation*, que foi recepcionada no vernáculo como teoria do inadimplemento antecipado ou, mais tecnicamente, o inadimplemento anterior ao termo. De acordo com essa teoria, haverá inadimplemento se o devedor, antes do prazo previsto para cumprimento da prestação, por sua palavra ou por seu comportamento, repudiar o contrato, no sentido de dar ciência à outra parte que não tem a intenção de cumprir a obrigação ou que não possui mais meios de cumpri-la. Também ocorrerá o inadimplemento antecipado se o devedor realizar nova ação voluntária que torne impossível o cumprimento do contratado. Por exemplo, caso a parte realize novo contrato cuja prestação tenha o mesmo objeto do contrato com o credor original, não sendo possível atender ao interesse de ambos os credores (CORBIN, Arthur Linton. *Corbin on contracts*: one volume edition. St. Paul, Minn.: West Publishing Co., 1952. p. 941). Em sua recepção no ordenamento brasileiro, a teoria destaca a essencialidade da análise do inadimplemento em seu aspecto objetivo, a fim que se verifique probabilidade próxima à certeza de incumprimento prospectivo, de forma a lesar o interesse do credor antes mesmo do termo (TERRA, Aline de Miranda Valverde. *Inadimplemento anterior ao termo*. Rio de Janeiro: Renovar, 2009. p.166). Cf., na jurisprudência, BRASIL. Superior Tribunal de Justiça; *REsp 309.626/RJ*. Relator: Min. Ruy Rosado de Aguiar. Julgamento: 07/06/2001. Órgão Julgador: 4ª Turma. Publicação: DJe 20/08/2001.

[130] SILVA, Clovis do Couto e. *A obrigação como processo*. Rio de Janeiro: FGV, 2006. p. 41.

as regras que disciplinam essas reações e quais os seus pressupostos. Em termos gerais, são admitidas reações de três ordens: (i) execução da prestação *in natura*; (ii) execução pelo equivalente pecuniário; e (iii) extinção da relação com o retorno das partes ao *status quo ante*. Assim, quando o devedor deixa de cumprir a obrigação, o credor – em vez de instar a execução específica pelo devedor ou a execução por terceiro que o substitua, se a prestação (*in natura*) ainda lhe for útil, ou reclamar o equivalente (*in pecunia*), mantendo o contrato subsistente – poderá se subtrair do vínculo obrigacional, fazendo desaparecer os efeitos do mundo jurídico. Em todos os casos, a parte prejudicada poderá requerer a indenização correspondente aos danos sofridos.[131]

A resolução contratual é causa de extinção da relação obrigacional, em virtude da execução defeituosa ou da não execução (parcial ou total) da obrigação imputável ao devedor, já que a prestação se tornou impossível ou inútil ao atendimento do interesse do credor, que não mais deseja manter a relação jurídica tal como pactuada.[132] Trata-se de remédio que serve à parte prejudicada para recuperar a liberdade contratual e econômica, que deseja o retorno ao *status quo ante*, pondo fim definitivo à relação obrigacional.[133]

Muito já se discutiu em doutrina acerca da *ratio* do direito do credor à resolução diante do inadimplemento absoluto da prestação contratual pelo devedor. O primeiro fundamento apontado para o direito à resolução é própria vontade presumida dos contratantes, conforme a máxima do *pacta sunt servanda*: a manifestação de vontade da parte ao contratar teve como razão a execução da prestação que lhe foi voluntariamente prometida pela outra parte. Ao mesmo tempo, a resolução constitui confirmação e derrogação do princípio da obrigatoriedade dos contratos, pois as partes se obrigaram a cumprir os termos contratados, porém, sob certas

---

[131] TREITEL, Gunter H. Remedies for breach of contract. In: *International Encyclopedia of Comparative Law*. Tübingen: Mohr Siebeck, 1976. v. 7. p. 3.

[132] TEPEDINO, Gustavo; KONDER, Carlos Nelson; e BANDEIRA, Paula Greco. *Fundamentos do direito civil*: Contratos. Rio de Janeiro: Forense, 2020. v. 3. p. 153.

[133] KLEINSCHMIDT, Jens. Introduction before Art. 9:301. In: JANSEN, Nils; ZIMMERMANN, Reinhard. *Commentaries on European Contract Laws*. Oxford: Oxford University Press, 2018. p. 1285-1291. p. 1286.

circunstâncias, estarão liberadas e poderão dar fim unilateralmente ao compromisso assumido. Dentro dessa visão, podem ser mencionadas as teorias da condição resolutória tácita e da *failure of consideration*.[134]

Para a primeira teoria, na doutrina francesa atribuída a Pothier[135] e posteriormente desenvolvida por Marcel Planiol, cuja origem remonta à *lex commissoria*, o fundamento da resolução está no consentimento condicionado das partes ao contratar, de modo que a resolução não é nada além de simples condição subentendida pelos contratantes.[136] Já conforme a segunda teoria, originária da *common law*, o contrato configura acordo voluntário pelo qual as partes trocam promessas mútuas, sendo a prestação dada em consideração à contraprestação a ser recebida. Por essa razão, a parte poderá se dispensar do cumprimento, caso haja falha no recebimento do equivalente pelo qual a prestação seria executada em troca.[137]

O segundo fundamento para o direito resolutivo está na interdependência objetiva das obrigações nascidas em contratos bilaterais. Nesse sentido, as teorias da causalidade recíproca e da quebra do sinalagma recorrem às ideias de correspectividade e de interdependência funcional entre as prestações para justificar a resolução. Por conseguinte, o desaparecimento do sinalagma contratual dá origem ao direito do credor a extinguir o vínculo obrigacional, diante do inadimplemento da prestação pelo devedor.[138]

Consoante a teoria da causalidade recíproca, adotada por Henri Capitant, nos contratos sinalagmáticos, a inexecução da prestação leva à derrota do contrato, porquanto cada obrigação encontra causa na execução

---

[134] MEORO, Mario E. Clemente. *La resolución de los contratos por incumplimiento*. Valencia: Tirant lo Blanch, 1992. p. 290.

[135] POTHIER, Robert Joseph. *Ouvres de Pothier*. Traité des Obligations. Paris: Béchet Ainé Librairie, 1824. n. 672. p. 406.

[136] PLANIOL, Marcel. *Traité élémentaire de droit civil conforme au programme officiel des facultés de droit*. 9. ed. Paris: Librairie Générale de Droit et de Jurisprudence, 1923, . t. 2. n.1307-1311. p. 444-445.

[137] CORBIN, Arthur Linton. *Corbin on contracts*: one volume edition. St. Paul, Minn.: West Publishing Co., 1952. p. 1.017-1.018.

[138] MEORO, Mario E. Clemente. *La resolución de los contratos por incumplimiento*. Valencia: Tirant lo Blanch, 1992. p. 291.

da obrigação correspectiva. Em consequência, quando a prestação não é atendida pelo devedor no termo, o escopo do contrato não pode mais ser alcançado e, portanto, a obrigação do credor fica sem causa.[139] Pela teoria da quebra do sinalagma, a análise causal ganha a perspectiva não só do sinalagma no momento genético, relacionado à formação da relação, mas também de perspectiva funcional, dirigida à tutela da execução da obrigação, de forma que a relação de interdependência entre as prestações será quebrada pelo incumprimento imputável ao devedor, o que leva à possibilidade da resolução pelo credor.[140]

Por último, o terceiro fundamento para direito à resolução encontra-se na existência de danos que a inexecução da obrigação contratual poderá causar ao credor. O inadimplemento não representa, somente, a violação do que foi voluntariamente pactuado pelos contratantes, como ainda faz com que a parte prejudicada não receba a finalidade econômica do contrato e, ao menos potencialmente, sofra graves danos. Dentro dessa linha de pensamento, podem-se mencionar as teorias da equidade e da sanção.[141]

Conforme a primeira teoria, adotada por Eugène Lelpetier, nos contratos sinalagmáticos, a resolução constitui solução de equidade em razão do desatendimento da prestação por uma das partes, constituindo a consagração no direito positivo de regra de justiça e, ao mesmo tempo, de ditado de simples bom-senso.[142] Já pela teoria da sanção, defendida por Giuseppe Auletta, o direito à resolução encontra explicação satisfatória se for considerado como sanção imposta pela violação de norma primária pela parte inadimplente, sendo a resolução, ao mesmo tempo, medida aflitiva ao interesse do sujeito passivo, e satisfativa ao interesse do sujeito ativo.[143]

---

[139] CAPITANT, Henri. *De la cause des obligations*: contrats, engagements unilatéraux. 3. ed. Paris: Librairie Dalloz, 1927. n. 147. p. 322-323.

[140] ROSSETTI, Marco. *La risoluzione per inadempimento*. Milano: Giuffrè, 2012, p. 36.

[141] MEORO, Mario E. Clemente. *La resolución de los contratos por incumplimiento*. Valencia: Tirant lo Blanch, 1992. p. 292.

[142] LEPELTIER, Eugène. *La résolution judiciaire des contrats pour inexécution des obligations*. Paris: Librairie Dalloz, 1934. p. 1-3.

[143] AULETTA, Giacomo Giuseppe. *La risoluzione per inadempimento*. Milano: Giuffrè, 1942. p. 147-150.

Todas as teorias destacam aspecto relevante do direito à resolução, porém – se analisadas isoladamente – revelam visão parcial de instituto dotado de múltipla funcionalidade.[144] A resolução contratual por inadimplemento apresenta três efeitos essenciais. Assim, pelo primeiro fundamento, da manifestação de vontade condicionada, sobressai o *efeito liberatório* da resolução: se não há meios de o credor obter a utilidade da prestação, não mais se justifica a manutenção do vínculo, podendo a parte se libertar da relação obrigacional. O segundo fundamento, da reciprocidade entre prestação e contraprestação, conduz ao *efeito restituitório*: a parte terá direito a receber a devolução da prestação, caso já a tenha cumprido. Já o terceiro fundamento, da proteção frente ao dano sofrido com a inexecução da obrigação, dá origem ao *efeito indenizatório*, isto é, a responsabilidade contratual da parte inadimplente pelos danos causados à parte prejudicada.

Por sua vez, todas as teorias mencionadas sujeitam-se a críticas. Em primeiro lugar, o fundamento da resolução na vontade presumida das partes, apesar de destacar a relevância da autonomia nas relações privadas, representa concepção voluntarista, o que não parece ser o caminho adotado pelo nosso ordenamento, que está centrado na legalidade constitucional. Diversamente, o direito à resolução possui origem na ordem jurídica, que determina o cumprimento dos contratos, de sorte que a aplicação da ordem heterônoma também se dá na definição das consequências da inexecução da obrigação.

Em segundo lugar, a simples quebra da correspectividade das obrigações nos contratos bilaterais origina outras formas de extinção da relação obrigacional, a exemplo da resolução por onerosidade excessiva ou por impossibilidade superveniente inimputável às partes, não tendo caráter exclusivo do direito à resolução por inadimplemento. Além disso, a violação da reciprocidade em si não serve como justificativa para o dever de a parte inadimplente indenizar os danos sofridos pela outra, o qual

---

[144] GENICON, Thomas. *La résolution du contrat pour inexécution*. Paris: Librairie Générale de Droit et de Jurisprudence, 2007. p. 143-144.

depende da presença de nexo de imputação da conduta à pessoa do devedor.[145]

Em terceiro lugar, no ordenamento jurídico brasileiro, a responsabilidade civil não constitui instrumento para a punição dos interesses da parte inadimplente e possui função reparatória do dano que a vítima sofreu em seu patrimônio. Conforme regra legal, a responsabilidade contratual, seja no caso de mora, seja no caso de incumprimento definitivo, visa à reparação dos danos emergentes e lucros cessantes.[146] Portanto, a reponsabilidade do devedor tem o valor não só definido, mas também limitado às perdas e danos que o credor teve com o inadimplemento da prestação contratual.[147]

Por fim, enfatize-se que a tutela do interesse do credor se dá por meio da proteção conferida pela ordem jurídica. Cabe ao ordenamento estabelecer os caminhos que poderão ser adotados pela parte prejudicada com a inexecução da obrigação contratual, quando seja imputável à conduta da outra parte. Caso opte pela resolução, ela não fará nada diferente do que exercer direito potestativo com previsão legal no artigo 475 do Código Civil,[148] contanto que presentes os pressupostos autorizativos da medida.

Não há qualquer necessidade em recorrer ao argumento da cláusula ou condição resolutória a ser extraída tacitamente de contrato bilateral, ou mesmo à regra de equidade.[149] Isso, porque o direito à resolução encontra fundamento e pressupostos na lei: a parte não inadimplente poderá pôr fim à relação obrigacional, desde que o incumprimento da

---

[145] LEPELTIER, Eugène. *La résolution judiciaire des contrats pour inexécution des obligations.* Paris: Librairie Dalloz, 1934. p. 77.

[146] Código Civil de 2002, art. 402. "Salvo as exceções expressamente previstas em lei, as perdas e danos devidas ao credor abrangem, além do que ele efetivamente perdeu, o que razoavelmente deixou de lucrar.".

[147] TEPEDINO, Gustavo; TERRA, Aline de Miranda Valverde; e GUEDES, Gisela Sampaio da Cruz. *Fundamentos do direito civil*: Responsabilidade Civil. Rio de Janeiro: Forense, 2020. v. 4. p. 2.

[148] "Art. 475. A parte lesada pelo inadimplemento pode pedir a resolução do contrato, se não preferir exigir-lhe o cumprimento, cabendo, em qualquer dos casos, indenização por perdas e danos".

[149] MIRANDA, Pontes de. *Tratado de Direito Privado.* NERY JUNIOR, Nelson; NERY, Rosa Maria de Andrade (Atual.). São Paulo: Revista dos Tribunais, 2012. t. 25. p. 424.

prestação seja imputável à outra parte, associado à impossibilidade ou à perda da utilidade no seu recebimento. Em síntese, a denominada cláusula resolutiva tácita não é cláusula contratual, mas, sim, regra legal, e constitui alocação estabelecida pela teoria geral do risco.[150]

Repise-se que não se admite espaço de arbitrariedade do credor em resolver a relação obrigacional em razão de qualquer incumprimento da prestação pelo devedor, ainda que de mínima relevância frente à finalidade econômica do contrato. Como escolha discricionária, e não arbitrária, o direito à resolução encontra justificativa na ordem jurídica, e seu exercício não se subtrai ao controle pelo ordenamento, cuja avaliação será feita *a posteriori*, isto é, depois da inexecução da obrigação pelo devedor.

Nesse sentido, ressalvada a presença de cláusula resolutiva expressa, o legislador condicionou o exercício pelo credor do direito à resolução à verificação e confirmação judicial de seus pressupostos, garantindo proteção ao devedor inadimplente, quais sejam: (i) as obrigações inter-relacionadas à função econômico-individual do contrato, que caracterizam (como regra) os contratos sinalagmáticos; (ii) a definitividade do incumprimento, considerando não só a impossibilidade subjetiva de execução da prestação, mas também a perda irrecuperável do interesse do credor no recebimento, desde que por fato imputável ao devedor; e (iii) a não inadimplência da parte que decide pela resolução, a fim de evitar qualquer forma de oportunismo ou contradição em seu comportamento. São os pressupostos da resolução que se passa a examinar.

1.3.1 Obrigações inter-relacionadas à função econômico-individual do contrato

Como descrito nas linhas acima, a resolução contratual constitui remédio que o ordenamento concede ao credor na situação de incumprimento definitivo, e, tradicionalmente, se entende que o direito à resolução se aplica aos contratos bilaterais ou sinalagmáticos: a parte se dispôs a contratar, porque a outra lhe prometeu obrigação que configura, aos seus olhos, recompensa suficiente aos próprios compromissos. Nesses contratos, a ideia é que toda prestação é também contraprestação, pois "o cre-

---

[150] TERRA, Aline de Miranda Valverde. *Cláusula Resolutiva Expressa*. Belo Horizonte: Fórum, 2017. p. 58.

dor também é devedor, de modo que, se o devedor, que é credor, não *quer* adimplir, o devedor, que é credor, se pode recusar a adimplir".[151]

Se, por um lado, na formação do contrato, cada obrigação não nasce sem a outra correspondente, sob pena de invalidade do próprio enlace (*e.g.* o objeto da prestação de um dos contratantes já pereceu antes do contrato), por outro lado, na execução, não se pode admitir que a obrigação seja cumprida sem a exigência da outra. Tal fato não significa que a execução das obrigações tenha que ser simultânea, mas que, se o contratante não mais puder ou quiser cumprir a prestação, o outro poderá se libertar e não atender à contraprestação, ou obter a restituição, caso já a tenha cumprido. Com efeito, o direito à resolução é apontado como exclusividade dos contratos sinalagmáticos por ser fruto da ruptura do liame contratual.[152]

A classificação do contrato como bilateral refere-se aos efeitos produzidos na relação obrigacional, havendo dois requisitos: (i) as obrigações assumidas pelas partes devem estar conectadas por liame genético e funcional; e (ii) elas devem ter origem comum no contrato. As obrigações dos contratantes terão nexo de reciprocidade entre si quando o acordo de vontade se realizar em vista dos compromissos mutuamente assumidos, que serão considerados correspectivos desde a conclusão do contrato.[153] Em síntese, nos *contratos de intercâmbio,* o princípio fundamental é o *do ut des*, pelo qual cada contratante se obriga voluntariamente à sua prestação pela condição de o outro se obrigar à contraprestação.[154]

Ressalte-se que a *correspectividade* entre as obrigações, apesar de ter embasamento do ponto de vista econômico como valor recíproco, deve ser transportada para o terreno jurídico. A obrigação da parte não tem o seu conteúdo em si – em termos econômicos – afetado pela obrigação da

---

[151] MIRANDA, Pontes de. *Tratado de Direito Privado.* AGUIAR JÚNIOR. Ruy Rosado de; NERY JUNIOR, Nelson (Atual.). São Paulo: Revista dos Tribunais, 2012. t. 26. p. 193 (grifos no original).

[152] LEPELTIER, Eugène. *La résolution judiciaire des contrats pour inexécution des obligations.* Paris: Librairie Dalloz, 1934. p. 1-2.

[153] CONSTANTINESCO, Léontin-Jean. *La résolution des contrats synallagmatiques en droit allemand.* Paris: Librairie Arthur Rousseau, 1949. p. 69-71.

[154] LARENZ, Karl. *Derecho de Obligaciones.* Tradução de Jaime Santos Briz. Madrid: Editorial Revista de Derecho Privado, 1958. t. 1. p. 266-267.

outra parte, porquanto cabe a cada contratante definir o valor econômico que a atribuição patrimonial (*i. e.* de determinado bem ou serviço objeto da prestação contratual) tem para si. O que importa é que, juridicamente, a prestação do contratante é tida como o equivalente da contraprestação do outro contratante.[155]

A configuração do contrato como sinalagmático, contudo, não significa que *todas* as obrigações nascidas do contrato serão interdependentes entre si. Distintamente, é possível que somente *algumas* das obrigações da parte tenham relação de correspectividade com aquelas da outra parte.[156] Contratos bilaterais não se confundem com contratos onerosos, nem sempre haverá tal coincidência entre eles, pois é o sinalagma como característica das obrigações dos contratantes que dará a qualificação do contrato como bilateral, e não a simples existência de vantagem patrimonial mútua para os contratantes.[157]

A alocação de riscos é matéria aberta à autonomia privada, e a interdependência entre as obrigações pode ser convencionalmente excluída. Assim, é possível a previsão de regra contratual pela qual o descumprimento de dada obrigação não dará lugar ao direito à resolução (*i.e.* cláusula de irresolubilidade), ou, ainda, pela qual a parte terá que cumprir a obrigação mesmo que a outra parte não tenha cumprido a obrigação correspectiva (*i.e.* cláusula *solve et repetere*), reduzindo-se as escolhas do credor à exigência (posterior) do cumprimento da obrigação faltante ou da indenização substitutiva.[158] Tal constatação coloca em evidência a diferença entre bilateralidade e interdependência: enquanto a bilateralidade é predicado atribuído aos contratos com prestações correspectivas, a interdependência ou correspectividade constitui característica de

---

[155] Saleilles, Raymond. *Théorie générale de l'obligation*. Paris: Librairie Générale de Droit et de Jurisprudence, 1925. p. 184.

[156] Miranda, Pontes de. *Tratado de Direito Privado*. Aguiar Júnior. Ruy Rosado de; Nery Junior, Nelson (Atual.). São Paulo: Editora Revista dos Tribunais, 2012. t. 26. p. 206.

[157] Perlingieri, Pietro. *Manuale di Diritto Civile*. Napoli: ESI, 1997. p. 87. Exemplo de contrato oneroso, porém unilateral, é contrato de mandato, por haver incompatibilidade entre a confiança, ínsita ao tipo contratual, e existência do sinalagma. Cf. Tepedino, Gustavo; Konder, Carlos Nelson; e Bandeira, Paula Greco. *Fundamentos do direito civil: Contratos*. Rio de Janeiro: Forense, 2020. v. 3. p. 73.

[158] A cláusula de irresolubilidade será tratada mais à frente no item 1.4.1, deste capítulo.

algumas das obrigações nascidas nos contratos bilaterais.[159] Em síntese, são sinalagmáticos aqueles contratos cujas prestações trocadas pelas partes possuem relação de interdependência, de sorte que ao menos uma das obrigações assumidas pela parte tenha razão de ser na obrigação da outra, formando o contrato a composição de interesses necessariamente diversos, porém conexos.

A correspectividade constitui a cooperação regulamentada no contrato e visa ao resultado tido como vantajoso e desejado por ambas as partes.[160] Por exemplo, no contrato de compra e venda, que é bilateral por excelência, tal acordo patrimonial é voltado para a troca entre a coisa e o preço, sendo certo que a sua *ratio* consiste no sinalagma entre o sacrifício e a vantagem correspondente, porque as prestações estão inter-relacionadas à causa contratual e são igualmente essenciais ao alcance do adimplemento satisfativo. A correspectividade das obrigações é ínsita à função econômico-individual do contrato, isto é, à sua causa, e configura a razão que leva comprador e vendedor a entrar no acordo.[161]

Além disso, a origem das obrigações dos contratantes não se dá exclusivamente pelo exercício da autonomia privada. O conteúdo contratual não é só definido pelas partes, mas também por *ordem de heteronomia*, com o propósito da aplicação do ordenamento em toda relação privada, sendo sempre necessária a análise do concreto regulamento de interesses para se verificar a essencialidade da inexecução da obrigação em relação à finalidade econômica do contrato. O direito à resolução não se relaciona exclusivamente às obrigações principais dos contratantes, mas ainda à existência de *causa de atribuições* na relação obrigacional, sejam tais atribuições recíprocas constituídas pelo meio técnico das obrigações e previstas no contrato, ou não.[162]

---

[159] MEORO, Mario E. Clemente. *La resolución de los contratos por incumplimiento*. Valencia: Tirant lo Blanch, 1992. p. 291-292.

[160] PERLINGIERI, Pietro. *Manuale di Diritto Civile*. Napoli: ESI, 1997. p. 86.

[161] GAROFALO, Andrea Maria. La causa del contratto tra meritevolezza degli interessi ed equilibrio dello scambio. In: *Rivista di diritto civile*, ano 58, n. 2. Padova, mar./abr. 2012. p. 589 e 597.

[162] MOSCO, Luigi. *La risoluzione del contratto*. Napoli: Casa Editrice Dott. Eugenio Jovene, 1950. p. 136.

Como já enfatizado, para o conceito de inadimplemento, não importa que a prestação satisfativa tenha deixado de ser atendida em relação à obrigação principal ou apenas acessória, ou que seja fruto dos deveres de cooperação e colaboração inseridos no programa contratual pela incidência da boa-fé objetiva. Em poucas palavras, a interdependência entre as obrigações das partes não se dá somente quanto ao conteúdo que foi autonomamente estipulado para o contrato, entre prestação e contraprestação em sentido estrito, mas também deve levar em conta deveres heterônomos voltados ao atendimento da causa contratual.

Entende-se que o credor poderá resolver a relação obrigacional em razão de inadimplemento de obrigação acessória, desde que implique – ao fim e ao cabo – o descumprimento funcional da obrigação principal, com a perda do interesse da parte na prestação contratual.[163] Se desatendida a função econômico-individual do contrato, de forma definitiva, com a inutilidade da prestação, terá o credor o direito à resolução, mesmo que tenha havido a inexecução pelo devedor de obrigação aparentemente acessória, porém que tenha se mostrado essencial ao atendimento do resultado útil programado. Portanto, não cabe critério apriorístico para definir a acessoriedade ou essencialidade da obrigação não cumprida, que deverá ser avaliada conforme a afetação concreta da utilidade da prestação, tendo-se em conta a gravidade das consequências do incumprimento no efetivo regulamento de interesses.[164]

Nesse mesmo contexto, discute-se a possibilidade de resolução *fora* do âmbito dos contratos sinalagmáticos, isto é, em contratos unilaterais, que são aqueles em que uma das partes não terá que cumprir qualquer contraprestação frente à prestação da outra parte. Em tais relações jurídicas, não há obrigações principais para os contratantes que estejam interligadas por nexo de interdependência, ainda que ambos sempre tenham,

---

[163] Díez-Picazo, Luis. *Derecho de obligaciones y contratos, derecho de daños, enriquecimiento injustificado*. 1. ed. Cizur Menor: Civitas, 2011. p. 2575.

[164] Meoro, Mario E. Clemente. *La resolución de los contratos por incumplimiento*. Valencia: Tirant lo Blanch, 1992. p. 128-130. A gravidade do incumprimento, que justifica o exercício pelo credor do direito à resolução, em razão da perda da utilidade da prestação será avaliada *infra* no próximo item deste capítulo.

pela complexidade inerente às situações jurídicas subjetivas, deveres heterônomos a cumprir como aqueles oriundos da boa-fé objetiva.[165]

Além de deveres de lealdade e de cooperação, as partes podem ter deveres secundários no contrato, mas que não são propriamente prestação e contraprestação. Com origem na doutrina francesa, criou-se a categoria dos contratos bilaterais ditos *imperfeitos*, nos quais se reconhecem alguns deveres ao contratante que não configuram contraprestação (*i. e.* obrigação principal) em face da prestação recebida.[166] Em consequência, parcela da doutrina francesa passou a defender a possibilidade de adoção do remédio da resolução em contratos bilaterais imperfeitos quando a parte sem prestação deixe de atender os deveres secundários.[167]

Com inspiração no *Code Civil*, durante a vigência do Código Civil de 1916, havia previsão expressa para limitar o direito da parte lesada à extinção da relação obrigacional – com direito à indenização por perdas e danos – aos contratos bilaterais, com base na chamada cláusula resolutiva tácita,[168] entretanto tal regra não foi repetida pela codificação de 2002. O direito à resolução encontra fundamento na lei civil e não há qualquer

---

[165] TEPEDINO, Gustavo; KONDER, Carlos Nelson; e BANDEIRA, Paula Greco. *Fundamentos do direito civil*: Contratos. Rio de Janeiro: Forense, 2020. v. 3. p. 71.

[166] AUBRY ET RAU. *Droit civil français d'après la méthode de Zacharie*. Paris: Librairie Générale de Jurisprudence, 1902. p. 469. Exemplificativamente, pode-se mencionar, no contrato de doação, o dever do donatário de não ser ingrato com o doador, prestando-lhe alimentos, caso necessário. Cf. TEPEDINO, Gustavo; KONDER, Carlos Nelson; e BANDEIRA, Paula Greco. *Fundamentos do direito civil*: Contratos. Rio de Janeiro: Forense, 2020. v. 3. p. 71.

[167] BOYER, Georges, *Recherches historiques sur la résolution des contrats*. Paris: Les Presses Universitaires de France, 1924. p. 11-16. CAPITANT, Henri. *De la cause des obligations*: contrats, engagements unilatéraux. 3. ed.Paris: Librairie Dalloz, 1927. n. 151, p. 334-338. Para resenha bibliográfica completa da doutrina francesa, anterior à reforma do direito das obrigações no Código Civil francês em 2016, cf. GENICON, Thomas. *La résolution du contrat pour inexécution*. Paris: Librairie Générale de Droit et de Jurisprudence, 2007. p. 193-197.

[168] Artigo 1.092 do Código Civil de 1916, que teve reconhecidamente inspiração no artigo 1184 do Código Civil francês, sendo que ambos restringiram expressamente o direito à resolução por inadimplemento aos contratos sinalagmáticos. Cf. BEVILAQUA, Clovis. Código Civil dos Estados Unidos do Brasil. 8. ed. Rio de Janeiro: Editora Paulo de Azevedo Ltda., 1950. v. 4., p. 208-209. A crítica à denominada cláusula resolutiva tácita foi apresentada no item 1.3 *supra*. Por sua vez, Carvalho Santos admitia a possibilidade de aplicação, aos contratos bilaterais imperfeitos, como o depósito e o mandato, do direito à resolução, uma vez que "o contrato unilateral passa a ser bilateral" (CARVALHO SANTOS,

restrição legal à aplicação do remédio só aos contratos bilaterais, considerando a redação do artigo 475 do Código Civil – localizado no capítulo "da extinção do contrato" – que é categórica no sentido de que "a parte lesada pelo inadimplemento pode pedir a resolução do contrato, se não preferir exigir-lhe o cumprimento, cabendo, em qualquer dos casos, indenização por perdas e danos".[169]

Apesar de a grande maioria das situações em que há pedido de resolução ocorrer em contratos bilaterais, considera-se que, no ordenamento brasileiro, não exista vedação legal ou lógica ao reconhecimento do direito à resolução em contratos unilaterais. Com isso, não se nega que tais contratos se caracterizam pela ausência de sinalagmaticidade – a sua causa está na transferência de bem ou direito sem qualquer contraprestação[170] –, porém tal constatação não significa que a parte que não tenha contraprestação em face da prestação recebida possa deixar de cumprir deveres secundários ou acessórios, sem que a ordem jurídica garanta mecanismo de reação à outra parte. Em outras palavras, a resolução é remédio aberto ao contratante pela perda da causa de atribuição da *sua* prestação, fazendo com que não tenha mais interesse na relação jurídica.[171]

João Manoel de. *Código Civil brasileiro interpretado*. Rio de Janeiro: Calvino Filho, 1936. v. 15. p. 245).

[169] A possibilidade de resolução em contratos unilaterais foi adotada na legislação de unificação do direito contratual europeu, de acordo com os Princípios do Direito Contratual Europeu (PECL), de 2000 e 2003, e, também, conforme os Princípios do *Unidroit* aplicados aos Contratos Comerciais Internacionais (PICC), de 2004. cf. KLEINSCHMIDT, Jens. Introduction before Art. 9:301. In: JANSEN, Nils; ZIMMERMANN, Reinhard. *Commentaries on European Contract Laws*. Oxford: Oxford University Press, 2018. p. 1285-1291. p. 1290. Além disso, a reforma de 2016 do direito das obrigações, que alterou Código Civil francês, também omitiu a restrição da resolução por inadimplemento aos contratos sinalagmáticos. Cf. BÉNABENT, Alain. *Droit des Obligations*. 18. ed. Issy-les-Moulineaux: LGDJ, 2019. p. 313. TERRÉ, François; SIMLER, Philippe; LEQUETTE, Yves; e CHÉNEDÉ, François. *Droit civil*: les obligations. 12. ed. Paris: Dalloz. 2018. p. 870-871.

[170] MORAES, Maria Celina Bodin de. Notas sobre a promessa de doação. In: *Na medida da pessoa humana*: estudos de direito civil-constitucional. Rio de Janeiro: Renovar, 2010. p. 275.

[171] TERRA, Aline de Miranda Valverde. *Cláusula Resolutiva Expressa*. Belo Horizonte: Fórum, 2017. p. 46-47.

Para elucidar a tese, menciona-se exemplo: em contrato de comodato, cujo objeto era bem imóvel, foi fixado encargo para o comodatário, prevendo-se que a parte ficaria responsável pelo pagamento dos tributos referentes ao bem durante o prazo de duração do contrato. O comodatário, contudo, deixou de pagar os tributos e ainda realizou a cessão do direito ao uso do bem à terceiro, sem a autorização do comodante, quebrando a confiança que caracteriza tal tipo contratual (que, como regra, é *intuito personae*). Diante do inadimplemento absoluto, pelo descumprimento do encargo e de dever secundário de dar uso à coisa que seja compatível ao pactuado, o credor comodante requereu a resolução contratual, com restituição do bem.[172]

Em síntese, a resolução contratual por inadimplemento é direito potestativo da parte para quem o contrato – seja bilateral ou unilateral – perdeu por completo a utilidade, "compreendendo o descumprimento de todos aqueles deveres que vierem a prejudicar a produção dos efeitos essenciais que o contrato visava a produzir".[173] Como se desenvolverá no próximo tópico, aí estão incluídos o incumprimento de deveres tidos como principais (*i. e.* prestação e contraprestação em si), secundários com previsão legal ou contratual e, também, aqueles instrumentais à prestação e ainda aqueles de proteção decorrentes da boa-fé objetiva, desde que, em todos os casos, sejam capazes de comprometer, definitivamente, o interesse do credor na realização da relação obrigacional.

1.3.2 A prestação é irrecuperável: o inadimplemento absoluto

Além da quebra da atribuição causal entre as obrigações das partes no contrato, o direito à resolução pelo contratante prejudicado pressupõe

---

[172] Cf. São Paulo. Tribunal de Justiça de São Paulo. *AC 0113668-68.2008.8.26.0001*. Relator: Des. Alberto Gosson. Julgamento: 02/02/2017. Órgão Julgador: 22ª Câmara de Direito Privado. Publicação: DJe 07/02/2017. Vislumbra-se a utilidade de se admitir a resolução por inadimplemento no contrato de comodato se tiver sido fixado prazo de duração, inclusive para fins de cumprimento do encargo, que tenha sido instituído em favor do comodatário. Em tal hipótese, o comodante só poderá extinguir o contrato antes do prazo se provar a necessidade da coisa emprestada. Cf. TERRA, Aline de Miranda Valverde. *Cláusula Resolutiva Expressa*. Belo Horizonte: Fórum, 2017. p. 46.

[173] TEPEDINO, Gustavo; KONDER, Carlos Nelson; e BANDEIRA, Paula Greco. *Fundamentos do direito civil*: Contratos. Rio de Janeiro: Forense, 2020. v. 3. p. 154-155.

o inadimplemento absoluto. A prestação torna-se irrecuperável devido à impossibilidade – material ou jurídica – de execução pelo devedor, ou ainda em razão da perda de utilidade para o credor, consoante a função econômico-individual do contrato. Em suma, o suporte fático do inadimplemento absoluto depende da impossibilidade de concretização da obrigação ou ainda que a sua inexecução (ou execução parcial ou defeituosa) conduza à inutilidade da prestação, que não é mais capaz de satisfazer o resultado programado para o contrato.[174]

Decerto, nem sempre a inexecução da obrigação terá efeitos definitivos no programa contratual, pois a prestação, apesar de não cumprida tal como devida, poderá permanecer útil aos interesses do credor, permitindo a purgação da mora pelo devedor. Nada obstante, se o credor não mais puder obter a prestação satisfativa, pois o resultado útil programado se tornou infactível, caberá a resolução da relação obrigacional. Em poucas palavras, a distinção entre o inadimplemento relativo e absoluto está na possibilidade de recebimento da prestação, que deve ser vista na perspectiva do credor, de modo que seja concretamente útil ao atendimento do seu interesse.[175]

Assim, nos termos do parágrafo único do artigo 395 do Código Civil,[176] separa-se a mora do inadimplemento absoluto pela utilidade da prestação para o credor, conforme a permanência, ou não, de seu interesse, o que deverá refletir no programa contratual. Haverá inadimplemento absoluto, sendo *definitivo* o incumprimento da prestação contratual, quando ela não puder ser mais executada pelo devedor ou, então, ainda que ele possa executá-la, não é mais apta a atender à carência que o credor visava a suprir. Torna-se irrecuperável a perda – não estando relacionada a motivos ou caprichos individuais –, e sim consoante as legítimas expectativas extraídas de dados objetivos fornecidos pelo programa contratual.[177]

---

[174] TERRA, Aline de Miranda Valverde. *Inadimplemento anterior ao termo*. Rio de Janeiro: Renovar, 2009. p. 98 e 104.

[175] MARTINS-COSTA, Judith. *Comentários ao novo Código civil*: do inadimplemento das obrigações. 2. ed. Rio de Janeiro: Forense, 2009. v. 5, t. 2. p. 218-220.

[176] "Art. 395, Parágrafo único. Se a prestação, devido à mora, se tornar inútil ao credor, este poderá enjeitá-la, e exigir a satisfação das perdas e danos".

[177] AGUIAR JÚNIOR, Ruy Rosado de. *Extinção dos contratos por incumprimento do devedor*. 2. ed. rev. e atual. Rio de Janeiro: AIDE Editora, 2003. p. 132-133. Cf., na jurisprudência,

O interesse do credor confunde-se com a própria utilidade da prestação.[178] Com efeito, a constatação acerca da utilidade da prestação não deve ser feita apenas considerando o interesse abstrato do credor na realização da obrigação, mas sim (e principalmente) o seu interesse concreto, tendo em vista as específicas circunstâncias contemporâneas ao inadimplemento do contrato.[179] Em síntese, como se afirmou em outra sede, "ainda que a prestação seja possível ao devedor em abstrato, se ela já não é capaz de satisfazer os interesses do credor, a hipótese será de incumprimento definitivo, pois não mais proporciona à parte a utilidade esperada conforme o programa obrigacional".[180]

A aferição de tal utilidade da prestação contratual deve ser extraída da causa do contrato, como a função econômico-individual perseguida pelas partes com a contratação. Adota-se concepção de causa do contrato como a síntese de seus efeitos essenciais, que foram pretendidos pelos contratantes ao adentrarem na relação jurídica, levando-se em conta o escopo prático perseguido.[181] O critério para a distinção entre mora e incumprimento definitivo não é volitivo, mas, sim, de *utilidade econômica*, relacionado à possibilidade, ou não, de atendimento do interesse do credor; ele poderá, inclusive, mandar executar a prestação por outrem (*i. e.* execução por terceiro).[182]

BRASIL. Superior Tribunal de Justiça. *REsp 129410l/RJ*. Relator: Min. Raul Araújo. Julgamento: 24/02/2015. Órgão Julgador: 4ª Turma. Publicação: DJe 26/08/2015.

[178] TEPEDINO, Gustavo; BARBOZA, Heloisa Helena; MORAES, Maria Celina Bodin de. *Código Civil interpretado conforme a Constituição da República*. 2. ed. Rio de Janeiro: Renovar, 2007. v. 1. p. 718.

[179] ZANETTI, Cristiano de Sousa. A perda de interesse do credor. In: BENETTI, Giovana; CORRÊA, André Rodrigues; FERNANDES, Márcia Santana; NITSCHKE, Guilherme Carneiro Monteiro; PARGENDLER, Mariana; VARELA, Laura Beck. (Org.). *Direito, cultura, método*: leituras da obra de Judith Martins-Costa. Rio de Janeiro: GZ Editora, 2019. p. 774.

[180] TEPEDINO, Gustavo; SANTOS, Deborah Pereira Pinto dos. A aplicação da cláusula penal compensatória nos contratos de promessa de compra e venda imobiliária. In: TERRA, Aline de Miranda Valverde; GUEDES, Gisela Sampaio da Cruz (Coord.). *Inexecução das Obrigações*: pressupostos, evolução e remédios. Rio de Janeiro: Editora Processo, 2020. p. 517.

[181] PERLINGIERI, Pietro. *Manuale di Diritto Civile*. Napoli: ESI, 1997. p. 370.

[182] ALVIM, Agostinho. *Da inexecução das obrigações e suas consequências*. 3.ed. Rio de Janeiro ̄ São Paulo: Editora Jurídica e Universitária Ltda., 1965. p. 58-60.

A mora, no direito brasileiro, possui conceito com larga amplitude, de sorte que não constitui somente a demora (elemento temporal) na entrega da prestação, mas também todos os cumprimentos defeituosos quanto ao lugar e à forma, abrangendo qualquer "desatenção aos princípios da identidade e da integridade da prestação".[183] O inadimplemento será relativo se ainda persistente a *viabilidade do cumprimento*, porque possível ao devedor (ou à terceiro que o substitua) e útil ao credor, desde que a prestação seja complementada, ou que a parte faltante seja convertida em indenização das perdas e danos.[184]

A execução específica é a solução para o caso de mora, em que o devedor possa ainda cumprir utilmente a prestação *in natura*,[185] constituindo forma preferível pelo ordenamento à conversão em perdas e danos, pela qual o credor busca obter a prestação satisfativa de seu interesse.[186] De modo similar, a execução da prestação por terceiro também é solução para a situação de mora: se o devedor deixa de cumprir a prestação consistente em obrigação de fazer, porém *fungível*, poderá a parte prejudicada determinar que terceiro cumpra a prestação no lugar da parte inadimplente, a qual deverá arcar com o custo da nova contratação (operação de substituição), além das perdas e danos sofridos.[187]

Diversa será a situação da prestação de fato pessoal (*i. e.* obrigação personalíssima), que seja descumprida voluntariamente pelo obrigado.

---

[183] AGUIAR JÚNIOR, Ruy Rosado de. *Extinção dos contratos por incumprimento do devedor*. 2. ed. rev. e atual. Rio de Janeiro: AIDE Editora, 2003. p. 119.

[184] ASSIS, Araken de. *Resolução do contrato por inadimplemento*. 6. ed. rev., atual. e ampl. São Paulo: Thomson Reuters Brasil, 2019. p. 100.

[185] TERRA, Aline de Miranda Valverde. Execução pelo equivalente como alternativa à resolução: repercussões sobre a responsabilidade civil. In: *Revista Brasileira de Direito Civil* - RBDCivil. Belo Horizonte, v.18, p. 49-73, out./dez. 2018. p. 52-53.

[186] TEPEDINO, Gustavo. Inadimplemento contratual e tutela específica das obrigações. In: *Soluções práticas de direito*: pareceres. São Paulo: Revista dos Tribunais, 2012. v. 2. p.142.

[187] Código Civil de 2002, art. 249. "Se o fato puder ser executado por terceiro, será livre ao credor mandá-lo executar à custa do devedor, havendo recusa ou mora deste, sem prejuízo da indenização cabível". Cf., na doutrina, ALVIM, Agostinho. *Da inexecução das obrigações e suas consequências*. 3.ed. Rio de Janeiro - São Paulo: Editora Jurídica e Universitária Ltda., 1965. p. 58. Cf., na jurisprudência, Rio de Janeiro. Tribunal de Justiça do Rio de Janeiro. *AI 0059332-97.2017.8.19.0000*. Relator(a): Des. Sandra Santarém Cardinali. Julgamento: 08/02/2018. Órgão Julgador: 26ª Câmara Cível. Publicação: DJe 15/02/2018.

A título exemplificativo, se renomado escultor é contratado para fazer uma obra de arte exclusiva para o adquirente, porém se recusa a realizar a prestação em razão de recebimento de nova proposta de terceiro financeiramente mais vantajosa, o comprador original estará, em termos pragmáticos, impossibilitado de recebê-la.[188] Apesar de o cumprimento da prestação permanecer, em tese, possível, bastando para tanto a vontade do devedor, o credor não possui meios de obrigá-lo a cumpri-la, mas apenas tentar persuadi-lo por meios coercitivos indiretos (*e. g.* fixação de multa).[189] Em consequência, a situação poderá configurar *tout court* inadimplemento absoluto, porquanto ao credor não é mais possível ter acesso à prestação.[190]

Nesse ponto, interessa tratar da teoria da *substantial performance* ou, na tradução do vernáculo, a teoria de adimplemento substancial que, trazida da prática contratual do sistema da *common law*, teve forte recepção pela doutrina e jurisprudência brasileiras. Em síntese apertada, a ideia da *substantial performance* é que, se a prestação da parte está inter-relacionada ao dever de prestar da outra parte, tal prestação deve ser atendida – ao menos de forma substancial – para que o contratante possa exigir a contraprestação. Por exemplo, no contrato de empreitada, se houver a

---

[188] O exemplo foi inspirado em ALVIM, Agostinho. *Da inexecução das obrigações e suas consequências*. 3.ed. Rio de Janeiro - São Paulo: Editora Jurídica e Universitária Ltda., 1965. p. 59.
[189] TEPEDINO, Gustavo; BARBOZA, Heloisa Helena; e MORAES, Maria Celina Bodin de. *Código Civil interpretado conforme a Constituição da República*. 2. ed. Rio de Janeiro: Renovar, 2007. v. 1. p. 697. Sobre a possibilidade de fixação de multa, há a previsão do Código de Processo Civil, art. 536. "No cumprimento de sentença que reconheça a exigibilidade de obrigação de fazer ou de não fazer, o juiz poderá, de ofício ou a requerimento, para a efetivação da tutela específica ou a obtenção de tutela pelo resultado prático equivalente, determinar as medidas necessárias à satisfação do exequente. § 1º Para atender ao disposto no caput , o juiz poderá determinar, entre outras medidas, a imposição de multa, a busca e apreensão, a remoção de pessoas e coisas, o desfazimento de obras e o impedimento de atividade nociva, podendo, caso necessário, requisitar o auxílio de força policial". Sobre o tema, ver ZANETTI, Cristiano de Sousa. Cumplimiento forzado de las obligaciones: la experiência brasilena. In: VIDAL O., Alvaro; MOMBERG U. *Cumplimento específico e ejecución forzada del contrato*. De lo sustantivo a lo procesual. Valparaíso: Ediciones Universitarias de Valparaíso, 2016. p. 437-441.
[190] AGUIAR JÚNIOR, Ruy Rosado de. *Comentários ao novo Código Civil*: da extinção do contrato. Rio de Janeiro: Forense, 2011. v. 6. t. 2. p. 454.

realização de parcela relevante da obra (prestação) pelo empreiteiro, ele terá direito ao recebimento do preço (contraprestação) do dono da obra, porém não de forma integral, devendo ser descontada a indenização referente aos prejuízos da parte.[191]

Desde a sua origem jurisprudencial, no direito anglo-saxônico, a maior dificuldade da teoria sempre foi definir exatamente no que consiste esse adimplemento substancial da prestação, isto é, aquele cumprimento que seja suficiente para atender substancialmente – ainda que não de forma plena o interesse da parte credora, conforme o resultado útil que era esperado do programa contratual. Ou, inversamente, qual o nível de incumprimento da prestação (*substantial failure of performance*) que justifique a extinção da relação obrigacional pela parte prejudicada.[192]

Em um dos precedentes mais célebres da teoria do adimplemento substancial, discutiu-se se, em contrato de empreitada de material para construção de casa de campo, o uso de material de marca diversa daquela prevista no contrato, porém com qualidade similar, apenas na parte hidráulica da casa, configuraria *per se* inadimplemento do empreiteiro a

---

[191] O exemplo é de FARNSWORTH, E. Allan. *Contracts*. 4.ed. New York: Aspen Publishers, 2004. p. 548.

[192] Para tanto, a *common law* recorre à diferenciação entre *conditions* e *warranties*, especificando que somente o descumprimento das primeiras (*conditions*) daria à parte o direito de terminar a relação obrigacional. Assim, *conditions* são aquelas obrigações essenciais, sendo que as partes estabelecem expressamente que seu descumprimento leva ao direito à resolução pelo credor ou, ainda que não haja regra expressa, a sua importância para o pacto é tanta, que justifica a resolução pela parte prejudicada. Melhor dizendo: é a essencialidade do termo para o cumprimento do resultado programado que justifica o pedido de extinção em razão de seu inadimplemento. Por sua vez, o descumprimento das *warranties* só leva ao pedido de indenização pela parte, denominando-se tal indenização de *contractual indemnities*. Contudo, quando as partes não diferem expressamente as *conditions* das *warranties* no conteúdo do contrato, a posterior análise judicial é bastante complicada, tendo em vista a complexidade inerente às relações contratuais, o que dificulta a avaliação do incumprimento para qualificá-lo *substantial failure in performance* ou, ainda, da frustração do propósito do contrato (*frustration of the contractual purpose*). Cf. MEORO, Mario E. Clemente. *La resolución de los contratos por incumplimiento*. Valencia: Tirant lo Blanch, 1992. p. 105-114. Nesse sentido, para a separação entre *conditions* e *warranties*, se recorre à teoria do *fundamental breach*, que tem como parâmetro a gravidade do inadimplemento. cf. WEDDERBURN, K. W. Fundamental Breach of Contract: Onus of Proof. In: *The Cambridge Law Journal*, v. 20(1), p. 17-20, 1962.

justificar a resolução pelo dono da obra. Na decisão, foi afirmado que o defeito era de pequena monta frente a todo o projeto da obra, não afetando o propósito do contrato. Com efeito, um teste tão flexível quanto o desempenho substancial sacrifica algum nível de previsibilidade (em relação à alocação de riscos autonomamente estabelecida no contrato) para se alcançar justiça na situação concreta. Saber se a prestação é *substancial* constitui questão fática que dependerá das peculiaridades do caso, de forma que a linha traçada – entre o que é importante para a parte e o que é apenas trivial – não pode ser estabelecida por fórmula abstrata, mas dependerá da situação de cada credor.[193]

Não obstante se reconheça a imprecisão de definições abstratas, são apontados dois fatores relevantes, quais sejam, a *extensão* e o *grau* da inexecução frente à obrigação assumida pela parte. A extensão da inexecução deve ser analisada em relação à integralidade da prestação prometida, quer dizer, a *ratio* quantitativa entre o que foi executado e o que não foi executado (*e. g.* percentual em acres, de toneladas do objeto contratado). Todavia, não se trata de regra de ouro (*rule of thumb*), pois a diferença entre execução e inexecução poderá se dar em termos qualitativos, conforme se verifique a frustração do propósito do contrato. Dito diversamente, o outro fator relevante a ser considerado será o grau em que a inexecução parcial da prestação afetou o objetivo que a parte credora esperava com recebimento da prestação.[194]

A análise da gravidade da parcela faltante da prestação frente ao interesse do credor no programa contratado não parece ser estranha ao caminho adotado em sistemas jurídicos da *civil law*, a fim de se verificar a configuração de inadimplemento absoluto que justifique a resolução. O direito italiano traz o critério da não escassa importância (*di non scarsa importanza*) da inexecução da obrigação para autorizar a resolução pela

---

[193] Jacob & Youngs, Inc v. George E. Kent. Court of Appeals of New York, 1921. 230 N.Y. 239. In: AYRES, Ian; KLASS, Gregory. *Studies in Contract Law*. 8.ed. Foundation Press, 2012. p. 780-783.

[194] CORBIN, Arthur Linton. *Corbin on contracts*: one volume edition. St. Paul, Minn.: West Publishing Co., 1952. p. 658-662.

parte prejudicada, a teor do artigo 1.455 do Código Civil italiano.[195] Tal avaliação deve ser verificada pelo perfil objetivo, ante a repercussão do descumprimento no equilíbrio das prestações, de acordo com o programa contratual, porém também deve levar em conta o perfil subjetivo, visto de acordo com o concreto interesse da pessoa específica do credor na realização do *scambio*.[196]

Mais recentemente, em 2016, o Código Civil francês sofreu alteração na parte do direito das obrigações, na qual também passou a constar, expressamente como requisito para a resolução judicial por iniciativa da parte prejudicada, que a inexecução da prestação pela outra parte seja suficientemente grave (*suffisamment grave*), consoante previsão do artigo 1.224.[197] Distintamente da resolução convencional (*i. e.* cláusula resolutiva expressa), a resolução judicial não advém de comum acordo dos contratantes, e sim de exercício de direito unilateral com fundamento na lei, pressupondo descumprimento contratual que justifique tal medida radical: há correlação entre a gravidade da sanção, que traz fim à relação, e a gravidade do fato (não da culpa da parte, diga-se), que a torna possível.[198]

Por sua vez, a teoria do adimplemento substancial encontrou aceitação na doutrina brasileira, que apontou como fundamento o princípio da boa-fé objetiva, na função limitativa do exercício de posições abusivas.[199] Trata-se de construção inserida no contexto da funcionalização do direito das obrigações e que tem como objetivo permitir a avaliação

---

[195] Código Civil italiano, "art. 1.455. Il contratto non si può risolvere se l'inadempimento di una delle parti ha scarsa importanza, avuto riguardo all'interesse dell'altra".

[196] Cf. DELLACASA, Matteo. Inadempimento e risoluzione del contratto: un punto di vista sulla giurisprudenza. In: *Itinerari della giurisprudenza*: danno e responsabilità, n. 3, p. 261-277, 2008. p. 266. COLLURA, Giorgio. *Importanza dell'inadempimento e teoria del contrato*. Milano: Giuffrè, 1992. p. 10-18.

[197] Código Civil francês, "art. 1.224. La résolution résulte soit de l'application d'une clause résolutoire soit, en cas d'inexécution suffisamment grave, d'une notification du créancier au débiteur ou d'une décision de justice».

[198] Cf. DESHAYES, Olivier; GENICON, Thomas; e LAITHIER, Yves-Marie. *Réforme du droit des contrats, du régime général et de la preuve des obligations*. Commentaire article par article. Paris: LexisNexis, 2016. p. 497-498. TERRÉ, François; SIMLER, Philippe; LEQUETTE, Yves; e CHÉNEDÉ, François. *Droit civil*: les obligations. 12. ed. Paris: Dalloz. 2018. p. 866.

[199] AGUIAR JÚNIOR, Ruy Rosado de. *Extinção dos contratos por incumprimento do devedor*. 2. ed. rev. e atual. Rio de Janeiro: AIDE Editora, 2003. p. 253.

prévia da gravidade da inexecução contratual, para se concluir pela inutilidade da prestação e, assim, autorizar a deflagração da consequência drástica consubstanciada na resolução.[200] Em outras palavras, para a configuração do direito à resolução com fulcro no parágrafo único do artigo 395 do Código Civil, exige-se verdadeiro *inadimplemento substancial*, qual seja, o descumprimento qualificado pela impossibilidade de ser satisfeito o interesse do credor.[201]

A rigor da técnica, não se trata de situação de abuso do direito, sendo talvez até dispicienda a menção à boa-fé, pois o credor não pode abusar de direito potestativo cujos pressupostos não chegaram a se concretizar. Ou seja, na hipótese de adimplemento substancial, se não há a inutilidade da prestação, não há concretamente inadimplemento absoluto e, portanto, não tem a parte direito à resolução.[202] O adimplemento substancial é espécie de inadimplemento relativo e, por essa razão, permanece o interesse do credor no recebimento da prestação, que ainda é capaz de lhe garantir o resultado útil programado, desde que acompanhada da correspondente indenização dos danos causados pela mora.[203] Reconhece-se, todavia, a relevância da teoria por servir como instrumento para auxiliar o controle de legitimidade da resolução, com base em juízo de proporcionalidade, que esteja balizado por parâmetros de boa-fé objetiva.[204]

Reitere-se que, para a verificação se a hipótese é de adimplemento substancial – *i. e.* para se averiguar se é o caso de mora e não incumprimento definitivo –, fundamental será a análise do *topos* interesse do cre-

---

[200] SCHREIBER, Anderson. Tríplice transformação do adimplemento. In: *Direito Civil e Constituição*. São Paulo: Atlas, 2013. p. 110.

[201] FURTADO, Gabriel Rocha. *Mora e inadimplemento substancial*. São Paulo: Atlas: 2014. p. 75.

[202] TERRA, Aline de Miranda Valverde; GUEDES, Gisela Sampaio da Cruz. Adimplemento substancial e tutela do interesse do credor: análise da decisão proferida no REsp 1.581.505. In: *Revista Brasileira de Direito Civil* – RBDCivil, Belo Horizonte, v. 11, p. 95-113, jan./mar. 2017.

[203] MARTINS-COSTA, Judith. *Comentários ao novo Código civil*: do inadimplemento das obrigações. 2. ed. Rio de Janeiro: Forense, 2009. v. 5, t. 2. p. 219-220.

[204] PROENÇA, José Carlos Brandão. *Lições de cumprimento e não cumprimento das obrigações*. 2. ed. rev. e atual. Porto: Universidade Católica Editora Porto, 2017. p. 365-366.

dor na relação jurídica concreta.[205] Em outras palavras, entende-se que "a utilidade da prestação para o credor consiste, assim, no divisor de águas em matéria de inadimplemento das obrigações".[206] O interesse da parte deve ser avaliado objetivamente, conforme a causa do contrato, mas não se abandona, por completo, a análise subjetiva – não em perspectiva voluntarista, há muito superada pela versão funcionalizada do adimplemento –, mas que esteja relacionada à legítima expectativa da parte em relação ao programa contratual.[207] Em suma, para se concluir se persiste a utilidade da prestação, depreende-se a análise de elemento *subjetivo* referente à pessoa do credor, tendo em vista a confiança depositada no cumprimento satisfativo; e de elemento *objetivo* relacionado ao interesse refletido na causa do contrato como operação econômica, ou seja, no sinalagma estruturante do contrato.[208] [209]

---

[205] MARTINS-COSTA, Judith. *Comentários ao novo Código civil*: do inadimplemento das obrigações. 2. ed. Rio de Janeiro: Forense, 2009. v. 5, t. 2. p. 329-330.

[206] ZANETTI, Cristiano de Sousa. A perda de interesse do credor. In: BENETTI, Giovana; CORRÊA, André Rodrigues; FERNANDES, Márcia Santana; NITSCHKE, Guilherme Carneiro Monteiro; PARGENDLER, Mariana; VARELA, Laura Beck. (Org.). *Direito, cultura, método*: leituras da obra de Judith Martins-Costa. Rio de Janeiro: GZ Editora, 2019. p. 767.

[207] MARTINS-COSTA, Judith. *Comentários ao novo Código civil*: do inadimplemento das obrigações. 2. ed. Rio de Janeiro: Forense, 2009. v. 5, t. 2. p. 360-361.

[208] MARTINS-COSTA, Judith. *A boa-fé no Direito Privado*: critérios para a sua aplicação. 2. ed. São Paulo: Saraiva, 2018. p. 752-753. No mesmo sentido, cf. TEPEDINO, Gustavo. A teoria da imprevisão e os contratos de financiamento firmados à época do chamado plano cruzado. In: *Revista Forense*, v. 84, n. 301, p. 73-85, jan./mar. 1988. p. 83. Cristiano de Sousa Zanetti, ao se referir ao critério subjetivo, cita a perda de confiança como um dos grupos de casos que podem levar à perda do interesse na execução da prestação pelo devedor: "O direito do credor de exigir a execução da prestação em conformidade com a boa-fé objetiva também justifica sua recusa em receber a prestação se houver fatos que o levem a perder a confiança no devedor". (ZANETTI, Cristiano de Sousa. A perda de interesse do credor. In: BENETTI, Giovana; CORRÊA, André Rodrigues; FERNANDES, Márcia Santana; NITSCHKE, Guilherme Carneiro Monteiro; PARGENDLER, Mariana; VARELA, Laura Beck. (Org.). *Direito, cultura, método*: leituras da obra de Judith Martins-Costa. Rio de Janeiro: GZ Editora, 2019. p. 782).

[209] Sobre o critério objetivo, ver análise de ZANETTI, Cristiano de Sousa. A perda de interesse do credor. In: BENETTI, Giovana; CORRÊA, André Rodrigues; FERNANDES, Márcia Santana; NITSCHKE, Guilherme Carneiro Monteiro; PARGENDLER, Mariana; VARELA, Laura Beck. (Org.). *Direito, cultura, método*: leituras da obra de Judith Martins-Costa.

Nesse sentido, e retomando-se a origem na *common law*, a doutrina e a jurisprudência tendem a concluir que, ao menos quando não haja pacto expresso pelas partes,[210] a gravidade substancial do inadimplemento que permite a resolução dependerá de grau agudo da frustração do fim do contrato, exatamente por afetar, de forma grave, o benefício econômico que o credor pretendia obter com a prestação.[211] A parte prejudicada poderá extinguir a relação obrigacional *se* (mas somente *se*) o fim do contrato se perdeu, e a prestação se tornou inútil ao seu atendimento. Por conseguinte, se houver causa de atribuição ao devedor da prestação, ele terá responsabilidade por perdas e danos; porém, se não houver causa de atribuição a nenhum dos contratantes, o credor poderá rejeitar a prestação inútil, com o retorno ao estado anterior ao contrato, sem que haja responsabilidade obrigacional de qualquer das partes.[212]

Nada obstante, é inegável que, no estudo do adimplemento substancial, se identifique dificuldade na validação judicial da aplicação da teoria em situações concretas, de modo a se formar zona cinzenta entre mora e inadimplemento absoluto, o que pode autorizar comportamentos abusivos, tanto pelo credor lesado, como pelo devedor inadimplente. Nem todos os casos enfrentados na prática contratual encontram soluções tão evidentes como no caricato exemplo do contrato de empreitada para a construção de casa. Nesse exemplo, o empreiteiro entrega a obra completa, atendendo a todas as especificações do dono, faltando, porém, a colocação de uma das portas na posição correta conforme o projeto, ou, ainda, a colocação de simples maçaneta, o que não justifica a reso-

---

Rio de Janeiro: GZ Editora, 2019. p. 769. Nas palavras do autor: "Os contratos soem ser celebrados para atingir determinado propósito. O descumprimento do pactuado caracterizará inadimplemento definitivo sempre que obstar o cumprimento do objetivo comum às partes".

[210] Está sendo analisada a situação em que não há a previsão da cláusula resolutiva expressa, a qual será examinada no item 1.4.1 deste capítulo.

[211] Cf. CORBIN, Arthur Linton. *Corbin on contracts*: one volume edition. St. Paul, Minn.: West Publishing Co., 1952. p. 661. STANNARD, John E.; CAPPER, David. *Termination for breach of contract*. New York: Oxford University Press, 2014. p. 168. MEORO, Mario E. Clemente. *La resolución de los contratos por incumplimiento*. Valencia: Tirant lo Blanch, 1992. p. 113-114.

[212] A teoria da frustração do fim do contrato foi analisada *supra* no item 1.2.1, na nota 86.

lução, ante descumprimento tão irrisório e que poderia ser facilmente corrigido.[213]

Especialmente nas situações em que a prestação a que o credor faz jus é pecuniária, fica bastante complexa a qualificação da perda do interesse no seu recebimento, porquanto a indenização substitutiva também é pecuniária. Na prática, a análise do intérprete tem se restringido à mera verificação de percentual quantitativo da prestação cumprida, em aferição puramente matemática.[214] Diante do desafio criado pelo dinamismo da vida econômica, exsurge orientação jurisprudencial e doutrinária no sentido não de se abandonar por completo o critério do interesse do credor na prestação, visto conforme o resultado útil programado no contrato, mas de analisá-lo conjuntamente com outros critérios, quais sejam: (i) a importância quantitativa e qualitativa da prestação inadimplida; (ii) as consequências para ambos os contratantes advindas da resolução da relação obrigacional ou de sua manutenção; e (iii) o comportamento das partes durante a formação e a execução do contrato.[215]

---

[213] Plante v. Jacobs, 103 N. W. 2d. 296 (Wis. 1960). In: FARNSWORTH, E. Allan. *Contracts*. 4.ed. New York: Aspen Publishers, 2004. p. 548-550.

[214] Cf. precedente importante da Quarta Turma do Superior Tribunal de Justiça, em que se discutiu a necessidade de análise não só quantitativa, mas também qualitativa do cumprimento da prestação para verificar se o interesse do credor foi suficientemente atendido, de modo a se justificar, ou se afastar a resolução por incumprimento. Apesar da relevância da discussão travada na decisão, com estudo da doutrina e da própria jurisprudência do Tribunal Superior, a conclusão parece se fundar somente na análise quantitativa: BRASIL. Superior Tribunal de Justiça. *REsp 1581505/SC*. Relator: Min. Antonio Carlos Ferreira. Julgamento: 18/08/2016. Órgão Julgador: 4ª Turma. Publicação: DJe 28/09/2016. Cf. comentário à decisão supra de TERRA, Aline de Miranda Valverde; GUEDES, Gisela Sampaio da Cruz. Adimplemento substancial e tutela do interesse do credor: análise da decisão proferida no REsp 1.581.505. In: *Revista Brasileira de Direito Civil* – RBDCivil, Belo Horizonte, v. 11, p. 95-113, jan./mar. 2017.

[215] SIQUEIRA, Mariana Ribeiro. *Adimplemento substancial*: parâmetros para a sua configuração. Rio de Janeiro: Lumen Iuris, 2019. p. 117-162. A autora apresenta estudo sobre o tema, com farta análise da jurisprudência, e ainda se baseia nos critérios desenvolvidos na doutrina francesa, cf. GENICON, Thomas. *La résolution du contrat pour inexécution*. Paris : Librairie Générale de Droit et de Jurisprudence, 2007. p. 309-372. A própria jurisprudência do Superior Tribunal de Justiça tem se esforçado no desenvolvimento de critérios para auxílio do intérprete na verificação do adimplemento substancial que afaste a legitimidade do pedido de resolução pela parte prejudicada. Cf. BRASIL. Superior Tribunal de

Não obstante, dois dos três critérios apontados são de grande importância, porém necessariamente fazem parte da análise da utilidade da prestação para o credor, desde a origem jurisprudencial do instituto na *common law*. No nosso ordenamento, adotando-se perspectiva funcionalizada do adimplemento, a repercussão qualitativa – e não somente quantitativa – do descumprimento para o alcance da função econômico--individual do contrato é absolutamente relevante para a verificação da manutenção do interesse do credor ao recebimento da prestação, ainda que ela seja realizada de forma imperfeita pelo devedor.[216] Tal critério deve ter como parâmetro a economia do contrato como todo, consoante a alocação contratual de riscos, e não apenas a execução da obrigação principal das partes, estando relacionado à causa do contrato.[217]

De igual modo, a ponderação das consequências advindas para o credor, com a manutenção da relação obrigacional e para o devedor, com a sua extinção, constitui parte da avaliação da utilidade econômica das prestações no contrato, até porque a resolução é remédio precipuamente aplicável aos contratos bilaterais. As partes são reciprocamente credor e devedor, sendo que os interesses dos contratantes – que formam o sinalagma contratual – estão presentes não só no recebimento da prestação e da contraprestação, mas também em todas as situações subjetivas envolvidas na relação concreta. Apesar da ambivalência, o interesse, como aspecto objetivo do conceito de inadimplemento, deve ser visto na perspectiva do credor titular da obrigação que não foi corretamente adimplida, considerando que o escopo da relação obrigacional é o adimplemento satisfativo para ambas as partes.

Por sua vez, parece que o terceiro critério sugerido, o comportamento das partes na execução do contrato, não deva ser utilizado como medida da gravidade do inadimplemento, cuja análise deve ser restrita às con-

---

Justiça. *REsp 1236960/RN*. Relator: Min. Antonio Carlos Ferreira. Julgamento: 19/11/2019. Órgão Julgador: 4ª Turma. Publicação: DJe 05/12/2019.

[216] TERRA, Aline de Miranda Valverde; GUEDES, Gisela Sampaio da Cruz. Adimplemento substancial e tutela do interesse do credor: análise da decisão proferida no REsp 1.581.505. Revista Brasileira de Direito Civil – RBDCivil, Belo Horizonte, v. 11, p. 95-113, jan./mar. 2017. p. 106.

[217] SIQUEIRA, Mariana Ribeiro. *Adimplemento substancial*: parâmetros para a sua configuração. Rio de Janeiro: Lumen Iuris, 2019. p. 142.

sequências do incumprimento no programa contratual. Isso, porque se trata de pressuposto autônomo do direito à resolução, de forma que a inexecução da obrigação não poderá ser imputável ao contratante para que ele possa decidir pela resolução, tanto quanto ao cumprimento da obrigação principal, como das obrigações secundárias e acessórias, inclusive daquelas fundadas em deveres heterônomos de lealdade e de cooperação.[218] Além disso, para a configuração do próprio conceito de inadimplemento, que, se absoluto, permitirá o exercício do direito à resolução, é imprescindível o juízo de mérito acerca do comportamento da parte que deixa de atender à sua prestação (*i. e.* nexo de imputação).[219]

Conclui-se, portanto, que o pressuposto em análise é a *irrecuperabilidade* da prestação ante a perda de interesse no seu recebimento porque inútil ao atendimento do interesse do credor, conforme suas legítimas expectativas e de acordo com a causa contratual. Entretanto, caberá ao credor prová-la em juízo, ressalvada a hipótese de previsão contratual de cláusula resolutiva expressa. Por exemplo, em contrato de compra e venda de mercadoria que constitua insumo na atividade econômica do comprador, este poderá resolver a relação se, em razão da demora do vendedor na entrega da prestação, ele provar a perda do interesse no seu recebimento, por não mais haver terceiro interessado em adquirir o produto final que seria por ele produzido.[220]

Por fim, reafirme-se que o contrato constitui instrumento aberto à autonomia privada, cuja finalidade precípua é econômica, de modo a permitir a circulação de riquezas por meio de transações patrimoniais. Assim, o critério para a distinção entre mora e inadimplemento absoluto não é a vontade da parte, que não pode simples e arbitrariamente mudar de ideia, e resolver a relação apontando como causa qualquer detalhe não atendido perfeitamente pela outra parte. Diversamente, deve-se atentar para causa contratual, isto é, para a conformidade entre prestação e con-

---

[218] O pressuposto da não inadimplência do credor será analisado em seguida no item 1.3.3, *infra*.

[219] O nexo de imputação foi analisado no item 1.2.1 *supra*.

[220] Cf. São Paulo. Tribunal de Justiça de São Paulo. *AC 1007700-88.2013.8.26.0152*. Relator: Des. Edgard Rosa. Julgamento: 18/06/2015. Órgão Julgador: 25ª Câmara de Direito Privado. Publicação: DJe 19/06/2015.

traprestação, a fim de se verificar o atendimento da função econômico-
-individual do contrato.

1.3.3 Não inadimplência do credor

O terceiro pressuposto do direito à resolução é a não inadimplência da
parte que requer a extinção da relação obrigacional. Trata-se de pressuposto relacionado à existência de atribuição causal (*i.e.* nexo de correspectividade ou interdependência) entre as obrigações dos contratantes.[221]
Nessa conformidade, o "credor não inadimplente é a parte que, como
credora, não está em *mora creditoris*, e a que, como devedora, já efetuou
a sua prestação, sem ter recebido a contraprestação, ou está beneficiada
por um prazo ainda não vencido ou vencido depois do inadimplemento
da devedora".[222] No último caso, a ordem cronológica no cumprimento
das prestações deixa evidente que o não atendimento da contraprestação
possui, como razão, o prévio incumprimento da prestação, pelo exercício
de exceção do contrato não cumprido.[223]

Com previsão no artigo 476 do Código Civil,[224] a exceção de contrato
não cumprido – denominada de *exceptio non adimpleti contractus* – constitui mecanismo de autotutela na seara contratual, pelo qual se permite à
parte, por meio de exceção substancial, não cumprir a obrigação que lhe
incumbia até que seja atendida a obrigação recíproca pela outra parte.
Fundada na interdependência entre as prestações, a exceção poderá ser
utilizada como meio de defesa caso o outro contratante deixe de cumprir
não só a obrigação principal, como também aquelas secundárias ou acessórias, desde que conectadas ao resultado útil programado para o contrato.[225] Em contraposição ao remédio da resolução, a exceção tem função

---

[221] MEORO, Mario E. Clemente. *La resolución de los contratos por incumplimiento*. Valencia:
Tirant lo Blanch, 1992. p. 62.

[222] AGUIAR JÚNIOR, Ruy Rosado de. *Extinção dos contratos por incumprimento do devedor*. 2.
ed. rev. e atual. Rio de Janeiro: AIDE Editora, 2003. p. 166.

[223] TERRA, Aline de Miranda Valverde. *Cláusula Resolutiva Expressa*. Belo Horizonte:
Fórum, 2017. p. 109.

[224] "Art. 476. Nos contratos bilaterais, nenhum dos contratantes, antes de cumprida a
sua obrigação, pode exigir o implemento da do outro".

[225] SALLES, Raquel Bellini. *Autotutela nas relações contratuais*. Rio de Janeiro: Editora Processo, 2019. p. 163-183.

conservativo-cautelar: é medida provisória que se justifica em caso de mora, mantendo-se a hígida relação obrigacional.[226]

Tanto a exceção de contrato não cumprido como a resolução são remédios exclusivos do contratante não inadimplente, de modo que, ao usar tais instrumentos, a parte deixa de incorrer em mora.[227] A atitude do credor pode afastar a sua configuração quando deixe de atender a compromissos conforme o programa contratual. Por um lado, é possível que a parte tenha razões jurídicas para não satisfazer a contraprestação antes da respectiva prestação, quando lhe seja legítimo abandonar posição passiva, garantida com a exceção de contrato não cumprido, e adotar posição ativa, com a extinção da relação obrigacional, desde que transformada a mora em inadimplemento absoluto. Por outro lado, a carência do credor em cumprir a contraprestação poderá não possuir fundamento, quebrando o sinalagma contratual e dando ao seu devedor a possibilidade de invocação da exceção de inexecução. Em síntese: há a inversão dos papéis entre credor e devedor.[228]

Tradicionalmente, entende-se que constitui *mora creditoris* (também chamada de mora *accipiendi*) a situação na qual a parte faz a oferta da prestação de forma regular, completa e no momento oportuno, e a outra parte nega o seu recebimento, porém sem que tenha justa causa para tanto.[229] Nessa visão, o credor estará em mora a partir do atraso no recebimento da prestação oferecida pelo devedor,[230] o que dependerá dos seguintes elementos: (i) que exista dívida positiva e líquida; (ii) que o

---

[226] TERRÉ, François; SIMLER, Philippe; LEQUETTE, Yves; e CHÉNEDÉ, François. *Droit civil*: les obligations. 12. ed. Paris: Dalloz. 2018. p. 822. De fato, durante a vida da relação obrigacional, só terá sentido para a parte recorrer à exceção de contrato não cumprido se ainda tiver interesse no cumprimento da prestação pela outra inadimplente. Contudo, a exceção também poderá ser utilizada pela parte que optou pela resolução, já na relação de liquidação, a fim de assegurar a restituição de sua própria prestação, que se tornou sem causa (p. 825). O tema será mais bem abordado no próximo capítulo, item 2.3 *infra*.

[227] MIRANDA, Pontes de. *Tratado de Direito Privado*. AGUIAR JÚNIOR, Ruy Rosado de; NERY JUNIOR, Nelson (Atual.). São Paulo: Editora Revista dos Tribunais, 2012. t. 26. p. 194.

[228] LEPELTIER, Eugène. *La résolution judiciaire des contrats pour inexécution des obligations*. Paris: Librairie Dalloz, 1934. p. 228-229.

[229] SALEILLES, Raymond. *Théorie générale de l'obligation*. Paris: Librairie Générale de Droit et de Jurisprudence, 1925. p. 31-32.

[230] DANTAS, San Tiago. *Programa de Direito Civil II*. Rio de Janeiro: Editora Rio, 1983. p. 74.

devedor esteja apto a efetuar o pagamento; e (iii) que ele se ofereça a efetuá-lo.[231] Diferentemente da mora do devedor, a análise do comportamento do credor prescinde de conduta culposa para a configuração de sua mora.[232]

Não obstante, na concepção funcionalizada do adimplemento, a qualificação da parte – credora que requer a resolução – como *não inadimplente* depende da avaliação de mérito de seu comportamento na execução do contrato, não se afastando a imputabilidade como causa de atribuição de responsabilidade contratual.[233] A avaliação do comportamento do credor dependerá de parâmetros de boa-fé objetiva, pois também interessa ao devedor o adimplemento satisfativo, de sorte que há "elemento passivo que integra a posição predominantemente ativa do credor, aumentando a complexidade do conjunto".[234]

Ainda que a parte esteja na condição de credora da prestação, ela possui dever de colaboração direcionado à sua realização pelo devedor, não podendo prejudicá-lo na capacidade de cumprir o contratado.[235] Configura mora do credor "a recusa injustificada de aceitar a prestação devidamente ofertada, ou de atender ao convite do devedor para prestar a sua cooperação, quando esta é necessária para tornar a prestação materialmente possível",[236] nos termos do artigo 394 do Código

---

[231] BEVILAQUA, Clovis. *Código Civil dos Estados Unidos do Brasil*. 8. ed. Rio de Janeiro: Editora Paulo de Azevedo Ltda., 1950. v. 4. p. 90.

[232] ALVIM, Agostinho. *Da inexecução das obrigações e suas consequências*. 3.ed. Rio de Janeiro ⁻ São Paulo: Editora Jurídica e Universitária Ltda., 1965. p. 49-51. Para resenha de diversas posições doutrinárias na perspectiva do direito italiano, alemão e português, cf. PIRES, Catarina Monteiro. *Impossibilidade da prestação*. Coimbra: Almedina, 2017. p. 651-720.

[233] VARELA, João de Matos Antunes. *Das obrigações em geral*. 7. ed. Coimbra: Almedina, 2017. v. 2. p. 160-161.

[234] CORDEIRO, António Menezes. *Tratado de direito civil*. 2. ed. Coimbra: Almedina, 2012. v. 6. p. 324. Cf., na jurisprudência, Rio de Janeiro. Tribunal de Justiça do Rio de Janeiro. *AC 0013297-39.2014.8.19.0209*. Relator(a): Des. Denise Levy Tredler. Julgamento: 20/08/2019. Órgão Julgador: 21ª Câmara Cível. Publicação: DJe 29/08/2019.

[235] PIRES, Catarina Monteiro. *Impossibilidade da prestação*. Coimbra: Almedina, 2017. p. 761-762.

[236] TEPEDINO, Gustavo; e SCHREIBER, Anderson. *Fundamentos do direito civil*: Obrigações. Rio de Janeiro: Forense, 2020. v. 2. p. 324.

Civil.[237] Em outras palavras, estará em mora a parte que não atenda seu dever de cooperação, que constitui tanto o "comportamento ativo de colaborar ou propiciar o adimplemento da prestação", como o comportamento passivo de não criar entraves à sua execução.[238]

Além de ter cumprido com a sua obrigação (na condição de devedor), ou ter tido condições de cumpri-la (caso haja o benefício da ordem cronológica), é necessário que a parte (na condição de credora) coopere ativamente com o adimplemento da prestação pela outra parte, por meio do atendimento de obrigações secundárias e acessórias, inclusive heterônomas. O credor que pretende fazer uso do remédio da resolução deverá provar a *fidelidade* ao programa contratual. Com efeito, é a diferença existente no comportamento dos contratantes frente ao resultado útil programado que autoriza o emprego da resolução, somada com a imposição do dever de indenizar os danos causados.[239]

A atitude não-cooperativa do credor poderá alcançar grande intensidade frente ao programa contratual, ocasionando até a impossibilidade de o devedor adimplir.[240] Haverá inadimplemento absoluto pelo credor se a parte deixa de cooperar, quando tal obrigação lhe assiste: sua conduta torna inviável a execução da obrigação principal pelo devedor, a quem o inadimplemento da prestação não deverá ser imputado. Por exemplo, o empresário do *showbis* que contrata determinado artista para fazer apresentação musical em dia e hora previamente combinados, porém deixa de providenciar, por desídia, a locação do teatro apropriado, impossibilitando que o devedor atenda à sua prestação.[241]

---

[237] "Art. 394. Considera-se em mora o devedor que não efetuar o pagamento e o credor que não quiser recebê-lo no tempo, lugar e forma que a lei ou a convenção estabelecer".
[238] NANNI, Giovanni Ettore. Mora. In: LOTUFO, Renan; NANNI, Giovanni Ettore (Coord.). *Obrigações*. São Paulo: Atlas, 2011. p. 622. SILVA, Clovis do Couto e. *A obrigação como processo*. Rio de Janeiro: FGV, 2006. p. 97-98.
[239] CONSTANTINESCO, Léontin-Jean. *La résolution des contrats synallagmatiques en droit allemand*. Paris : Librairie Arthur Rousseau. 1949. p. 244-245.
[240] CORDEIRO, António Menezes. *Tratado de direito civil*. 3. Ed. rev. e aum. Coimbra: Almedina, 2017. v. 9. p. 378-379.
[241] ALVIM, Agostinho. *Da inexecução das obrigações e suas consequências*. 3. ed. Rio de Janeiro ⁻ São Paulo: Editora Jurídica e Universitária Ltda., 1965. p. 63.

Para afastar o direito à resolução em razão da inadimplência do credor, bastará o descumprimento de qualquer obrigação da parte, desde que relevante ao atendimento do programa contratual, não sendo necessário que configure a obrigação principal. Muitas vezes, a conduta da parte estará relacionada à prática de atos preparatórios à realização da obrigação principal que cabe à outra parte, como no exemplo supra – o aluguel do teatro pelo empresário (credor) para que o cantor (devedor) possa realizar o concerto –, além de outros imaginados pela doutrina: "pessoa que encomenda o retrato ao pintor e, em seguida, se recusa a posar para o efeito; carregador que não entrega a mercadoria que a empresa armadora deveria transportar; mandante que não faculta ao mandatário os meios necessários ao mandato".[242]

Ademais, em razão da interdependência entre as obrigações que são devidas pelas partes (*i. e.* são mutuamente credores e devedores), é possível que se verifique situação de inadimplemento recíproco. Conforme lição de Agostinho Alvim, cuida-se de situação em que ambos os contratantes faltam, no prazo ajustado e simultaneamente, com as suas respectivas obrigações, não se considerando ambos em mora, mas que as moras acabam por se anular mutuamente.[243] Se a hipótese for de incumprimento provisório – mantido o interesse no programa do contrato –, a solução será o adimplemento corretivo, havendo a compensação entre as perdas e danos sofridas pelos contratantes,[244] de modo que cada um deverá assumir os prejuízos conforme a causalidade dos danos.[245]

Não se afasta, todavia, a possibilidade de o contratante inadimplente pleitear a resolução, contanto que comprove que, em razão do não cumprimento tempestivo ou do cumprimento defeituoso pelo outro con-

---

[242] VARELA, João de Matos Antunes. *Das obrigações em geral.* 7. ed. Coimbra: Almedina, 2017. v. 2. p. 161.

[243] ALVIM, Agostinho. *Da inexecução das obrigações e suas consequências.* 3.ed. Rio de Janeiro - São Paulo: Editora Jurídica e Universitária Ltda., 1965. p. 97-98.

[244] ALVIM, Agostinho. *Da inexecução das obrigações e suas consequências.* 3.ed. Rio de Janeiro – São Paulo: Editora Jurídica e Universitária Ltda., 1965. p 167-168. Sobre o tema do inadimplemento recíproco, ver ZANETTI, Ana Carolina Devito Dearo. *Contrato de distribuição:* o inadimplemento recíproco. São Paulo: Atlas, 2015.

[245] Sobre as perdas e danos no inadimplemento recíproco, ver item 2.4 *infra.*

tratante, a prestação perdeu, definitivamente, a utilidade.[246] Pode-se imaginar o seguinte exemplo: sociedade *x* (locadora) realiza contrato de locação de bem móvel (barco cargueiro) com a sociedade *y* (locatária), a ser entregue em determinada data predefinida, com a duração prevista de três meses. No dia e local combinados, a sociedade *x* realiza a entrega do bem acordado, porém sem que fosse feita a revisão do sistema de segurança para atracamento do barco, que estava apresentando defeito; por sua vez, o funcionário da sociedade *y* realiza manobra errada, provocando o afundamento da embarcação. Apura-se que o acidente, que ocasionou a impossibilidade da prestação, resultou tanto da imperícia do funcionário da locatária, como também do defeito no sistema de segurança da embarcação. A locatária recusa fazer o pagamento do preço do contrato e requer a resolução, ante a impossibilidade da prestação, sem que as partes cheguem à conclusão acerca da responsabilidade pelos danos referentes às despesas de salvamento e de reboque.[247]

Se houver o inadimplemento absoluto imputável a ambos os contratantes, deverá o juiz ou árbitro deferir o pedido de resolução feito pela parte, desde que ela comprove ter perdido o interesse na prestação, pois a relação obrigacional estará *disfuncionalizada*.[248] Com efeito, tem-se, objetivamente, a morte do contrato por perda da causa, não fazendo sentido manter a relação vazia, porque agora não mais possível alcançar o resultado útil programado. Solução similar se terá na hipótese em que, após o ajuizamento da ação de resolução pela parte – ainda que inadimplente –, a outra manifeste concordância com a extinção do contrato, declarando não mais haver interesse na manutenção do vínculo, em conduta que caracteriza verdadeiro distrato.[249]

---

[246] AGUIAR JÚNIOR, Ruy Rosado de. *Extinção dos contratos por incumprimento do devedor*. 2. ed. rev. e atual. Rio de Janeiro: AIDE Editora, 2003. p. 168.

[247] O exemplo foi inspirado em PIRES, Catarina Monteiro. *Impossibilidade da prestação*. Coimbra: Almedina, 2017. p. 769.

[248] TERRA, Aline de Miranda Valverde. *Cláusula Resolutiva Expressa*. Belo Horizonte: Fórum, 2017. p. 132-133.

[249] AGUIAR JÚNIOR, Ruy Rosado de. *Extinção dos contratos por incumprimento do devedor*. 2. ed. rev. e atual. Rio de Janeiro: AIDE Editora, 2003. p. 170. Cf., na jurisprudência, São Paulo. Tribunal de Justiça de São Paulo. *AC 1002508-03.2017.8.26.0196*. Relator: Des.

A DISCIPLINA DA RESOLUÇÃO CONTRATUAL POR INADIMPLEMENTO

Diversa será a situação da parte que deixe de cumprir parcela pouco significante da prestação, ou que não atenda à obrigação secundária ou acessória que não atinja com intensidade o programa contratual, a qual poderá exercer o direito à resolução se houver o inadimplemento absoluto pela outra parte. Isto é, a parcela faltante da prestação a cargo do contratante, se irrelevante frente ao programa do contrato, não justifica a suspensão do cumprimento da contraprestação pelo outro contratante (via exceção de inexecução) e, muito menos, que ele exerça o direito potestativo à resolução. Por exemplo, o locador que entregue o apartamento em locação sem a pintura das paredes como prometido não justifica que o locatário deixe de pagar os aluguéis, ou ainda peça a resolução do contrato.[250]

O direito à resolução poderá ser exercido pelo credor quando houver adimplido substancialmente a própria prestação. Para tanto, deverá ser feita ponderação entre o incumprimento da obrigação frente ao programa contratual, considerada a relação de causalidade atribuível à conduta de cada contratante,[251] tomando-se como referência o impacto que a inexecução da obrigação pela parte teve no alcance da finalidade econômica do contrato. Em outras palavras, "não é apenas a quantidade do que falta objetivamente na prestação incompleta ou defeituosa (apurável mediante a consideração do que seria a prestação perfeita), mas a visualização dessa falta diante do interesse do credor".[252]

Por fim, entende-se que o contratante que requer a resolução deverá comprovar que está em condição de purgar a mora, mesmo que não se exija – por questões pragmáticas – o efetivo cumprimento. O pressuposto para o direito à resolução, portanto, não é o adimplemento da obrigação pelo credor, e sim a condição de não inadimplente, ressalvadas as situa-

---

Andrade Neto. Julgamento: 19/09/2018. Órgão Julgador: 30ª Câmara de Direito Privado. Publicação: DJe 08/10/2018.

[250] AGUIAR JÚNIOR, Ruy Rosado de. *Extinção dos contratos por incumprimento do devedor.* 2. ed. rev. e atual. Rio de Janeiro: AIDE Editora, 2003. p. 168.

[251] LEPELTIER, Eugène. *La résolution judiciaire des contrats pour inexécution des obligations.* Paris: Librairie Dalloz, 1934. p. 230.

[252] AGUIAR JÚNIOR, Ruy Rosado de. *Extinção dos contratos por incumprimento do devedor.* 2. ed. rev. e atual. Rio de Janeiro: AIDE Editora, 2003. p. 168. A teoria do adimplemento substancial foi analisada *supra*, no item 1.3.2.

ções já tratadas.[253] Se, por um lado, a necessidade que o credor demonstre estar em condições de cumprir a prestação visa à comprovação de que o inadimplemento não lhe é imputável, por outro lado, como a resolução é causa de extinção da relação obrigacional, em regra com eficácia retroativa, não faz mais sentido à parte efetivamente cumpri-la, uma vez que a prestação terá de ser restituída com o retorno ao *status quo ante*.[254]

1.4 A resolução como direito potestativo da parte prejudicada pelo inadimplemento contratual

Na hipótese de inadimplemento absoluto da prestação, de acordo com o artigo 475 do Código Civil, o credor poderá "pedir a resolução do contrato, se não preferir exigir-lhe o cumprimento, cabendo, em qualquer dos casos, indenização por perdas e danos". Entende-se que a parte terá à disposição, alternativamente, dois instrumentos de tutela do direito ao crédito,[255] e optará entre a resolução – com o retorno ao *status quo ante* – ou a exigência da prestação – não mais *in natura*, mas pelo equivalente pecuniário –, sem prejuízo, qualquer que seja a decisão, do pedido de indenização pelos danos sofridos.[256] Os caminhos possuem consequên-

---

[253] MEORO, Mario E. Clemente. *La resolución de los contratos por incumplimiento*. Valencia: Tirant lo Blanch, 1992. p. 67-69.

[254] TERRA, Aline de Miranda Valverde. *Cláusula Resolutiva Expressa*. Belo Horizonte: Fórum, 2017. p. 206.

[255] AGUIAR JÚNIOR, Ruy Rosado de. *Comentários ao novo Código Civil:* da extinção do contrato. Rio de Janeiro: Forense, 2011. v. 6. t. 2. p. 436.

[256] TERRA, Aline de Miranda Valverde. Execução pelo equivalente como alternativa à resolução: repercussões sobre a responsabilidade civil. In: *Revista Brasileira de Direito Civil* – RBDCivil. Belo Horizonte, v.18, p. 49-73, out./dez. 2018. p. 54. Na jurisprudência, cf. BRASIL. Superior Tribunal de Justiça. *EREsp 1280825/RJ*. Relator(a): Min. Nancy Andrighi. Julgamento: 27/06/2018. Órgão Julgador: 2ª Seção. Publicação: DJe 02/08/2018. Em sentido contrário, entendendo que o art. 475 do Código Civil, ao trazer os remédios para o incumprimento culposo pelo devedor, trata da alternativa entre a resolução contratual e a insistência na execução específica, cf. SOUZA, Eduardo Nunes de. De volta à causa contratual: aplicações da função negocial nas invalidades e nas vicissitudes supervenientes do contrato. In: *Civilistica.com*. Rio de Janeiro, a. 8, n. 2, 2019. Disponível em: <http://civilistica.com/de-volta-a-causa-contratual/>. Acesso em 04.10.2019.

cias diferentes, e a escolha de qual seguir deverá ser guiada pelos efeitos que se pretende que sejam produzidos.[257]

A resolução constitui "faculdade da pessoa que não recebeu a prestação prometida",[258] isto é, configura direito potestativo (também denominado como poder formativo resolutivo)[259] para quem o contrato perdeu a utilidade econômica, trazendo fim ao programa contratual.[260] Como causa de extinção da relação obrigacional (mas, diga-se logo, não do contrato em si), haverá o retorno ao *status quo ante* e, no seu lugar, a formação da relação de liquidação,[261] produzindo-se os seguintes efeitos: (i) a liberação das partes do cumprimento das obrigações correspectivas, se ainda não adimplidas; (ii) o dever de ambas as partes de restituição do que foi prestado em razão da relação obrigacional ora extinta; e (iii) o dever da parte lesante de indenizar a parte prejudicada, de modo a recompor seu patrimônio no estado em que estaria não fosse o contrato.[262]

Por sua vez, a execução pelo equivalente, também denominada de execução genérica, representa demanda de cumprimento do contrato.[263] Se ela configura opção do credor à resolução, possui, por coerência sistê-

---

[257] TERRA, Aline de Miranda Valverde. *Cláusula Resolutiva Expressa*. Belo Horizonte: Fórum, 2017. p. 206.

[258] RIZZARDO, Arnaldo. *Direito das Obrigações*. 7. ed. rev. e atual. Rio de janeiro: Forense, 2013. p. 458-459.

[259] MIRANDA, Pontes de. *Tratado de Direito Privado*. MARQUES, Claudia Lima; MIRAGEM, Bruno (Atual.). São Paulo: Editora Revista dos Tribunais, 2012. t. 38. p. 456.

[260] Cf. BRASIL. Superior Tribunal de Justiça. *REsp 1737992/RO*. Relator: Min. Paulo de Tarso Sanseverino. Julgamento: 20/08/2019. Órgão Julgador: 3ª Turma. Publicação: DJe 23/08/2019; BRASIL. Superior Tribunal de Justiça. *REsp 1728372/DF*. Relator(a): Min. Nancy Andrighi. Julgamento: 19/03/2019. Órgão Julgador: 3ª Turma. Publicação: DJe 22/03/2019.

[261] AGUIAR JÚNIOR, Ruy Rosado de. *Extinção dos contratos por incumprimento do devedor*. 2. ed. rev. e atual. Rio de Janeiro: AIDE Editora, 2003. p. 259.

[262] TERRA, Aline de Miranda Valverde. Execução pelo equivalente como alternativa à resolução: repercussões sobre a responsabilidade civil. In: *Revista Brasileira de Direito Civil⁻ RBDCivil*. Belo Horizonte, v.18, p. 49-73, out./dez. 2018. p. 58.

[263] STEINER, Renata C. *Reparação de Danos:* Interesse positivo e Interesse Negativo. São Paulo: Quartier latin, 2018. p. 345.

mica, exatamente os mesmos pressupostos,[264] isto é, a execução genérica só se justifica quando não mais for possível a execução da prestação *in natura* –, que é restrita à situação de mora.[265] Ao eleger o caminho da execução pelo equivalente, a parte mantém a relação obrigacional, mas há a alteração do programa contratual, com a substituição de objeto (prestação) pelo equivalente em pecúnia.[266] O credor também fará jus à indenização, porém deverá ser colocado na posição de vantagem em que estaria caso houvesse o cumprimento voluntário da prestação.[267]

A diferença central entre a resolução e a execução, como os remédios disponíveis no incumprimento definitivo, está no fato de que, enquanto na primeira, há a extinção, como regra, *retroativa* da relação obrigacional (ao menos quanto ao dever de prestar), na segunda, a relação obrigacional em si é preservada, mantendo-se hígido o sinalagma contratual. Na execução genérica, o credor terá de cumprir a prestação a fim de poder exigir que o devedor também o faça, mesmo que não mais tenha sentido – seja pela impossibilidade ou pela concreta inutilidade – que a prestação a cargo do devedor seja atendida *in natura*.[268] Por conseguinte, haverá

---

[264] TERRA, Aline de Miranda Valverde. *Cláusula Resolutiva Expressa*. Belo Horizonte: Fórum, 2017. p. 136.

[265] LEITÃO, Luís Manuel Teles de Menezes. *Direito das Obrigações*. 12. ed. Coimbra: Almedina, 2018. v. 2. p. 284.

[266] TERRA, Aline de Miranda Valverde. Execução pelo equivalente como alternativa à resolução: repercussões sobre a responsabilidade civil. In: *Revista Brasileira de Direito Civil* - RBDCivil. Belo Horizonte, v.18, p. 49-73, out./dez. 2018. p. 59.

[267] TERRA, Aline de Miranda Valverde. Execução pelo equivalente como alternativa à resolução: repercussões sobre a responsabilidade civil. In: *Revista Brasileira de Direito Civil* – RBDCivil. Belo Horizonte, v.18, p. 49-73, out./dez. 2018. p. 71.

[268] A título ilustrativo dos efeitos antagônicos alcançados pelos institutos, se reproduz o seguinte exemplo, elaborado por Aline Terra: "o dono de grande terreno avaliado em 100 moedas celebra contrato de compra e venda, com confissão de dívida pelo qual ele vende o imóvel para incorporador, que confessa dever ao alienante 100 moedas. Após o registro de memorial de incorporação com a identificação das unidades autônomas, a escritura de compra e venda com confissão de dívida é substituída por escritura pela qual se ajusta que o incorporador entregará ao credor, em lugar de 100 moedas, as futuras unidades autônomas 1 a 10 do empreendimento imobiliário a ser construído no terreno em 36 meses. Na hipótese de as obras sequer se iniciarem ao final do prazo ajustado, resta configurado o inadimplemento absoluto, e o credor poderá optar entre a resolução e a execução pelo equivalente. No primeiro caso, ser-lhe-á restituído o terreno; no segundo,

diversidade de fórmulas para cálculo da indenização devida na resolução e na execução pelo equivalente, já que os institutos apresentam efeitos completamente diversos.[269]

Se é livre a escolha pelo credor entre resolver a relação obrigacional ou mantê-la e executar pelo equivalente, não se pode considerar a resolução como medida excepcional ou subsidiária.[270] Mesmo na situação de inadimplemento absoluto, o credor poderá manter o interesse na relação obrigacional (não na prestação em si, diga-se) e preferir executar o contrato, entregando ao devedor a contraprestação – por meio de ação de execução, cujo pedido será o montante referente à prestação devida em pecúnia, além de perdas e danos –, em vez de resolver retroativamente a relação obrigacional.

Dessa forma, e centrando-se na análise da resolução, ela é direito potestativo do credor, que poderá decidir, com discricionariedade, se resolve ou não a relação obrigacional, e, portanto, depende de manifestação de vontade da parte.[271] Como é de saber comum, o direito potestativo configura situação jurídica ativa em que o titular possui poder de alterar a situação jurídica passiva de outra titularidade, sem que a pessoa afetada possa impedi-lo.[272] Ou seja, o titular detém poder formativo, pelo qual ele "pode, sozinho, constituir, modificar ou extinguir uma situação, apesar de isso significar invasão da esfera jurídica de outro sujeito que não pode evitar, em termos jurídicos, o exercício do poder".[273]

---

haverá a sub-rogação real e, como contrapartida ao terreno transferido, o credor receberá o valor pecuniário das 10 unidades autônomas referidas" (TERRA, Aline de Miranda Valverde. Execução pelo equivalente como alternativa à resolução: repercussões sobre a responsabilidade civil. In: *Revista Brasileira de Direito Civil* – RBDCivil. Belo Horizonte, v.18, p. 49-73, out./dez. 2018. p. 60-61).

[269] Sobre o tema, ver item 2.4 e seguintes *infra*.

[270] AGUIAR JÚNIOR, Ruy Rosado de. *Extinção dos contratos por incumprimento do devedor*. 2. ed. rev. e atual. Rio de Janeiro: AIDE Editora, 2003. p. 193. Em sentido contrário, cf. LÔBO, Paulo Luiz Netto. *Teoria Geral das obrigações*. São Paulo: Saraiva, 2005. p. 279.

[271] AGUIAR JÚNIOR, Ruy Rosado de. *Comentários ao novo Código Civil:* da extinção do contrato. Rio de Janeiro: Forense, 2011. v. 6. t. 2. p. 454.

[272] ROPPO, Vicenzo. *Diritto Privado*. Linee Essenziali. 2. ed. Torino: G. Giappichelli, 2013. p. 39.

[273] PERLINGIERI, Pietro. *O direito civil na legalidade constitucional*. Tradução de Maria Cristina de Cicco. Rio de Janeiro: Renovar, 2008. p. 685.

Apesar de o direito à resolução ser exercido mediante manifestação unilateral de vontade do credor, será necessária a confirmação por decisão judicial ou arbitral, ressalvada a situação de incidência de cláusula resolutiva expressa.[274] Na resolução judicial ou legal (*i. e.* chamada de cláusula resolutiva tácita), a vontade do titular é manifestada pelo requerimento de natureza processual, acompanhado da comprovação dos pressupostos substanciais do exercício do direito.[275] Em síntese, não cabe resolução legal *ex officio*, que se concretiza com a prática de ato jurídico unilateral pelo interessado,[276] pelo qual há a formalização do pedido em ação ou reconvenção, a fim de que haja *sentença constitutiva negativa*, que efetivamente extingue a relação obrigacional.[277]

Ademais, o direito à resolução é exercido no âmbito de relação jurídica preexistente entre credor e devedor, na qual ambos os contratantes detêm situações jurídicas ativas e passivas. O devedor estará na posição de sujeição, em que não só estará impedido de se opor ao exercício do direito pelo credor, como também terá o dever de não dificultá-lo, ao invés cooperando para tanto.[278] O credor, por sua vez, deverá respeitar as balizas para o exercício do direito resolutivo, não se afastando o controle de juridicidade, já que a resolução representa medida drástica, a qual leva à morte o programa contratual e, por conseguinte, a atribuição à parte de tal poder depende de razão justificadora, consoante o ordenamento jurídico.[279]

Especialmente na situação de inadimplemento parcial ou de cumprimento imperfeito, a avaliação da relevância das obrigações inadimplidas

---

[274] Cf. BRASIL. Superior Tribunal de Justiça. *EREsp 1789863/RJ*. Relator(a): Min. Marco Buzzi. Julgamento: 10/08/2021. Órgão Julgador: 4ª Turma Publicação: DJe 04/10/2021. A cláusula resolutiva expressa será analisada *infra*, no item 1.4.1.

[275] IRTI, Natalino. *Introduzione allo studio del diritto privato*. Padova: Cedam, 1990. p. 40-44.

[276] MIRANDA, Pontes de. *Tratado de Direito Privado*. MARQUES, Claudia Lima; MIRAGEM, Bruno (Atual.). São Paulo: Editora Revista dos Tribunais, 2012. t. 38. p. 456.

[277] AGUIAR JÚNIOR, Ruy Rosado de. *Comentários ao novo Código Civil*: da extinção do contrato. Rio de Janeiro: Forense, 2011. v. 6. t. 2. p. 459.

[278] PERLINGIERI, Pietro. *O direito civil na legalidade constitucional*. Tradução de Maria Cristina de Cicco. Rio de Janeiro: Renovar, 2008. p. 686-687. Em sentido contrário, para quem a figura do direito potestativo é incompatível com a própria ideia de relação jurídica, cf. IRTI, Natalino. *Introduzione allo studio del diritto privato*. Padova: Cedam, 1990. p. 44.

[279] PERLINGIERI, Pietro. *O direito civil na legalidade constitucional*. Tradução de Maria Cristina de Cicco. Rio de Janeiro: Renovar, 2008. p. 688.

pelo devedor no contexto do concreto regulamento de interesses é feita, *a priori*, unilateralmente pelo credor, que decide pelo pedido de resolução, porém deverá ser reavaliada, *a posteriori*, em todo o seu mérito, pelo órgão julgador, que irá deferir, ou não, o pedido. A sentença de confirmação da resolução, que extingue a relação obrigacional, garante que o exercício do direito potestativo pela parte não transforme a discricionariedade da autonomia privada em espaço para arbitrariedade, com o controle de conformidade do direito em relação aos pressupostos, assegurando proteção à outra parte.

Sobre o ponto, questiona-se se seria possível – e quais os limites – do exercício de *jus variandi* pelo credor, isto é, se, diante do inadimplemento, a parte que decide executar a prestação *in natura* poderia, posteriormente, resolver a relação obrigacional, ou, inversamente, se ela que optou pela resolução poderia voltar atrás e manter viva a relação obrigacional. De princípio, impõe-se a observação de que não há regra expressa no ordenamento brasileiro que discipline claramente essas alternativas. O artigo 475 do Código Civil dispõe, apenas, acerca do direito de escolha da parte prejudicada, que (enfatize-se, pela relevância) somente se constitui diante do *inadimplemento absoluto*, abrindo-lhe os caminhos da execução pelo equivalente ou da resolução.[280]

A discussão é bastante antiga e foi enfrentada pela doutrina italiana desde antes da vigência do Código Civil de 1942. A posição prevalecente foi no sentido da viabilidade de passagem da ação de cumprimento da prestação àquela de resolução, desde que não concluído o processo executivo, que prejudica a resolução, porquanto, se a obrigação foi prestada, ainda que de forma forçada, não há mais interesse na resolução, pois não há o que ser resolvido. Diversamente, entende-se pela impossibilidade de a parte alterar a demanda de resolução para a de cumprimento em razão de preclusão, já que, se a resolução tem como fundamento a cláusula resolutiva tácita, a verificação do evento em si já seria suficiente para caracterizar o fim da relação obrigacional, que deverá apenas ser confirmado judicialmente, não mais se sustentando o pedido de adimplemento

---

[280] AGUIAR JÚNIOR, Ruy Rosado de. *Extinção dos contratos por incumprimento do devedor*. 2. ed. rev. e atual. Rio de Janeiro: AIDE Editora, 2003. p. 199.

da prestação, o qual pressupõe a manutenção do interesse que move a relação obrigacional.[281]

Ademais, ainda haveria inconveniente prático em se admitir a variação da ação de resolução para aquela de cumprimento. Isso, porque, após ciência da demanda resolutória, o devedor, prevendo a extinção da relação obrigacional, poderia dispor do objeto do contrato (*e. g.* por meio de nova contratação com terceiro), de modo a não mais estar em condição de atender ao compromisso no contrato primitivo. Em razão da mudança de pedido pelo credor, o devedor poderá ter a situação econômica agravada ao arcar com o custo do objeto do contrato no mercado, provavelmente em condições mais onerosas. Por tais razões, o artigo 1.453, *comma* 2º, do Código Civil italiano[282] consagrou o entendimento de que a demanda judicial de resolução gera preclusão da possibilidade de o credor pedir a execução da prestação: se, por um lado, com a escolha da resolução, o credor reconhece, ainda que implicitamente, não mais haver interesse no contrato, por outro lado, ao devedor não mais se atribui a obrigação de arcar com a prestação.[283]

Já o direito espanhol previu restrição mais severa ao *jus variandi* do credor na situação de inadimplemento da prestação pelo devedor. Consoante o artigo 1.124, *comma* 2º, do Código Civil espanhol,[284] se a parte afetada pelo inadimplemento tiver optado pela ação de cumprimento, ela somente poderá exercer a pretensão de resolução caso a execução da obrigação *in natura* se tornar impossível e, se decidiu pela resolução, não poderá voltar atrás e pedir o cumprimento. Entende-se que, desde o momento em que o credor escolhe resolver, a relação obrigacional se

---

[281] Auletta, Giacomo Giuseppe. *La risoluzione per inadempimento.* Milano: Giuffrè, 1942. p. 458-460.

[282] Código Civil italiano, "art. 1453.º, 2. La risoluzione può essere domandata anche quando il giudizio è stato promosso per ottenere l'adempimento; ma non può più chiedersi l'adempimento quando è stata domandata la risoluzione".

[283] Mosco, Luigi. *La risoluzione del contratto.* Napoli: Casa Editrice Dott. Eugenio Jovene, 1950. p. 239.

[284] Código Civil espanhol, "art. 1124.º, 2. El perjudicado podrá escoger entre exigir el cumplimiento o la resolución de la obligación, con el resarcimiento de daños y abono de intereses en ambos casos. También podrá pedir la resolución, aun después de haber optado por el cumplimiento, cuando éste resultare imposible".

extingue, e não é possível revivê-la, cabendo aos tribunais apenas confirmar a presença dos pressupostos autorizadores.[285] Contudo, se são consideradas incompatíveis as demandas simultâneas de adimplemento e de resolução, a expressão "impossibilidade" não pode ser tomada em sentido absoluto, e devem ser incluídas as situações em que, mesmo sendo viável ao devedor atender à prestação, houve a frustração do fim do contrato para o credor.[286]

Por sua vez, no ordenamento jurídico brasileiro, ainda na vigência da codificação anterior (artigo 1.092 do Código Civil de 1916),[287] havia entendimento da doutrina quanto à possibilidade de variação de instrumentos, no sentido de o credor poder fazer pedidos *sucessivos*, e demandar a resolução após a opção pela execução *in natura*, ou vice-versa. Segundo Carvalho Santos, admitia-se que o credor recorresse à execução específica (ou por terceiro) mesmo depois de pleitear a resolução, contanto que o fizesse antes do pronunciamento judicial. Isso, porque é a sentença que traz fim à relação constituída entre credor e devedor, e somente após ela se aplica o aforismo *electa uma via non datur recursos ad alterum*. Além disso, as ações de execução e de resolução possuem objetivos bastante diversos: enquanto a primeira visa ao cumprimento do contrato, a segunda almeja o fim do programa contratual, com o retorno ao *status quo ante*.[288]

Nada obstante, a atenção do intérprete deve estar sempre focada na verificação, na situação concreta, da presença dos pressupostos para a resolução, a qual – se repita enfaticamente – depende da *irrecuperabilidade da prestação*, diante da impossibilidade para o devedor ou da perda de

---

[285] MEORO, Mario E. Clemente. *La resolución de los contratos por incumplimiento*. Valencia: Tirant lo Blanch, 1992. p. 81-85.

[286] MALO VALENZUELA, Miguel Ángel. *Remedios frente al incumplimiento contractual*. Cizur Menor: Aranzadi, 2016. p. 128-129.

[287] Código Civil de 1916, art. 1.092. "Nos contratos bilaterais, nenhum dos contraentes, antes de cumprida a sua obrigação, pode exigir o implemento da do outro. Se, depois de concluído o contrato, sobreviver a uma das partes contratantes diminuição em seu patrimônio, capaz de comprometer ou tornar duvidosa a prestação pela qual se obrigou, pode a parte, a quem incumbe fazer prestação em primeiro lugar, recusar-se a esta, até que a outra satisfaça a que lhe compete ou de garantia bastante de satisfaze-la".

[288] CARVALHO SANTOS, João Manoel de. *Código Civil brasileiro interpretado*. Rio de Janeiro: Calvino Filho, 1936. v. 15. p. 249-251.

utilidade para o credor. Enfatize-se que tanto a ação de resolução como a de execução pelo equivalente constituem remédios que o ordenamento jurídico faculta à parte prejudicada *somente na situação de incumprimento definitivo*. Tais instrumentos possuem idêntica hipótese de incidência, que não se confunde com a situação de mora,[289] e, por conseguinte, a questão deve ser avaliada sob o prisma da incidência, ou não, do artigo 475 do Código Civil. Ou seja, se há a configuração de situação concreta de inadimplemento absoluto da prestação.

Não se impede a parte que, diante da *mora* da outra parte, tenha requerido a execução específica ou por terceiro, posteriormente peça a execução genérica ou mesmo a resolução, em razão de alteração do quadro fático, caso a perpetuação da mora transforme-a em inadimplemento absoluto. Em síntese, trata-se de mudança do cenário fático, com novo pedido, já que a impossibilidade ou inutilidade da prestação é *posterior* ao momento do pedido original, o que justifica a alteração da tutela satisfativa do crédito, mesmo se já em fase executiva de cumprimento de sentença.[290]

Bem mais tormentosa é a situação em que o credor, ante a verificação do *inadimplemento absoluto da prestação*, decida pelo ajuizamento da ação de resolução, mas, subsequentemente, deseje se retratar do pedido e

---

[289] Sobre o ponto, ver item 1.3.2 *supra*, no qual se afirmou que a execução *in natura* é remédio aplicável somente para o caso de mora, em que o devedor (ou mesmo terceiro) ainda pode cumprir utilmente a prestação.

[290] A rigor, diante da impossibilidade da prestação, com a conversão da mora em incumprimento definitivo, é possível a alteração do remédio satisfativo mesmo sem o pedido da parte. Nesse sentido, o artigo 499 do Código de Processo Civil estabelece que "a obrigação somente será convertida em perdas e danos se o autor requerer ou se impossível a tutela específica ou a obtenção de tutela pelo resultado prático equivalente". Cf. TUCCI, José Rogério Cruz e. In: Marinoni, Luiz Guilherme (Dir.); ARENHART, Sérgio Cruz; e MITIDIERO, Daniel (Coord.). *Comentários ao Código de Processo Civil*: artigos 485 ao 538. São Paulo: Revista dos Tribunais, 2018. v. 7. p. 88. Na jurisprudência, ainda à luz da legislação processual anterior, cf. "[...] 2. Definida a obrigação pela prestação de tutela específica ‒ seja ela obrigação de fazer, não fazer ou dar coisa certa ‒ é plenamente cabível, de forma automática, a conversão em perdas e danos, ainda que sem pedido explícito, quando impossível o seu cumprimento ou a obtenção de resultado prático equivalente (art. 461, § 1º, do CPC) [...]" (BRASIL. Superior Tribunal de Justiça. *AgRg no REsp 1293365/ RJ*. Relator: Min. João Otávio de Noronha. Julgamento: 06/10/2015. Órgão Julgador: 3ª Turma. Publicação: DJe 13/10/2015).

mudá-lo para executar a prestação pelo equivalente, ou vice-versa, exercendo *jus variandi,* com fundamento no artigo 475 do Código Civil. Por exemplo, se, ao longo do processo judicial, o contratante verificar que o outro inadimplente não tem saúde patrimonial para arcar com o equivalente à prestação mais a indenização de perdas e danos, a opção pela resolução poderá lhe parecer financeiramente mais favorável, ou, ao menos, a que lhe traga menor prejuízo. Tal opção se assenta na premissa de que a parte terá a liberação de cumprimento da contraprestação ou, caso já a tenha cumprido, poderá pedir a restituição e estará livre para buscar o objeto do contrato de outro fornecedor no mercado.[291]

Se é possível à parte se retratar da via eleita, ela não poderá alterar o pedido a qualquer tempo, nem sem que se sobrevenha alteração das circunstâncias fáticas. Enfatize-se que a análise aqui feita é restrita à resolução judicial ou legal (a chamada cláusula resolutiva tácita), em que há o fim da relação obrigacional com a sentença de natureza constitutiva negativa. Assim, faz-se necessário separar as diversas situações possíveis na relação jurídica concreta.

Se o credor ajuizar a ação *apenas* com o pedido resolutivo, não poderá a parte ressuscitar a relação obrigacional unilateralmente por meio de nova ação de execução, ainda que pelo equivalente, *após* a extinção por sentença.[292] Caso, depois da decisão de mérito, o credor recupere o interesse na relação obrigacional, desejando o recebimento da prestação *in natura* ou ainda por seu equivalente pecuniário, será necessário novo contrato, com a imprescindível concordância do devedor quanto aos seus termos, inclusive quanto ao preço, que poderá ter aumentado ou decrescido no mercado. Somente com a concordância dos contratantes, haverá novo vínculo contratual, mesmo que se adote idêntica disciplina, sendo

---

[291] TERRA, Aline de Miranda Valverde. *Cláusula Resolutiva Expressa.* Belo Horizonte: Fórum, 2017. p. 148.

[292] Após o trânsito em julgado da sentença de resolução, não mais se admite que a parte ajuíze a ação de execução, pois a relação estará definitivamente desfeita. Cf. AGUIAR JÚNIOR, Ruy Rosado de. *Extinção dos contratos por incumprimento do devedor.* 2. ed. rev. e atual. Rio de Janeiro: AIDE Editora, 2003. p. 204.

que as garantias do contrato original não mais terão eficácia, uma vez que se trata de outra relação jurídica.[293]

Por sua vez, a parte poderá *aduzir* o pedido de execução pelo equivalente, na mesma relação processual, após o ajuizamento da ação resolutiva, porém *sem* que haja qualquer pronunciamento judicial acerca da resolução, ou seja, *antes* de extinta a relação obrigacional. De acordo com artigo 329 do Código de Processo Civil,[294] até a citação, poderá o autor (credor) inovar o pedido, alterando-o ou aditando novo, independentemente de consentimento do réu (devedor). Melhor dizendo: a parte poderá variar livremente o pedido, sem qualquer restrição; o credor, após a citação, mas antes do saneamento, poderá modificar o pedido para substitui-lo ou acrescentar outro, caso haja consentimento do devedor, assegurando-lhe o contraditório e a possibilidade de prova documental suplementar. Em consequência, com a decisão de saneamento do processo, há a estabilidade da demanda, de modo que a modificação do pedido e da causa de pedir atingem seu limite temporal.[295]

A hipótese desdobra-se em duas situações diversas a depender se o devedor já faz parte da relação processual. Evidentemente, se o devedor não está ciente do pedido de resolução, não se justifica qualquer restrição ao exercício de *jus variandi* pelo credor: como já enfaticamente afirmado, é livre a escolha da parte entre resolver a relação obrigacional ou executar a prestação pelo equivalente. Já se o devedor tem ciência da demanda, ele poderá tomar medidas voltadas à extinção da relação obrigacional, podendo, inclusive, estar de acordo com o pedido resolutivo (*e. g.* realização de nova contratação, a fim de obter a prestação esperada no contrato

---

[293] TERRA, Aline de Miranda Valverde. *Cláusula Resolutiva Expressa*. Belo Horizonte: Fórum, 2017. p. 148. O raciocínio da autora é acerca da cláusula resolutiva expressa, porém de todo aplicável à resolução judicial.

[294] "Art. 329. O autor poderá: I ¯ até a citação, aditar ou alterar o pedido ou a causa de pedir, independentemente de consentimento do réu; II ¯ até o saneamento do processo, aditar ou alterar o pedido e a causa de pedir, com consentimento do réu, assegurado o contraditório mediante a possibilidade de manifestação deste no prazo mínimo de 15 (quinze) dias, facultado o requerimento de prova suplementar".

[295] MARINONI, Luiz Guilherme; ARENHART, Sérgio Cruz. In: MARINONI, Luiz Guilherme (Dir.); ARENHART, Sérgio Cruz; e MITIDIERO, Daniel (Coord.). *Comentários ao Código de Processo Civil*: artigos 294 ao 333. São Paulo: Revista dos Tribunais, 2018. v. 7. p. 319-320.

original).[296] Por essa razão, a lei garante o contraditório e determina a necessidade de consentimento do demandado quanto ao novo pedido feito pelo demandante.[297]

Por último, caso o credor tenha escolhido a via da execução genérica, ele poderá, mesmo *após* a sentença de mérito, requerer a resolução, desde que ainda não tenha sido cumprida a prestação (pelo equivalente) e contanto que presente *evento superveniente* a justificar a mudança da situação fática, qual seja, a perda definitiva de interesse na relação obrigacional.[298] Isso, porque, após a sentença definitiva e mesmo na fase executiva, não há impedimento à alteração do pleito de execução para a resolução, a teor do disposto no artigo 499 do Código de Processo Civil, já que o limite será o cumprimento forçado ou voluntário da prestação, o qual extingue a relação obrigacional. Para que haja a admissibilidade da mudança, todavia, será necessário que a parte comprove que a perda de interesse na manutenção do vínculo se deu por fato que chegou ao seu conhecimento *depois* de instaurada a ação de resolução.[299]

Ademais, há a possibilidade de cumulação dos pedidos de resolução e de execução genérica na mesma ação, desde que feita de forma *subsi-*

---

[296] Assis, Araken de. *Resolução do contrato por inadimplemento*. 6. ed. rev., atual. e ampl. São Paulo: Thomson Reuters Brasil, 2019. p. 34-35.

[297] Rodrigues, Marco Antonio dos Santos. *A modificação do pedido e da causa de pedir no processo civil*. Rio de Janeiro: Mundo Jurídico, 2014. p. 316.

[298] O Superior Tribunal de Justiça possui entendimento no sentido de que somente será possível a mudança do pedido de execução para resolução se feito antes do trânsito em julgado da ação de cumprimento em razão de preclusão lógica, ressalvada a situação em que haja mudança da situação fática, o que gerará nova causa de pedir e pedido. Cf. BRASIL. Superior Tribunal de Justiça. *REsp 1728372/DF*. Relator(a): Min. Nancy Andrighi. Julgamento: 19/03/2019. Órgão Julgador: 3ª Turma. Publicação: DJe 22/03/2019.

[299] Aguiar Júnior, Ruy Rosado de. *Extinção dos contratos por incumprimento do devedor*. 2. ed. rev. e atual. Rio de Janeiro: AIDE Editora, 2003. p. 201-202. No mesmo sentido, ASSIS, Araken de. *Resolução do contrato por inadimplemento*. 6. ed. rev., atual. e ampl. São Paulo: Thomson Reuters Brasil, 2019. p. 35. Cf., na jurisprudência, São Paulo. Tribunal de Justiça de São Paulo. *AC 1023668-16.2019.8.26.0002*. Relator: Des. Francisco Loureiro. Julgamento: 03/03/2020. Órgão Julgador: 1ª Câmara de Direito Privado. Publicação: DJe 03/03/2020.

diária, conforme previsão do artigo 326 do Código de Processo Civil,[300] pelo qual o pedido subsidiário somente será atendido se não for viável o atendimento do pedido principal. Suponha-se que o credor faça pedido de execução pelo equivalente, porém também peça, subsidiariamente, a resolução com a devolução da contraprestação, sendo ambos cumuláveis com o pedido de indenização de perdas e danos. Se ficar evidenciado, ao longo do processo, que não há como ser deferido o pedido principal de execução do equivalente (*e. g.* autor-credor não tem mais meios de executar a própria prestação), deverá ser apreciado o pedido subsidiário, podendo ser deferida a resolução da relação obrigacional, que tem como efeito a liberação das partes e a restituição do que tiverem eventualmente cumprido, além da indenização complementar.[301]

Nesse contexto, questiona-se se é cabível a renúncia tácita ao direito à resolução, apontando-se como justificativa a adoção pela parte de comportamento incompatível com o exercício do direito de resolver a relação obrigacional. Caso o contratante aceite a prestação parcial ou imperfeita, sem ressalvas e desde que tenha condições de avaliar a imperfeição e prejuízos no momento do recebimento, ou ainda se recebê-la após o vencimento do termo contratual, ele estaria abrindo mão da demanda resolutiva que seja fundada sobre tais fatos.[302] Em tal situação, "a controvérsia

---

[300] "Art. 326. É lícito formular mais de um pedido em ordem subsidiária, a fim de que o juiz conheça do posterior, quando não acolher o anterior".

[301] ASSIS, Araken de. *Resolução do contrato por inadimplemento.* 6. ed. rev., atual. e ampl. São Paulo: Thomson Reuters Brasil, 2019. p. 34-35.

[302] AGUIAR JÚNIOR, Ruy Rosado de. *Extinção dos contratos por incumprimento do devedor.* 2. ed. rev. e atual. Rio de Janeiro: AIDE Editora, 2003. p. 196-197. Para o autor, a situação seria semelhante à hipótese de "*suppressio* ou de aplicação do princípio do *venire contra factum proprium*, derivados da boa-fé, se o comportamento do credor gerou no devedor a fundada expectativa de não exercício do direito". Cf., na jurisprudência, BRASIL. Superior Tribunal de Justiça. *REsp 1338432/SP.* Relator: Min. Luis Felipe Salomão. Julgamento: 24/10/2017. Órgão Julgador: 4ª Turma. Publicação: DJe 29/11/2017. Em sentido contrário, defende que a situação de *nemo potest venire contra factum proprium* é diversa da renúncia tácita, em razão de a primeira ter caráter objetivo e não negocial, isto é, ser "independente da vontade de quem pratica a conduta incoerente, bastando para sua incidência a objetiva contradição em violação às expectativas legitimamente derivadas da conduta inicial", enquanto a renúncia tácita configura negócio jurídico, cf. SCHREIBER, Anderson.

ulterior limitar-se-á à perquirição do dano e da sua indenizabilidade",[303] sendo possível que, embora a prestação do devedor não tenha a quantidade ou qualidade esperada, nem exista dano a ser indenizado.[304]

A admissibilidade de renúncia tácita pelo credor deverá ser vista com cautela. Em primeiro lugar, se a parte receber a prestação incompleta ou com defeito, antes ou depois do termo fixado no contrato, poderá não haver propriamente renúncia, pois o direito à resolução nem chegou a se formar, ante a ausência do pressuposto de inadimplemento absoluto. Tal situação, entretanto, não se confunde com a possibilidade de resolução fundada em *fato posterior*, que leve à perda de interesse na prestação, em razão da transformação da mora em inadimplemento absoluto. Em segundo lugar, caso o credor, diante de incumprimento definitivo, opte pelo caminho da execução pelo equivalente, será possível a configuração da renúncia tácita à resolução, ressalvada a hipótese de, em virtude de novas circunstâncias, a parte perder o interesse – não na prestação em si (que seria entregue pelo equivalente pecuniário), enfatize-se –, mas na própria perpetuação do vínculo.[305]

Por fim, registre-se que o Código Civil foi omisso e não há a previsão de prazo decadencial para o credor resolver a relação obrigacional por inadimplemento, à exceção da situação de defeito oculto na prestação (*i. e.* vício redibitório).[306] Devido à omissão legal, e pressupondo a ausência de norma contratual, a doutrina caminhou no sentido de, diante da conexão entre o direito potestativo de resolver e o direito de crédito, "a

---

A proibição de comportamento contraditório: tutela da confiança e *venire contra factum proprium*. 3. ed. rev. e atual. Rio de Janeiro: Renovar, 2012. p. 171.

[303] Assis, Araken de. *Resolução do contrato por inadimplemento*. 6. ed. rev., atual. e ampl. São Paulo: Thomson Reuters Brasil, 2019. p. 103.

[304] Varela, João de Matos Antunes. *Das obrigações em geral*. 7. ed. Coimbra: Almedina, 2017. v. 2. p. 129.

[305] Terra, Aline de Miranda Valverde. *Cláusula Resolutiva Expressa*. Belo Horizonte: Fórum, 2017. p. 149-150.

[306] Artigo 445 do Código Civil que estabelece o prazo decadencial para a resolução por vícios redibitórios, de 30 dias, na hipótese de bem móvel, e o prazo de 1 ano, se imóvel, a partir da entrega efetiva do bem ao credor. Contudo, conforme o parágrafo único do dispositivo, "quando o vício, por sua própria natureza, só puder ser conhecido mais tarde, o prazo contar-se-á do momento em que dele tiver ciência, até o prazo máximo de cento e oitenta dias, em se tratando de bens móveis; e de um ano, para os imóveis".

prescrição da ação e da pretensão creditícia deixam sem base a ação de resolução, a qual tem por pressuposto a vigência da relação a que está afeto".[307] Não se trata de admitir a prescrição de direito potestativo, que não é dotado de pretensão, porém há a perda do pressuposto necessário à resolução, isto é, a qualificação da situação como inadimplemento absoluto, tendo em vista a prescrição do direito ao crédito.[308]

Segundo entendimento fixado pela Corte Especial do Superior Tribunal de Justiça, aplica-se o prazo prescricional decenal previsto no artigo 205 do Código Civil às ações referentes às pretensões decorrentes do inadimplemento de obrigações, ressalvada a existência de previsão expressa de prazo diferenciado. Tanto a pretensão executiva (seja da prestação *in natura*, seja do equivalente pecuniário) como a pretensão indenizatória estão sujeitas ao prazo de 10 anos, pois "não pode estar fulminado pela prescrição o provimento acessório relativo à responsabilidade civil atrelada ao descumprimento pactuado".[309] O credor terá prazo decenal para ajuizar a ação resolutiva,[310] entretanto, tecnicamente, a hipótese é

---

[307] AGUIAR JÚNIOR, Ruy Rosado de. *Extinção dos contratos por incumprimento do devedor.* 2. ed. rev. e atual. Rio de Janeiro: AIDE Editora, 2003. p. 196. Registre-se que, à luz do Código Civil de 1916, este já era o entendimento de Carvalho Santos, para quem "a ação de resolução por falta de pagamento [...] prescreverá no prazo [...] em que prescreve a ação para exigi-lo" (CARVALHO SANTOS, João Manoel de. *Código Civil brasileiro interpretado.* Rio de Janeiro: Calvino Filho, 1936. v. 15. p. 260).

[308] MIRANDA, Pontes de. *Tratado de Direito Privado.* NERY JUNIOR, Nelson; NERY, Rosa Maria de Andrade (Atual.). São Paulo: Editora Revista dos Tribunais, 2012. t. 25. p. 449-450.

[309] Cf. BRASIL. Superior Tribunal de Justiça. *EREsp 1281594/SP.* Relator: Min. Benedito Gonçalves, Relator p/ Acórdão Ministro Felix Fischer. Julgamento: 15/05/2019. Órgão Julgador: Corte Especial. Publicação: DJe 23/05/2019. Em doutrina, já defendiam o prazo prescricional de dez anos: MARTINS-COSTA, Judith; ZANETTI, Cristiano de Sousa. Responsabilidade contratual: prazo prescricional de dez anos. In: *Revista dos Tribunais,* v. 979, p. 215-241, 2017.

[310] AGUIAR JÚNIOR, Ruy Rosado de. *Comentários ao novo Código Civil*: da extinção do contrato. Rio de Janeiro: Forense, 2011. v. 6. t. 2. p. 467. Cf, na jurisprudência, "[...] 2. Ademais, não havendo na lei regra limitando o tempo para a decadência do direito de promover a resolução do negócio, a ação pode ser proposta enquanto não prescrita a pretensão de crédito que decorre do contrato" (BRASIL. Superior Tribunal de Justiça. *AgInt nos EDcl no AREsp 1536576/PR.* Relator: Min. Luis Felipe Salomão. Julgamento: 06/02/2020. Órgão Julgador: 4ª Turma. Publicação: DJe 11/02/2020).

de caducidade do direito potestativo de resolver, sendo que o poder formativo será extinto, por causa da extinção da situação jurídica mais complexa da qual ele faz parte, ou melhor, da relação obrigacional.[311]

Reconhece-se que o prazo decenal é demasiadamente longo para o exercício do direito à resolução, principalmente considerando a visão da relação obrigacional como processo direcionado ao adimplemento, que está voltado ao alcance do resultado útil programado no contrato. Portanto, figura-se recomendável que as partes definam no conteúdo contratual, por regra autônoma, o prazo no qual deverá ser exercido o direito à resolução.[312] Como se desenvolverá nas próximas linhas, o risco do inadimplemento constitui espaço aberto à autonomia privada. Com efeito, é preferível que os contratantes valorem as consequências patrimoniais da inexecução da obrigação e distribuam entre si os custos, que deverão refletir no preço da operação econômica definida no contrato.

1.4.1 Espaço da autonomia privada e a alocação positiva do risco do inadimplemento absoluto – o chamado contrato irresolúvel

A noção de contrato não pode ser apartada da ideia de operação econômica,[313] porquanto se trata de negócio jurídico de conteúdo patrimonial, cujo escopo é a realização convencional de programa econômico, em que as partes estabelecem as regras do jogo ao distribuir os respectivos riscos e benefícios.[314] Como já se afirmou em outra sede, entende-se que "o contrato funciona como instrumento oferecido à autonomia privada

---

[311] PERLINGIERI, Pietro. *O direito civil na legalidade constitucional*. Tradução de Maria Cristina de Cicco. Rio de Janeiro: Renovar, 2008. p. 689-690.

[312] AGUIAR JÚNIOR, Ruy Rosado de. *Comentários ao novo Código Civil*: da extinção do contrato. Rio de Janeiro: Forense, 2011. v. 6. t. 2. p. 468. No mesmo sentido, cf. LARENZ, Karl. *Derecho de Obligaciones*. Tradução de Jaime Santos Briz. Madrid: Editorial Revista de Derecho Privado, 1958. t. 1. p. 397.

[313] ROPPO, Enzo. *O contrato*. Tradução de Ana Coimbra e M. Januário C. Gomes. Coimbra: Almedina, 1988. p. 13.

[314] MARTINS-COSTA, Judith. O fenômeno da supracontratualidade e o princípio do equilíbrio: inadimplemento de deveres de proteção (violação positiva do contrato) e deslealdade contratual em operação de descruzamento acionário. In: *Revista Trimestral de Direito Civil*. Rio de Janeiro, v. 7, n. 26, p. 213-249, abr./jun. 2006. p. 218.

para a gestão de riscos, de forma a promover atividades econômicas que sejam merecedoras de tutela conforme a legalidade constitucional".[315]

Se a conclusão de qualquer contrato expõe os contratantes a todos os tipos de risco que envolvam a iniciativa econômica, não havendo como eliminá-los completamente, as partes podem circunscrevê-los por meio de instrumentos abertos à autonomia privada.[316] Os contratantes podem, no momento de definição do conteúdo contratual, antevendo riscos que serão passíveis de atingir a operação econômica, distribuí-los entre si, de forma que cada parte, ao assumi-los, passe a responder pelas consequências econômicas e, também, predefina o respectivo preço. Para tanto, tem-se a proteção constitucional à autonomia privada, que deve ser compreendida em seus diversos aspectos, ou seja, "em função dos valores e interesses a realizar".[317]

Quando concernir às situações jurídicas patrimoniais, a autonomia privada encontra fundamento como expressão do valor social da livre iniciativa e da ordem econômica, consoante artigos 1º, inciso IV,[318] e 170 da Constituição da República.[319] Ademais, a tutela da liberdade na seara das relações contratuais foi reforçada, talvez com deliberada redundância, pela denominada Lei da Liberdade Econômica, que alterou o Código Civil, com a inserção do artigo 421-A, inciso II, pelo qual "a alocação de riscos definida pelas partes deve ser respeitada e observada". Como sintetiza Gustavo Tepedino, pela liberdade contratual, "é possível prever o

---

[315] TEPEDINO, Gustavo; SANTOS, Deborah Pereira Pinto dos. A aplicação da cláusula penal compensatória nos contratos de promessa de compra e venda imobiliária. In: TERRA, Aline de Miranda Valverde; GUEDES, Gisela Sampaio da Cruz (Coord.). *Inexecução das Obrigações*: pressupostos, evolução e remédios. Rio de Janeiro: Editora Processo, 2020. p. 513-514.

[316] BESSONE, Mario. *Adempimento e rischio contrattuale*. Milano: Giuffrè, 1969. p. 4.

[317] PERLINGIERI, Pietro. *O direito civil na legalidade constitucional*. Tradução de Maria Cristina de Cicco. Rio de Janeiro: Renovar, 2008. p. 348.

[318] Constituição da República Federativa do Brasil de 1988, art. 1º, inciso IV. "A República Federativa do Brasil, formada pela união indissolúvel dos Estados e Municípios e do Distrito Federal, constitui-se em Estado Democrático de Direito e tem como fundamentos: (...) IV - os valores sociais do trabalho e da livre iniciativa".

[319] Constituição da República Federativa do Brasil de 1988, art. 170. "A ordem econômica, fundada na valorização do trabalho humano e na livre iniciativa, tem por fim assegurar a todos existência digna, conforme os ditames da justiça social, observados os seguintes princípios: (...)".

custo do inadimplemento e, em se tratando de contratos paritários e com repercussão essencialmente patrimonial, alocar tal risco no preço (e à equação econômica) do contrato".[320]

No ponto que interessa ao presente estudo, importa tratar da gestão positiva do risco do inadimplemento absoluto da prestação. O primeiro, e mais evidente instrumento para a alocação do risco, é a cláusula resolutiva expressa. Cuida-se de instrumento que permite aos contratantes alocar os prejuízos econômicos advindos da inexecução de qualquer obrigação, permitindo valoração de sua relevância frente ao programa contratual e definindo o respectivo custo no preço, consoante o concreto regulamento de interesses. Com previsão no artigo 474 do Código Civil,[321] entende a melhor doutrina que, muito embora, na origem, tal cláusula estivesse associada exclusivamente ao risco do inadimplemento absoluto, "sua percepção histórico-relativa impõe a ampliação dos seus confins, a permitir a gestão de outros riscos que, uma vez implementados, impeçam a promoção da função econômico-individual do negócio".[322]

A cláusula resolutiva expressa leva à extinção extrajudicial da relação obrigacional, isto é, ao acioná-la, o credor dá fim à relação, por própria decisão, desde o momento da notificação do devedor, libertando as partes do cumprimento do programa contratual.[323] Ao contrário da resolu-

---

[320] TEPEDINO, Gustavo. Editorial: Autonomia privada e cláusulas limitativas de responsabilidade. In: *Revista Brasileira de Direito Civil* – RBDCIVIL. Belo Horizonte, v. 23, p. 11-13, jan./mar. 2020.

[321] "Art. 474. A cláusula resolutiva expressa opera de pleno direito; a tácita depende de interpelação judicial".

[322] TERRA, Aline de Miranda Valverde. *Cláusula resolutiva expressa*. Belo Horizonte: Fórum, 2017. p. 53-54. Cf., na jurisprudência, caso em que a cláusula resolutiva expressa foi prevista e aplicada em hipótese de impossibilidade superveniente da prestação sem que houvesse culpa de qualquer das partes: Rio de Janeiro. Tribunal de Justiça do Rio de Janeiro. *AC 0371991-33.2015.8.19.0001*. Relator: Des. Ricardo Rodrigues Cardozo. Julgamento: 28/05/2019. Órgão Julgador: 15ª Câmara Cível. Publicação: DJe 30/05/2019.

[323] Cf. "[...] Inexiste óbice para a aplicação de cláusula resolutiva expressa em contratos de compromisso de compra e venda, porquanto, após notificado/interpelado o compromissário comprador inadimplente (devedor) e decorrido o prazo sem a purgação da mora, abre-se ao compromissário vendedor a faculdade de exercer o direito potestativo concedido pela cláusula resolutiva expressa para a resolução da relação jurídica extrajudicialmente. Impor à parte prejudicada o ajuizamento de demanda judicial para obter a resolução do

ção legal, entende-se que "eventual disputa judicial subsequente gerará decisão meramente declaratória, já que, salvo hipóteses especiais ressalvadas pelo legislador, a resolução terá se operado de pleno direito com a notificação".[324] Apesar de ter assento na autonomia privada, a cláusula resolutiva expressa tem exatamente os mesmos efeitos operados pela resolução cujo fundamento seja legal (*i. e.* a chamada cláusula resolutiva tácita), quais sejam: liberatório, restitutório e indenizatório.[325]

O segundo instrumento aberto à autonomia privada para a gestão do risco de inadimplemento absoluto é a cláusula de irresolubilidade. Trata-se de norma contratual pela qual se predefine que, diante da inexecução de determinada obrigação, a parte prejudicada não poderá recorrer à resolução. Essa cláusula é, normalmente, acompanhada de outra que já preestabelece a indenização devida pelo incumprimento ou, então, fixa os critérios para o seu cálculo. Diversamente da cláusula resolutiva expressa, a cláusula de irresolubilidade enfrenta dificuldade na admissão teórica pela doutrina, ao argumento de que representaria renúncia prévia ao direito de resolver o contrato.

De acordo com certa posição doutrinária, o artigo 475 do Código Civil estabelece norma cogente, que não permite a renúncia pelos contratantes, de maneira que ao credor não inadimplente não poderá ser excluída "uma das opções eficazes para a defesa do seu interesse, que é a resolução". Ademais, só *depois* de concretizado o inadimplemento, e ciente das circunstâncias supervenientes e do eventual prejuízo econômico,

---

contrato quando esse estabelece em seu favor a garantia de cláusula resolutória expressa, é impingir-lhe ônus demasiado e obrigação contrária ao texto expresso da lei, desprestigiando o princípio da autonomia da vontade, da não intervenção do Estado nas relações negociais, criando obrigação que refoge o texto da lei e a verdadeira intenção legislativa [...]" (BRASIL. Superior Tribunal de Justiça. *EREsp 1789863/RJ.* Relator(a): Min. Marco Buzzi. Julgamento: 10/08/2021. Órgão Julgador: 4ª Turma Publicação: DJe 04/10/2021).

[324] Tepedino, Gustavo; Konder, Carlos Nelson; e Bandeira, Paula Greco. *Fundamentos do direito civil:* Contratos. Rio de Janeiro: Forense, 2020. v. 3. p. 156. Cf., na jurisprudência, Rio de Janeiro. Tribunal de Justiça do Rio de Janeiro. *AC 0046627-50.2011.8.19.0203.* Relator: Des. Elton Martinez Carvalho Leme. Julgamento: 04/04/2018. Órgão Julgador: 17ª Câmara Cível. Publicação: DJe 16/04/2018.

[325] Carvalho Santos, João Manoel de. *Código Civil brasileiro interpretado.* Rio de Janeiro: Calvino Filho, 1936. v. 15. p. 254-255.

poderá a parte, no exercício da autonomia, decidir pela manutenção da relação obrigacional.[326] Apontam-se duas ordens de argumentos que operam contra a admissibilidade da renúncia prévia: (i) o direito formativo à resolução constitui-se com a implementação de seus pressupostos, sendo que apenas com o inadimplemento se incorpora ao patrimônio jurídico do credor e, portanto, antes disso não há direito a que a parte possa renunciar; e (ii) questões de ordem moral e econômica impedem a admissão, pois a cláusula, em muitas situações, configura perda imposta ao contratante mais fraco da relação.[327]

A discussão acerca da validade da cláusula de irresolubilidade vem há muito sendo enfrentada em outros ordenamentos jurídicos. No direito francês, ainda à luz da redação primitiva do *Code Civil*, a despeito da existência de alguma discussão doutrinária, prevaleceu a possibilidade de exclusão voluntária do direito à resolução, desde que formulada no conteúdo do contrato, por cláusula redigida de forma inequívoca.[328] Ressalva-se a hipótese de má-fé do devedor e ainda se exige que continue aberto ao credor prejudicado outro caminho, qual seja, a execução da obrigação faltante, *in natura* ou pelo equivalente, além da responsabilidade contratual. Ou seja, a cláusula de renúncia expressa e "antecipada" à resolução não poderá ser associada à outra cláusula que exclua totalmente a responsabilidade da parte pelo inadimplemento, o que faria com que a obrigação ficasse sem qualquer eficácia.[329]

Tal posição foi mantida após a reforma de 2016 do direito das obrigações francês, que consagrou o direito à resolução como opção aberta ao credor, isto é, houve a adoção de sistema que permite amplamente a

---

[326] AGUIAR JÚNIOR, Ruy Rosado de. *Comentários ao novo Código Civil:* da extinção do contrato. Rio de Janeiro: Forense, 2011. v. 6. t. 2. p. 461-464.

[327] AGUIAR JÚNIOR, Ruy Rosado de. *Extinção dos contratos por incumprimento do devedor.* 2. ed. rev. e atual. Rio de Janeiro: AIDE Editora, 2003. p. 196-197.

[328] LEPELTIER, Eugène. *La résolution judiciaire des contrats pour inexécution des obligations.* Paris: Librairie Dalloz, 1934. p. 230-232.

[329] BOYER, Georges, *Recherches historiques sur la résolution des contrats.* Paris: Les Presses Universitaires de France, 1924. p. 25. Para discussão mais profunda acerca da licitude da cláusula de irresolubilidade e dos parâmetros impostos para sua admissibilidade pela jurisprudência francesa, cf. GENICON, Thomas. *La résolution du contrat pour inexécution.* Paris : Librairie Générale de Droit et de Jurisprudence, 2007. p. 242-244.

résolution à la carte.[330] Entende-se não haver impedimento jurídico, em tese, a que as partes possam ajustar o regime legal para descartar, ou para enquadrar a possibilidade de resolução unilateral e incluí-la, mesmo na situação de ausência do incumprimento considerado suficientemente grave frente ao programa contratual, ou, ainda, para excluir a necessidade de notificação prévia do contratante inadimplente.[331] A licitude da norma autonomamente criada, todavia, continua associada à garantia concedida à vítima de obter reparação efetiva, via execução forçada, ou indenização substitutiva por perdas e danos.[332]

Por sua vez, no direito italiano, é tradicional a discussão acerca da validade do ajuste que torne o contrato, por assim dizer, irresolúvel (*irresolubile*). Por um lado, há posição na doutrina pela invalidade da cláusula de renúncia prévia, tendo em vista que a resolução constitui sanção imposta pelo ordenamento jurídico ao contratante inadimplente, e qualquer forma de renúncia seria equivalente à inadmissível cláusula de irresponsabilidade, especialmente na situação de o devedor estar insolvente.[333] Por outro lado, há quem admita a licitude do ajuste, ressalvada a situação de dolo da parte inadimplente: se a parte estiver em situação de insolvência, antes mesmo da inexecução da obrigação, não é a possibilidade de resolver a relação que poderá salvar a outra parte, que terá o crédito quirografário sujeito à ordem legal de preferência. Além do mais, o direito à resolução não constitui sanção ao devedor inadimplente, configurando a cláusula de irresolubilidade forma de atribuição de risco contratual ao credor.[334]

---

[330] A expressão é de TERRÉ, François; SIMLER, Philippe; LEQUETTE, Yves; e CHÉNEDÉ, François. *Droit civil*: les obligations. 12. ed. Paris: Dalloz. 2018. p. 854.

[331] BÉNABENT, Alain. *Droit des Obligations*. 18. ed. Issy-les-Moulineaux: LGDJ, 2019. p. 317.

[332] Cf. JOURDAIN-FORTIER, Clotilde; MIGNOT, Marc. *Analyse compare du droit français réformé des contrats et des règles matérielles du commerce international*. Paris: LexisNexis, 2016. p. 474-476. DESHAYES, Olivier; GENICON, Thomas; e LAITHIER, Yves-Marie. *Réforme du droit des contrats, du régime général et de la preuve des obligations*. Commentaire article par article. Paris: LexisNexis, 2016, p. 508-509.

[333] AULETTA, Giacomo Giuseppe. *La risoluzione per inadempimento*. Milano: Giuffrè, 1942. p. 489-490.

[334] MOSCO, Luigi. *La risoluzione del contratto*. Napoli: Casa Editrice Dott. Eugenio Jovene, 1950. p. 260-263.

Mais recentemente, a discussão foi renovada pela doutrina italiana. Alguns autores defendem a natureza cogente do artigo 1.453 do Código Civil italiano[335] e consideram inadmissível qualquer intervenção da autonomia privada que possa restringir os remédios garantidos ao contratante fiel.[336] Ademais, no contexto das relações massificadas, afirma-se que, nos contratos *standards* em que se apresente assimetria de poder negocial, o pacto de irresolubilidade poderá afetar sensivelmente os interesses do contratante na posição mais débil. Por sua vez, outros autores entendem pela necessidade de verificação da razoabilidade (*ragionevolezza*) da cláusula de acordo com as peculiaridades do caso concreto, não sendo possível afirmar ou negar abstratamente a validade.[337] Assim, conclui-se pela invalidade apenas quando não seja possível à parte recorrer aos mecanismos alternativos de execução e de indenização, ou nas situações em que se verifique concreta assimetria de poder negocial na definição do conteúdo contratual, a qual coloque um dos contratantes em posição mais vulnerável.[338]

Sobre a discussão acerca da admissibilidade da renúncia prévia à resolução, relevante mencionar, ainda, a cláusula de remédio exclusivo, que constitui variação da cláusula de irresolubilidade conhecida, na prática contratual da *common law,* como *exclusive remedy clause.* Trata-se de regra autônoma utilizada para alocação do risco de inexecução da obrigação contratual, cuja adoção é recorrente nos contratos de alienação de participação societária, pela qual se exclui a possibilidade de o credor (com-

---

[335] Código Civil italiano, "art. 1453. Nei contratti con prestazioni corrispettive, quando uno dei contraenti non adempie le sue obbligazioni, l'altro può a sua scelta chiedere l'adempimento o la risoluzione del contratto, salvo, in ogni caso, il risarcimento del danno. La risoluzione può essere domandata anche quando il giudizio è stato promosso per ottenere l'adempimento; ma non può più chiedersi l'adempimento quando è stata domandata la risoluzione. Dalla data della domanda di risoluzione l'inadempiente non può più adempiere la propria obbligazione".

[336] Sacco, Rodolfo. *Il contratto.* In: Trattato Vassali, Torino, 1975. p. 936.

[337] Carnevali, Ugo; Tamponi, Michele. Il contrato in generale. La risoluzione. In: Bessone, Mario. *Trattato di Diritto Privato.* Torino: G. Giappichelli Editore, 2011. v. 13, t. 8. p. 30-31.

[338] Delfini, Francesco. *Autonomia privata e contrato.* Tra sinallagma genetico e sinallagma funzionale. Torino: Giappichelli, 2015. p. 185-195.

prador) resolver a relação diante do inadimplemento pelo devedor (alienante) do dever de informar, que esteja relacionado às obrigações fixadas nas cláusulas de declarações e garantias (*declarations and warranties*).[339] Tal regra contratual costuma ser acrescida de outra cláusula fixando multa pelo seu descumprimento ou os critérios para a sua posterior fixação.[340] Pela *sole remedy clause*, "o credor somente possui direito ao remédio previsto na cláusula, qual seja, a receber uma 'restauração monetária' predefinida, sem que possa recorrer a qualquer outro recurso, como a ação de resolução".[341]

No ordenamento brasileiro, há amplo espaço para o exercício da autonomia privada na alocação do risco econômico advindo da inexecução de obrigação, conforme melhor atenda aos interesses dos contratantes, especialmente em contratos paritários e que sejam limitados à regência de interesses patrimoniais, como no caso das operações societárias. Em tais operações, os contratantes podem, por meio de cláusula estabelecendo multa contratual, definir que, na situação de violação de obrigação prevista na cláusula de declarações e garantias, a solução será a execução com o pagamento da multa, restando afastada, pela incidência da cláu-

---

[339] Sobre as cláusulas de declarações e garantias, já se afirmou em outra sede que elas "consistem em declarações prestadas pelo alienante das participações acerca da situação e da qualidade dos bens alienados, bem como da sociedade-alvo e de sua própria situação jurídica e patrimonial" (SANTOS, Deborah Pereira Pinto dos; LOPES, Marília. Notas sobre a responsabilidade contratual do alienante pela violação das cláusulas de declarações e garantias nos contratos de alienação de participação societária representativa de controle. In: *Revista Brasileira de Direito Civil* – RBDCIVIL. Belo Horizonte, v. 24, p. 241-260, abr./jun. 2020. p. 243-244).

[340] Reconhece a doutrina que, como instrumento aberto à autonomia privada, a cláusula de remédio exclusivo poderá ter aplicação bem mais ampla para além do inadimplemento contratual, incidindo em situações diversas, como no caso de defeito do negócio jurídico por erro ou dolo. Cf. PIRES, Catarina Monteiro. *Aquisição de Empresas e de Participações Acionistas*: Problemas e Litígios. Coimbra: Almedina, 2019. p. 81.

[341] GALLARATI, Alberto. Il contrato irresolubile o quasi. Profilo di sostenibilità della clausola 'exclusive remedy' nell' economia delle parti. In: *Contratto e Impresa*, n. 4-5, p. 1022-1064, 2016. p. 1022. No mesmo sentido, cf. GREZZANA, Giacomo. *A cláusula de declarações e garantias em alienação de participação societária*. São Paulo: Quartier Latin, 2019. p. 231 e PIRES, Catarina Monteiro. *Aquisição de Empresas e de Participações Acionistas*: Problemas e Litígios. Coimbra: Almedina, 2019. p. 110.

sula de remédio exclusivo, a possibilidade de o credor resolver a relação obrigacional.[342]

Reconhece-se a admissibilidade, *em tese,* da cláusula de irresolubilidade com fundamento no livre exercício e promoção da atividade econômica, que – como já salientado – possui assento constitucional. A questão não é propriamente de renúncia prévia ao direito à resolução, cujos pressupostos ainda não se concretizaram, pois "somente se renuncia ao que já se adquiriu".[343] Diversamente, trata-se de assunção voluntária do risco, com a cobrança refletida no respectivo preço fixado na operação econômica, interferindo na definição do equilíbrio econômico do contrato.

Em síntese conclusiva, nos contratos paritários, a exclusão voluntária da possibilidade de o credor resolver a relação em razão da inexecução de determinada obrigação contratual encontra fundamento na autonomia privada, sendo apenas *dispositiva* a disciplina legal que regula as consequências do inadimplemento do contrato.[344] Tal afirmação não afasta, de modo algum, a possibilidade de controle da distribuição dos riscos contratuais na relação concreta, o qual deverá ser verificado conforme o ordenamento jurídico. Para tanto, os parâmetros doutrinários acima apontados serão de grande relevância.

Em primeiro lugar, a validade da cláusula de irresolubilidade não poderá ser admitida em contratos essencialmente não paritários, a exemplo daqueles formados em relações de consumo, os quais têm o consumidor como parte vulnerável.[345] De igual modo, a renúncia prévia também

---

[342] Santos, Deborah Pereira Pinto dos; Lopes, Marília. Notas sobre a responsabilidade contratual do alienante pela violação das cláusulas de declarações e garantias nos contratos de alienação de participação societária representativa de controle. In: *Revista Brasileira de Direito Civil* – RBDCIVIL. Belo Horizonte, v. 24, p. 241-260, abr./jun. 2020.

[343] Assis, Araken de. *Comentários ao Código Civil brasileiro*: do direito das obrigações. Alvim, Arruda; Alvim, Thereza (Org.). Rio de Janeiro: Forense, 2007. v. 5. p. 125-126.

[344] No sentido defendido no texto, cf. Assis, Araken de. *Resolução do contrato por inadimplemento.* 6. ed. rev., atual. e ampl. São Paulo: Thomson Reuters Brasil, 2019. p. 30.

[345] A teor do artigo 51, incisos I, IV, IX e XI do Código de Defesa do Consumidor: "São nulas de pleno direito, entre outras, as cláusulas contratuais relativas ao fornecimento de produtos e serviços que: I – impossibilitem, exonerem ou atenuem a responsabilidade do fornecedor por vícios de qualquer natureza dos produtos e serviços ou impliquem renúncia ou disposição de direitos. Nas relações de consumo entre o fornecedor e o consumidor pessoa jurídica, a indenização poderá ser limitada, em situações justificáveis; (...)

não poderá ser aceita, ao menos de forma indistinta, nos contratos de adesão formados em relações não consumeristas, nos quais se verifique assimetria de poder negocial entre as partes, que coloque o contratante aderente em posição vulnerável, de modo a incidir, ainda que por analogia, a vedação do artigo 424 do Código Civil.[346] Isso, porque a cláusula poderá representar situação com similar efeitos àquela da retirada de direito resultante da natureza do negócio.[347]

Em segundo lugar, não é possível a exclusão simultânea de caminho alternativo ao credor, o qual deverá ser efetivo. A cláusula de irresolubilidade não poderá constituir em cláusula de irresponsabilidade, que afaste a responsabilidade do devedor pelos danos advindos do inadimplemento, esvaziando-se completamente os efeitos da obrigação assumida por um dos contratantes.[348] Dito diversamente, o que invalida, na relação concreta, a cláusula é a "privação completa de efeitos para o descumprimento obrigacional, de tal modo que, ausente qualquer consequência para o inadimplemento, a prestação se tornaria puramente potestativa, rom-

---

IV⁻estabeleçam obrigações consideradas iníquas, abusivas, que coloquem o consumidor em desvantagem exagerada, ou sejam incompatíveis com a boa-fé ou a eqüidade; (...) IX⁻deixem ao fornecedor a opção de concluir ou não o contrato, embora obrigando o consumidor; (...)XI⁻autorizem o fornecedor a cancelar o contrato unilateralmente, sem que igual direito seja conferido ao consumidor; (...)".

[346] "Art. 424. Nos contratos de adesão, são nulas as cláusulas que estipulem a renúncia antecipada do aderente a direito resultante da natureza do negócio".

[347] A despeito de a cláusula de irresolubilidade não se referir, propriamente à "direito resultante da natureza do negócio", pois constitui instrumento voltado à alocação do risco de inadimplemento, independentemente de tipo contratual, ou seja, não se refere à elemento natural do negócio jurídico, mas, sim, às consequências do inadimplemento, a sua incidência poderá, no caso concreto, gerar exatamente o *mesmo efeito* da renúncia a direito decorrente da natureza do contrato. Melhor dizendo: a incidência concreta da cláusula poderá vir a impedir a concretização da finalidade econômica do contrato para a parte aderente. Sobre o ponto, seja concedido remeter à SANTOS, Deborah Pereira Pinto dos. *Renúncia a direitos nos contratos de adesão em relações civis e empresariais*: limites à autonomia negocial nos *business to business contracts*. Dissertação (Mestrado em Direito Civil) – Faculdade de Direito, Universidade do Estado do Rio de Janeiro, Rio de Janeiro, 2015. p. 169-180, em que se analisa o tema sob a perspectiva da cláusula de não indenizar, que também constitui instrumento para alocação do risco de inadimplemento contratual.

[348] MIRANDA, Pontes de. *Tratado de Direito Privado*. MARQUES, Claudia Lima; MIRAGEM, Bruno (Atual.). São Paulo: Editora Revista dos Tribunais, 2012. t. 38. p. 475.

pendo o equilíbrio contratual".[349] Além disso, mesmo que a parte esteja vinculada a manter o programa do contrato diante da inexecução de dada obrigação, com base em norma contratual, ela poderá vir a perder o interesse no vínculo em face de novas circunstâncias, isto é, por *fato posterior* que leve à frustração da função econômico-individual do contrato.[350]

Por fim, a incidência da cláusula poderá ser afastada em razão de dolo da parte inadimplente, porém não se trata de simples descumprimento intencional da obrigação (a exemplo do inadimplemento eficiente, no qual a parte escolhe não cumprir a prestação diante de nova proposta de terceiro que seja economicamente mais vantajosa), mas de má-fé no momento de formação do contrato, em violação à boa-fé objetiva. Ou seja, torna-se viciado o consentimento prestado pelo contratante prejudicado no momento de formação da relação jurídica e, assim, é anulável o negócio jurídico formado. Cuida-se de dolo específico de quem adentra na relação, com a intenção precípua de descumprir o contratado e causar dano à outra parte. Isso, porque, em tal situação, a má-fé da parte afeta a distribuição dos riscos desde a definição do conteúdo do contrato e influi no preço. Em outras palavras, caso haja dolo da parte quando da elaboração da cláusula, ela será inválida, em razão da *desvirtuação* do programa contratual, e, portanto, da equação econômica do contrato.[351]

---

[349] TEPEDINO, Gustavo. Editorial: Autonomia privada e cláusulas limitativas de responsabilidade. In: *Revista Brasileira de Direito Civil* – RBDCIVIL. Belo Horizonte, v. 23, p. 11-13, jan./mar. 2020. A lição de Tepedino, voltada à análise da juridicidade das cláusulas limitativas de responsabilidade, é de todo aplicável à cláusula de irresolubilidade, porque ambas são instrumentos para a alocação do risco de inadimplemento.

[350] Cf. GREZZANA, Giacomo. *A cláusula de declarações e garantias em alienação de participação societária*. São Paulo: Quartier Latin, 2019. p. 202-203, para quem, mesmo que presente a cláusula de remédio exclusivo para a hipótese de descumprimento da cláusula de declarações e garantias, a inexecução de obrigação ulterior pelo devedor poderá abrir ao credor a possibilidade de resolver a relação obrigacional, pois, caso negativo, a parte estará vinculada a contrato que perdeu seu fim, e ainda a espera de indenização que poderá nunca vir a ser paga.

[351] TEPEDINO, Gustavo. Editorial: Autonomia privada e cláusulas limitativas de responsabilidade. In: *Revista Brasileira de Direito Civil* – RBDCIVIL. Belo Horizonte, v. 23, p. 11-13, jan./mar. 2020.

2.
DA RELAÇÃO OBRIGACIONAL À RELAÇÃO DE LIQUIDAÇÃO

2.1 A relação de liquidação na resolução e a discutida retroatividade de seus efeitos jurídicos

A resolução constitui remédio aberto pelo ordenamento jurídico ao credor na situação de inadimplemento absoluto, em virtude da execução defeituosa ou da não execução (parcial ou total) da obrigação contratual que seja imputável ao devedor, a qual ocasione a impossibilidade da prestação ou a perda da sua utilidade. Trata-se de direito potestativo do contratante para quem desapareceu a razão de ser do contrato, de forma a pôr fim ao programa contratual. Entende-se que a resolução represente a morte da relação obrigacional – ao menos tal como originariamente formulada pelos contratantes – , que deverão retornar ao *status quo ante* e, no seu lugar, exsurge a relação de liquidação, produzindo-se três efeitos: (i) a liberação das partes do cumprimento das obrigações correspectivas, se ainda não adimplidas; (ii) o dever de ambas as partes de restituir o que foi prestado em razão da relação ora extinta; e (iii) o dever da parte inadimplente de indenizar as perdas e danos sofridas pela parte prejudicada.

O tema da existência e da amplitude da retroatividade dos efeitos da resolução, assim como seu impacto na relação obrigacional, tem levantado forte debate doutrinário. A questão não é sem relevância prática, pois – como se desenvolverá oportunamente – a retroatividade da resolução e os limites impostos pela realidade têm consequências na posição econômico-jurídica de ambas as partes, bem como na identificação do interesse do credor a ser tutelado pelo ordenamento, isto é, afetará a definição de todos os efeitos resolutivos: liberatório, restitutório e indenizatório. Apesar da intensa divergência, identifica-se como ponto comum que a liberação da parte inadimplente não exclui a responsabilidade pelas perdas e danos experimentadas pela outra parte.[352]

No direito alemão, prevaleceu na doutrina que a resolução não é dotada de retroatividade. Ela tem como objetivo precípuo a extinção da relação obrigacional, com o reestabelecimento do *status quo ante*, mas há mera substituição do dever de prestação pelo dever de restituição. A pretensão de indenização dos danos causados pelo inadimplemento subsiste, de modo que tal constatação pressupõe necessariamente que a obrigação infringida tenha existido.[353] A resolução não remove o contrato por completo e, por conseguinte, não cria situação na qual a prévia execução da prestação pelas partes possa ser considerada sem base legal, operando apenas a transformação da relação contratual, antes voltada à implementação do programa definido pelos contratantes, em relação de liquidação ou encerramento.[354]

Por sua vez, no direito francês, tem-se, ao menos tradicionalmente, a concepção de retroatividade plena da resolução,[355] que remove toda a eficácia jurídica do contrato, desobrigando as partes dos compromissos assumidos, como se o contrato nunca tivesse sido celebrado. Não apenas

---

[352] Cf. TREITEL, Guenter Heinz. *Remedies for breach of contract*. Oxford: Clarendon Press, 1988. p. 383-384. KLEINSCHMIDT, Jens. Art 8:102: Cumulation of Remedies. In: JANSEN, Nils; ZIMMERMANN, Reinhard. *Commentaries on European Contract Laws*. Oxford: Oxford University Press, 2018. p. 1099-1109. p. 1104.

[353] LARENZ, Karl. *Derecho de Obligaciones*. Tradução de Jaime Santos Briz. Madrid: Editorial Revista de Derecho Privado, 1958. t. 1. p. 391-393.

[354] Cf. ZIMMERMANN, Reinhard. *The New German Law of Obligations*. Oxford: Oxford University Press, 2005. p. 71-72. KÖTZ, Hein. *European contract law*. 2. ed. Oxford: Oxford University Press, 2017. p. 237. Segundo o último autor, o entendimento doutrinário majoritário foi acolhido pela reforma de 2002 no Código Civil alemão (BGB), na parte do direito das obrigações: de acordo com o § 346(1) do BGB, na resolução, as partes são obrigadas a retornar à prestação recebida e aos seus respectivos emolumentos, mas essa obrigação tem por fundamento o próprio contrato, *in verbis*: "If one party to a contract has contractually reserved the right to revoke or if he has a statutory right of revocation, then, in the case of revocation, performance received and emoluments taken are to be returned".

[355] PLANIOL, Marcel. *Traité élémentaire de droit civil conforme au programme officiel des facultés de droit*. 9. ed. Paris: Librairie Générale de Droit et de Jurisprudence, 1923. t. 2, n. 1320. p. 448.

as obrigações desaparecerão para o futuro, mas também a resolução apaga os efeitos pretéritos,[356] sendo a extinção retroativa que explica o dever de restituição das prestações executadas em virtude do contrato resolvido.[357] Não obstante, mais recentemente, passou-se a considerar que a resolução poderá não ter eficácia retroativa, especialmente nas relações de longa duração, e que a ausência de retroatividade não constitui *per se* obstáculo à resolução. Isso, porque, em realidade, cria-se distinta relação jurídica entre as partes, a qual toma vida a partir do pronunciamento judicial resolutivo.[358]

A retroatividade dos efeitos da resolução deve ser vista como meio, e não fim em si mesma. Com a resolução, julga-se que a melhor forma de sanar o inadimplemento consiste em extinguir a operação econômica levada a cabo pelo contrato, colocando-se o credor em situação semelhante à que se encontraria se o contrato não tivesse iniciado ou, ao menos, se ele não tivesse continuado a partir do momento do inadimplemento.[359] Tal visão parece ter sido adotada com a reforma do *Code Civil* em 2016, que abandonou a ideia de aniquilação completa do contrato e, diversamente, adotou que a retroatividade da resolução dependerá da relação concreta, isto é, se houve o alcance – ainda que parcial – da utilidade da prestação para o credor, não se justifica a retroação plena.[360]

Por fim, nos ordenamentos do sistema da *common law*, entende-se que o objetivo do credor com a resolução é libertar-se do contratado, e a eficácia da extinção será *ex nunc*: as partes somente estão liberadas das

---

[356] BOYER, Georges. *Recherches historiques sur la résolution des contrats*. Paris: Les Presses Universitaires de France, 1924. p. 34.

[357] CONSTANTINESCO, Léontin-Jean. *La résolution des contrats synallagmatiques en droit allemand*. Paris : Librairie Arthur Rousseau, 1949. p. 332.

[358] Cf. GUELFUCCI-THIBIERGE, Catherine. *Nullité, Restitutions et Responsabilité*. Paris: Librairie Générale de Droit et de Jurisprudence, 1992. p. 429. RIGALLE-DUMETZ, Corinne. *La résolution partielle du contrat*. Paris: Dalloz, 2003. p. 366.

[359] GENICON, Thomas. *La résolution du contrat pour inexécution*. Paris : Librairie Générale de Droit et de Jurisprudence, 2007. p. 510-512.

[360] TERRÉ, François; SIMLER, Philippe; LEQUETTE, Yves; e CHÉNEDÉ, François. *Droit civil*: les obligations. 12. ed. Paris: Dalloz, 2018. p. 883-884. A ausência de retroatividade da resolução nos contratos de duração será analisada no item 2.3.2 *infra*.

obrigações de efetivar e receber a execução futura.[361] A resolução produz efeitos assim que o poder de decisão é exercido pelo credor, não afetando as obrigações cumpridas pelo devedor ou mesmo aquelas ainda não cumpridas, porém já exigíveis. Se, por um lado, o devedor está isento de adimplir as obrigações contratuais futuras, por outro lado, surge para ele a obrigação de indenizar os danos que o credor sofreu com o inadimplemento.[362] A adoção da *no fault theory of contract law*, que retira a análise da culpa do devedor na inexecução da obrigação, enfatiza a ausência de retroatividade na resolução, já que, em regra, o credor deverá ser colocado na posição em que estaria se a prestação tivesse sido cumprida, indenizando-se os danos da expectativa.[363]

Voltando-se ao ordenamento jurídico brasileiro, conforme a lição de Pontes de Miranda, a resolução atinge o plano da eficácia e, quando efetivada, tudo se passa *como se* o contrato jamais tivesse nascido.[364] Em outro momento da sua obra, o autor esclarece melhor a ideia, pela qual a resolução deve operar "no todo e nada resta, nem *transformado*, nem *ao lado*". Isso, porque, com a perda da eficácia da relação, os contratantes retornam ao *status quo ante*, mas a referência ao *retorno* deve ser vista com cautela, considerando que "a vinculação em virtude do contrato existiu e o contrato subsiste, com a particularidade de ter de ser restituído o que foi prestado".[365]

Parcela relevante da doutrina brasileira tem afirmado que a resolução extingue não o contrato em si, mas somente a relação obrigacional no que toca às obrigações prestacionais. O dever de indenizar – que é atribuído

---

[361] SMITS, Jan M. *Contract law:* a comparative introduction. 2. ed. Cheltenham, UK; Northampton, MA, USA: Edward Elgar Publishing, 2017. p. 237. FARNSWORTH, E. Allan. Comparative Contract Law, In: REIMANN, Mathias; ZIMMERMANN, Reinhard. *The Oxford Handbook of Comparative Law.* Oxford: Oxford University Press, 2008. p. 925.

[362] MEORO, Mario E. Clemente. *La resolución de los contratos por incumplimiento.* Valencia: Tirant lo Blanch, 1992. p. 221-222. MALO VALENZUELA, Miguel Ángel. *Remedios frente al incumplimiento contractual.* Cizur Menor: Aranzadi, 2016. p. 165.

[363] FRIED, Charles. *Contract as promise:* a theory of contractual obligation. 2. ed. 2015. p. 17.

[364] MIRANDA, Pontes de. *Tratado de Direito Privado.* NERY JUNIOR, Nelson; NERY, Rosa Maria de Andrade (Atual.). São Paulo: Editora Revista dos Tribunais, 2012. t. 25. p. 393.

[365] MIRANDA, Pontes de. *Tratado de Direito Privado.* MARQUES, Claudia Lima; MIRAGEM, Bruno (Atual.). São Paulo: Editora Revista dos Tribunais, 2012. t. 38. p. 459.

ao contratante a quem for imputável o inadimplemento – pressupõe a existência válida do contrato, de modo que a eficácia retroativa da resolução afeta as obrigações que estabeleçam o objeto contratual, entretanto ficam mantidas outras obrigações. Do mesmo modo, e por coerência lógica, permanecem vigentes, na relação de liquidação, algumas cláusulas contratuais, inclusive as que estabeleçam obrigações relacionadas ao risco do inadimplemento, a exemplo da cláusula penal compensatória.[366]

Não se trata, porém, de entendimento unânime, havendo vozes no sentido de que a resolução leva à extinção integral de todas as obrigações previstas no contrato. Tendo em vista a ampla eficácia retroativa, há a dissolução do contrato, com o completo desaparecimento dos efeitos produzidos, garantindo-se retorno das partes ao estado anterior. Nada obstante, a retroatividade da resolução não afeta a indenização devida ao credor, não se admitindo qualquer incompatibilidade entre a aniquilação retroativa do contrato e o direito ao ressarcimento das perdas e danos, porquanto elas não integram a resolução em si, mas preservam identidade própria, que deverá ser compatibilizada com a eficácia retroativa do instituto resolutório.[367]

A retroatividade da resolução não é fenômeno natural, mas jurídico, pelo qual se considera como não acontecido – ou seja, *sem* efeitos jurídicos – algo que efetivamente ocorreu no mundo dos fatos. Se concebida de forma *ilimitada*, a retroatividade acabaria por contrariar a finalidade da resolução, tendo em vista que ela pressupõe a existência válida do contrato, constituindo reação aberta pelo ordenamento ao credor em razão do inadimplemento absoluto pelo devedor.[368] Em termos pragmáticos, as consequências da resolução dependerão de análise da relação concreta,

---

[366] AGUIAR JÚNIOR, Ruy Rosado de. *Extinção dos contratos por incumprimento do devedor.* 2. ed. rev. e atual. Rio de Janeiro: AIDE Editora, 2003. p. 39. TERRA, Aline de Miranda Valverde. *Cláusula Resolutiva Expressa.* Belo Horizonte: Fórum, 2017. p. 178. STEINER, Renata C. *Reparação de Danos*: interesse positivo e interesse negativo. São Paulo: Quartier latin, 2018. p. 369-370.

[367] ASSIS, Araken de. *Resolução do contrato por inadimplemento.* 6. ed. rev., atual. e ampl. São Paulo: Thomson Reuters Brasil, 2019. p. 118-119. RIZZARDO, Arnaldo. *Direito das Obrigações.* 7. ed. rev. e atual. Rio de janeiro: Forense, 2013. p. 463-464.

[368] PINTO, Paulo Mota. *Interesse contratual negativo e interesse contratual positivo.* Coimbra: Coimbra Editora, 2008. v. 2. p. 1645.

sendo de pouca utilidade a afirmação genérica e acrítica da aniquilação retroativa de *todos* os efeitos do contrato.[369]

Na resolução, há a aspiração de se restabelecer o *status quo* em tudo quanto seja econômica e juridicamente possível.[370] Ela funciona como causa de extinção da relação obrigacional: traz fim ao dever de prestar dos contratantes, recoloca-os no estado em que estariam se não tivessem contratado e apaga, *até o limite que a realidade permita*, as consequências do contrato no mundo jurídico e econômico. A resolução afeta o plano da eficácia do negócio jurídico, porém se trata de hipótese de ineficácia superveniente, que pressupõe o negócio *ab initio* válido e eficaz.[371]

Ademais, o que justifica a retroatividade da resolução não é a vontade presumida das partes, muito menos qualquer característica sancionadora do instituto, que não existe, mas, sim, a quebra da causa de atribuição entre as prestações recíprocas na relação obrigacional. Isto é, há a necessidade de recuperação do equilíbrio sinalagmático entre as posições econômico-jurídicas ocupadas pelos contratantes – tão caro aos contratos bilaterais –, o qual foi violado pelo inadimplemento da prestação pelo devedor. A resolução inicia nova relação legal, qual seja, a relação de liquidação, em que há obrigação *ex lege* de reposição do *status quo ante*. Assim, as partes devolverão o que receberam, além de o contratante inadimplente ter o dever legal de reparar o outro contratante dos danos sofridos.[372]

Reitere-se a perspectiva funcional do adimplemento, que é voltado ao atendimento do resultado útil programado na operação econômica, ou melhor, ao alcance do interesse concreto do credor na prestação contratual. Adotando-se a visão da obrigação como processo, parece ser mais coerente conceber a resolução como fase do processo obrigacional, de

---

[369] Cf. TREITEL, Guenter Heinz. *Remedies for breach of contract*. Oxford: Clarendon Press, 1988. p. 383. MALO VALENZUELA, Miguel Ángel. *Remedios frente al incumplimiento contractual*. Cizur Menor: Aranzadi, 2016. p. 184.

[370] LARENZ, Karl. *Derecho de Obligaciones*. Tradução de Jaime Santos Briz. Madrid: Editorial Revista de Derecho Privado, 1958. t. 1. p. 394.

[371] AZEVEDO, Antônio Junqueira de. *Negócio jurídico*: existência, validade e eficácia. 4. ed. São Paulo: Saraiva, 2002. p. 65.

[372] AGUIAR JÚNIOR, Ruy Rosado de. *Comentários ao novo Código Civil*: da extinção do contrato. Rio de Janeiro: Forense, 2011. v. 6, t. 2. p. 687-688.

modo que, a depender da complexidade do contrato atingido, ela dará início a "processo complexo tendente à liquidação da situação existente".[373] Mais do que isso, a resolução, instrumento preventivo aberto ao credor, tem o escopo de evitar a concretização do risco de perda da prestação por ele devida, o que poderia facilmente ocorrer, caso a parte somente dispusesse das ações de cumprimento e de responsabilidade civil em face do devedor.[374]

O direito à resolução é direito formativo *extintivo*, porém também é *gerador*, pois, no lugar da relação obrigacional, ora extinta, exsurge a relação de liquidação, cujos propósitos centrais serão restituir os contratantes ao *status quo ante* e indenizar o credor pelo dano sofrido.[375] Em síntese, a resolução configura "momento no processo global iniciado pelas tratativas pré-contratuais e consolidado na celebração do contrato", sendo ela igualmente processo, que se inicia a partir do pedido da parte prejudicada pelo inadimplemento absoluto da prestação e se completa com a concretização dos efeitos da sentença resolutória.[376]

Considerando a resolução como fase componente do processo obrigacional global, fica evidenciado que a retroatividade dos efeitos não atinge toda e qualquer obrigação das partes. Talvez, especialmente nos contratos bilaterais, seja mais fácil afirmar que a retroatividade é limitada às prestações recíprocas dos contratantes (*i. e.* aos deveres de prestação), que deixam de fazer sentido com o fim do programa contratual.[377] A liberação das partes é referente ao cumprimento das obrigações correspectivas; outras normas contratuais permanecem vigentes e, ainda, terão incidência na relação de liquidação: os efeitos devem repercutir

---

[373] CORDEIRO, António Menezes. *Tratado de direito civil*. 3. ed. rev. e aum. Coimbra: Almedina, 2017. v. 9. p. 930. Sobre a perspectiva funcional do conceito de adimplemento, ver item 1.1 *supra*.

[374] AGUIAR JÚNIOR, Ruy Rosado de. *Extinção dos contratos por incumprimento do devedor*. 2. ed. rev. e atual. Rio de Janeiro: AIDE Editora, 2003. p. 48-49.

[375] AGUIAR JÚNIOR, Ruy Rosado de. *Comentários ao novo Código Civil*: da extinção do contrato. Rio de Janeiro: Forense, 2011. v. 6, t. 2. p. 688.

[376] AGUIAR JÚNIOR, Ruy Rosado de. *Comentários ao novo Código Civil*: da extinção do contrato. Rio de Janeiro: Forense, 2011. v. 6, t. 2. p. 480-481.

[377] MOSCO, Luigi. *La risoluzione del contratto*. Napoli: Casa Editrice Dott. Eugenio Jovene, 1950. p. 266-267.

– ou continuar repercutindo – após a extinção da relação obrigacional. Ao menos alguns dos deveres derivados do princípio da boa-fé objetiva podem continuar em vigor, ainda que tenham o escopo alterado com a resolução, além da possibilidade de outros deveres heterônomos surgirem, até porque a boa-fé cria deveres de cooperação entre os contratantes, que se aplicam durante todo o processo obrigacional.[378]

Além do efeito liberatório, que desonera as partes do dever de prestar, a resolução lhes garante a restituição, permitindo a recuperação do que tenha sido prestado no cumprimento do programa contratual, ora desfeito. Realizada a resolução, forma-se a relação de liquidação, que é última etapa do processo obrigacional, na qual cada parte poderá recuperar o objeto de sua prestação. A *ratio* do efeito restitutório está no fato de que a resolução elimina a causa justificadora das obrigações correspectivas e, em consequência, obriga os contratantes a restituir tudo o que tenham recebido em razão da execução do contrato.[379]

A restituição da prestação pelos contratantes nem sempre envolverá *tudo aquilo* que foi realizado antes da resolução. A retroatividade da resolução deverá ser apreciada na relação jurídica concreta, e poderá ser caso de preservação dos efeitos produzidos antes da configuração do inadimplemento absoluto. Há situações, especialmente nos contratos de duração, em que a resolução poderá ocorrer sem que haja restituição ou, ao menos, ela não será integral quando haja cumprimento – ainda que de parte do objeto ou por certo período – da prestação que tenha sido capaz de atender ao interesse do credor, alcançando parcialmente o resultado útil programado para a operação econômica.[380]

Do mesmo modo, não é sempre que será possível a devolução da prestação *in natura*. Se o objeto do contrato for coisa genérica, não há qualquer dificuldade de se restituir coisa de mesmo gênero, qualidade

---

[378] TEPEDINO, Gustavo. Formação Progressiva dos Contratos e Responsabilidade Pré--Contratual: notas para uma sistematização. In: BENETTI, Giovana Valentiniano (Org.) et al. *Direito, Cultura, Método:* leituras da obra de Judith Martins Costa. Rio de Janeiro: GZ Editora, 2019. p. 588.

[379] TRIMARCHI, Pietro. *Il contratto*: inadempimento e rimedi. Milano: Giuffrè, 2010. p. 72.

[380] A resolução nos contratos de duração será estudada mais à frente, nos itens 2.3.2 e 3.4 *infra*.

e quantidade. Se, por sua vez, o objeto do contrato for coisa certa, será necessária a restituição da coisa, o que poderá restar inviabilizado no caso concreto. A restituição constitui dever de natureza obrigacional, cujos efeitos são *inter partes*. Ela deverá ser feita pelo equivalente, quando haja a necessidade de proteção de interesse de terceiros de boa-fé, ou mesmo quando tenha se tornado impossível à parte devolver a coisa recebida (*i. e.* em virtude de destruição ou de deterioração).[381]

Ademais, é importante separar, na relação de liquidação, os efeitos restitutório e indenizatório, ou seja, o dever de ambos os contratantes de restituir a prestação do dever apenas do devedor de indenizar as perdas e danos do credor, que pressupõe o nexo de imputação da inexecução da obrigação contratual, como elemento subjetivo do conceito de inadimplemento. A resolução tem como objetivo precípuo o retorno ao *status quo ante*, havendo a restituição das prestações efetuadas. A indenização, por sua vez, está relacionada à responsabilidade contratual da parte inadimplente e terá lugar quando houver efetivo dano para a parte prejudicada, o qual será seu limite.[382]

O dever de indenizar é atribuído ao devedor como consequência do dano causado pelo inadimplemento (no caso, absoluto) da prestação contratual. Em tal situação, – a teor do artigo 475 do Código Civil – caberá ao credor decidir pela resolução ou pela execução pelo equivalente.[383] O inadimplemento é anterior à própria resolução, pois é seu pressuposto, e a resolução extingue a obrigação de prestar das partes, mantida hígida a obrigação de indenizar do devedor.[384] Além do que, desde que seja comprovado o dano patrimonial do credor, sem a indenização por perdas e danos, não se poderia conceber o restabelecimento do *status quo* para a

---

[381] TERRA, Aline de Miranda Valverde; GUEDES, Gisela Sampaio da Cruz. Efeito indenizatório da resolução por inadimplemento. In: TERRA, Aline de Miranda Valverde; GUEDES, Gisela Sampaio da Cruz (Coord.). *Inexecução das Obrigações:* pressupostos, evolução e remédios. Rio de Janeiro: Editora Processo, 2020. p. 398-399.

[382] MALO VALENZUELA, Miguel Ángel. *Remedios frente al incumplimiento contractual*. Cizur Menor: Aranzadi, 2016. p. 164-165. Sobre o conceito de inadimplemento, ver item 1.2 *supra*.

[383] Sobre a execução da prestação contratual não mais *in natura*, mas pelo equivalente, ver item 1.4 *supra*.

[384] MEORO, Mario E. Clemente. *La resolución de los contratos por incumplimiento*. Valencia: Tirant lo Blanch, 1992. p. 225-226.

parte.[385] Desfeito retroativamente o programa contratual, todavia, não há como se manter a pretensão ao cumprimento e, por conseguinte, não são indenizáveis os benefícios econômicos esperados pelo credor da relação obrigacional, que não mais subsiste, porquanto a parte está liberada do cumprimento da obrigação principal.[386]

A retroatividade da resolução, ao menos como regra, atinge a relação obrigacional quanto às obrigações correspectivas atribuídas aos contratantes, mas não extingue a relação contratual (*rectius*, o processo obrigacional global), sobre a qual se fundamentam tanto o dever de restituir, como o de indenizar.[387] Nada obstante, tal afirmação não afasta – como se desenvolverá melhor no momento oportuno – a influência que a retroatividade dos efeitos da resolução poderá exercer na definição e na quantificação do interesse do credor a ser indenizado na relação de liquidação, tendo em vista a escolha da parte pelo caminho da extinção da relação obrigacional, com o fim definitivo do programa contratual.

Em suma, os três efeitos da resolução – liberação, restituição e indenização – terão definição no caso concreto, com a possibilidade de diversas combinações entre si, de modo que a coincidência entre eles é meramente factual.[388] Se a prestação não chegou a ser cumprida, não haverá restituição, mas apenas a liberação das partes do cumprimento futuro. Se a prestação, por ser divisível, foi parcialmente cumprida pelo devedor e satisfez, mesmo que não plenamente, o interesse do credor, alcançando, ainda que em parte, o resultado útil programado no contrato, não haverá a restituição dessa parcela, com a liberação para a frente. Se, por sua vez, restituída a prestação, não existir dano para o credor a ser ressarcido pelo

---

[385] Assim já se manifestava à luz do artigo 1.092 do Código Civil de 1916, cf. MIRANDA, Pontes de. *Tratado de Direito Privado.* MARQUES, Claudia Lima; MIRAGEM, Bruno (Atual.). São Paulo: Editora Revista dos Tribunais, 2012. t. 38. p. 459.

[386] MARTINS-COSTA, Judith. O Árbitro e o Cálculo do Montante da Indenização. In: CARMONA, Carlos Alberto; LEMES, Selma Ferreira; MARTINS, Pedro Batista (Coord.). *20 Anos da Lei de Arbitragem*: Homenagem a Petrônio R. Muniz. 1. ed. São Paulo: Atlas, 2017. p. 609-638. p. 625.

[387] AGUIAR JÚNIOR, Ruy Rosado de. *Extinção dos contratos por incumprimento do devedor.* 2. ed. rev. e atual. Rio de Janeiro: AIDE Editora, 2003. p. 48-49.

[388] TERRA, Aline de Miranda Valverde. *Cláusula Resolutiva Expressa.* Belo Horizonte: Fórum, 2017. p. 179.

devedor, considerando, na recomposição patrimonial, a necessidade de recolocação da parte na posição econômico-jurídica em que estaria no presente, isto é, no momento da resolução, caso não tivesse celebrado tal contrato, não haverá qualquer indenização.

2.2 A liberação dos contratantes do cumprimento da prestação

A principal finalidade da resolução é desvincular as partes do cumprimento do programa contratual.[389] O remédio resolutório é concedido pelo ordenamento ao contratante fiel, que é a parte não inadimplente, com o escopo de excepcionar o princípio da força obrigatória dos contratos (i. e. *pacta sunt servanda*). Diante da impossibilidade de receber a prestação ou da perda de utilidade, a parte prejudicada poderá requerer a extinção da relação obrigacional, havendo a liberação dos parceiros antes atrelados à bilateralidade.[390]

A resolução faz com que as partes fiquem livres para procurar novas propostas negociais no mercado, caso assim desejem. Trata-se de medida que serve ao credor para recuperar a liberdade, desfazendo-se da situação econômico-jurídica criada pelo programa contratual, que não chegou a se concretizar por causa imputável ao devedor.[391] Inegavelmente, a liberação do cumprimento do objeto contratado constitui importante mecanismo a favor do interesse do credor e, aliada à garantia de restituição do que já tenha sido cumprido, representa as vantagens do mecanismo resolutório em comparação à execução pelo equivalente.[392]

Nos contratos bilaterais, tanto o contratante que não prestou e, por essa razão, estava inadimplente, bem como aquele não inadimplente, porque ainda não estava obrigado a prestar e que decidiu invocar o remédio resolutório, já que o outro inadimpliu antes a obrigação, estarão libe-

---

[389] MALO VALENZUELA, Miguel Ángel. *Remedios frente al incumplimiento contractual*. Cizur Menor: Aranzadi, 2016. p. 162.

[390] ASSIS, Araken de. *Resolução do contrato por inadimplemento*. 6. ed. rev., atual. e ampl. São Paulo: Thomson Reuters Brasil, 2019. p. 126.

[391] KLEINSCHMIDT, Jens. Introduction before Art. 9:301. In: JANSEN, Nils; ZIMMERMANN, Reinhard. *Commentaries on European Contract Laws*. Oxford: Oxford University Press, 2018. p. 1285-1291. p. 1286.

[392] STEINER, Renata C. *Reparação de Danos*: interesse positivo e interesse negativo. São Paulo: Quartier Latin, 2018. p. 374-375.

rados.[393] Reitere-se o *caráter preventivo* da resolução, que é especialmente relevante nos contratos sinalagmáticos, pois, por um lado, para o credor, se afasta o risco de perda da prestação, cujo atendimento seria inútil, tendo em vista que não há mais interesse na manutenção da avença; e, por outro lado, para o devedor, também se afasta o risco de cumprir ou integralizar a prestação que não é mais apta ao atendimento da causa do contrato.

Não obstante, como já afirmado, a liberação não é de todas as obrigações, mas somente referente ao atendimento daquelas que estejam inter-relacionadas à função econômico-individual do contrato – *i.e.* deveres de prestação, que podem ser principais, acessórios ou até anexos ou instrumentais.[394] Em exemplo trivial, no contrato de compra e venda, estará o vendedor liberado da entrega da coisa, e o comprador, do pagamento do respectivo preço. A relação contratual inicial não desaparece, mas subsiste apoiada em outras obrigações.[395] Se o efeito liberatório tem o condão de eximir as partes da observância dos deveres prestacionais, a retroatividade da resolução poderá não afetar outros deveres que tenham origem autônoma no próprio contrato, como também não faz desaparecer os deveres heterônomos, cuja origem remonta diretamente ao princípio boa-fé objetiva, ainda que o conteúdo desses deveres possa ser alterado em razão da extinção dos deveres de prestação.[396]

Como é de conhecimento notório, a boa-fé objetiva tem função integrativa e cria deveres para os contratantes, que estarão presentes durante todo o processo obrigacional, desde a fase inicial das tratativas até a fase posterior ao momento em que ocorreria a execução da obrigação principal.[397] Caso haja a extinção da relação obrigacional *sem* o cumprimento da obrigação principal, isto é, da prestação em si (*i. e.* deveres primários

---

[393] Assis, Araken de. *Resolução do contrato por inadimplemento*. 6. ed. rev., atual. e ampl. São Paulo: Thomson Reuters Brasil, 2019. p. 126.

[394] Sobre os diversos deveres de prestação, cf. Martins-Costa, Judith. *A boa-fé no direito privado*: critérios para a sua aplicação. 2. ed. São Paulo: Saraiva, 2018. p. 240-241.

[395] Cordeiro, António Menezes. *Tratado de direito civil*. 3. ed. rev. e aum. Coimbra: Almedina, 2017. v. 9. p. 932.

[396] Terra, Aline de Miranda Valverde. *Cláusula Resolutiva Expressa*. Belo Horizonte: Fórum, 2017. p. 180.

[397] Rodotà, Stefano. *Le fonti di integrazione del contratto*. Milano: Giuffrè, 1970. p. 104-110.

e secundários) em função da inexecução imputável ao devedor, as partes poderão permanecer vinculadas, com base na boa-fé, durante a relação de liquidação, aos deveres anexos de lealdade na conduta contratual, pois ainda vigente a relação contratual em si. Do mesmo modo, continuam vigentes os deveres de proteção, sendo que os últimos poderão continuar vigendo mesmo após findos todos os deveres de prestação relacionados ao programa do contrato (inclusive os secundários e anexos).[398]

Retomando o exemplo do contrato de compra e venda, desapareci-das as obrigações correspectivas das partes, subsiste o dever de proteção que consiste na obrigação do comprador de não causar dano à coisa que deverá ser restituída ao vendedor, na fase de liquidação.[399] Têm-se manti-dos e surgem novos deveres de abstenção de condutas que sejam capazes de causar danos mútuos, quer às pessoas dos contratantes, quer aos res-pectivos patrimônios. Além disso, permanecem ainda os deveres anexos de lealdade, que se prolongam ao longo de todo o processo obrigacio-nal, a exemplo dos deveres de confidencialidade e de não concorrência; eles serão especialmente relevantes nas relações empresariais quanto às informações obtidas pela parte em relação à atividade econômica desen-volvida pela outra parte, enquanto vigente a relação contratual.[400]

Ressalte-se que a permanência dos deveres vinculados à boa-fé obje-tiva não está relacionada à imputabilidade da inexecução da obrigação. Mesmo após o inadimplemento absoluto, se houver o descumprimento culposo desses deveres heterônomos, poderá surgir o dever de indenizar tanto para o devedor como para o credor que pediu a resolução.[401] Isso, porque tal dever encontrará fundamento na violação da boa-fé objetiva,

---

[398] MARTINS-COSTA, Judith. *A boa-fé no direito privado*: critérios para a sua aplicação. 2. ed. São Paulo: Saraiva, 2018. p. 245.

[399] LARENZ, Karl. *Derecho de Obligaciones*. Tradução de Jaime Santos Briz. Madrid: Editorial Revista de Derecho Privado, 1958. t. 1. p. 393.

[400] CORDEIRO, António Menezes. *Da boa fé no direito civil*. Coimbra: Almedina, 2013. p. 628-629. Ressalta a professora Judith Martisn-Costa que o dever de informar poderá ser dever principal, dever anexo e também dever de proteção, a depender da situação jurídica concreta. MARTINS-COSTA, Judith. *A boa-fé no direito privado*: critérios para a sua aplicação. 2. ed. São Paulo: Saraiva, 2018. p. 247-248.

[401] MARTINS-COSTA, Judith. *A boa-fé no direito privado*: critérios para a sua aplicação. 2. ed. São Paulo: Saraiva, 2018. p. 473.

que visa à proteção da legítima expectativa da parte, que confiou, desde a celebração do negócio jurídico, não só no cumprimento escorreito da prestação, mas também no comportamento condizente da contraparte. Tendo em vista que a resolução leva à extinção da relação obrigacional, com a formação da relação de liquidação – ambas compondo fases do processo obrigacional global – a hipótese é de responsabilidade contratual, pois ainda não foi extinto o contrato.[402]

Além disso, quanto aos deveres fundamentados em normas autônomas, diversas cláusulas permanecem vigentes. Tais regras foram previstas, no conteúdo do contrato, como forma de alocação do risco de inexecução da obrigação contratual. Por conseguinte, as partes já predefinem quais serão os procedimentos adotados e as possíveis consequências econômicas, caso o contratante prejudicado pelo incumprimento da prestação opte pela resolução. São as cláusulas vigentes, na relação de liquidação, que se passam a analisar.

2.2.1 Cláusulas vigentes na relação de liquidação

Há normas contratuais que não serão afetadas pela retroatividade da resolução, cujos efeitos serão iniciados a partir dela ou mesmo mantidos após o pedido da parte pela extinção da relação obrigacional. Podem-se separar em três grupos: (i) as cláusulas relativas à forma de solução de litígios; (ii); as cláusulas que estabeleçam deveres de conduta para os contratantes; e (iii) as cláusulas voltadas à alocação de riscos referentes

---

[402] Cordeiro, António Menezes. *Da boa fé no direito civil*. Coimbra: Almedina, 2013. p. 630. Registre-se que não se está a analisar a chamada responsabilidade civil *post pactum finitum*, a qual pode se dar em diversas situações, inclusive quando haja o cumprimento escorreito da obrigação principal pelo devedor que leve propriamente à extinção da relação contratual. Diversamente, no texto, trata-se da específica situação da violação de deveres anexos à prestação ou ainda de deveres de proteção, na fase de liquidação da relação contratual, diante do pedido pelo credor prejudicado da resolução. Ademais, como se manifesta Menezes Cordeiro, se ainda não extinto o contrato, por qualquer causa, não há que se falar em pós-eficácia, já que a relação contratual em si continua vigente. Por sua vez, entende pela sobrevivência dos deveres laterais, mesmo após à extinção dos deveres de prestação pelo cumprimento, com suporte no contrato celebrado e executado, cf. Pinto, Carlos Alberto da Mota. *Cessão da posição contratual*. Coimbra: Almedina, 2003. p. 354-356.

aos efeitos restitutório e indenizatório.[403] No primeiro grupo, estão a cláusula compromissória[404] e a cláusula de eleição de foro,[405] como vem sendo reconhecido pela jurisprudência.

[403] Kötz, Hein. *European contract law*. 2. ed. Oxford: Oxford University Press, 2017. p. 238-239. Malo Valenzuela, Miguel Ángel. *Remedios frente al incumplimiento contractual*. Cizur Menor: Aranzadi, 2016. p. 169. Steiner, Renata C. *Reparação de Danos: interesse positivo e interesse negativo*. São Paulo: Quartier latin, 2018. p. 370.

[404] A cláusula compromissória é a "convenção escrita por meio da qual as partes de um contrato comprometem-se a submeter à arbitragem eventuais litígios futuros relativos a tal relação jurídica" (Dolinger, Jacob; Tibúrcio, Carmen. *Direito internacional privado*: arbitragem comercial internacional. Rio de Janeiro: Renovar, 2003. p. 71-75). Como se bem sabe, a arbitragem é meio extrajudicial de composição de litígios, no qual as partes optam por excluir o Estado do processo de julgamento de suas disputas, nomeando, ao invés, particulares para o exercício da função. Cf. Decisão do Supremo Tribunal Federal. BRASIL. Supremo Tribunal Federal. *SE 5206 AgR*. Relator: Min. Sepúlveda Pertence. Julgamento: 12/12/2001. Órgão Julgador: Tribunal Pleno. Publicação: DJe 30/04/2004, que reconheceu a constitucionalidade da lei de arbitragem (Lei Federal n. 9.307/1996). Tal litígio poderá envolver pedido do credor de resolução por inadimplemento, além da respectiva indenização por perdas e danos, como já reconhecido na jurisprudência. Cf. Paraná. Tribunal de Justiça do Paraná. *AC 0004947-86.2017.8.16.0194*. Relator: Des. Vitor Roberto Silva. Julgamento: 03/10/2018. Órgão Julgador: 18ª Câmara Cível. Publicação: DJe 04/10/2018.

[405] A cláusula de eleição de foro constitui norma contratual que visa a alterar a regra legal de definição de competência relativa, isto é, em razão do valor ou do território, elegendo foro diverso daquele previsto legalmente, conforme melhor se atenda o interesse dos contratantes, nos termos do artigo 63 do Código de Processo Civil (Nery Junior, Nelson; Nery, Rosa Maria de Andrade. *Código de Processo Civil Comentado*. São Paulo: Thomson Reuters, 2018. p. 237-238). Código de Processo Civil de 2015, art. 63: "As partes podem modificar a competência em razão do valor e do território, elegendo foro onde será proposta ação oriunda de direitos e obrigações". Há ainda o art. 25 do CPC, especificamente quanto à cláusula de eleição de foro exclusivo estrangeiro: "Não compete à autoridade judiciária brasileira o processamento e o julgamento da ação quando houver cláusula de eleição de foro exclusivo estrangeiro em contrato internacional, arguida pelo réu na contestação". Caso haja ajuizamento de demanda pelo credor, objetivando a resolução judicial da relação obrigacional, em razão de inadimplemento pelo devedor, com ou sem pedido de perdas e danos, será necessária a observância da cláusula, de modo a se seguir o que foi autonomamente previsto no contrato, ressalvada a existência de situação de abusividade. Nesse sentido, é o enunciado n. 335 da Súmula do Supremo Tribunal Federal, segundo o qual "é válida a eleição de foro nos processos oriundos de contrato". Cf. na jurisprudência mais recente: Distrito Federal. Tribunal de Justiça do Distrito Federal.

Já no segundo grupo, estão as cláusulas que determinam deveres às partes, cujos efeitos podem prosseguir após a extinção da relação obrigacional, independentemente de ter ocorrido o pagamento, ou não (*i. e.* são independentes do cumprimento dos deveres de prestação primários e secundários). Tais normas contratuais constituem a definição autônoma do âmbito de incidência dos deveres anexos de lealdade na conduta contratual, principalmente quando relacionados à prestação de condutas de transparência no uso e no gerenciamento de bens, dinheiros e interesses alheios. Ademais, há os deveres de proteção, que, por sua vez, visam à proteção dos contratantes de riscos de danos relacionados à sua pessoa ou ao seu patrimônio.[406]

Garante-se, assim, que, da relação obrigacional, havendo, ou não, a realização da prestação principal, não resultem danos injustos que possam afetar a integridade da esfera jurídica e econômica dos contratantes. Por exemplo, nos contratos de franquia, são bastante comuns as cláusulas de não concorrência, de confidencialidade e de sigilo, tendo em vista a passagem de *know-how* do franqueador ao franqueado, inerente à atividade econômica, além de treinamento de equipe de funcionários, uso de marca e adoção de procedimentos padronizados.[407]

Registre-se que, como afirmado no tópico anterior, os deveres anexos instrumentais e os deveres de proteção podem ter matriz na boa-fé objetiva como regra de conduta.[408] Contudo, nada impede, sendo até recomendável, que os contratantes tragam, para o campo da autonomia, a definição desses deveres, especialmente em relações jurídicas dotadas de complexidade técnica e de alto risco econômico, evitando (ou ao menos amenizando) a criação de zonas cinzentas que poderiam gerar futuro litígio. Em síntese, tais normas contratuais representam forma legítima de alocação de riscos pelos contratantes, com o devido reflexo no preço,

---

AC 0709553942019807000l. Relator(a): Des. Sandra Reves. Julgamento: 04/03/2020. Órgão Julgador: 2.º Turma Cível. Publicação: DJe 10/03/2020.

[406] MARTINS-COSTA, Judith. *A boa-fé no direito privado*: critérios para a sua aplicação. 2. ed. São Paulo: Saraiva, 2018. p. 241-244.

[407] Cf. Rio de Janeiro. Tribunal de Justiça do Rio de Janeiro. *AI 0034448-67.2018.8.19.0000.* Relator(a): Des. Marianna Fux. Julgamento: 13/11/2019. Órgão Julgador: 25ª Câmara Cível. Publicação: DJe 14/11/2019.

[408] CORDEIRO, António Menezes. *Da boa fé no direito civil.* Coimbra: Almedina, 2013. p. 604.

DA RELAÇÃO OBRIGACIONAL À RELAÇÃO DE LIQUIDAÇÃO

protegendo as partes da materialização das consequências previstas, desde a fase de formação do contrato, passando pela execução da prestação contratual, até o período posterior ao momento em que se daria o seu cumprimento.[409]

Com efeito, ao menos em diversas situações, a vigência das regras que tratam desses deveres de conduta poderá não ser afetada pela retroatividade da resolução e poderá superar não só a duração da relação obrigacional, mas também da própria relação de liquidação.[410] Além disso, as cláusulas que estabelecem tais deveres visam à igual tutela da esfera jurídica dos contratantes, independentemente daquele a quem seja imputável o inadimplemento da prestação. Dito diversamente, a incidência não se confunde com a responsabilidade pelo inadimplemento do dever prestacional em si (*i. e.* obrigação principal), de modo que mesmo o devedor inadimplente, quem deu causa ao desfazimento do programa contratual, poderá exigir o cumprimento da norma ao credor prejudicado pela inexecução da obrigação principal.[411]

As maiores celeumas doutrinárias e jurisprudenciais estão concentradas no terceiro grupo de regras contratuais vigentes na resolução, quais sejam, aquelas voltadas à definição do risco econômico referente aos efeitos indenizatório e restitutório. Como esses efeitos serão analisados mais detidamente a seguir, somente serão abordados, no presente tópico, problemas pontuais relacionados à *vigência* dessas cláusulas ao longo da fase de liquidação, no que se refere (i) à possibilidade de inci-

---

[409] CARNEIRO DA FRADA, Manuel António de Castro Portugal. *Contrato e deveres de proteção*. Coimbra: Almedina, 1994. p. 43-44.

[410] Tais deveres de lealdade contratual, todavia, não podem ser eternos, por representarem restrição ao livre exercício de atividade econômica, devendo ter a duração máxima fixada no contrato. Cf. São Paulo. Tribunal de Justiça de São Paulo. *AC 0054892-11.2004.8.26.0100*. Relator: Des. Cerqueira Leite. Julgamento: 14/09/2016. Órgão Julgador: 12ª Câmara de Direito Privado. Publicação: DJe 15/09/2016.

[411] Cf. São Paulo. Tribunal de Justiça de São Paulo. *AC 0056342-69.2011.8.26.0576*. Relator: Des. Fabio Tabosa. Julgamento: 15/05/2017. Órgão Julgador: 2ª Câmara Reservada de Direito Empresarial. Publicação: DJe 17/05/2017. São Paulo. Tribunal de Justiça de São Paulo. *AC 1020681-64.2016.8.26.0114*. Relator: Des. Claudio Godoy. Julgamento: 20/03/2018. Órgão Julgador: 2ª Câmara Reservada de Direito Empresarial. Publicação: DJe 20/03/2018.

dência simultânea da cláusula penal compensatória e da retenção das arras confirmatórias; (ii) à aplicação de limite à restituição recebida pela parte inadimplente por meio de cláusula contratual; e (iii) à permanência das garantias na relação de liquidação, inclusive para fins de assegurar a indenização ao credor.

Quanto à primeira questão, debate-se acerca da aplicação da cláusula penal compensatória e da retenção das arras confirmatórias (ou de sua devolução com o pagamento do equivalente) como partes componentes do efeito indenizatório na resolução[412], ou se, diversamente, há a prevalência da multa contratual frente às arras, ou vice-versa.[413] Identificam-se três entendimentos possíveis quanto à incidência simultânea dos institutos na resolução contratual por inadimplemento.

De acordo com o primeiro, não se admite a acumulação das arras confirmatórias com a multa contratual em razão da identidade de função exercida pelos institutos, já que ambos possuem escopo indenizatório, sob pena de violação da proibição do *bis in idem*. Em tal perspectiva, as arras devem prevalecer, seja por terem natureza real, seja por o regime

---

[412] Relembre-se que a cláusula penal compensatória constitui a obrigação acessória pela qual se fixa soma a ser paga ao credor na hipótese de inadimplemento absoluto da prestação, tendo a função de liquidação preventiva de perdas e danos. Já as arras assecuratórias, desde que previstas como confirmatórias, configuram bem ou quantia pecuniária a ser entregue pelo contratante ao outro, no momento da celebração do contrato. Elas funcionam como compensação mínima para a hipótese de inadimplemento da obrigação. A parte prejudicada poderá reter as arras, ou exigir a sua devolução mais o equivalente, caso seja ela quem as tenha entregue à parte inadimplente, cabendo pedido de indenização suplementar, desde que haja comprovação de danos excedentes ao montante prefixado. Sobre o tema, seja concedido remeter a TEPEDINO, Gustavo; SANTOS, Deborah Pereira Pinto dos. A aplicação da cláusula penal compensatória nos contratos de promessa de compra e venda imobiliária. In: TERRA, Aline de Miranda Valverde; GUEDES, Gisela Sampaio da Cruz (Coord.). *Inexecução das Obrigações*: pressupostos, evolução e remédios. Rio de Janeiro: Editora Processo, 2020. p. 521-523.

[413] Por evidência, a discussão acerca do efeito indenizatório é limitada à retenção das arras, caso o credor prejudicado pelo inadimplemento seja quem as recebeu, ou ao pagamento do seu equivalente, caso o credor seja quem deu as arras, pois, na última hipótese, as arras em si devem compor a restituição da prestação executada pela própria parte.

permitir indenização suplementar.[414] Já conforme o segundo, deverá ser exclusivamente aplicada a multa contratual, tendo em vista a impossibilidade de retenção das arras na resolução, porque servem como garantia da execução da obrigação, possuindo característica de início de pagamento e, portanto, devem ser objeto de restituição ao contratante que as entregou como parte da prestação.[415] Por fim, para a terceira via, admite-se a incidência da cláusula penal compensatória e a retenção simultânea das arras confirmatórias, ou o pagamento do equivalente, acompanhando a restituição, pois os institutos constituem forma legítima de autogestão do risco contratual, compondo conjuntamente a prefixação do efeito indenizatório, o que representa simples aplicação do disposto no artigo 418 do Código Civil.[416]

A autonomia privada abre espaço aos contratantes para a alocação positiva dos riscos contratuais, inclusive do inadimplemento, a qual irá

---

[414] Cf. BRASIL. Superior Tribunal de Justiça. *REsp 1617652/DF*. Relator(a): Min. Nancy Andrighi. Julgamento: 26/09/2017. Órgão Julgador: 3ª Turma. Publicação: DJe 29/09/2017.
[415] Cf. BRASIL. Superior Tribunal de Justiça. *AgInt no AgRg no REsp 1197860/SC*. Relator: Min. Luis Felipe Salomão. Julgamento: 05/12/2017. Órgão Julgador: 4ª Turma. Publicação: DJe 12/12/2017. BRASIL. Superior Tribunal de Justiça. *AgInt no AgInt no AREsp 1418295/SP*. Relator: Min. Marco Buzzi. Julgamento: 10/09/2019. Órgão Julgador: 4ª Turma. Publicação: DJe 18/09/2019.; BRASIL. Superior Tribunal de Justiça. *AgInt no AREsp 906.340/DF*. Relator(a): Min. Maria Isabel Gallotti. Julgamento: 30/08/2018. Órgão Julgador: 4ª Turma. Publicação: DJe 11/09/2018. Em doutrina, argumentando pela precedência da cláusula penal, em razão do maior prestígio da autonomia negocial e da gestão de riscos assumidos pelas partes, cf. FAORO, Guilherme de Mello Franco. Comentário sobre o REsp no 1.617.652/DF e a sistematização da disciplina das arras e da cláusula penal nas perdas e danos contratuais. In: *Revista Brasileira de Direito Civil* – RBDCivil. Belo Horizonte, v. 19, p. 159-176, jan./mar. 2019.
[416] SOMBRA, Thiago Luís Santos. As arras e a cláusula penal no Código Civil de 2002. In: *Revista dos Tribunais*. São Paulo, v. 101, n. 917, p. 75-89, mar. 2012. p. 88. O autor faz referência ao art. 418 do Código Civil: "Art. 418. Se a parte que deu as arras não executar o contrato, poderá a outra tê-lo por desfeito, retendo-as; se a inexecução for de quem recebeu as arras, poderá quem as deu haver o contrato por desfeito, e exigir sua devolução mais o equivalente, com atualização monetária segundo índices oficiais regularmente estabelecidos, juros e honorários de advogado". No mesmo sentido, cf. SALGADO, Bernardo Gonçalves Petrucio. *Arras confirmatórias e penitenciais*. Dissertação (Mestrado em Direito Civil) – Faculdade de Direito, Universidade do Estado do Rio de Janeiro, Rio de Janeiro, 2021. p. 114-120.

refletir no preço, desde que – e se enfatize pela relevância – tal liberdade seja exercida dentro dos limites fixados pelo ordenamento. Parece ser mais consentâneo com a liberdade contratual nas relações privadas, especialmente nos contratos paritários e que tenham repercussão essencialmente patrimonial, se admitir – ao menos abstratamente – a possibilidade de os contratantes estipularem, expressamente, que as arras confirmatórias e a cláusula penal compensatória sejam simultaneamente aplicáveis na situação da resolução. Isso, em função de a retroatividade da resolução não apagar indistintamente os efeitos do contrato: é válida a limitação pela vontade dos contratantes.

Não se vislumbra qualquer incompatibilidade ontológica entre os institutos das arras confirmatórias e da cláusula penal compensatória, ainda que se reconheça que ambos possuem função indenizatória. Não se trata de dupla punição da parte inadimplente, mas de arranjo privado do efeito indenizatório, que compõe a equação econômica do contato. Deve-se prestigiar a autonomia privada, não havendo impedimento para as partes realizarem a definição da indenização suplementar às arras, por meio de cláusula penal compensatória.[417]

Em se tratando de arras confirmatórias, o ordenamento permite a possibilidade de cumulação de indenização para além das arras, as quais configuram indenização mínima devida ao credor. Contudo, tal alocação privada de riscos não poderá significar burla por via reversa às normas

---

[417] Nesse sentido, entende-se como acertada a seguinte decisão: "[...] Ação de rescisão contratual c/c indenizatória de perdas e danos e reintegração de posse. Compromisso de compra e venda de imóvel. Inadimplemento dos promitentes compradores. [...] Lucros cessantes. Pretensão rejeitada na origem com fundamento na impossibilidade de cumulação com arras penitenciais. Arras previstas na avença que, contudo, apresentam natureza confirmatória. Possibilidade de cumulação com o direito a lucros cessantes previsto expressamente no pacto na forma de autêntica cláusula penal compensatória, consistente em aluguéis pela ocupação do imóvel. Verba que decorre da própria fruição do bem sem a devida contraprestação, dispensando-se comprovação no sentido de que a promitente vendedora deixou de locar o bem a terceiros. Sentença reformada [...]" (Santa Catarina. Tribunal de Justiça de Santa Catarina. *AC 0307233-08.2015.8.24.0033*. Relator: Des. Saul Steil. Julgamento: 19/11/2019. Órgão Julgador: 3ª Câmara de Direito Civil). No mesmo sentido, cf. Santa Catarina. Tribunal de Justiça de Santa Catarina. *AC 0008854-82.2012.8.24.0045*. Relator: Des. Paulo Ricardo Bruschi. Julgamento: 27/06/2019. Órgão Julgador: 1ª Câmara de Direito Civil.

legais incidentes nas relações contratuais: se o valor global da indenização – somando-se às arras confirmatórias a cláusula penal compensatória fixada como indenização suplementar – se mostrar excessivo no caso concreto, deverá ser feita a redução judicial pelos parâmetros previstos no artigo 413 do Código Civil,[418] bem como ser aplicado o teto do valor da obrigação principal previsto no artigo 412 do CC.[419]

Por sua vez, a segunda questão a ser enfrentada é saber a possibilidade de se limitar a restituição da prestação ao devedor por meio de norma contratual, que vem sendo denominada de cláusula de decaimento. Trata-se de regra autônoma, que restringe a retroatividade da resolução, pela qual as partes predefinem os efeitos restitutório e indenizatório, ao fixar conjuntamente o limite da restituição ao inadimplente e o valor da indenização (e incluindo ainda, eventualmente, o da restituição em pecúnia) devidos ao credor prejudicado, compensando-os. Por exemplo, nos contratos de promessa de compra e venda imobiliária, em havendo inadimplemento absoluto pelo promissário comprador, a indenização a ser paga ao promitente vendedor se dará com a retenção de parte do valor pago pelo contratante inadimplente. Para a doutrina especializada no tema, tal norma configura espécie de cláusula penal compensatória, que é expressa sobre percentual do valor da prestação pago pela parte inadimplente.[420]

---

[418] "Art. 413. A penalidade deve ser reduzida equitativamente pelo juiz se a obrigação principal tiver sido cumprida em parte, ou se o montante da penalidade for manifestamente excessivo, tendo-se em vista a natureza e a finalidade do negócio".

[419] "Art. 412. O valor da cominação imposta na cláusula penal não pode exceder o da obrigação principal". Cf. decisão que, reconhecendo a função indenizatória das arras confirmatórias, admite o controle de juridicidade por aplicação analógica dos parâmetros previstos na norma que permite a redução judicial da cláusula penal: BRASIL. Superior Tribunal de Justiça. *REsp 1669002/RJ.* Relator(a): Nancy Andrighi. Julgamento: 21/09/2017. Órgão Julgador: 3ª Turma. Publicação: DJe 02/10/2017.

[420] CHALHUB, Melhim Namen. *Incorporação imobiliária.* 5. ed. Rio de Janeiro: Forense, 2019. p. 405. MAIA, Roberta Mauro Medina. A irretratabilidade das promessas de compra e venda e a Lei n. 13. 786/2018 (Lei dos Distratos Imobiliários). In: *Revista Brasileira de Direito Civil* – RBDCivil, v. 22, p. 73-97, out./dez. 2019. p. 82. Também há entendimento no sentido de que a cláusula de decaimento pode se identificar tanto com a cláusula penal compensatória quanto com as arras confirmatórias, por envolver a perda de quantia já

O Superior Tribunal de Justiça firmou jurisprudência quanto à validade da previsão contratual, pela qual as partes realizam a gestão privada dos riscos econômicos do inadimplemento. Tal regra contratual estabelece a compensação entre a indenização devida ao credor com parcela do valor que deveria ser objeto de restituição ao devedor, a quem é imputado o incumprimento da prestação, porém não se afasta a possibilidade de revisão do ajuste. Em outras palavras, é possível a redução judicial da retenção fixada na cláusula, caso se mostre manifestamente excessiva conforme as circunstâncias do caso concreto, adotando-se, como parâmetro de razoabilidade, o percentual de dez a vinte e cinco por cento dos valores pagos pelo promissário comprador.[421]

Na hipótese de resolução judicial de promessa de compra e venda de unidades autônomas em incorporações imobiliárias, a Lei n. 13.786/2018 – que ficou conhecida como a "Lei dos Distratos Imobiliários" por ter sido editada no contexto de crise no mercado imobiliário brasileiro – alterou a Lei n. 4.591/1964, trazendo limites para a prefixação da indenização, que representaram a sedimentação dos percentuais adotados pela jurisprudência.[422] Consoante o art. 67-A da Lei n. 4.591/64, na nova redação, salvo se a incorporação estiver submetida ao regime de patrimônio de

---

transferida. KONDER, Carlos Nelson. Arras e cláusula penal nos contratos imobiliários. In: *Revista dos Tribunais*. Rio de Janeiro, v. 4, p. 83-104, 2014.

[421] Cf. Jurisprudência em Teses do Superior Tribunal de Justiça, Enunciado n. 6 da Edição 110, de agosto de 2018: "no caso de rescisão de contratos envolvendo compra e venda de imóveis por culpa do comprador, é razoável ao vendedor que a retenção seja arbitrada entre 10% e 25% dos valores pagos, conforme as circunstâncias de cada caso, avaliando-se os prejuízos suportados".

[422] Conforme decidido pela 2ª Seção do Superior Tribunal de Justiça, ante o princípio da irretroatividade das leis, as novas regras instituídas pela Lei n. 13.786/2018 somente incidem nos contratos de promessa de compra e venda em incorporações imobiliárias que sejam firmados posteriormente ao início de sua vigência. A manifestação da Corte Superior foi em questão de ordem incidental no julgamento dos Temas Repetitivos n. 970 e 971. Tendo em vista o escopo do presente trabalho a análise da Lei n. 13.786/2018 será limitada ao ponto da cláusula de decaimento na resolução por inadimplemento do promitente-comprador.

afetação, a cláusula de decaimento poderá ser fixada no patamar de até vinte e cinco por cento da quantia paga pelo promissário comprador.[423]

Mesmo que o teto legal tenha sido previsto no teto máximo adotado pela jurisprudência, parece que o legislador não seguiu por bom caminho, ao fixar rigidamente tal limite. Isso, porque há grande diversidade de situações econômicas encontradas nas relações concretas. Por um lado, a multa poderá ser muito elevada na situação do devedor que, culposamente, venha a inadimplir a prestação (*e. g.* perda de emprego, mudanças estruturais de vida); e, por outro lado, a multa poderá ser baixa, caso o devedor-investidor simplesmente escolha, dolosamente, não cumprir o contrato em razão de incentivo econômico (*e. g.* abrupta desvalorização do preço do metro quadrado na região que torne o empreendimento não mais lucrativo).

Apesar de abstratamente válida a limitação da retroatividade do efeito restitutório da resolução por meio de norma contratual, não se afasta, em cada caso concreto, o controle de mérito da cláusula de decaimento, o qual deverá ser realizado à luz do artigo 413 do Código Civil, que permite a redução judicial.[424] Nos contratos imobiliários, os bens jurídicos

---

[423] Art. 67-A *caput*, inciso II e § 5º da Lei n. 4.591/64, na redação da Lei n. 13.786/2018: "Art. 67-A . Em caso de desfazimento do contrato celebrado exclusivamente com o incorporador, mediante distrato ou resolução por inadimplemento absoluto de obrigação do adquirente, este fará jus à restituição das quantias que houver pago diretamente ao incorporador, atualizadas com base no índice contratualmente estabelecido para a correção monetária das parcelas do preço do imóvel, delas deduzidas, cumulativamente: (...) II ⁻ a pena convencional, que não poderá exceder a 25% (vinte e cinco por cento) da quantia paga. (...) §5º Quando a incorporação estiver submetida ao regime do patrimônio de afetação, de que tratam os arts. 31-A a 31-F desta Lei, o incorporador restituirá os valores pagos pelo adquirente, deduzidos os valores descritos neste artigo e atualizados com base no índice contratualmente estabelecido para a correção monetária das parcelas do preço do imóvel, no prazo máximo de 30 (trinta) dias após o habite-se ou documento equivalente expedido pelo órgão público municipal competente, admitindo-se, nessa hipótese, que a pena referida no inciso II do *caput* deste artigo seja estabelecida até o limite de 50% (cinquenta por cento) da quantia paga". Ou seja, se, por sua vez, a incorporação estiver submetida ao regime de afetação, o teto da pena convencional passa a ser cinquenta por cento das quantias pagas pelo promitente-comprador.

[424] Esta também é a opinião de Assis, Araken de. *Resolução do contrato por inadimplemento.* 6. ed. rev., atual. e ampl. São Paulo: Thomson Reuters Brasil, 2019. p. 141. Em sentido

em jogo, em cada operação econômica, detêm especial importância na ponderação feita pelo intérprete, especialmente aqueles com base constitucional como o direito à moradia e a função social da cidade, sem perder de vista a função econômico-individual do contrato.[425]

Por fim, quanto à terceira questão suscitada, debate-se sobre a permanência das garantias reais e fidejussórias na relação de liquidação, inclusive para fins de assegurar ao credor a restituição e a indenização.[426] A título exemplificativo, na garantia real de hipoteca, encontram-se algumas decisões monocráticas, no âmbito do Superior Tribunal de Justiça que, ao confirmar acórdãos dos tribunais estaduais, não autorizaram o levantamento do gravame sobre o imóvel dado em garantia na resolução. Isso, porque a resolução não leva à extinção de todas as obrigações decorrentes do contrato, porquanto algumas persistem em relação à prestação não plenamente adimplida.[427] Ou seja, a garantia poderá ser executada se, no processo de liquidação iniciado pela resolução, houver pendências obrigacionais as quais estão garantidas, justamente, pela hipoteca.[428]

---

contrário, cf. TERRA, Aline de Miranda Valverde; MAIA, Roberta Mauro Medina. Notas sobre a natureza e o regime jurídico da retenção de parcelas autorizada pela Lei dos Distratos. In: *Migalhas*, São Paulo, set. 2020. Acesso em 17/02/2021.

[425] Sobre o tema, seja concedido remeter à TEPEDINO, Gustavo; SANTOS, Deborah Pereira Pinto dos. A aplicação da cláusula penal compensatória nos contratos de promessa de compra e venda imobiliária. In: TERRA, Aline de Miranda Valverde; GUEDES, Gisela Sampaio da Cruz (Coord.). *Inexecução das Obrigações*: pressupostos, evolução e remédios. Rio de Janeiro: Editora Processo. 2020. p. 541-542.

[426] A discussão é, de certa forma, próxima à anterior, quanto à possibilidade de retenção das arras confirmatórias, ou sua devolução em dobro, na resolução por inadimplemento. Cf. decisões citadas na nota 415, especificamente quanto às promessas de compra e venda imobiliárias, nas quais se verifica tendência na jurisprudência do Superior Tribunal de Justiça, apesar de haver divergência, no sentido de não se autorizar a retenção das arras. Ou seja, não admite que o promitente vendedor utilize as arras para obter indenização do promissário comprador inadimplente, sendo o principal argumento que as arras, por terem função de garantia, somente se aplicam à execução da prestação contratual, e não à extinção da relação obrigacional.

[427] BRASIL. Superior Tribunal de Justiça. *AREsp 1148835/PR*. Relator: Min. Marco Aurélio Bellizze. Julgamento: 05/09/2017. Publicação: DJe 09/10/2017.

[428] BRASIL. Superior Tribunal de Justiça. *REsp 1864556/RJ*. Relator: Min. Raul Araújo. Julgamento: 28/05/2020. Publicação: DJe 02/06/2020.

Dessa forma, não há a liberação do gravame, tendo em vista a permanência da obrigação de pagar.[429]

Especialmente nos contratos de duração, ante a divisibilidade econômica da prestação, a resolução poderá ter efeitos *prospectivos*, a garantia – seja real ou pessoal – poderá ser executada pelo contratante prejudicado pelo inadimplemento, para obter a contraprestação correspectiva à prestação já executada. Em tal hipótese, não se autoriza a liberação do débito passado: não há retroatividade na resolução, pois houve o atendimento, ainda que parcial ou por certo período, do interesse do credor pela obrigação que foi cumprida pelo devedor, sendo plenamente exigível a respectiva contraprestação. Por exemplo, em contrato de locação por tempo determinado em que a obrigação principal do locatário seja assegurada pela garantia fidejussória de fiança, havendo a resolução por inadimplemento, o locador poderá executar a garantia quanto aos aluguéis atrasados, e o fiador não poderá se libertar do pagamento referente às obrigações pretéritas, ao simples argumento de que houve a extinção da relação obrigacional.[430]

A situação em análise é diversa, pois envolve a possibilidade de se executar a garantia, não para obter a satisfação do crédito, em razão de a prestação ter sido inadimplida, ainda que por meio do equivalente pecuniário, mas, sim, para assegurar ao credor – que optou pelo caminho do retorno ao *status quo ante* – as eficácias restitutória e indenizatória.[431] De acordo com a legislação civil, as garantias serão extintas quando da extin-

---

[429] BRASIL. Superior Tribunal de Justiça. *AREsp 1198998/SP*. Relator: Min. Moura Ribeiro. Julgamento: 29/11/2017. Publicação: DJe 05/12/2017.

[430] Distrito Federal. Tribunal de Justiça do Distrito Federal. *AC 20150111445335*. Relator: Des. Mario-Zam Belmiro. Julgamento: 23/02/2017. Órgão Julgador: 8ª Turma Cível. Publicação: DJe 14/03/2017. A irretroatividade da resolução nos contratos de duração será melhor analisada no item 2.3.2 *infra*.

[431] Caso o credor, na hipótese de inadimplemento absoluto, opte pela execução pelo equivalente, não há maiores dúvidas de que ele poderá executar a garantia para obter o equivalente em pecúnia à prestação não adimplida. Sobre a resolução como direito potestativo da parte prejudicada pelo incumprimento definitivo imputável à outra parte, ver item 1.4 *supra*.

ção da obrigação ora garantida[432] e, até o presente momento, a doutrina brasileira não apresenta grande debate acerca da eficácia das garantias na resolução. Sobre o tema, verifica-se brevíssima análise de Pontes de Miranda, para quem, com base na doutrina alemã, a eficácia retroativa da resolução é somente quanto às dívidas, de modo que "a fiança e as outras garantias subsistem".[433] No mesmo sentido, afirma Ruy Rosado de Aguiar Jr. que a resolução não torna o contrato como todo ineficaz, vigendo as cláusulas de garantias à prestação contratual.[434]

Mais recentemente, Aline Terra, em análise do tema sob a perspectiva funcional, defendeu a conservação das garantias mesmo se finda retroativamente a relação obrigacional pela resolução, pois, em tal situação, há apenas a substituição da prestação contratual pelas obrigações de restituir e de indenizar. Para a autora, na resolução por inadimplemento, a garantia servirá à parte prejudicada, para resguardá-la da recusa da outra parte em restituir o que houver sido prestado inutilmente, isto é, sem o recebimento da contraprestação, bem como para indenizá-la das perdas e danos. Assim, conclui que "as garantias se transmudam em acessório da relação de liquidação que surge em lugar da relação obrigacional, de modo a assegurar ao credor o recebimento de todas as verbas que lhes são devidas".[435]

Tal raciocínio parece ser irrepreensível quanto à restituição, porque, considerando a causa de atribuição correspectiva existente entre as obrigações prestacionais, se a garantia visa a assegurar a satisfação do crédito à parte, havendo, ou não, a execução da obrigação pela outra parte, faz todo sentido que possa o contratante utilizá-la para garantir a devolução

---

[432] Quanto às garantias reais, há os artigos 1.436, I e 1.499, I, ambos do Código Civil, que se referem ao penhor e à hipoteca, respectivamente: "Art. 1.436. Extingue-se o penhor: I‒extinguindo-se a obrigação; (...)"; "Art. 1.499. A hipoteca extingue-se: I‒pela extinção da obrigação principal; (...)".

[433] MIRANDA, Pontes de. *Tratado de Direito Privado*. MARQUES, Claudia Lima; MIRAGEM, Bruno (Atual.). São Paulo: Editora Revista dos Tribunais, 2012. t. 38. p. 459.

[434] AGUIAR JÚNIOR, Ruy Rosado de. *Comentários ao novo Código Civil*: da extinção do contrato. Rio de Janeiro: Forense, 2011. v. 6, t. 2. p. 683.

[435] TERRA, Aline de Miranda Valverde. *Cláusula Resolutiva Expressa*. Belo Horizonte: Fórum, 2017. p. 181-182.

da prestação diante da extinção retroativa da relação obrigacional.[436] Por sua vez, reconhece-se alguma coerência em se admitir, ao menos abstratamente, a possibilidade de manutenção das garantias para proteger o crédito do credor enquanto pendente a liquidação das perdas e danos, uma vez que as garantias exercem a função de assegurar a satisfação do direito de crédito, independentemente da colaboração do devedor. Isso, porque a resolução cria a fase de liquidação que se insere no mesmo processo obrigacional global, ainda que extinta a obrigação quanto ao dever de prestar.[437]

É necessário, todavia, atentar para o fato de que as garantias – sejam pessoais ou reais – estão inseridas no conteúdo do contrato como alocação privada de riscos referente à inexecução da obrigação, cujo reflexo se dá na equação econômica do contrato, de modo que os contratantes podem livremente distribuir tais riscos, contanto que o façam dentro das balizas do ordenamento jurídico. Portanto, entende-se que, a princípio, as cláusulas contratuais vigentes na resolução serão aquelas que as partes determinaram, no conteúdo do contrato, que tivessem eficácia para além da execução da prestação contratual.

Em outras palavras, especialmente em contratos paritários cuja repercussão seja essencialmente patrimonial, as partes são livres para estabelecer que a garantia somente valerá para assegurar a execução da prestação correspectiva, ou também para a restituição, ou, ainda, para a fixação de perdas e danos na hipótese de resolução. A prioridade é para o arranjo definido autonomamente, sendo bastante recomendável, ante a complexidade das relações econômicas, que os contratantes expressamente definam, no contrato, se a garantia assegurará apenas a execução da obrigação contratual, ou se abarcará também as obrigações de restituir e indenizar. Na ausência de norma contratual, entretanto, parece ser preferível o entendimento pela não liberação das garantias na resolução, com o escopo de se assegurar, da forma mais ampla possível, o retorno das partes ao *status quo ante*.

---

[436] Sobre o caráter sinalagmático do dever de restituição nos contratos bilaterais, ver o item 2.3 *infra*.

[437] Sobre a visão funcional das garantias de crédito, cf. RENTERÍA, Pablo. *Penhor e autonomia privada*. São Paulo: Atlas, 2016. p. 147-148.

2.3 A restituição da prestação pelos contratantes

Além da liberação das partes, desonerando-as do dever de prestar, a resolução permite-lhes a recuperação do que tenha sido prestado no cumprimento do programa contratual. Assim, não bastará a liberação dos contratantes do dever de prestar para que haja o retorno *ao status quo ante*, caso seja consumada a parcela do projeto de intercâmbio entre prestação e contraprestação prevista no contrato. Melhor dizendo, caso uma ou ambas as partes tenham prestado, ainda que parcialmente, e uma delas tenha inadimplido a obrigação contratual; consequentemente, autorizando a outra a recorrer ao mecanismo resolutório, em tal situação, será necessária a restituição pelos contratantes de tudo que tenha sido recebido de seu parceiro. Isso, porque as partes devem ser recolocadas na situação econômico-jurídica em que estariam se não tivessem adentrado na relação contratual.[438]

A liberação do cumprimento da prestação e a sua restituição, se já cumpridas, constituem duas faces da mesma moeda, atingindo indistintamente credor e devedor, pois não estão relacionadas à imputabilidade da inexecução da obrigação contratual. Os efeitos liberatório e restitutório da resolução são "eficácias recíprocas que, conquanto possam ser uma vantagem em favor do credor, não se confundem com a indenização a ele devida".[439] Como se desenvolverá melhor à frente – "restituição e ressarcimento atuam sobre o patrimônio por mecanismos diversos, desempenhando funções diferentes. E é justamente por isso que o retorno ao *status quo ante* só ocorre, de fato, com a produção conjunta dos efeitos restitutório e ressarcitório".[440]

Embora haja opinião doutrinária em sentido contrário,[441] assim como se encontrem algumas decisões na jurisprudência brasileira,[442] entende-

---

[438] Assis, Araken de. *Resolução do contrato por inadimplemento*. 6. ed. rev., atual. e ampl. São Paulo: Thomson Reuters Brasil, 2019. p. 126.

[439] Steiner, Renata C. *Reparação de Danos: interesse positivo e interesse negativo*. São Paulo: Quartier latin, 2018. p. 375.

[440] Terra, Aline de Miranda Valverde. *Cláusula Resolutiva Expressa*. Belo Horizonte: Fórum, 2017. p. 184.

[441] Sobre a visão histórica do efeito restitutório na resolução e sua relação com o instituto do enriquecimento sem causa, cf. Boyer, Georges. *Recherches historiques sur la résolution des contrats*. Paris: Les Presses Universitaires de France, 1924. p. 35. No direito brasileiro,

-se que a restituição da prestação pelos contratantes, ainda que acompanhada das parcelas complementares, configura efeito legal da resolução e, portanto, não possui fundamento no enriquecimento sem causa. Isso, porque a restituição, se fundamentada no enriquecimento sem causa, está relacionada à ideia de retirar do patrimônio do devedor o lucro obtido com o inadimplemento contratual, e não à devolução, a ambos os contratantes, do que foi prestado em razão do contrato ora desfeito. Nesse sentido, leciona Pontes de Miranda, ainda à luz do artigo 1.092 do Código Civil de 1916, "se há de restituir tudo, e não só aquilo com que o receptor se enriqueceu injustificadamente, e de se indenizarem as perdas e danos sofridas, e não aquilo com o devedor se enriqueceu".[443]

Tal discussão já foi enfrentada em outros ordenamentos jurídicos.[444] No direito alemão, para a doutrina majoritária, a obrigação de restituir diz respeito à prestação contratual em si e, portanto, não deve ser realizada de acordo com os princípios do enriquecimento sem causa. A valoração do que será restituído não será feita no montante do enriquecimento patrimonial de quem recebeu a prestação, mas conforme o seu valor em si.[445] Além disso, se a relação de liquidação formada após a

defende que o dever de restituir na resolução encontra fundamento no enriquecimento sem causa, SILVA, Rodrigo da Guia. Interesse contratual positivo e interesse contratual negativo: influxos da distinção no âmbito da resolução do contrato por inadimplemento. In: *Revista IBERC*, v. 3, n. 1, p. 1-37, 2020. p. 4.

[442] Cf. BRASIL. Superior Tribunal de Justiça. *REsp 1823284/SP*. Relator: Min. Paulo de Tarso Sanseverino. Julgamento: 13/10/2020. Órgão Julgador: 3ª Turma. Publicação: DJe 15/10/2020. BRASIL. Superior Tribunal de Justiça. *REsp 1613613/RJ*. Relator: Min. Ricardo Villas Bôas Cueva. Julgamento: 12/06/2018. Órgão Julgador: 3ª Turma. Publicação: DJe 18/06/2018. BRASIL. Superior Tribunal de Justiça. *REsp 764.529/RS*. Relator: Min. Paulo de Tarso Sanseverino. Julgamento: 26/10/2010. Órgão Julgador: 3ª Turma. Publicação: DJe 09/11/2010.

[443] MIRANDA, Pontes de. *Tratado de Direito Privado*. NERY JUNIOR, Nelson; NERY, Rosa Maria de Andrade (Atual.). São Paulo: Editora Revista dos Tribunais, 2012. t. 25. p. 438.

[444] Para análise em perspectiva de direito comparado, Cf. ENGLARD, Izhak. Restitution of Benefits Conferred Without Obligation. In: CAEMMERER, Ernst Von.; SCHLECHTRIEM, Peter. *International Encyclopedia of Comparative Law*: Restitution/Unjust Enrichment and Negotiorum Gestio. Tübingen: Mohr Siebeck, 2007. v. 10. p. 75-77.

[445] CONSTANTINESCO, Léontin-Jean. *La résolution des contrats synallagmatiques en droit allemand*. Paris : Librairie Arthur Rousseau, 1949. p. 342-343.

resolução é considerada como parte da relação contratual, que se mantém viva durante todo o processo obrigacional, não faz sentido conceber a restituição como regra atribuída à disciplina do enriquecimento sem causa.[446]

De modo similar, no direito francês, prevalece o entendimento de que a resolução é suficiente, em si mesma, para criar a obrigação de restituir, de modo que as restituições daí resultantes possuem fonte no próprio direito resolutivo. Em outras palavras, a restituição das prestações correspectivas é efeito jurídico da resolução. Em síntese, deduz-se que o retorno das partes ao *status quo ante* é consequência legal da resolução, assim como também é consequência legal da anulação do contrato.[447]

Reconhece-se autonomia ao efeito restitutório da resolução em relação à disciplina do enriquecimento sem causa, sendo certo que o último instituto ainda detém natureza subsidiária no ordenamento brasileiro.[448] O direito à resolução está relacionado ao desaparecimento da causa de atribuições recíprocas nas prestações que foram assumidas pelas partes na relação obrigacional,[449] de forma que a extinção operada elimina a causa justificadora das obrigações correspectivas dos contratantes, e a

---

[446] ZIMMERMANN, Reinhard. Restitution after termination for breach of contract in German Law. In: VISSER, Daniel. *The Limits of the Law of Obligations*. Cape Town: Juta & Co, Ltd., 1997, p. 121-138. p. 126-127. No mesmo sentido, LARENZ, Karl. *Derecho de Obligaciones*. Tradução de Jaime Santos Briz. Madrid: Editorial Revista de Derecho Privado, 1958. t. 1. p. 443.

[447] Cf. GENICON, Thomas. *La résolution du contrat pour inexécution*. Paris : Librairie Générale de Droit et de Jurisprudence, 2007. p. 662-663. GUELFUCCI-THIBIERGE, Catherine. *Nullité, Restitutions et Responsabilité*. Paris: Librairie Générale de Droit et de Jurisprudence, 1992. p. 380-383.

[448] Código Civil de 2002, art. 886. "Não caberá a restituição por enriquecimento, se a lei conferir ao lesado outros meios para se ressarcir do prejuízo sofrido". No mesmo sentido, ASSIS, Araken de. *Resolução do contrato por inadimplemento*. 6. ed. rev., atual. e ampl. São Paulo: Thomson Reuters Brasil, 2019. p. 129. Ainda, no direito português, afirma a autonomia entre a obrigação de restituição consequente à invalidade e à resolução do contrato e a obrigação de restituição do enriquecimento sem causa, cf. PINTO, Paulo Mota. *Interesse contratual negativo e interesse contratual positivo*. Coimbra: Coimbra Editora, 2008. v. 2. p. 976.

[449] MOSCO, Luigi. *La risoluzione del contratto*. Napoli: Casa Editrice Dott. Eugenio Jovene, 1950. p. 136.

restituição, como parte da eficácia legal da resolução, encerra instituto do direito restitutório, porém diverso da *actio in reverso*.[450]

Apesar de a restituição ser considerada efeito legal da resolução, trata-se de efeito natural, e não essencial. Especialmente em relações paritárias, é plenamente admissível aos contratantes que disciplinem o conteúdo do contrato da forma que melhor atenda aos seus interesses, limitando o efeito restitutório ou até afastando a sua incidência ao realizar a alocação do risco econômico, o que afetará o preço e a equação econômica do contrato como todo. Em consequência, também é admissível regra contratual que estabeleça compensação entre a restituição do devedor e a indenização que a parte deverá pagar ao credor em razão do inadimplemento.[451]

Ressalve-se, por evidência, que não poderá ser admitida tal regra contratual caso ela ocasione grave desequilíbrio econômico no contrato[452] ou ainda prejuízo a terceiros de boa-fé.[453] Ademais, como efeito natural da resolução, é dispensável pedido expresso de restituição da prestação, seja pelo contratante prejudicado pelo inadimplemento que opte pela

---

[450] TERRA, Aline de Miranda Valverde. *Cláusula Resolutiva Expressa*. Belo Horizonte: Fórum, 2017. p. 183.

[451] TERRA, Aline de Miranda Valverde. *Cláusula Resolutiva Expressa*. Belo Horizonte: Fórum, 2017. p. 193. Sobre o tema, ver item 2.2.1 *supra*, no qual se analisou a validade da cláusula de decaimento.

[452] A situação de grave desequilíbrio econômico poderá restar configurada, caso a cláusula seja inserida como condição geral de contratação em contratos formados por adesão, ainda que em relações não consumeristas. A despeito de a cláusula de não restituir não se referir, propriamente, à "direito resultante da natureza do negócio", pois constitui efeito natural da resolução por inadimplemento, comum a todos os tipos contratuais, a sua incidência poderá, no caso concreto, gerar exatamente o *mesmo efeito* da renúncia a direito decorrente da natureza do contrato, aplicando-se a regra legal do artigo 424 do Código Civil. Ou seja, a incidência concreta da cláusula poderá vir a impedir a concretização da finalidade econômica do contrato para a parte aderente. Sobre o ponto, seja concedido remeter à SANTOS, Deborah Pereira Pinto dos. *Renúncia a direitos nos contratos de adesão em relações civis e empresariais*: limites à autonomia negocial nos *business to business contracts*. Dissertação (Mestrado em Direito Civil) – Faculdade de Direito, Universidade do Estado do Rio de Janeiro, Rio de Janeiro, 2015. p. 169-180, em que se analisa o tema sob a perspectiva da cláusula de não indenizar.

[453] Sobre a proteção dos interesses de terceiros de boa-fé, ver item 2.3.1 *infra*.

ação de resolução, seja pela parte inadimplente que deu causa à extinção da relação, sendo possível a determinação *ex officio* pelo julgador.[454]

Ponto bastante relevante é o fato de o efeito restitutório da resolução ser, obrigatoriamente, imediato e simultâneo para as partes,[455] especificamente nos contratos bilaterais.[456] Se a prestação tiver sido executada, ainda que de forma parcial ou defeituosa, por ambas as partes, o dever de restituição será igualmente suportado pelos contratantes. Nessa hipótese, a conexão existente entre as obrigações recíprocas de restituição, bem como a fonte comum na resolução, lhes confere feição sinalagmática.[457] Salvo ajuste contratual em sentido diverso, há caráter sinalagmático na relação de liquidação. Destaque-se que a reciprocidade do dever de restituir constitui proteção ao novo equilíbrio econômico formado na última fase do processo obrigacional.[458]

Ressalvada a existência de legislação específica,[459] na execução da sentença resolutiva, a restituição deverá ser imediata por ambos os contra-

---

[454] Assis, Araken de. *Resolução do contrato por inadimplemento.* 6. ed. rev., atual. e ampl. São Paulo: Thomson Reuters Brasil, 2019. p. 128 e 136. AGUIAR JÚNIOR, Ruy Rosado de. *Comentários ao novo Código Civil:* da extinção do contrato. Rio de Janeiro: Forense, 2011. v. 6, t. 2. p. 691. Cf., na jurisprudência, BRASIL. Superior Tribunal de Justiça. *REsp 1286144/MG.* Relator: Min. Paulo de Tarso Sanseverino. Julgamento: 07/03/2013. Órgão Julgador: 3ª Turma. Publicação: DJe 01/04/2013.

[455] Cf. Enunciado da Súmula n. 543 do Superior Tribunal de Justiça: "na hipótese de resolução de contrato de promessa de compra e venda de imóvel submetido ao Código de Defesa do Consumidor, deve ocorrer a imediata restituição das parcelas pagas pelo promitente comprador, integralmente, em caso de culpa exclusiva do promitente vendedor/construtor, ou parcialmente, caso tenha sido o comprador quem deu causa ao desfazimento" (Súmula 543, Segunda Seção, julgado em 26/08/2015, DJe 31/08/2015).

[456] Conforme se desenvolveu no item 1.3.1 *supra*, admite-se a resolução por inadimplemento também em contratos unilaterais, especialmente se onerosos, porém se trata de situação excepcional.

[457] CONSTANTINESCO, Léontin-Jean. *La résolution des contrats synallagmatiques en droit allemand.* Paris : Librairie Arthur Rousseau. 1949. p. 363.

[458] ASSIS, Araken de. *Resolução do contrato por inadimplemento.* 6. ed. rev., atual. e ampl. São Paulo: Thomson Reuters Brasil, 2019. p. 134.

[459] A título exemplificativo, podem-se mencionar: artigo 63 da Lei n. 8.245/1991, que assinala prazo ao locatário para desocupar o imóvel na ação de despejo; artigos 43-A e 67-A da Lei n. 4.591/1964, que estabelecem prazo para a restituição no desfazimento das promessas de compra e venda em incorporações imobiliárias, e artigo 32-A da Lei

tantes, mas a parte obrigada a restituir poderá se recusar até que a outra cumpra simultaneamente o seu dever.[460] Aplica-se a exceção de contrato não cumprido à hipótese por se tratar de relação sinalagmática, mesmo que nascida da lei, e não diretamente do contrato. Outrossim, ela poderá ser utilizada por qualquer contratante, indistintamente, seja ele devedor inadimplente, seja o credor prejudicado, a fim de assegurar a restituição da prestação, que se tornou sem causa.[461] Ademais, as restituições das prestações também podem ser compensadas, caso ambas sejam dívidas em dinheiro.[462]

Além disso, ao menos nas relações paritárias, consolidou-se o entendimento na jurisprudência do Superior Tribunal de Justiça de que o prazo decadencial para a parte exercer o direito potestativo resolutivo é de 10 anos, ressalvada a hipótese de existência de previsão contratual de prazo diferenciado.[463] Na mesma direção, há entendimento assente na Corte Superior de que o pedido de restituição, como efeito natural da resolução, terá o prazo prescricional para exercício da pretensão ao direito de crédito iniciado somente após a efetiva extinção da relação obrigacional:

n. 6.766/1979, que prevê prazo para restituição em caso de resolução em razão de inadimplemento absoluto da prestação pelo adquirente nas promessas de compra e venda imobiliárias. Além disso, especificamente nas alienações fiduciárias em garantia, caso haja o inadimplemento pelo alienante fiduciário, a propriedade fiduciária se concretiza no credor fiduciário, e o bem deverá ir a leilão, sendo postergada a devolução apenas do valor remanescente à dívida ao devedor, na forma dos artigos 26 e 27 da Lei 9.514/1997, conforme já decidiu o Superior Tribunal de Justiça: BRASIL. Superior Tribunal de Justiça. *REsp 1867209/SP*. Relator: Min. Paulo de Tarso Sanseverino. Julgamento: 08/09/2020. Órgão Julgador: 3ª Turma. Publicação: DJe 30/09/2020.

[460] AGUIAR JÚNIOR, Ruy Rosado de. *Comentários ao novo Código Civil:* da extinção do contrato. Rio de Janeiro: Forense, 2011. v. 6, t. 2. p. 694.

[461] CONSTANTINESCO, Léontin-Jean. *La résolution des contrats synallagmatiques en droit allemand*. Paris : Librairie Arthur Rousseau, 1949. p. 364.

[462] TERRÉ, François; SIMLER, Philippe; LEQUETTE, Yves; e CHÉNEDÉ, François. *Droit civil*: les obligations. 12. ed. Paris: Dalloz, 2018. p. 825.

[463] Cf. BRASIL. Superior Tribunal de Justiça. *EREsp 1281594/SP*. Relator: Min. Benedito Gonçalves, Relator p/ Acórdão Ministro Felix Fischer. Julgamento: 15/05/2019. Órgão Julgador: Corte Especial. Publicação: DJe 23/05/2019. Sobre o tema, ver item 1.4 *supra*.

"antes de resolvido o contrato não há que se falar em prescrição da restituição cuja pretensão decorre justamente da resolução".[464]

De acordo com a Corte Superior, o prazo prescricional do direito à restituição da prestação será iniciado apenas a partir da confirmação judicial da resolução, com a formação da relação de liquidação, tendo em vista que é nela que se exercem as pretensões restituitória e indenizatória, com a finalidade de recomposição patrimonial. Não se admite a ocorrência de prescrição da pretensão restituitória antes de a parte exercer o direito potestativo à resolução, sendo certo que o prazo prescricional somente começará a fluir após o trânsito em julgado da ação resolutiva.[465]

A restituição, como em regra, será feita *in natura*: se a obrigação for de dar coisa genérica, a parte deverá restituir coisa de mesmo gênero, qualidade e quantidade. Se, diversamente, a obrigação for de dar coisa certa, a parte fará a entrega da própria *res,* desde que esteja em seu poder, isto é, ressalvada a situação de perda da coisa ou de necessidade de proteção de interesses de terceiros. Já se a obrigação for de pagar dinheiro, a parte deverá restituir o valor devidamente atualizado. Por sua vez, a restituição de prestação que constitua em obrigação de fazer, como em con-

---

[464] BRASIL. Superior Tribunal de Justiça. *REsp 1737992/RO*. Relator: Min. Paulo de Tarso Sanseverino. Julgamento: 20/08/2019. Órgão Julgador: 3ª Turma. Publicação: DJe 23/08/2019.

[465] Especificamente nas promessas de compra e venda em incorporação imobiliária, em que haja pedido de resolução fundado do inadimplemento do incorporador, por não ter entregue a unidade imobiliária no prazo prometido, a Corte Superior fez distinção entre a pretensão restitutória fundada em abusividade de cláusula contratual, analisada no Tema 938 – no qual se estabeleceu que "incide a prescrição trienal sobre a pretensão de restituição dos valores pagos a título de comissão de corretagem ou de serviço de assistência técnico-imobiliária (SATI), ou atividade congênere (artigo 206 §3º, IV, CC)" –, e a pretensão restitutória fundada em inadimplemento da prestação contratual, sendo que a última não está sujeita ao prazo trienal do Código Civil. Cf. BRASIL. Superior Tribunal de Justiça. *AgInt no REsp 1713608/SP*. Relator: Min. Marco Buzzi. Julgamento: 02/09/2019. Órgão Julgador: 4ª Turma. Publicação: DJe 06/09/2019. BRASIL. Superior Tribunal de Justiça. *EDcl no AgInt no AREsp 1220381/DF*. Relator(a): Min. Maria Isabel Gallotti. Julgamento: 29/10/2019. Órgão Julgador: 4ª Turma. Publicação: DJe 20/11/2019. BRASIL. Superior Tribunal de Justiça. *AgInt no AREsp 1587903/MA*. Relator: Min. Luis Felipe Salomão. Julgamento: 20/02/2020. Órgão Julgador: 4ª Turma. Publicação: DJe 03/03/2020.

trato de prestação de serviço, será no valor do serviço que foi inutilmente prestado pela parte. Enfatize-se, contudo, que a devolução será de toda a prestação ou de apenas parte dela executada, de modo que não necessariamente englobará tudo que foi previsto no programa contratual.[466]

Por fim, a medida de restituição, mesmo se a devolução da prestação for feita *in natura*, ou ainda pelo equivalente pecuniário, poderá abarcar valores que visam a completar a restituição da prestação principal.[467] Assim, ela deverá incluir os acessórios da prestação contratual que, porventura, tenham sido produzidos ou realizados ao longo da relação obrigacional. Dividem-se em três grupos, quais sejam: (i) a restituição dos frutos, civis e naturais, percebidos e pendentes; (ii) o ressarcimento das benfeitorias necessárias e úteis, com a possibilidade de exercício pela parte de direito de retenção; e (iii) o ressarcimento de melhoramentos resultantes de acessão e, ainda, o direito de retenção até que haja o pagamento do valor equivalente.

Em primeiro lugar, além da própria coisa, deverão ser restituídos os frutos, descontando apenas os custos na produção ou obtenção.[468] Em razão da eficácia retroativa, a resolução representa a reconstrução da situação jurídica que existiria caso não fosse a formação do contrato, não implicando nem benefício nem prejuízo para aquele que tem o direito reconstruído.[469] Objetiva-se a restauração completa do *status quo ante*, com a devolução ao titular do valor de uso ou de fruição do bem que foi dado como objeto da prestação contratual, considerando-se o período desde a entrega do bem à outra parte até o momento da efetiva restitui-

---

[466] TERRA, Aline de Miranda Valverde; GUEDES, Gisela Sampaio da Cruz. Efeito indenizatório da resolução por inadimplemento. In: TERRA, Aline de Miranda Valverde; GUEDES, Gisela Sampaio da Cruz (Coord.). *Inexecução das Obrigações*: pressupostos, evolução e remédios. Rio de Janeiro: Editora Processo, 2020. p. 398-399.

[467] Cf. PINNA, Andrea. *La mesure du préjudice contractuel*. Paris: LGDJ, 2007. p. 379-380. FONTAINE, Marcel. Les sanctions de l'inexécution des obligations contractuelles: synthèse et perspectives. In: FONTAINE, Marcel. VINEY, Geneviève. *Les sanctions de l'inexécution des obligations contractuelles*: étude de droit comparé. Paris : LGDJ, 2001. p. 1.055.

[468] CARVALHO SANTOS, João Manoel de. *Código Civil brasileiro interpretado*. Rio de Janeiro: Calvino Filho, 1936. v. 15. p. 255.

[469] AGUIAR JÚNIOR, Ruy Rosado de. *Comentários ao novo Código Civil*: da extinção do contrato. Rio de Janeiro: Forense, 2011. v. 6, t. 2. p. 691.

ção. Destaque-se que a obrigação de restituir é tanto do credor como do devedor, tendo em vista que ela decorre da resolução, não do inadimplemento da prestação em si.[470]

A restituição dos frutos será independente da boa-fé do então possuidor,[471] não incidindo as regras dos artigos 1.214 a 1.216 do Código Civil, pois o aspecto da boa-fé subjetiva não é relevante para que se tenha o retorno das partes ao *status quo ante*: "o fundamento dessa recuperação está na correspectividade das obrigações nos contratos bilaterais".[472] Todos os frutos que tenham sido percebidos ao longo da relação obrigacional deverão ser devolvidos, e aqueles pendentes deverão ser entregues em pecúnia, por ambos os contratantes, sem qualquer relevância da imputabilidade da inexecução da obrigação ou da análise de boa ou má-fé subjetiva das partes.[473]

Caso não seja mais possível a restituição dos acessórios como os frutos *in natura*, ela deverá ser feita pelo equivalente pecuniário, como também se passa com o objeto da prestação. Com efeito, em muitas situações, a restituição dos frutos será necessariamente feita em pecúnia, seja porque se trata propriamente de dívida de valor nos frutos civis, seja porque definitivamente impossibilitada a restituição dos frutos *in natura*. Em tais casos, como se desenvolverá melhor à frente, encontra-se certa confu-

---

[470] LUMINOSO, Angelo. Obbligazioni restitutorie e risarcimento del danno nella risoluzione per inadempimento. In: OPPO, Giorgio. *Il contratto*: silloge in onore di Giorgio Oppo. Milano: CEDAM, 1992. v. 1. p. 506-507.

[471] Esta já era a opinião de Pontes de Miranda, à luz do artigo 1.092 do Código Civil. Cf. MIRANDA, Pontes de. *Tratado de Direito Privado*. NERY JUNIOR, Nelson; NERY, Rosa Maria de Andrade (Atual.). São Paulo: Editora Revista dos Tribunais, 2012. t. 25. p. 467.

[472] AGUIAR JÚNIOR, Ruy Rosado de. *Extinção dos contratos por incumprimento do devedor*. 2. ed. rev. e atual. Rio de Janeiro: AIDE Editora, 2003. p. 261.

[473] TERRA, Aline de Miranda Valverde. *Cláusula Resolutiva Expressa*. Belo Horizonte: Fórum, 2017. p. 190. Cf., na jurisprudência, São Paulo. Tribunal de Justiça de São Paulo. *AI 0088817-89.2013.8.26.0000*. Relator: Des. Francisco Loureiro. Julgamento: 31/07/2014. Órgão Julgador: 6ª Câmara de Direito Privado. Publicação: DJe 01/08/2014. Em sentido contrário, ASSIS, Araken de. *Resolução do contrato por inadimplemento*. 6. ed. rev., atual. e ampl. São Paulo: Thomson Reuters Brasil, 2019. p. 139, para quem o contratante possuidor terá direito aos frutos percebidos, enquanto durar a sua boa-fé, isto é: até o momento do descumprimento, para a parte inadimplente; ou até o momento de ajuizamento da ação resolutiva, para a parte prejudicada pelo inadimplemento.

são entre efeito restitutório e indenizatório, falando-se genericamente em indenização para abarcar tanto a restituição da prestação, como dos acessórios.

Tal confusão deve ser esclarecida: a título exemplificativo, nos contratos de promessa de compra e venda imobiliária, caso tenha havido o uso ou a fruição da coisa pelo promissário comprador (*e. g.* locação do bem a terceiro) pelo período de duração do contrato, diante da retroatividade dos efeitos resolutivos, se exige pagamento de aluguéis pela parte promissária compradora, conquanto a resolução tenha ocorrido em razão de inadimplemento da outra parte, a promitente vendedora. Tais aluguéis não constituem indenização – até porque são sempre devidos, independentemente daquele a quem seja imputável a inexecução da obrigação – mas compõem os frutos civis da prestação a ser restituída, isto é, os aluguéis retornam com a propriedade do bem objeto do contrato.[474] De

---

[474] Cf. "[...] 4. Segundo a jurisprudência desta Corte, a utilização do imóvel objeto do contrato de promessa de compra e venda enseja o pagamento de aluguéis pelo tempo de permanência, mesmo que o contrato tenha sido rescindido por inadimplemento da vendedora, ou seja, independentemente de quem tenha sido o causador do desfazimento do negócio, sob pena de enriquecimento sem causa. 5. O pagamento de aluguéis não envolve discussão acerca da licitude ou ilicitude da conduta do ocupante. O ressarcimento é devido por força da determinação legal segundo a qual a ninguém é dado enriquecer sem causa à custa de outrem, usufruindo de bem alheio sem contraprestação" (BRASIL. Superior Tribunal de Justiça. *REsp 1613613/RJ*. Relator: Min. Ricardo Villas Bôas Cueva. Julgamento: 12/06/2018. Órgão Julgador: 3ª Turma. Publicação: DJe 18/06/2018.). No mesmo sentido, cf. BRASIL. Superior Tribunal de Justiça. *AgInt no REsp 1290443/SC*. Relator: Min. Lázaro Guimarães (Desembargador convocado do TRF 5ª Região). Julgamento: 19/04/2018. Órgão Julgador: 4ª Turma. Publicação: DJe 25/04/2018; BRASIL. Superior Tribunal de Justiça. *AgInt no AREsp 763.015/SP*. Relator(a): Min. Maria Isabel Gallotti. Julgamento: 26/09/2017. Órgão Julgador: 4ª Turma. Publicação: DJe 27/10/2017; BRASIL. Superior Tribunal de Justiça. *REsp 955.134/SC*. Relator: Min. Luis Felipe Salomão. Julgamento: 16/08/2012. Órgão Julgador: 4ª Turma. Publicação: DJe 29/08/2012; BRASIL. Superior Tribunal de Justiça. *REsp 845.247/PR*. Relator: Min. Sidnei Beneti. Julgamento: 01/06/2010. Órgão Julgador: 3ª Turma. Publicação: DJe 18/06/2010; BRASIL. Superior Tribunal de Justiça. *AgRg nos EDcl no Ag 909.924/MG*. Relator: Min. Fernando Gonçalves. Julgamento: 20/10/2009. Órgão Julgador: 4ª Turma. Publicação: DJe 09/11/2009; BRASIL. Superior Tribunal de Justiça. *REsp 1082752/SP*. Relator: Min. Aldir Passarinho. Julgamento: 16/06/2009. Órgão Julgador: 4ª Turma. Publicação: DJe 04/08/2009. Em doutrina, cf. AGUIAR JÚNIOR, Ruy Rosado de. *Comentários ao novo Código*

INDENIZAÇÃO E RESOLUÇÃO CONTRATUAL

igual forma, o promitente vendedor terá de devolver os valores referentes ao preço do contrato que tenham sido arcados pelo promissário comprador, os quais deverão ser acompanhados pela devida atualização, desde o momento em que foi feito o desembolso pela parte.[475]

Em segundo lugar, se a restituição não tem como escopo promover qualquer enriquecimento dos contratantes, mesmo do credor prejudicado pelo inadimplemento da obrigação contratual, ela também deverá abarcar as benfeitorias úteis e necessárias que tenham sido realizadas pelo devedor no bem objeto da prestação.[476] Outrossim, a parte poderá exercer direito de retenção, até que haja o pagamento do valor respectivo em pecúnia pela outra parte. Especificamente no âmbito das promessas de compra e venda imobiliárias, há a regra do artigo 34 da Lei n. 6.766/1979, pela qual, em havendo a resolução em razão do inadimplemento da prestação pelo adquirente, "as benfeitorias necessárias ou úteis por ele levadas a efeito no imóvel deverão ser indenizadas, sendo de nenhum efeito qualquer disposição contratual em contrário", ressalvada a situação de as benfeitorias terem sido realizadas em desconformidade com o contrato ou com a lei.[477]

Em terceiro lugar, os melhoramentos resultantes de acessões também deverão ser devolvidos, junto com o bem, ao proprietário, salvo disposição contratual em sentido contrário, já que são acessórios do objeto da prestação e, em razão da retroatividade da resolução, devem ser reinte-

---

Civil: da extinção do contrato. Rio de Janeiro: Forense, 2011. v. 6, t. 2. p. 693. O tema será retomado no item 2.4.2 *infra*.

[475] Súmula 43 do Superior Tribunal de Justiça: "incide correção monetária sobre dívida por ato ilícito a partir da data do efetivo prejuízo". (Súmula 43, Corte Especial, julgado em 14/05/1992, DJ 20/05/1992, p. 7074).

[476] Por sua vez, as benfeitorias voluptuárias não serão ressarcidas pelo promitente vendedor, porém é possível ao promissário comprador levantá-las, desde que não causem dano ao bem imóvel. Cf. BRASIL. Superior Tribunal de Justiça. *REsp 73.252/SP*. Relator: Min. Ruy Rosado de Aguiar. Julgamento: 21/11/1995. Órgão Julgador: 4ª Turma. Publicação: DJe 05/02/1996.

[477] Cf. BRASIL. Superior Tribunal de Justiça. *REsp 12.074/SP*. Relator: Min. Eduardo Ribeiro. Julgamento: 07/04/1992. Órgão Julgador: 3ª Turma. Publicação: DJe 04/05/1992.

gráveis a quem prestou inutilmente.[478] Nesses casos, a jurisprudência do Superior Tribunal de Justiça, nas promessas de compra e venda imobiliária em que haja a resolução pelo inadimplemento do promissário comprador, permite o exercício de direito de retenção pelo adquirente, até que haja o respectivo ressarcimento, em pecúnia, das acessões realizadas no imóvel durante a vigência da relação obrigacional, mesmo que a parte esteja na condição de inadimplente, desde que tais acessões não sejam feitas em violação do contrato ou da lei.[479]

2.3.1 Natureza obrigacional do dever de restituir e a restituição pelo equivalente pecuniário

A restituição das prestações correspectivas pelos contratantes é efeito natural da resolução, como consequência legal da extinção retroativa do vínculo obrigacional, sem a qual não se poderia falar em retorno ao *status quo ante*. Tradicionalmente, nos contratos com o escopo de transmissão de domínio (*e. g.* compra e venda), debate-se se, em havendo a transferência de propriedade à parte adquirente, o retorno do bem ao patrimônio da outra parte resulta da chamada eficácia real, ainda que *inter partes*, da resolução.

A atribuição de eficácia real à resolução é defendida com afinco no direito francês, tendo em vista que, nesse ordenamento jurídico, o contrato produz efeitos reais. Melhor dizendo: o contrato configura negócio aquisitivo que transfere *per se* a propriedade do bem ao adquirente, de modo que efeitos resolutivos seriam ilusórios se limitados aos contratantes.[480] Com a resolução, desaparecem as transferências de direitos reais

---

[478] Assis. Araken de. *Resolução do contrato por inadimplemento*. 6. ed. rev., atual. e ampl. São Paulo: Thomson Reuters Brasil, 2019. p. 138.

[479] Cf. BRASIL. Superior Tribunal de Justiça. AgInt no *REsp 1487000/SC*. Relator: Min. Moura Ribeiro. Julgamento: 09/12/2019. Órgão Julgador: 3ª Turma. Publicação: DJe 11/12/2019. BRASIL. Superior Tribunal de Justiça. *REsp 1191862/PR*. Relator: Min. Luis Felipe Salomão. Julgamento: 08/05/2014. Órgão Julgador: 4ª Turma. Publicação: DJe 22/05/2014.

[480] Lepeltier, Eugène. *La résolution judiciaire des contrats pour inexécution des obligations*. Paris: Librairie Dalloz, 1934. p. 330-331.

produzidas desde a celebração do contrato, inclusive para terceiros.[481] A eficácia real da resolução alia-se à retroatividade plena, fazendo com que a parte possa utilizá-la como título para obter o retorno da titularidade do bem objeto do contrato,[482] mas há exceções legais. Tais regras encontram fundamento na preservação de segurança jurídica nas transações econômicas e na proteção da boa-fé de terceiros, a exemplo das compras e vendas imobiliárias, cuja eficácia resolutiva só se torna oponível se a possibilidade de resolução constar do registro público da inscrição imobiliária.[483]

No direito italiano, também se admite que o contrato possa produzir efeitos reais, com a transferência de propriedade, mas o entendimento doutrinário é no sentido de que a resolução possui eficácia real *inter partes*, já que limitada aos contratantes, permitindo-lhes voltar a ser proprietários de bens objeto de transferência na execução da relação obrigacional ora resolvida.[484] Diversamente, eventuais terceiros, a quem a parte transmitiu o direito real, não o perdem por causa da resolução, desde que tenham observado as formalidades previstas na lei (*i. e.* transcrição ou transmissão da posse), as quais garantem a oponibilidade do contrato.[485] Para outra parte da doutrina, contudo, só há sentido em se atribuir efeito obrigacional à resolução,[486] pois sua eficácia não se estende aos direitos que terceiros adquiriram sobre o bem objeto da prestação contratual.[487]

No direito brasileiro, parece não ter fundamento se atribuir eficácia real à resolução, ao menos, considerando-se a possibilidade de confundi-

---

[481] Boyer, Georges. *Recherches historiques sur la résolution des contrats*. Paris: Les Presses Universitaires de France, 1924. p. 35 e 38.

[482] Genicon, Thomas. *La résolution du contrat pour inexécution*. Paris: Librairie Générale de Droit et de Jurisprudence, 2007. p. 535-537.

[483] Rigalle-Dumetz, Corinne. *La résolution partielle du contrat*. Paris: Dalloz, 2003. p. 390.

[484] Rossetti, Marco. *La risoluzione per inadempimento*. Milano: Giuffrè, 2012. p. 232.

[485] Auletta, Giacomo Giuseppe. *La risoluzione per inadempimento*. Milano: Giuffrè, 1942. p. 282.

[486] Carnevali, Ugo; Tamponi, Michele. Il contrato in generale. La risoluzione. In: Bessone, Mario. *Trattato di Diritto Privato*. Torino: G. Giappichelli Editore, 2011. v. 13, t. 8. p. 191-192.

[487] Mosco, Luigi. *La risoluzione del contratto*. Napoli: Casa Editrice Dott. Eugenio Jovene, 1950. p. 284.

-la com a eficácia pessoal da obrigação de transferência do domínio.[488] Isso, porque, no ordenamento jurídico brasileiro, contratos, mesmo que prevejam a transferência de titularidade de bens, não possuem qualquer efeito real, pois são insuficientes *per se* para a transmissão de domínio do alienante para o adquirente. Via de regra, para os bens móveis, a transmissão da titularidade do domínio será pela tradição; enquanto, para os bens imóveis, a transferência da propriedade decorre do registro no Registro de Imóveis.[489]

Contratos criam a obrigação de transferir o domínio, porém não realizam por si mesmos a transferência da titularidade do bem, tendo efeito apenas obrigacional e restrito aos contratantes.[490] Portanto, o dever da restituição detém a mesma natureza obrigacional, cujos efeitos serão somente *inter partes*: a resolução constitui direito pessoal à restituição de domínio. A restituição, referente a tudo que as partes receberam ao longo da execução do contrato, é consequência da extinção do programa contratual em razão da resolução, cuja natureza é, repita-se, obrigacional. Em síntese, os efeitos resolutivos são apenas obrigacionais, de modo a cominar às partes contratantes – e não a *terceiros* – o dever de restituição das vantagens recebidas em virtude do vínculo ora retroativamente desfeito.[491]

---

[488] Essa suposta eficácia real *inter partes* da resolução não deve ser confundida com a disciplina da propriedade resolúvel, prevista nos artigos 1.359 e 1.360 do Código Civil (anterior artigo 647 do Código Civil de 1916), segundo a qual a previsão de cláusula resolutiva torna a propriedade resolúvel. Cf. AGUIAR JÚNIOR, Ruy Rosado de. *Comentários ao novo Código Civil*: da extinção do contrato. Rio de Janeiro: Forense, 2011. v. 6, t. 2. p. 696-698. MIRANDA, Pontes de. *Tratado de Direito Privado*. NERY JUNIOR, Nelson; NERY, Rosa Maria de Andrade (Atual.). São Paulo: Editora Revista dos Tribunais, 2012. t. 25. p. 466-468.

[489] Código Civil de 2002, art. 1.245. "Transfere-se entre vivos a propriedade mediante o registro do título translativo no Registro de Imóveis". Cf. TEPEDINO, Gustavo; MONTEIRO FILHO, Carlos Edison do Rêgo; RENTERÍA, Pablo. *Fundamentos do direito civil*: Direitos Reais. Rio de Janeiro: Forense, 2020. v. 5. p. 114-115.

[490] Código Civil de 2002, art. 481. "Pelo contrato de compra e venda, um dos contratantes se obriga a transferir o domínio de certa coisa, e o outro, a pagar-lhe certo preço em dinheiro".

[491] TERRA, Aline de Miranda Valverde. *Cláusula Resolutiva Expressa*. Belo Horizonte: Fórum, 2017. p. 187 e 195.

Nada obstante, há situações específicas em que a eficácia da resolução poderá ser apta a alcançar a esfera jurídica de estranhos à relação obrigacional. Tal oponibilidade dependerá da análise da boa-fé subjetiva do terceiro, ou seja, considera-se o estado de desconhecimento do fato (*i. e.* da resolução do contrato primitivo), sem que a ignorância lhe seja imputável.[492] O terceiro estará de boa-fé se apresentar crença legítima de não estar violando direito de outrem ao realizar determinado negócio jurídico, mas, diversamente, perderá a condição se ele tiver ciência, efetiva ou reputada, acerca da existência do direito, o qual passará a lhe ser *oponível*.[493]

Em se tratando de contrato translatício de bem móvel, presume-se a boa-fé do terceiro (isto é, do novo adquirente), porém será possível ao alienante da operação primitiva, quem deseja a restituição do bem, realizar a prova de que o terceiro tinha efetivo conhecimento não só da existência do contrato firmado anteriormente, mas também de que houve o descumprimento, tendo atuado de forma maliciosa junto à outra parte (comprador), para prejudicar os interesses do vendedor. Por exemplo, no caso de resolução de compra e venda de veículo automotor, em razão de inadimplemento do comprador, caso haja posterior negócio jurídico realizado pela parte que venha a alienar o bem a terceiro, será inviável a devolução do veículo ao primitivo vendedor, devido à presumida boa-fé do terceiro adquirente, ou, dito diversamente, somente caberá a restituição *in natura* se o credor prejudicado comprovar a má-fé do terceiro.[494]

Por sua vez, tratando-se de contrato translatício de domínio que envolva bem imóvel, a alienação do bem pelo comprador a terceiro de boa-fé, que confie no que consta do Registro Imobiliário, faz com que a extinção da relação obrigacional operada pela resolução só tenha efeitos *inter partes*, sem afetar a nova relação de direito real, constituída com a

---

[492] Cordeiro, António Menezes. *Da boa fé no direito civil.* Coimbra: Almedina, 2013. p. 409.

[493] Maia, Roberta Mauro Medina. *Teoria Geral dos Direitos Reais.* São Paulo: Revista dos Tribunais, 2013. p. 191-193.

[494] Cf. Distrito Federal. Tribunal de Justiça do Distrito Federal. *AC 20161210045010.* Relator: Des. Sandoval Oliveira. Julgamento: 28/11/2018. Órgão Julgador: 2ª Turma Cível. Publicação: DJe 05/12/2018.

transmissão da propriedade do bem ao terceiro de boa-fé.[495] Por conseguinte, a necessidade de que, com a resolução, as partes retornem ao *status quo ante* obriga o contratante (antigo comprador) a restituir ao outro (antigo vendedor) o valor equivalente ao bem em pecúnia, mantendo-se hígida a titularidade adquirida pelo terceiro (novo proprietário do bem).[496]

Diversamente, o terceiro estará sujeito aos efeitos da resolução se a existência de demanda resolutiva, após a citação da parte inadimplente, tiver sido levada a registro no Registro de Imóveis. Em outras palavras, se houver o registro da ação de resolução, a aquisição do bem durante o processo faz com que o terceiro se sujeite aos efeitos resolutivos, porque termina a boa-fé ante a publicidade do registro.[497] Independentemente do registro da ação resolutiva, há a possibilidade de comprovação pelo vendedor do fato de que o terceiro tinha efetiva ciência do descumprimento do ajuste, bem como do ajuizamento da demanda resolutiva.[498] Ademais, após a extinção da relação obrigacional por sentença transitada

---

[495] Carvalho Santos, João Manoel de. *Código Civil brasileiro interpretado*. Rio de Janeiro: Calvino Filho, 1936. v. 15. p. 258-259.

[496] Cf. BRASIL. Superior Tribunal de Justiça. *REsp 101.571/MG*. Relator: Min. Ruy Rosado de Aguiar. Julgamento: 14/05/2002. Órgão Julgador: 4ª Turma. Publicação: DJe 05/08/2002.

[497] Aguiar Júnior, Ruy Rosado de. *Extinção dos contratos por incumprimento do devedor*. 2. ed. rev. e atual. Rio de Janeiro: AIDE Editora, 2003. p. 263, nota 471. ASSIS, Araken de. *Resolução do contrato por inadimplemento*. 6. ed. rev., atual. e ampl. São Paulo: Thomson Reuters Brasil, 2019. p. 145. Os autores baseiam-se no artigo 167, incisos I e II da Lei n. 6.015/1973, que permite o registro, após a citação do réu, da ação de resolução por inadimplemento, o que dará a publicidade para fins de ciência de terceiro que, posteriormente venha a adquirir o bem objeto do contrato em litígio.

[498] Assis, Araken de. *Resolução do contrato por inadimplemento*. 6. ed. rev., atual. e ampl. São Paulo: Thomson Reuters Brasil, 2019. p. 146. Segundo Araken de Asssis. Segundo Araken de Assis, o conhecimento pelo terceiro do direito à resolução constitui questão fática, dependendo de prova no caso concreto. Cf., decisão que, apesar de tratar de caso de resolução convencional, em razão da presença de cláusula resolutiva expressa, estabelece que, se o terceiro tinha conhecimento comprovado acerca das pendências existentes no imóvel, ele deverá se sujeitar aos efeitos retroativos da resolução, com a perda da propriedade do imóvel: BRASIL. Superior Tribunal de Justiça. *REsp 664.523/CE*. Relator: Min. Raul Araújo. Julgamento: 21/06/2012. Órgão Julgador: 4ª Turma. Publicação: DJe 14/08/2012.

em julgado, que tenha sido devidamente registrada, a aquisição por terceiro passa a ser a *non domino* e, assim, ineficaz.[499]

Para além da proteção de interesses de terceiros, a restituição será pelo equivalente pecuniário quando houver a perda da coisa objeto do contrato. Pode acontecer que, ao longo do período em que vigia a relação obrigacional, a coisa objeto da prestação tenha sido deteriorada, consumida ou destruída, tornando inviável, de forma definitiva e irreversível, a restituição *in natura*.[500] Enfatize-se que a impossibilidade de a restituição ser realizada em espécie não libera a parte de realizá-la pelo equivalente pecuniário, que deverá garantir o retorno dos contratantes ao *status quo ante*.[501]

Discute-se, na doutrina, se a restituição da prestação *in natura* deixar de ser viável em razão de fato imputável ao credor, se lhe estaria precluso o direito potestativo extintivo, tendo a parte que, necessariamente, seguir pelo caminho da execução pelo equivalente pecuniário. Tal posição é encontrada em Pontes de Miranda, para quem, se a parte credora, titular do direito à resolução, for a causadora da impossibilidade de restituição ou da deterioração do objeto recebido, seria *venire contra factum proprium* admitir que requeresse a resolução.[502] Na mesma direção, afirma Ruy Rosado de Aguiar Jr. que, se a inviabilidade da restituição ocorrer por ato praticado pelo credor, já ciente do inadimplemento absoluto pelo devedor, entender-se-á que optou pelo cumprimento do contrato, não mais podendo recorrer ao direito resolutivo.[503]

---

[499] AGUIAR JÚNIOR, Ruy Rosado de. *Extinção dos contratos por incumprimento do devedor*. 2. ed. rev. e atual. Rio de Janeiro: AIDE Editora, 2003. p. 263. Cf., na jurisprudência: São Paulo. Tribunal de Justiça de São Paulo. *AC 0021800-61.2012.8.26.0003*. Relator: Des. João Carlos Saletti. Julgamento: 30/07/2019. Órgão Julgador: 10ª Câmara de Direito Privado. Publicação: DJe 19/08/2019.

[500] ASSIS, Araken de. *Resolução do contrato por inadimplemento*. 6. ed. rev., atual. e ampl. São Paulo: Thomson Reuters Brasil, 2019. p. 138.

[501] AGUIAR JÚNIOR, Ruy Rosado de. *Extinção dos contratos por incumprimento do devedor*. 2. ed. rev. e atual. Rio de Janeiro: AIDE Editora, 2003. p. 178.

[502] MIRANDA, Pontes de. *Tratado de Direito Privado*. MARQUES, Claudia Lima; MIRAGEM, Bruno (Atual.). São Paulo: Editora Revista dos Tribunais, 2012. t. 38. p. 475.

[503] AGUIAR JÚNIOR, Ruy Rosado de. *Extinção dos contratos por incumprimento do devedor*. 2. ed. rev. e atual. Rio de Janeiro: AIDE Editora, 2003. p. 178-179.

DA RELAÇÃO OBRIGACIONAL À RELAÇÃO DE LIQUIDAÇÃO

Parece que a opinião dos relevantes autores foi influenciada pelo direito estrangeiro. No direito alemão, a parte que pretende reservar-se o direito de resolver a relação deverá estar sempre preparada para devolver a prestação recebida da outra parte.[504] O exercício do direito à resolução não é barrado pelo simples fato de a coisa acidentalmente perecer (*e. g.* caso fortuito), mas, sim, se a inviabilidade de restituição puder ser atribuída ao credor.[505] Exclui-se a resolução se a parte credora tiver se colocado na situação que leve à perda, significativa deterioração ou qualquer outra forma de impossibilidade de restituição da prestação recebida da parte devedora, porquanto tal conduta viola o princípio da proibição do *venire contra factum proprium*, o qual, por sua vez, deriva do dever geral de atuação conforme a boa-fé objetiva.[506]

De modo ainda mais rígido, para que o credor possa exercer o direito à resolução, o direito português expressamente exige que ele esteja em condições de restituir o que tenha recebido do outro contratante, excepcionando-se apenas a situação em que a impossibilidade seja imputável à parte inadimplente, isto é, quando o devedor tenha causado a perda da coisa.[507] Como ressalta a doutrina lusitana, a norma visa a estabelecer

---

[504] MARKESINIS, Basil S.; LORENZ, Werner; DANNEMANN, Gerhard. *The Law of Contracts and Restitution*: A Comparative Introduction. Oxford: Clarendon Press, 1997. p. 645.

[505] ENGLARD, Izhak. Restitution of Benefits Conferred Without Obligation. In: CAEMMERER, Ernst Von.; SCHLECHTRIEM, Peter. *International Encyclopedia of Comparative Law*: Restitution/Unjust Enrichment and Negotiorum Gestio. Tübingen: Mohr Siebeck, 2007. v. 10. p. 87.

[506] ZIMMERMANN, Reinhard. Restitution after termination for breach of contract in German Law. In: VISSER, Daniel. *The Limits of the Law of Obligations*. Cape Town: Juta & Co, Ltd., 1997, p. 121-138. p. 128-129. A regra encontra previsão no §351, 1 do Código Civil alemão (BGB), na versão original: „Der Rücktritt ist ausgeschlossen, wenn der Berechtigte eine wesentliche Verschlechterung, den Untergang oder die anderweitige Unmöglichkeit der Herausgabe des empfangenen Gegenstandes verschuldet hat".

[507] Cf. COSTA, Mário Júlio de Almeida. *Direito das Obrigações*. 12.ed. Coimbra: Almedina, 2009. p. 319-320. CORDEIRO, António Menezes. *Tratado de direito civil*. 3. ed. rev. e aum. Coimbra: Almedina, 2017. v. 9. p. 923. Há previsão no artigo 432º, n. 2, do Código Civil português: "A parte, porém, que, por circunstâncias não imputáveis ao outro contraente, não estiver em condições de restituir o que houver recebido não tem o direito de resolver o contrato".

limite legal ao exercício do direito de resolução, trazendo igualdade jurí-dico-econômica entre os contratantes no seio da relação de liquidação.[508]

No direito brasileiro, não se encontra qualquer restrição legislativa ao exercício pelo credor do direito à resolução. Diversamente, parece plena-mente admissível que a parte credora, mesmo que a prestação (ou a parte dela) tenha sido destruída ou deteriorada por sua culpa, possa optar pela resolução diante do inadimplemento absoluto pela outra parte. Enfatize--se que o dever de restituição constitui obrigação *ex lege* da resolução, ou seja, é seu efeito natural, e não pressuposto para exercício do direito potestativo resolutivo.[509] Não se aplicam à hipótese os artigos 238 e 239 do Código Civil, que tratam da perda da coisa objeto de obrigação de restituir, pois não se trata de dívida de restituição, mas de dever legal de restituição imposto pela perda de eficácia das obrigações correspectivas das partes, em razão da extinção retroativa da relação obrigacional.[510]

Com efeito, há a incidência da regra *res perit domino*: a parte que rece-beu a prestação em cumprimento do contrato passa a ser dona da coisa recebida, sendo que correm por sua conta os riscos, inclusive de perda ou deterioração, independentemente de culpa. Caso o credor, por fato que lhe seja imputável, torne inviável a restituição *in natura* ao devedor, já ciente do inadimplemento absoluto, ele ainda poderá decidir pela reso-lução, não estando limitado à execução do contrato pelo equivalente. Entretanto, terá de, além de restituir à outra parte o equivalente pecu-

---

[508] PROENÇA, José Carlos Brandão. *A resolução do contrato no Direito Civil*: do enquadra-mento e do regime. Coimbra: Coimbra Editora, 2006. p. 197.

[509] TERRA, Aline de Miranda Valverde. *Cláusula Resolutiva Expressa*. Belo Horizonte: Fórum, 2017. p. 135. Em sentido contrário, há algumas decisões que afastam o direito do credor de resolver a relação obrigacional diante da impossibilidade de restituição do bem por sua culpa. Cf: Rio Grande do Sul. Tribunal de Justiça do Rio Grande do Sul. *AC 70038419461*. Relator: Des. Liege Puricelli Pires. Julgamento: 25/08/2011. Órgão Julgador: 17ª Câmara Cível. Publicação: DJe 13/09/2011.. Rio Grande do Sul. Tribunal de Justiça do Rio Grande do Sul. *AC 70062710173*. Relator: Des. Giuliano Viero Giuliato. Julgamento: 23/02/2017. Órgão Julgador: 18ª Câmara Cível. Publicação: DJe 06/03/2017.

[510] Em sentido contrário, cf. Santa Catarina. Tribunal de Justiça de Santa Catarina. *AC 2012.020398-8*. Relator: Des. Carlos Prudêncio. Julgamento: 23/04/2013. Órgão Julgador: 1ª Câmara de Direito Civil.

niário do objeto do contrato, indenizar as perdas e danos eventualmente sofridas em razão da perda da coisa.[511]

Ademais, a restituição da prestação também poderá ser feita pelo equivalente pecuniário, caso haja a necessidade de desfazimento de obrigação de fazer.[512] Efetivamente, é muito difícil de se imaginar situação em que a restituição possa ser feita *in natura*, por exemplo, no caso da execução do serviço de pintura de obra de arte por artista ou de realização de tratamento médico por profissional da área da saúde.[513] Assim, em contrato de prestação de serviço que tenha sido executado pela parte, ainda que parcialmente, porém sem que tenha havido pagamento da contraprestação pela tomadora do serviço, e que a obrigação não seja mais capaz de atingir o interesse do credor, conforme o resultado útil programado no contrato, será possível à parte não inadimplente requerer a resolução. Consequentemente, poderá demandar a restituição referente ao valor do serviço efetivamente prestado, além de eventuais perdas e danos.[514]

---

[511] TERRA, Aline de Miranda Valverde. *Cláusula Resolutiva Expressa*. Belo Horizonte: Fórum, 2017. p. 189-190.

[512] No mesmo sentido, no direito francês, cf. BOYER, Georges. *Recherches historiques sur la résolution des contrats*. Paris: Les Presses Universitaires de France, 1924. p. 37.

[513] A dificuldade parece ser comum em diversos ordenamentos jurídicos, sendo os exemplos inspirados em SMITS, Jan M. *Contract law*: a comparative introduction. 2. ed. Cheltenham, UK; Northampton, MA, USA: Edward Elgar Publishing, 2017. p. 238-239. Segue posição diversa, no direito brasileiro, cf. ASSIS. Araken de. *Resolução do contrato por inadimplemento*. 6. ed. rev., atual. e ampl. São Paulo: Thomson Reuters Brasil, 2019. p. 142, para quem a solução dependerá se a obrigação de fazer for *fungível*, situação em que poderá ser determinada a execução específica ou por terceiro; ou se, por outro lado, a obrigação de fazer for *infungível*, a restituição deverá ser necessariamente pelo equivalente pecuniário, aplicando-se os artigos 536 e 537 do Código de Processo Civil.

[514] Cf. "[...] 1. Tratando-se de contrato de prestação de serviços de assessoria e consultoria financeira que objetiva a viabilização de renegociação de dívida, na via extrajudicial e judicial, incumbe à empresa contratada adotar as medidas cabíveis para o cumprimento da obrigação assumida. 2. Evidenciado que a contratada ajuizou ação de revisão contratual com o objetivo de reduzir a dívida do contratante e que a referida ação foi extinta devido ao acordo celebrado pelo contratante diretamente com a instituição financeira credora, não há como ser imputado à empresa contratada o descumprimento de obrigação contratual. 3. Tendo em vista que o negócio jurídico foi rescindido por culpa do contratante, devem ser abatidos, do montante a lhe ser restituído, os valores correspondentes à multa rescisória pactuada, bem como o valor referente à contraprestação, a ser apurado na fase

Por fim, deve ser verificado como se dará a restituição pelo equivalente em pecúnia, isto é, se a devolução da prestação será quantificada pelo valor do bem conforme atribuído no contrato ou pelo valor de mercado no momento da formação da relação obrigacional, desde que devidamente atualizado. O problema tenderá a aparecer nas situações em que exista diferença considerável entre o valor de mercado da prestação e a valoração econômica feita pelas partes na definição da prestação e contraprestação no contrato. A discrepância poderá ocorrer nas duas direções, isto é, o bem objeto de transferência de titularidade em razão do contrato, que deverá ser restituído ao antigo titular, poderá ter valor de mercado maior ou menor do que o preço do contrato.[515]

Nos ordenamentos da *common law*, caso haja o cumprimento da prestação pelo contratante sem o recebimento da contraprestação, em algumas situações, os tribunais autorizam a parte prejudicada a receber a restituição da prestação executada (*restitution interest*),[516] porém tendem a atribuir maior peso ao preço do bem no contrato ao decidir o valor razoável da restituição. Isso, porque o preço contratual representa o valor econômico referente ao benefício que foi barganhado no contrato e, por conseguinte, transferido à outra parte pela execução da prestação. Na ausência de evidência contrária, o valor da prestação a ser restituída será avaliado em base *pro rata* de acordo com os termos contratuais. Em termos práticos, torna-se bastante obscura a fronteira entre o que seria restituição em si, diante da extinção da relação obrigacional, e o que seria

---

de cumprimento de sentença" (Distrito Federal. Tribunal de Justiça do Distrito Federal. *AC 20170510055080*. Relator: Des. Nídia Corrêa Lima. Julgamento: 25/04/2019. Órgão Julgador: 8ª Turma Cível. Publicação: DJe 03/05/2019.).

[515] ENGLAND, Izhak. Restitution of Benefits Conferred Without Obligation. In: CAEMMERER, Ernst Von.; SCHLECHTRIEM, Peter. *International Encyclopedia of Comparative Law*: Restitution/Unjust Enrichment and Negotiorum Gestio. Tübingen: Mohr Siebeck, 2007. v. 10. p. 78. Enfatize-se que não se está abordando a situação de desequilíbrio econômico originário do contrato (*i. e.* estado de perigo e lesão), muito menos de desequilíbrio superveniente que gere onerosidade excessiva para um dos contratantes executar a sua própria prestação: trata-se, diversamente, de situação em que já houve, por qualquer razão imputável ao devedor, inadimplemento absoluto que leve à impossibilidade ou inutilidade da prestação para o credor.

[516] Cf. FULLER, L. L.; PERDUE JR., William R. The Reliance Interest in Contract Damages: 1. In: *Yale Law Journal*, v. 46, p. 52-96, 1936. p. 53-54.

compensação dos danos sofridos em razão do inadimplemento, principalmente se considerados os danos pela expectativa.[517]

No direito francês, é prevalecente o entendimento de que a referência econômica para a restituição pelo equivalente deverá ser o valor da coisa em si e não o preço definido no contrato. Entende-se que a lógica retroativa da resolução faz com que a restituição seja definida conforme o valor de mercado da coisa: se o valor da restituição pelo equivalente coincidisse com o preço do contrato, a economia do contrato celebrado se cristalizaria, ainda que ela devesse ser aniquilada pela resolução. Em caso de contrato de compra e venda, supondo-se o inadimplemento pelo comprador, com a perda da coisa, se o vendedor não puder recuperar o bem pelo valor da coisa em si, o *status quo ante* não seria restaurado; pelo contrário, restaria concretizado o programa do contrato que, entretanto, deveria desaparecer.[518]

A restituição como eficácia resolutiva envolve o desfazimento da relação obrigacional e o retorno ao *status quo ante,* mas tal retorno deve ser visto de forma dinâmica. Tendo em vista a lógica reintegradora da resolução, que visa a permitir a recuperação da paridade nas posições econômico-jurídicas ocupadas pelas partes antes do contrato, diante da impossibilidade de ser entregue o bem objeto da prestação *in natura,* o contratante deverá receber quantitativo monetário que lhe permita, em

---

[517] ENGLARD, Izhak. Restitution of Benefits Conferred Without Obligation. In: CAEMMERER, Ernst Von.; SCHLECHTRIEM, Peter. *International Encyclopedia of Comparative Law*: Restitution/Unjust Enrichment and Negotiorum Gestio. Tübingen: Mohr Siebeck, 2007. v. 10. p. 78. Conforme tal perspectiva, somente o credor prejudicado pelo inadimplemento faria jus à restituição, a qual, ao fim e ao cabo, funcionaria como substituto da indenização por perdas e danos. Sob o tema, ver item 2.1, em que se afirmou que nos ordenamentos da *common law* a resolução não é dotada de eficácia retroativa, sendo que o devedor terá responsabilidade pelos danos da expectativa, isto é, deverá colocar o credor na situação patrimonial em que estaria se o contrato tivesse sido corretamente executado. Em sentido próximo, cf. MALO VALENZUELA, Miguel Ángel. *Remedios frente al incumplimiento contractual*. Cizur Menor: Aranzadi, 2016. p. 230, que enfatiza que a restituição do preço pago, e não do valor efetivo do bem poderá levar ao credor optar pela restituição, em vez da indenização pelos danos de expectativa como forma de escapar de mau negócio.
[518] PINNA, Andrea. *La mesure du préjudice contractuel*. Paris : LGDJ, 2007. p. 428-429.

se tratando de coisa fungível, adquirir o mesmo objeto ou, se infungível, ele obtenha algo similar no mercado.[519]

Ressalte-se, mais uma vez, que a resolução envolve a extinção retroativa do programa contratual, sendo que o dever de restituir é tanto do credor quanto do devedor, pois decorrente do fim da relação obrigacional, e não do inadimplemento da prestação em si. Isto é, o dever de restituição configura obrigação *ex lege* imposta pela perda de eficácia do dever de prestar. Em havendo a transferência do bem do patrimônio do contratante para o do outro, seja pela tradição ou pelo registro, conforme o objeto seja bem móvel ou imóvel, respectivamente, a parte que recebeu a prestação em cumprimento do contrato é a dona da coisa recebida, respondendo pelo respectivo risco, até que haja a devolução ao antigo titular, que deverá ser feita pelo valor do bem em si, e não mais pelo valor definido no contrato.

Para facilitar o exame da questão, toma-se o seguinte exemplo: determinada pessoa, desejando adquirir unidades autônomas em empreendimento de incorporação imobiliária, realiza contrato de permuta com a construtora/incorporadora, dando em pagamento pelas unidades adquiridas dois apartamentos. Em havendo o inadimplemento pela construtora/incorporadora, diante da não conclusão da obra e entrega das unidades no prazo, o adquirente pede a resolução, com a restituição da prestação, além da indenização por perdas e danos. Suponha-se que a construtora já tenha alienado a terceiros de boa-fé os apartamentos recebidos em permuta, de forma que não seja mais possível a restituição *in natura*, ela deverá fazê-la pelo equivalente pecuniário, com a devolução do valor de mercado dos imóveis entregues pela parte como forma de pagamento da avença. Tal valor a ser restituído, além de devidamente atualizado, poderá ser acompanhado de indenização suplementar, se

---

[519] PROENÇA, José Carlos Brandão. *A resolução do contrato no direito civil*: do enquadramento e do regime. Coimbra: Coimbra Editora, 2006. p. 170. Em sentido diverso, o entendimento de que a restituição que é realizada em razão da resolução deverá seguir a avaliação econômica feita no contrato, visto que há a prolongação do sinalagma na relação de liquidação, com a presunção de equivalência subjetiva das prestações. Cf. PINTO, Paulo Mota. *Interesse contratual negativo e interesse contratual positivo*. Coimbra: Coimbra Editora, 2008. v. 2. p. 996-997.

houver a valorização do bem no período entre o início da execução do contrato e a resolução.[520]

Além disso, na hipótese em que, na resolução, seja devida a restituição da prestação principal que consiste em dívida em dinheiro (*i. e.* obrigação de pagar), a devolução ao antigo titular deverá ser feita conforme o valor efetivamente pago, que deverá ser atualizado, e não no valor total da obrigação fixado no contrato. Suponha-se que, em contrato de promessa de compra e venda imobiliária, haja o inadimplemento absoluto da prestação pelo promissário comprador, e o promitente vendedor deverá restituir as quantias desembolsadas pelo promissário comprador, em virtude da retroeficácia da resolução, incidindo a correção monetária sobre o desembolso de cada parcela.[521]

2.3.2 Restituição (ou não) nos contratos de duração

O contrato constitui *realidade viva*, de modo que as regras do direito contratual devem ser vistas de forma relativa, sendo possível, portanto, que a resolução tenha efeitos jurídicos mais ou menos extensos.[522] A diferença existente entre contratos de execução instantânea e os de execução de trato sucessivo, que são aqueles que importam na realização de presta-

---

[520] Cf. Santa Catarina. Tribunal de Justiça de Santa Catarina. *AC 0309144-37.2014.8.24.0018*. Relator: Des. Luiz Felipe Schuch. Julgamento: 30/01/2019. Órgão Julgador: 1ª Câmara de Enfrentamento de Acervos. Santa Catarina. Tribunal de Justiça de Santa Catarina. *AC 0307643-71.2016.8.24.0020*. Relator: Des. Fernando Carioni. Julgamento: 26/11/2019. Órgão Julgador: 3ª Câmara de Direito Civil.

[521] Cf. Súmula 543 do Superior Tribunal de Justiça, anteriormente citada na nota 455. A restituição, todavia, poderá não ser total, sendo possível a retenção de parte do valor a título de indenização ao promitente vendedor. Sobre a validade da cláusula de decaimento, ver item 2.2.1 *supra*. Cf., exemplificativamente, na jurisprudência: Rio de Janeiro. Tribunal de Justiça do Rio de Janeiro. *AC 0039860-31.2018.8.19.0209*. Relator: Des. Cintia Santarem Cardinali. Julgamento: 15/10/2020. Órgão Julgador: 24ª Câmara Cível. Publicação: DJe 19/10/2020.; São Paulo. Tribunal de Justiça de São Paulo. *AC 1037992-63.2015.8.26.0224*. Relator(a): Des. Maria do Carmo Honorio. Julgamento: 28/11/2020. Órgão Julgador: 3ª Câmara de Direito Privado. Publicação: DJe 28/11/2020.

[522] WALD, Arnoldo. *Direito Civil*: direito das obrigações e teoria geral dos contratos. 20. ed. São Paulo: Saraiva, 2011. p. 244-245.

ções periódicas ou de prestação contínua, terá importância prática no campo da definição da eficácia da resolução contratual.[523]

Assim, a eficácia extintiva da resolução, além de não afetar todas as obrigações das partes, poderá não atingir o dever de prestar quanto ao passado. Em determinadas situações, mesmo que o credor opte por extinguir a relação obrigacional, não haverá a possibilidade fática de retorno ao *status quo ante*, isto é, à situação econômico-jurídica que existiria para as partes se nunca tivessem adentrado na avença. A retroatividade da resolução deverá ser sempre avaliada na relação jurídica concreta, sendo que poderá ser caso de preservação dos efeitos produzidos *antes* da configuração do inadimplemento absoluto da prestação.

Nos contratos de duração, a resolução poderá ser *ex nunc*, sem que se configure o dever de restituição em relação à prestação fracionada ou à parte dela que tenha sido executada pelo devedor. Mesmo que a conceituação dos contratos de duração não seja unívoca na doutrina, entende-se que sejam negócios jurídicos nos quais a execução da prestação é distribuída durante certo intervalo de tempo. Estes se dividem em contratos de execução periódica, em que a prestação é regularmente repetida; e contratos de execução continuada, em que a prestação é executada de forma ininterrupta.[524] Nos primeiros (execução periódica), a razão de se afastar a retroatividade está na necessidade de manutenção do sinalagma entre as prestações fracionadas pretéritas das partes, que foram executadas e já exauridas; já nos últimos (execução continuada), não haverá retroatividade da resolução se a parte do objeto contratual executada tiver sido capaz de satisfazer, ainda que parcialmente, o interesse do credor.

Tradicionalmente, no direito francês, adota-se a ideia de retroatividade plena na resolução (*résolution*), reconhecendo-se, contudo, situação em que a extinção da relação obrigacional terá somente efeitos prospectivos, especificamente nos contratos de duração, quando a resolução é denominada de resilição (*résiliation*).[525] Ao passo que, no contrato ins-

---

[523] WALD, Arnoldo. *Direito Civil*: direito das obrigações e teoria geral dos contratos. 20. ed. São Paulo: Saraiva, 2011. p. 283-284.

[524] Cf. GOMES, Orlando. *Contratos*. 26. ed. Rio de Janeiro: Forense, 2008. p. 94-95.

[525] BOYER, Georges. *Recherches historiques sur la résolution des contrats*. Paris: Les Presses Universitaires de France, 1924. p. 38, quem já reconhecia a divergência acerca do uso da

tantâneo, o credor da obrigação inadimplida nunca obteve o que tinha direito, mesmo que o devedor tenha cumprido parcialmente os compromissos; no contrato duradouro, o devedor poderá deixar de executar a prestação muito tempo depois do início da execução, embora, até esse momento, a prestação foi cumprida com exatidão, e o credor recebido, por determinado tempo ou em determinada extensão, tudo que lhe era devido.[526]

Mais recentemente, parte da doutrina francesa passou a admitir a possibilidade de resolução nos contratos de duração, que não deve ser confundida com a resilição. Mesmo se considerada *parcial*, a resolução permanece como mecanismo destinado a sancionar a inexecução da obrigação, finalidade que é estranha à resilição. Como regra, a irretroatividade da resilição não se justifica no descumprimento da prestação pelo devedor, mas, sim, no escopo da revogação da norma contratual que impôs o nascimento da obrigação, seja pela vontade de uma, ou de ambas as partes.[527] Assim, melhor seria que a resolução – ainda quando limitada à parte do objeto do contrato e que só produza efeitos para o futuro – não mudasse de nome, porquanto a utilização do termo resilição não encontra muita utilidade prática, além de gerar confusão terminológica.[528]

---

nomenclatura resilição, tendo em vista que o termo é também utilizado para designar a dissolução do contrato por mútuo consentimento ou por vontade unilateral de um dos contratantes.

[526] LEPELTIER, Eugène. *La résolution judiciaire des contrats pour inexécution des obligations.* Paris: Librairie Dalloz, 1934. p. 339.

[527] RIGALLE-DUMETZ, Corinne. *La résolution partielle du contrat.* Paris: Dalloz, 2003. p. 295.

[528] GENICON, Thomas. *La résolution du contrat pour inexécution.* Paris: Librairie Générale de Droit et de Jurisprudence, 2007. p. 18-19. Com a reforma do *Code Civil* em 2016, o artigo 1.229 do Código Civil francês passou a reconhecer que a resolução não terá sempre efeitos retroativos, sendo que dependerá da relação concreta, separando-se os contratos de utilidade final (*utilité finale*), nos quais a prestação somente será útil à parte se houver a execução completa, daqueles de utilidade contínua (*utilité continue*), em que a prestação se torna útil ao longo da execução. Em síntese, nos primeiros, as partes terão de restituir a integralidade da prestação recebida; ao passo que, nos últimos, não haverá a restituição do que já tenha sido executado anteriormente à inexecução. Apesar disso, persiste na Lei Civil francesa a adoção da nomenclatura resilição na última situação: "La résolution met fin au contrat. La résolution prend effet, selon les cas, soit dans les conditions prévues par la clause résolutoire, soit à la date de la réception par le débiteur de la notification

Sob influência do direito francês, parcela relevante da doutrina brasileira adotou a divisão da resolução dita *lato sensu* em resolução *stricto sensu* e resilição. Segundo Pontes de Miranda, à luz do art. 1.092 do Código Civil de 1916, "a resolução compreende a resolução *stricto sensu*, cuja eficácia é *ex tunc*, e a resilição, cuja eficácia é *ex nunc*, tal como ocorre se o locatário já está na posse do bem locado".[529] De modo similar, afirma Araken de Assis que, para a preservação da eficácia das prestações recíprocas e consumadas, a resolução terá efeitos prospectivos, recebendo "tal enfraquecimento da terapêutica resolutiva, administrado por razões de conveniência econômica" a designação de resilição.[530]

Apesar de posição importante na doutrina brasileira atribuir significado diverso ao termo resilição, parece ser preferível reservá-lo para as situações de distrato (resilição bilateral) e de denúncia (resilição unilateral), em que a extinção se dá por vontade de um ou ambos os contratantes, não ficando vinculada à inexecução da obrigação.[531] De qualquer forma, em razão da possível confusão terminológica, não se pretende adotar o termo resilição no caso de extinção da relação obrigacional em virtude do

---

faite par le créancier, soit à la date fixée par le juge ou, à défaut, au jour de l'assignation en justice. Lorsque les prestations échangées ne pouvaient trouver leur utilité que par l'exécution complète du contrat résolu, les parties doivent restituer l'intégralité de ce qu'elles se sont procuré l'une à l'autre. Lorsque les prestations échangées ont trouvé leur utilité au fur et à mesure de l'exécution réciproque du contrat, il n'y a pas lieu à restitution pour la période antérieure à la dernière prestation n'ayant pas reçu sa contrepartie ; dans ce cas, la résolution est qualifiée de résiliation". Cf. TERRÉ, François; SIMLER, Philippe; LEQUETTE, Yves; e CHÉNEDÉ, François. *Droit civil*: les obligations. 12. ed. Paris: Dalloz, 2018. p. 883-884.

[529] MIRANDA, Pontes de. *Tratado de Direito Privado*. MARQUES, Claudia Lima; MIRAGEM, Bruno (Atual.). São Paulo: Editora Revista dos Tribunais, 2012. t. 38. p. 466.

[530] ASSIS, Araken de. *Resolução do contrato por inadimplemento*. 6. ed. rev., atual. e ampl. São Paulo: Thomson Reuters Brasil, 2019. p. 129.

[531] Código Civil de 2002, art. 472 e 473: "Art. 472. O distrato faz-se pela mesma forma exigida para o contrato"; "Art. 473. A resilição unilateral, nos casos em que a lei expressa ou implicitamente o permita, opera mediante denúncia notificada à outra parte". Cf. TEPEDINO, Gustavo; KONDER, Carlos Nelson; e BANDEIRA, Paula Greco. *Fundamentos do direito civil*: Contratos. Rio de Janeiro: Forense, 2020. v. 3. p. 145-147. No mesmo sentido, AGUIAR JÚNIOR, Ruy Rosado de. *Comentários ao novo Código Civil*: da extinção do contrato. Rio de Janeiro: Forense, 2011. v. 6, t. 2. p. 685, n. 1.034.

inadimplemento nos contratos de duração, cujo escopo seria apenas ressaltar a ausência de retroatividade em relação à parte do programa contratual, executada antes do descumprimento definitivo do contrato.[532]

Seja como for, o ponto relevante é que a amplitude da restituição será afetada pela não atribuição de eficácia retroativa à resolução nos contratos de duração. Conforme antes mencionado, o adimplemento, na versão funcionalizada, objetiva a obtenção do resultado útil programado, com a satisfação do interesse do credor definido consoante a causa contratual.[533] Caso haja o atendimento do interesse do credor, ainda que parcialmente em relação ao objeto contratual ou apenas durante certo tempo, nos contratos de execução continuada ou periódica, respectivamente, não se justifica a restituição da prestação já executada e exaurida, ou ainda que não executada pela parte, mas já exigível pela outra parte, realizando-se a liberação de dever de prestar apenas no futuro.

Entende-se que, nos contratos de duração, a execução da prestação deverá ser feita contínua ou periodicamente, pressupondo *lapso temporal*, de modo que tais negócios jurídicos podem ser vistos como a justaposição de acordos distintos espalhados ao longo do tempo.[534] Ainda que a obrigação das partes tenha a fonte no programa contratual, há certa *autonomia* entre as prestações e contraprestações, desde que vistas singularmente ou de forma fracionada, por estarem em relação de causalidade, isto é, cada prestação da parte constitui o correspectivo de cada contraprestação da outra parte.[535]

Em outras palavras, "o sinalagma se articula em uma sequência de prestações correspectivas cuja execução é distribuída ao longo do tempo com base no interesse dos contratantes", de sorte que "o inadimplemento posterior não compromete o equilíbrio entre as prestações já adimplidas,

---

[532] Cf. MARTINS-COSTA, Judith. O Árbitro e o Cálculo do Montante da Indenização. In: CARMONA, Carlos Alberto; LEMES, Selma Ferreira; MARTINS, Pedro Batista (Coord.). *20 Anos da Lei de Arbitragem*: Homenagem a Petrônio R. Muniz. 1. ed. São Paulo: Atlas, 2017. p. 609-638. p. 624, para quem resolução e resilição diferenciam-se em sua eficácia.

[533] Sobre o tema, ver item 1.1 *supra*.

[534] BOYER, Georges. *Recherches historiques sur la résolution des contrats*. Paris: Les Presses Universitaires de France, 1924. p. 36-37.

[535] MOSCO, Luigi. *La risoluzione del contratto*. Napoli: Casa Editrice Dott. Eugenio Jovene, 1950. p. 281.

razão pela qual a resolução não afeta os efeitos produzidos". Nada obstante, se a prestação for executada pelo contratante quando já configurado o inadimplemento absoluto, a resolução exigirá a restituição de tal fração, ante a ausência de correspectivo pela outra parte.[536]

Especificamente nos contratos de execução periódica, limita-se a retroatividade da resolução pela necessidade de manutenção do sinalagma entre as prestações fracionadas pretéritas, cuja eficácia já está exaurida. Por exemplo, imagine-se que, em contrato de franquia, em havendo a prestação do serviço pela franqueadora ao franqueado por determinado período, permitindo-lhe a exploração comercial da marca, além do compartilhamento de *expertise* na atividade econômica, a resolução por inadimplemento da prestação pelo franqueado não afasta o dever da parte de realizar o pagamento das obrigações pendentes em relação ao período em que foi executado o contrato.[537] Em contrato de arrendamento mercantil, que tenha como objeto veículo automotor, havendo o gozo do bem pela parte por certo lapso temporal, com pagamento do respectivo preço à outra parte, caso ocorra o posterior inadimplemento absoluto pelo arrendatário, permanecem devidas as prestações referentes ao período em que o contrato vigeu, descontando-se quantia a título de valor residual de garantia.[538]

De modo semelhante, nos contratos de execução continuada, a resolução poderá ser com eficácia prospectiva se houver o atendimento – ainda que apenas parcial – do interesse do credor, conforme o resultado útil programado na operação econômica. Considerando-se que seja factível o fracionamento da prestação, poderá ser afastada a eficácia retroativa da resolução,[539] isto é, se a prestação, por ser economicamente *divisível*, tiver sido parcialmente cumprida pelo devedor e alcançar, mesmo que não

---

[536] TERRA, Aline de Miranda Valverde. *Cláusula Resolutiva Expressa*. Belo Horizonte: Fórum, 2017. p. 186-187.

[537] Cf. São Paulo. Tribunal de Justiça de São Paulo. *AC 1002960-37.2017.8.26.0576*. Relator: Des. Claudio Godoy. Julgamento: 16/05/2019. Órgão Julgador: 2ª Câmara Reservada de Direito Empresarial. Publicação: DJe 16/05/2019.

[538] Cf. Minas Gerais. Tribunal de Justiça de Minas Gerais. *AC 1.0024.11.306720-1/002*. Relator: Des. Pedro Bernardes. Julgamento: 10/06/2014. Órgão Julgador: 9ª Câmara Cível. Publicação: DJe 16/06/2014.

[539] AGUIAR JÚNIOR, Ruy Rosado de. *Comentários ao novo Código Civil*: da extinção do contrato. Rio de Janeiro: Forense, 2011. v. 6, t. 2. p. 497-499.

plenamente, o interesse do credor, não haverá a restituição referente ao que for utilmente executado pela parte, que deverá receber a respectiva contraprestação.[540] Em razão do princípio da conservação dos negócios jurídicos,[541] deve-se preservar o equilíbrio econômico entre as prestações dos contratantes, ou as suas respectivas frações, contanto que, contanto que não tenha sido afetado pelo inadimplemento.[542]

Em suma, a retroatividade da resolução deverá ser sempre analisada na relação jurídica concreta, atentando-se para a utilidade, ou não, da prestação (ou de sua parcela executada) ao alcance do interesse do credor até o momento da configuração do inadimplemento absoluto. A admissibilidade da resolução de efeitos prospectivos não está vinculada à análise meramente quantitativa do cumprimento da obrigação pelo devedor, a qual não é só limitada à compreensão da divisibilidade natural, mas também ao cumprimento qualitativo relacionado à *divisibilidade econômica da prestação*, conforme haja a possibilidade de perda de valor da prestação em virtude do inadimplemento parcial, o que poderá afetar diretamente ao interesse do credor.[543]

Por exemplo, em contrato de empreitada para a construção de cinco prédios, caso haja a execução pelo empreiteiro de três prédios, o que poderá atender, ainda que parcialmente, ao interesse do tomador da obra, em havendo posterior inexecução da obrigação em relação aos dois últimos, poderá ser caso de resolução com efeitos *ex nunc*, em que a extinção da relação obrigacional somente afetará a prestação relativamente à parte faltante e, por conseguinte, permanece devido o pagamento correspectivo referente à parcela do contrato efetivamente executada. Diver-

---

[540] FONTAINE, Marcel. Les sanctions de l'inexécution des obligations contractuelles: synthèse et perspectives. In: FONTAINE, Marcel. VINEY, Geneviève. *Les sanctions de l'inexécution des obligations contractuelles*: étude de droit comparé. Paris: LGDJ, 2001. p. 1.055.

[541] AZEVEDO, Antônio Junqueira. *Negócio jurídico*: existência, validade e eficácia. 4.ed. São Paulo: Saraiva, 2002. p. 66-67.

[542] ASSIS, Araken de. *Resolução do contrato por inadimplemento*. 6. ed. rev., atual. e ampl. São Paulo: Thomson Reuters Brasil, 2019. p. 130-131.

[543] Cf. MARINO, Francisco Paulo de Crescenzo. Resolução parcial do contrato por inadimplemento: fundamento dogmático, requisitos e limites. In: TERRA, Aline de Miranda Valverde; GUEDES, Gisela Sampaio da Cruz (Coord.). *Inexecução das Obrigações*: pressupostos, evolução e remédios. Rio de Janeiro: Editora Processo, 2020. p. 331-337.

samente, em contrato de empreitada para a construção de imóvel residencial único, se houve a realização de parte dele (*e. g.* feita a estrutura do banheiro e da cozinha), a inexecução da obrigação pelo empreiteiro poderá significar a resolução integral com efeitos *ex tunc*, sendo necessária a restituição integral da contraprestação, já que a parte executada não foi capaz de atender a qualquer interesse do tomador.[544]

Ressalte-se, todavia, que a eficácia prospectiva será aplicada na resolução, mantendo-se exigíveis as prestações pretéritas, apenas na situação em que as obrigações correspectivas de *ambas* as partes sejam compostas de prestações periódicas ou, ao menos, divisíveis dada a periodicidade ou o diferimento da execução ao longo do tempo. Dito diversamente, caso apenas uma das prestações seja realizada de forma periódica ou apenas uma seja divisível, não se terá a manutenção do sinalagma. Isso, porque a outra parte entregou a contraprestação, que era instantânea, porém não teve o interesse contratual alcançado, o que não justifica a limitação da retroatividade da resolução, diante do manifesto desequilíbrio entre a posição jurídica e econômica ocupada pelos contratantes.[545]

Nos contratos de compra e venda, ainda que haja o pagamento a crédito parcelado, mantem-se a eficácia retroativa da resolução, com a restituição do bem transferido em razão do contrato acompanhado dos frutos, ao patrimônio do vendedor. De igual modo, há a restituição do respectivo pagamento efetuado ao comprador, com atualização monetária,[546] sendo possível a compensação entre as dívidas de valor mútuas dos contratantes. Não se trata propriamente de contrato de duração, conquanto o pagamento pelo comprador seja realizado em parcelas, pois ele é o cor-

---

[544] Aguiar Júnior, Ruy Rosado de. *Comentários ao novo Código Civil:* da extinção do contrato. Rio de Janeiro: Forense, 2011. v. 6, t. 2. p. 699.

[545] Terra, Aline de Miranda Valverde. *Cláusula Resolutiva Expressa.* Belo Horizonte: Fórum, 2017. p. 187.

[546] Segundo parcela da doutrina, a compra e venda constitui contrato de execução escalonada, sendo que, embora seja contrato de execução única, as partes fazem a duração elemento essencial do acordo. Cf. Gomes, Orlando. *Contratos.* 26. ed. Rio de Janeiro: Forense, 2008. p. 94-95.

respectivo à prestação do vendedor, que se limita a entrega instantânea do bem objeto do contrato.[547]

Contudo, poderá existir cláusula contratual que preveja alguma retenção pelo vendedor do pagamento realizado pelo comprador, caso seja a parte inadimplente, a título de indenização. Não se deve admitir confusão entre restituição e indenização: o fundamento para a não restituição de parte do preço é a previsão de regra autônoma, que estabelece alocação privada de riscos referente ao efeito indenizatório em virtude do inadimplemento, compensando-se a indenização devida ao credor com a restituição a ser recebida pelo devedor.[548]

Acentue-se que a irretroatividade poderá afetar *todos* os efeitos da resolução, sendo certo que, nos contratos de duração, a liberação do dever de prestar é somente após a configuração do inadimplemento absoluto; já a restituição é excluída, apenas, no que antecede ao momento do descumprimento definitivo da prestação. Como se desenvolverá mais à frente, a irretroatividade da resolução, nos contratos duradouros, poderá ter consequências na identificação do parâmetro do interesse do credor a ser tutelado pelo ordenamento, isto é, afetará não só a definição, mas também a medida das perdas e danos a serem reparadas pelo devedor.[549]

2.4 A indenização devida ao credor: a função reparatória da responsabilidade civil

Chega-se, por fim, ao ponto central referente à indenização a que o credor fará jus na resolução, diante do inadimplemento absoluto pelo devedor. A parte não inadimplente, que foi prejudicada pela obrigação contratual

---

[547] Em sentido contrário, cf. AGUIAR JÚNIOR, Ruy Rosado de. *Comentários ao novo Código Civil*: da extinção do contrato. Rio de Janeiro: Forense, 2011. v. 6, t. 2. p. 699. Encontra-se tal opinião também jurisprudência, cf. São Paulo. Tribunal de Justiça de São Paulo. *AC 0004597-59.2010.8.26.0358*. Relator: Des. Mario Chiuvite Junior. Julgamento: 18/12/2013. Órgão Julgador: 26ª Câmara de Direito Privado. Publicação: DJe 18/12/2013.

[548] Sobre o tema, ver item 2.2.1 *supra*, no qual se analisou a validade da cláusula de decaimento.

[549] MARTINS-COSTA, Judith. O Árbitro e o Cálculo do Montante da Indenização. In: CARMONA, Carlos Alberto; LEMES, Selma Ferreira; MARTINS, Pedro Batista (Coord.). *20 Anos da Lei de Arbitragem*: Homenagem a Petrônio R. Muniz. 1. ed. São Paulo: Atlas, 2017. p. 609-638. p. 628-629.

não executada ou imperfeitamente executada pela outra parte, além da liberação de atender à obrigação correspectiva, ou da respectiva restituição, caso já a tenha cumprido, terá direito ao ressarcimento de perdas e danos, conforme previsão do artigo 475 do Código Civil. No presente tópico e nos dois próximos, pretende-se focar na identificação das perdas e danos, ou, melhor dizendo, *quando se indeniza* e *o que se indeniza*. Quanto à quantificação, isto é, *que medida se indeniza* e *como é composto o montante da indenização*, será estudada no terceiro capítulo.[550]

Repetidamente se afirmou que a resolução é direito potestativo do credor na situação de incumprimento definitivo imputável ao devedor. Ela conduz ao retorno dos contratantes ao *status quo ante*, ou seja, à posição econômico-jurídica em que estariam se não tivessem realizado o contrato, mas não se trata de retorno estático e sim *dinâmico*. Isso, porque, se deve levar em conta o lapso temporal ocorrido entre a formação do contrato e o incumprimento definitivo da prestação.

Para a identificação da indenização, a comparação entre patrimônios do credor (real e hipotético) deve ser feita, considerando o *momento da resolução*, e não aquele no passado em que se formou a relação jurídica.[551] Além do mais, mesmo que a restituição e a indenização sejam efeitos naturais da resolução, não se deve confundi-los, porquanto, em perspectiva funcional, o direito à indenização que acompanha, como regra, o pedido de resolução servirá para reparar os danos persistentes *após* a restituição à parte do que havia prestado à outra inadimplente.[552]

---

[550] As expressões são inspiradas em MARTINS-COSTA, Judith. O Árbitro e o Cálculo do Montante da Indenização. In: CARMONA, Carlos Alberto; LEMES, Selma Ferreira; MARTINS, Pedro Batista (Coord.). *20 Anos da Lei de Arbitragem*: Homenagem a Petrônio R. Muniz. 1. ed. São Paulo: Atlas, 2017. p. 609-638. p. 610.

[551] TERRA, Aline de Miranda Valverde; GUEDES, Gisela Sampaio da Cruz. Resolução por inadimplemento: o retorno ao *status quo ante* e a coerente indenização pelo interesse negativo. In: *Civilistica.com*, v. 9, n. 1, p. 1-22, maio 2020. p. 9.

[552] MARTINS-COSTA, Judith. Responsabilidade civil contratual. Lucros cessantes. Interesse positivo e interesse negativo. Distinção entre lucros cessantes e lucros hipotéticos. Dever de mitigar o próprio dano. Dano moral e pessoa jurídica. In: LOTUFO, Renan; NANNI, Giovanni Ettore; MARTINS, Fernando Rodrigues (Coord.). *Temas relevantes do direito civil contemporâneo*: reflexões sobre os 10 anos do Código Civil. São Paulo: Atlas, 2012. p. 559-595. p. 563.

Apesar de aparentemente parecer óbvio, deve ser ressaltado *quando* caberá a indenização: somente haverá direito ao ressarcimento de perdas e danos para o credor se a resolução for motivada por inexecução de obrigação contratual *imputável* ao devedor. Com efeito, sem o elemento subjetivo da imputabilidade, não se pode falar em inadimplemento.[553] Ainda que seja efeito legal da resolução, conforme o artigo 475 do Código Civil, a reparação dos danos é consequência do inadimplemento, que, por sua vez, depende de nexo de imputação, pois é a inexecução imputável ao devedor da obrigação, como ato ilícito relativo, que poderá gerar o dano indenizável, e não a resolução em si. Em outras palavras, o efeito indenizatório na resolução encontra origem mediata no incumprimento definitivo da prestação que seja atribuído à falha de um dos contratantes.

Admite-se, contudo, que a parte inadimplente também tenha direito à indenização em casos excepcionais. Assim, na situação em que credor, ciente do inadimplemento absoluto, impossibilite a restituição da prestação *in natura* por culpa sua. Isto é, se houver a perda, o consumo ou a deterioração da coisa que seria devolvida ao devedor em razão de fato que seja imputável ao credor, ele terá que, além de restituir o valor equivalente, indenizar os danos sofridos. Se, por um lado, o dever de restituição não configura pressuposto para exercício do direito resolutivo, e o contratante não perderá a possibilidade de resolver a relação obrigacional; por outro lado, ele terá de ressarcir as perdas e danos do outro contratante que são consequências do perecimento da coisa objeto do contrato.[554]

De modo similar, poderá surgir o dever de indenizar para a parte que pediu a resolução, caso haja a violação de deveres de conduta pelo credor na relação de liquidação, a exemplo do descumprimento de dever de sigilo ou de não concorrência, com fundamento em norma contratual autônoma ou na violação da boa-fé objetiva, mesmo após a extinção da obrigação correspectiva. Nesse sentido, relembre-se que há obrigações das partes, como os deveres de cooperação e lealdade, as quais superam

---

[553] Sobre o elemento subjetivo do inadimplemento, ver item 1.2.1 *supra*.

[554] A responsabilidade civil da parte credor, caso haja a perda da coisa por causa que lhe seja imputável, é destacada por TREITEL, Guenter Heinz. *Remedies for breach of contract.* Oxford: Clarendon Press, 1988. p. 390.

a longevidade do dever de prestar, acompanhando todo o processo obrigacional global.[555]

Além disso, pode ser que a resolução ocorra em situação de inadimplemento recíproco, em que se verifique pedido de indenização pela parte que, estando inadimplente quanto à sua obrigação, opte por findar o programa contratual.[556] Para certa posição doutrinária, em havendo o inadimplemento imputável a ambos os contratantes, ou no cumprimento imperfeito equivalente, a hipótese será de aplicação extensiva da regra do artigo 235 do Código Civil,[557] segundo a qual, caso haja a deterioração da prestação sem culpa do devedor, deverá ser deferido o pedido de resolução, porém com a negativa de perdas e danos e a repartição equânime dos ônus de sucumbência. A ideia é que, se há compensação entre a culpa das partes, não se justifica que uma delas receba indenização da outra.[558]

Tal questão também é enfrentada no direito português, em que a solução do problema indenizatório no incumprimento bilateral não deverá ser uniforme, porque depende de verificação, no caso concreto, da "importância das condutas contributivas". Na falta de preceito expresso para a hipótese de incumprimento recíproco, defende-se a aplicação extensiva do art. 570º do Código Civil português, originalmente voltado à responsabilidade aquiliana, pelo qual, se houver concorrência de culpa do lesado para a produção ou agravamento dos danos, caberá ao juízo determinar "com base na gravidade das culpas de ambas as partes e nas consequências que delas resultaram, se a indenização deve ser totalmente concedida, reduzida ou mesmo excluída".[559]

Como no ordenamento jurídico brasileiro não há norma expressa quanto à repercussão no efeito indenizatório na situação da resolução

---

[555] Sobre os deveres anexos à prestação e os deveres de proteção, ver item 2.2 *supra*.

[556] Sobre o tema, ver item 1.3.3 *supra*.

[557] "Art. 235. Deteriorada a coisa, não sendo o devedor culpado, poderá o credor resolver a obrigação, ou aceitar a coisa, abatido de seu preço o valor que perdeu".

[558] AGUIAR JÚNIOR, Ruy Rosado de. *Extinção dos contratos por incumprimento do devedor*. 2. ed. rev. e atual. Rio de Janeiro: AIDE Editora, 2003. p. 168, nota 316.

[559] PROENÇA, José Carlos Brandão. *Lições de cumprimento e não cumprimento das obrigações*. 2. ed. rev. e atual. Porto: Universidade Católica Editora Porto, 2017. p. 392-398. No mesmo sentido, cf. PIRES, Catarina Monteiro. *Impossibilidade da prestação*. Coimbra: Almedina, 2017. p. 785-786.

por inadimplemento imputável a ambos os contratantes, deve-se caminhar na mesma direção do direito português, com a aplicação extensiva do artigo 945 do Código Civil.[560] A análise que importa é saber se houve e qual foi a contribuição causal de cada contratante para as consequências do inadimplemento, o que irá definir se há direito à indenização e também a extensão dos danos. Se ambas as partes estiverem inadimplentes quanto à prestação correspectiva, admite-se a compensação entre as indenizações recíprocas como dívidas de valor.[561]

Sobre *o que* se indeniza, analisa-se o conceito de dano indenizável. Conforme conhecida lição de Pothier, se o devedor deixar de cumprir a obrigação contratual, entende-se subentendida tacitamente, no conteúdo da avença, a obrigação acessória à primitiva, pela qual a parte deverá se comprometer a pagar perdas e danos à outra prejudicada pelo inadimplemento. Em outras palavras, com a inexecução culposa da obrigação contratual, desde que configure o incumprimento definitivo, a prestação é convertida *ex propria natura* em obrigação de pagar perdas e danos.[562] Adota-se a expressão *dommages et intérêts* para definir tanto a perda sofrida pelo credor (*dommages*), como o ganho que ele deixou de receber (*intérêts*) pela inexecução da prestação.[563]

Segundo Hans Fischer, em termos *vulgares*, constitui dano todo prejuízo ou lesão que a pessoa experimente na alma, no corpo ou na propriedade, seja quem for o causador, ou qual for a causa, independentemente da existência ou não de intervenção humana. Por sua vez, em

---

[560] "Art. 945. Se a vítima tiver concorrido culposamente para o evento danoso, a sua indenização será fixada tendo-se em conta a gravidade de sua culpa em confronto com a do autor do dano". Apesar de o artigo 945 do Código Civil trazer a culpa como critério para aferição de responsabilidade, a melhor doutrina entende que é o nexo causal que funciona como medida da indenização. Cf. GUEDES, Gisela Sampaio da Cruz. *O problema do nexo causal na responsabilidade civil*. Rio de Janeiro: Renovar, 2005. p. 341-344.

[561] Cf. BRASIL. Superior Tribunal de Justiça. *REsp 1615977/DF*. Relator: Min. Marco Aurélio Bellizze. Julgamento: 27/09/2016. Órgão Julgador: 3ª Turma. Publicação: DJe 07/10/2016.

[562] POTHIER, Robert Joseph. *Ouvres de Pothier*. Traité des Obligations. Paris: Béchet Ainé Librairie, 1824. n. 306. p. 167.

[563] POTHIER, Robert Joseph. *Ouvres de Pothier*. Traité des Obligations. Paris: Béchet Ainé Librairie, 1824. n. 159. p. 80.

linguagem científica, o dano é composto por toda lesão que o sujeito de direito sofrer em sua pessoa e em seus bens jurídicos, à exceção do que ele mesmo lhe causar. Desse modo, ao direito positivo, só interessa o dano como tema *jurídico*, o qual constitui fundamento para a definição das perdas e danos.[564]

A doutrina aponta duas acepções ao conceito jurídico de dano. De acordo com a *noção naturalista*, constitui dano a diminuição do patrimônio do lesado. O dano é definido como a abolição ou a redução parcial, ainda que temporária, de bem da vida que não seja meramente espiritual, ou seja, qualquer prejuízo que cause consequências na ordem externa das coisas.[565] Para o cálculo do dano naturalístico, aplica-se a chamada *teoria da diferença*, de sorte que "o dano deve ser mensurado pela diferença entre a situação patrimonial anterior e posterior à sua existência".[566] Como fica evidenciado, trata-se de concepção focada na verificação de lesões patrimoniais e, apesar disso, não é capaz de explicar a situação dos danos de natureza continuada (*e.g.* lucros cessantes pela privação da capacidade de auferir rendimentos).[567]

Por sua vez, para a *concepção normativa* de dano, o seu objeto, em sentido jurídico, é o interesse humano.[568] É clássica, nessa acepção, a proposta de definição de dano como lesão a interesse considerado como protegido pelo ordenamento, atribuída a Francesco Carnelutti.[569] Atente-se para

---

[564] FISCHER, Hans Albrecht. *Los daños civiles y su reparación*. Tradução de W. Roces. Madrid: Suarez, 1928. p. 1.

[565] PAOLI, Giulio. *Il reato, il risarcimento, la riparazione*. Bologna: Nicola Zanichelli Editore, 1924. p. 120. No direito brasileiro, Clovis Beviláqua adotava o conceito natural de dano, definindo-o como toda diminuição nos bens jurídicos da pessoa. cf. BEVILAQUA, Clovis. *Código Civil dos Estados Unidos do Brasil*. 8. ed. Rio de Janeiro: Editora Paulo de Azevedo Ltda., 1950. v. 4. p. 175-176.

[566] A Teoria da Diferença formulada por Friedrich Mommson funciona como técnica de mensuração das perdas e danos e ela será estudada no terceiro capítulo, no item 3.1, cf. MOMMSEN, Friedrich. *Beitrage zum Obligationenrecht*. Zur Lehre von dem Interesse. Braunschweig, C.U. Schmeschte und Sohn, 1855.

[567] MARTINS-COSTA, Judith. *Comentários ao novo Código civil*: do inadimplemento das obrigações. 2. ed. Rio de Janeiro: Forense, 2009. v. 5, t. 2. p. 168-169.

[568] DE CUPIS, Adriano. *Il danno*: teoria generale della responsabilità civile. 3.ed. Milano: Giuffrè, 1979. v. 1. p. 43. Sobre a noção jurídica de interesse, ver item 1.2.2 *supra*.

[569] CARNELUTTI, Francesco. *Il danno e il reato*. Padova: CEDAM, 1926. p. 14.

a noção jurídica de interesse, que é relevante não só para a identificação do dano, mas também para a determinação da extensão do que deverá ser indenizado.[570] Nesse sentido, entende-se que a injustiça do dano não fica restrita à lesão de direitos subjetivos, mas também inclui a afetação de interesses legítimos que o ordenamento jurídico leve em consideração.[571] O dever de reparar depende da *antijuridicidade* do dano, considerando-se "ressarcíveis e injustos somente os danos provocados por fato antijurídico, ou seja, valorado negativamente pelo direito".[572]

Para que o dano seja considerado injusto e, assim, indenizável, é necessário ter atenção ao critério da sua valoração conforme o ordenamento jurídico.[573] A expressão *dano indenizável* identifica-se com "as consequências prejudiciais que descendem da injusta lesão, determinando *in concreto* o conteúdo da obrigação de ressarcir a cargo do responsável".[574] Em síntese, o dano ressarcível deve ser visto em duas acepções: quanto à *existência da lesão em si*, que gera a atribuição de responsabilidade, e quanto à *definição das verbas indenizatórias*.[575]

Com base na noção de dano indenizável, chega-se à de perdas e danos, conforme previsão do artigo 402 do Código Civil, a qual está relacionada à lesão antijurídica a interesse de natureza patrimonial,[576] que poderá decorrer tanto da violação de deveres prestacionais principais e secun-

---

[570] SILVA, Clóvis do Couto e. O conceito de dano no direito brasileiro e comparado. In: FRADERA, Vera (Org.). *O direito privado brasileiro na visão de Clóvis Couto e Silva*. Porto Alegre: Livraria do Advogado, 1997. p. 219.

[571] PERLINGIERI, Pietro. *O direito civil na legalidade constitucional*. Tradução de Maria Cristina de Cicco. Rio de Janeiro: Renovar, 2008. p. 678-679, n. 51-52.

[572] TEPEDINO, Gustavo. Editorial: O art. 931 e a antijuridicidade do dano injusto. In: *Revista Brasileira de Direito Civil* – RBDCIVIL. Belo Horizonte, v. 22, p. 11-13, out./dez. 2019.

[573] CARNELUTTI, Francesco. *Il danno e il reato*. Padova: CEDAM, 1926. p. 17-18.

[574] MARTINS-COSTA, Judith. *Comentários ao novo Código civil*: do inadimplemento das obrigações. 2. ed. Rio de Janeiro: Forense, 2009. v. 5, t. 2. p. 454.

[575] TEPEDINO, Gustavo; TERRA, Aline de Miranda Valverde; e GUEDES, Gisela Sampaio da Cruz. *Fundamentos do direito civil*: Responsabilidade Civil. Rio de Janeiro: Forense, 2020. v. 4. p. 30.

[576] DE CUPIS, Adriano. *Il danno*: teoria generale della responsabilità civile. 3.ed. Milano: Giuffrè, 1979. v. 1. p. 59. Registre-se que não se está a defender que não possa haver lesão a interesse de natureza existencial em razão do inadimplemento absoluto da prestação contratual.

dários, como também de deveres anexos ou instrumentais à prestação ou ainda de deveres de proteção. Destaque-se que tais deveres possuem origem na relação obrigacional, ou ainda, em direitos absolutos que tenham repercussão na esfera patrimonial das partes contratantes.[577] De acordo com a Lei Civil, na situação de inexecução definitiva da obrigação que seja imputável ao devedor, "a parte lesada pelo inadimplemento pode pedir a resolução do contrato, se não preferir exigir-lhe o cumprimento, cabendo, em qualquer dos casos, indenização por perdas e danos". Portanto, fora de questão no ordenamento brasileiro a admissibilidade de cumulação do pedido de resolução com o ressarcimento de perdas e danos.[578]

Reitere-se que a retroatividade da resolução afeta a relação obrigacional apenas quanto às obrigações correspectivas das partes e não extingue por completo a relação contratual, inserindo-a na fase de liquidação, em que se mantém hígidas a obrigação de restituir atribuída a ambos os contratantes e a de indenizar atribuída à parte inadimplente. A indenização e a restituição possuem funções diversas, porém o retorno ao estado de equilíbrio econômico-jurídico que existia entre as posições ocupadas pelas partes será alcançado pela produção conjunta dos dois efeitos. O fundamento da indenização está na existência de dano como decorrência do incumprimento definitivo da prestação, que seja imputável ao devedor. A vista disso, incide o "princípio da equivalência cujo equilíbrio a indenização procura restabelecer",[579] especialmente quando a restituição não tenha sido capaz de alcançá-lo.

O princípio da reparação integral ou da equivalência entre o dano e a indenização significa que a responsabilidade civil possui o objetivo de reparação da vítima, que deverá ser ressarcida na exata medida do dano, isto é, todo o dano, porém nada além dele deverá ser reparado por seu

---

[577] MARTINS-COSTA, Judith. *Comentários ao novo Código civil*: do inadimplemento das obrigações. 2. ed. Rio de Janeiro: Forense, 2009. v. 5, t. 2. p. 456.

[578] Artigo 475 do Código Civil. A possibilidade de acumulação da resolução com as perdas e danos já era admitida pela legislação anterior, conforme o art. 1.092 do Código Civil de 1916.

[579] AGUIAR JÚNIOR, Ruy Rosado de. *Comentários ao novo Código Civil*: da extinção do contrato. Rio de Janeiro: Forense, 2011. v. 6, t. 2. p. 702.

causador.[580] O propósito da responsabilidade civil é reestabelecer, o mais precisamente possível, o equilíbrio destruído pela lesão, recolocando a vítima na situação em que ela se encontraria se o ato ilícito não tivesse ocorrido.[581] Em outras palavras, para a definição da indenização, deve ser considerada a posição em que estaria o patrimônio do credor se não houvesse sofrido a perda patrimonial, não importando, na análise, o grau de culpa do devedor, bem como a sua situação econômica ou mesmo a da vítima do dano.[582]

O princípio da reparação integral encontra respaldo no artigo 944 do Código Civil.[583] De acordo com Paulo de Tarso Viera Sanseverino, tal princípio exerce função *compensatória*, pela qual a indenização deve apresentar relação de equivalência, ainda que aproximada, com os danos sofridos pelo lesado; e também tem função *indenitária*, de forma que a extensão dos danos sofridos pela vítima configura limite máximo à indenização.[584] Resta consagrada, assim, a função exclusivamente reparatória da responsabilidade civil, afastando-se dela qualquer escopo sancionatório.[585]

A indenização não é apenas identificada, mas também medida pela repercussão do dano no patrimônio da vítima, que sofreu lesão a interesse jurídico protegido pelo ordenamento. Desde logo, ressalte-se que as perdas e danos a que a parte fará jus se ela *escolher* resolução diante do inadimplemento absoluto não serão as mesmas se ela optar pela execução do contrato pelo equivalente pecuniário da prestação. Isso, porque, na resolução, deve ser considerada a liberação de ambos os contratantes

---

[580] MAZEAUD, Henri; MAZEAUD, Léon. *Traité théorique et pratique de la responsabilité civile délictuelle et contractuelle.* 4.ed. Paris: Librairie du Recueil Sirey, 1932, n. 280. p. 229.

[581] VINEY, Geneviève; JOURDAIN, Patrice; e CARVAL, Suzanne. *Traité de Droit Civil*: les effets de la responsabilité. 4. ed. Paris: LGDJ, 2017. p. 153-156.

[582] FONTAINE, Marcel. Les sanctions de l'inexécution des obligations contractuelles: synthèse et perspectives. In: FONTAINE, Marcel. VINEY, Geneviève. *Les sanctions de l'inexécution des obligations contractuelles*: étude de droit comparé. Paris: LGDJ, 2001. p. 1.038.

[583] "Art. 944. A indenização mede-se pela extensão do dano".

[584] SANSEVERINO, Paulo de Tarso Viera. *Princípio da reparação integral*. São Paulo: Saraiva, 2011. p. 58-59.

[585] TEPEDINO, Gustavo; TERRA, Aline de Miranda Valverde; e GUEDES, Gisela Sampaio da Cruz. *Fundamentos do direito civil*: Responsabilidade Civil. Rio de Janeiro: Forense, 2020. v. 4. p. 2.

do cumprimento da obrigação correspectiva, além da respectiva restituição, que já possui alguma característica de reparação patrimonial, ainda que indireta.[586]

A responsabilidade contratual não apresenta função preventiva-punitiva nem pode ser reduzida ao cumprimento por equivalência da prestação inadimplida. Indubitavelmente, a responsabilidade civil atua com finalidade reparatória, cujo objeto é a obrigação de ressarcir danos. Se, por um lado, na situação da resolução, a indenização está relacionada à responsabilidade civil da parte inadimplente e terá lugar quando houver dano para a parte prejudicada, em razão do incumprimento definitivo culposo da prestação; por outro lado, ela, em regra, não estará voltada à proteção do credor quanto aos benefícios referentes à utilidade econômica esperada do cumprimento da prestação contratual pelo devedor. Isso, visto que a resolução encerra o programa contratual e, se é dotada, ao menos como regra, de eficácia retroativa, não mais se mantém pretensão à execução da obrigação correspectiva pelas partes.

Resta saber, por conseguinte, qual é o interesse jurídico do credor a ser tutelado pelo ordenamento jurídico na situação econômico-jurídica da resolução, em que se verifica a extinção – a princípio, *retroativa* – da relação obrigacional diante do incumprimento definitivo da prestação que seja imputável ao devedor. A *ratio* é simples: é o interesse do credor que servirá como parâmetro para definir o dano patrimonial indenizável e, ainda, qual a sua composição.

2.4.1 O dilema acerca do interesse contratual do credor a ser tutelado na resolução contratual por inadimplemento

No estudo da responsabilidade civil, a noção de *interesse jurídico* é associada aos conceitos de direito subjetivo e de dano, podendo o termo ser considerado a fonte e a medida desses conceitos.[587] Especificamente no que tange à discussão em tela, o termo interesse serve para definir não só a existência da obrigação de indenizar da parte, mas também a sua men-

---

[586] VINEY, Geneviève; JOURDAIN, Patrice; e CARVAL, Suzanne. *Traité de Droit Civil*: les effets de la responsabilité. 4. ed. Paris: LGDJ, 2017. p. 434-435.

[587] GÉRARD, Philippe; OST, François. *Droit et intérêt*: entre droit et non-droit. Bruxelles: Facultés Universitaire Saint-Louis, 1990. t. 2. p. 10-11. Sobre o tema, ver item 1.2.2 *supra*.

suração. Verifica-se o interesse contratual do credor na relação que surge da comparação entre a situação econômico-jurídica *hipotética*, em que a parte estaria se determinado evento não tivesse ocorrido e a situação *real*, em que ela efetivamente se encontra após a ocorrência do evento.[588] O interesse funciona como o *ponto de conexão*, permitindo que se criem balizas para a adequada ponderação de valores relevantes à definição da reparação patrimonial do credor.[589]

Apesar da origem do *id quod interest* ser vista desde as ações voltadas à tutela do direito subjetivo ao crédito no direito romano, a difusão das expressões *interesse negativo* e *interesse positivo*, no contexto da responsabilidade contratual, é atribuída a trabalho sobre culpa *in contrahendo*, desenvolvido por Rudolf von Jhering no Século XIX.[590] De acordo com o estudo, as expressões interesse contratual positivo e interesse contratual negativo representam a comparação entre a situação real do lesado e outra hipotética, em que ele se encontraria se não fosse a ocorrência do dano, a qual deverá ser qualificada como positiva ou negativa tendo como parâmetro o contrato.[591]

---

[588] PINTO, Paulo Mota. *Interesse contratual negativo e interesse contratual positivo*. Coimbra: Coimbra Editora, 2008. v. 2. p. 842.

[589] PEREIRA, Fabio Queiroz. *O ressarcimento do dano pré-contratual:* interesse negativo e interesse positivo. São Paulo: Almedina, 2017. p. 64-65.

[590] No direito romano, as ações indenizatórias visavam ao pagamento de obrigação pecuniária, a que se sujeitava o devedor se deixasse de cumprir a obrigação contratual. Elas tinham o conteúdo aferido conforme o *id quod interest*, isto é, conforme o interesse do credor, que era o titular do direito de crédito, tendo como referência o prejuízo causado pelo inadimplemento. Sobre o tema, ver ARANGIO-RUIZ, Vicenzo. *Istituzioni di diritto romano*. 14. ed. riv. Napoli: Casa Editrice Dott. Eugenio Jovene, 1966. p. 389-390. PEROZZI, Silvio. *Istituzioni di dirito romano*. 2. ed. riv. ed ampl. Roma: Atheneum, 1928. v. 2. p. 158-159. Ressalta o último autor, contudo, que as fórmulas das ações romanas eram bastante limitadas e não significavam "mandar condenar para compensar", sendo, na maioria das vezes, voltadas à restituição do preço ou a recuperação da coisa ou de seu valor. Nada obstante, como afirma Guido Alpa, é da manipulação das regras do direito romano que nascem as regras modernas de indenização (ALPA, Guido. Note sul danno contrattuale. In: *Rivista Trimestrale di Diritto e Procedura Civile*, v. 65, n. 2, 2011. p. 365-388).

[591] JHERING, Rudolf Von. *Culpa in contrahendo ou indemnização em contratos nulos ou não chegados à perfeição*. Tradução e nota introdutória de Paulo Mota Pinto. Coimbra: Almedina, 2008. p. 12-13. É bem verdade que o trabalho de Jhering se baseou no estudo anterior sobre o *id quod interest* romano de MOMMSEN, Friedrich. *Beitrage zum Obligationenrecht*.

Para se conceber qual o interesse a ser reparado, deve ser feita a diferenciação entre o *interesse na manutenção do contrato*, que consiste no equivalente em dinheiro ao benefício que a parte obteria considerando o cumprimento da prestação contratual; *do interesse na não conclusão do contrato*, que se traduz no ressarcimento do dano causado exatamente devido à conclusão do contrato. A análise de Jhering conclui pela indenizabilidade do interesse negativo na situação de invalidade do contrato, o que encontrou respaldo na doutrina tedesca, mesmo antes da promulgação do Código Civil alemão (BGB).[592]

Com efeito, quando a indenização tem como causa, exteriormente, a celebração de negócio jurídico, deve ser diferenciado se o fundamento está na *existência* do negócio ou na sua *frustração*. A indenização do interesse contratual positivo está relacionada à execução de negócio jurídico válido e eficaz. Diante do incumprimento da prestação, que seja imputável à parte inadimplente, a outra parte prejudicada exige outro objeto, que é subsidiário à prestação contratual: a demanda indenizatória tem por base o contrato válido e eficaz, cuja execução se persegue. Por sua vez, a indenização pelo interesse contratual negativo é atribuída a quem confia na validade de negócio jurídico que resulta nulo, seja por vício original, ou por causa posterior. Isso, porque, se o negócio fosse válido, a parte não teria feito gastos e sacrifícios que resultaram estéreis em decorrência da perda de eficácia do negócio.[593]

Especialmente nos contratos sinalagmáticos, considera-se que, diante da anulação, as partes não mais se encontram na condição de credores recíprocos em relação à prestação e à contraprestação e, portanto, elas não podem demandar indenização correspondente ao valor da coisa prometida (*i. e.* interesse do cumprimento). Ou seja, se as partes estão privadas de receber o objeto do contrato, elas encontram-se dispensadas

---

Zur Lehre von dem Interesse. Braunschweig, C.U. Schmeschte und Sohn, 1855. O tema será retomado no terceiro capítulo, no item 3.1.

[592] JHERING, Rudolf Von. *Culpa in contrahendo ou indemnização em contratos nulos ou não chegados à perfeição*. Tradução e nota introdutória de Paulo Mota Pinto. Coimbra: Almedina, 2008. p. 14.

[593] FISCHER, Hans Albrecht. *Los daños civiles y su reparación*. Tradução de W. Roces. Madrid: Suarez, 1928. p. 97-98.

DA RELAÇÃO OBRIGACIONAL À RELAÇÃO DE LIQUIDAÇÃO

de fornecer o que era devido como retorno, de modo que seria incongruente medir as perdas e danos com base no valor da prestação contratual. Diversamente, a indenização será medida pelo interesse do credor relacionado à *frustração* do negócio, isto é, levando-se em conta o benefício econômico que a parte poderia ter obtido se não tivesse celebrado o contrato sem efeitos (*i. e.* interesse da confiança).[594]

Saliente-se que, apesar de constituir instituto jurídico diverso, muito se discute, especialmente no direito francês, acerca da existência de similitude entre a situação jurídico-econômica das partes na invalidade do negócio jurídico e na resolução contratual.[595] A resolução é vista como causa de perda superveniente de efeitos da relação obrigacional, o que pressupõe que o negócio jurídico é válido e eficaz, porém – e este é, como amplamente debatido, o ponto mais controvertido do instituto –, se se considera que a destituição da eficácia da relação obrigacional retroage ao momento de formação da relação jurídica, é como se nunca tivesse existido.

Em termos práticos, todos os efeitos serão afetados pela morte retroativa da relação obrigacional, inclusive a definição da indenização devida à parte prejudicada pela inexecução contratual: a retroeficácia da resolução terá consequências na identificação do *interesse do credor* a ser tutelado pelo ordenamento, construindo-se situação semelhante à invalidade. De origens diversas, a indenização vinculada ao prejuízo oriundo da conclusão de contrato nulo e àquela vinculada à resolução tendem ao mesmo objetivo, qual seja: a recolocação da vítima na situação que teria sido sua se o contrato aniquilado pela nulidade ou pela resolução não tivesse sido celebrado.[596]

---

[594] SALEILLES, Raymond. *Théorie générale de l'obligation*. Paris: Librairie Générale de Droit et de Jurisprudence, 1925. p. 164-165.

[595] Cf. GUELFUCCI-THIBIERGE, Catherine. *Nullité, Restitutions et Responsabilité*. Paris: Librairie Générale de Droit et de Jurisprudence, 1992. p. 120-121. PINNA, Andrea. *La mesure du préjudice contractuel*. Paris: LGDJ, 2007. p. 58. VINEY, Geneviève; JOURDAIN, Patrice; e CARVAL, Suzanne. *Traité de Droit Civil*: les effets de la responsabilité. 4. ed. Paris: LGDJ, 2017. p. 435-436.

[596] GUELFUCCI-THIBIERGE, Catherine. *Nullité, Restitutions et Responsabilité*. Paris: Librairie Générale de Droit et de Jurisprudence, 1992. p. 121.

Registre-se, ademais, que o sentido adotado no presente trabalho quanto às expressões interesse positivo e interesse negativo não permite qualquer confusão terminológica com as noções de danos emergentes e lucros cessantes. Ambas as parcelas, ou melhor, o que a parte perdeu, bem como aquilo que deixou de ganhar, poderão compor a indenização do credor, desde que exista a comprovação de dano efetivo, independentemente de o parâmetro ser o interesse positivo ou negativo.[597] Há, todavia, opiniões doutrinárias que adotam visão diversa, assumindo que interesses negativos são o mesmo que danos emergentes, e que interesses positivos são lucros cessantes,[598] ou ainda o contrário, no sentido de que danos positivos são os danos emergentes e danos negativos, os lucros cessantes.[599]

Em sua obra, Pontes de Miranda não deixa de enfrentar as dificuldades referentes à definição do efeito indenizatório na resolução contratual. O autor afirma, ao fazer referência ao artigo 1.092 do Código Civil de 1916, que as perdas e danos a que o credor faz jus serão aquelas relativas ao interesse contratual negativo.[600] Posteriormente, em outro momento, Pontes de Miranda acrescenta que, apesar de se verificar na resolução, no primeiro plano, a pretensão da indenização do interesse negativo, há a possibilidade de reparação do interesse positivo, pois "o que o contraente ou pré-contraente deixou de ganhar também deve ser indenizado", conforme o bem objeto do contrato "valeria *no momento da prestação da indenização*".[601]

---

[597] Cf. Fischer, Hans Albrecht. *Los daños civiles y su reparación*. Tradução de W. Roces. Madrid: Suarez, 1928. p. 99. Fuller, L. L.; Perdue Jr., William R. The Reliance Interest in Contract Damages: 1. In: *Yale Law Journal*, v. 46, p. 52-96, 1936. p. 55-56.

[598] Cf. Rizzardo, Arnaldo. *Direito das Obrigações*. 7. ed. rev. e atual. Rio de janeiro: Forense, 2013. p. 501. Guerra, Alexandre Dartanhan de Mello. Interesse contratual positivo e negativo: reflexões sobre o inadimplemento do contrato e indenização do interesse contratual positivo. In: *Revista IBERC*, v. 2, n. 2, p. 1-25, 2019. p. 11.

[599] Monteiro, Washington de Barros. *Curso de direito civil*. 28. ed. atual. São Paulo: Saraiva, 1995. v. 4. p. 333.

[600] Miranda, Pontes de. *Tratado de Direito Privado*. Nery Junior, Nelson; Nery, Rosa Maria de Andrade (Atual.). São Paulo: Editora Revista dos Tribunais, 2012. t. 25. p. 430-431.

[601] Miranda, Pontes de. *Tratado de Direito Privado*. Marques, Claudia Lima; Miragem, Bruno (Atual.). São Paulo: Editora Revista dos Tribunais, 2012. t. 38. p. 468, grifos no original.

De acordo com a análise de Judith Martins-Costa, também seguida por outras especialistas no tema, não há contradição no pensamento do autor. Avalia-se que, por ser partidário da tese da tutela do interesse negativo na resolução, o que Pontes de Miranda qualifica como interesse positivo, isto é, aquilo que o contratante deixou de ganhar, é a própria definição de lucros cessantes. Consequentemente, ele está a "dizer que a indenização é regida pelo interesse negativo não exclui, a priori, a indenização pelos lucros cessantes".[602] Em sentido oposto, Renata Steiner defende que o autor admite o ressarcimento do interesse positivo do credor, já que "ele tem em atenção o que deixou de lucrar com aquele [específico] contrato que se resolveu".[603]

Seja como for, é inegável que o tema da definição de qual o interesse contratual do credor a ser tutelado na resolução desperta acirrada disputa doutrinária no direito brasileiro. Há quem defenda a *alternatividade*, abrindo-se espaço de escolha ao credor. Nesse sentido, é notória a posição de Ruy Rosado de Aguiar Jr., para quem, também com base em Pontes de Miranda, não se deve limitar a indenização do credor à tutela do interesse negativo. Isso não significa, todavia, admissão da cumulatividade de parcelas: caberá ao credor decidir pela indenização do interesse positivo, inclusive quanto às vantagens que a parte auferiria com o recebimento da prestação. Para o autor, deve-se "optar pela solução que melhor componha o interesse de ambas as partes, com predominância para o interesse

---

[602] MARTINS-COSTA, Judith. O Árbitro e o Cálculo do Montante da Indenização. In: CARMONA, Carlos Alberto; LEMES, Selma Ferreira; MARTINS, Pedro Batista (Coord.). *20 Anos da Lei de Arbitragem*: Homenagem a Petrônio R. Muniz. 1. ed. São Paulo: Atlas, 2017. p. 609-638. p. 627-628. No mesmo sentido, também consideram que Pontes de Miranda é partidário da visão da tutela do interesse contratual negativo do credor na resolução contratual, cf. TERRA, Aline de Miranda Valverde. *Cláusula Resolutiva Expressa*. Belo Horizonte: Fórum, 2017. p. 201, n. 95; GUEDES, Gisela Sampaio da Cruz. *Lucros cessantes:* do bom-senso ao postulado normativo da razoabilidade. São Paulo: Editora Revista dos Tribunais, 2011. p. 138, n. 79.

[603] STEINER, Renata C. *Reparação de Danos:* interesse positivo e interesse negativo. São Paulo: Quartier Latin, 2018. p. 373.

positivo, de acordo com as exigências de equidade, da qual a indenização é instrumento".[604]

Verifica-se, de fato, grande divergência na doutrina e jurisprudência brasileiras não somente sobre a *identificação*, mas também a *medida* do dano patrimonial indenizável na resolução por inadimplemento.[605] Antes de

---

[604] AGUIAR JÚNIOR, Ruy Rosado de. *Extinção dos contratos por incumprimento do devedor*. 2. ed. rev. e atual. Rio de Janeiro: AIDE Editora, 2003. p. 269. Mais uma vez, é inevitável constatar certa confusão terminológica na opinião do autor entre os conceitos de interesse negativo e de danos emergentes, bem como entre interesse positivo e lucros cessantes. No direito português, a alternatividade a cargo do credor é defendida por CARNEIRO DA FRADA, Manuel António de Castro Portugal. *Teoria da confiança e responsabilidade civil*. Coimbra: Almedina, 2007. p. 667; e CORDEIRO, António Menezes. *Tratado de direito civil*. 3. ed. rev. e aum. Coimbra: Almedina, 2017. v. 9. p. 949.

[605] Foram consultadas mais de sessenta obras, de diversos ordenamentos jurídicos, acerca do tema. Especificamente quanto aos autores brasileiros, cinco se destacam na defesa firme do interesse positivo: cf. STEINER, Renata C. *Reparação de Danos*: interesse positivo e interesse negativo. São Paulo: Quartier latin, 2018; AGUIAR JÚNIOR, Ruy Rosado de. *Extinção dos contratos por incumprimento do devedor*. 2. ed. rev. e atual. Rio de Janeiro: AIDE Editora, 2003; SILVA, Rodrigo da Guia. Interesse contratual positivo e interesse contratual negativo: influxos da distinção no âmbito da resolução do contrato por inadimplemento. In: *Revista IBERC*, v. 3, n. 1, p. 1-37, 2020; SZTAJNBOK, Felipe. A indenização pelo interesse positivo como forma de tutela do interesse do credor nas hipóteses de inadimplemento culposo da obrigação: análises a partir do AgRg no REsp 1.202.506/RJ e do AgRg no AgRg no AI 1.137.044/RJ. In: *Civilistica.com*, a. 3, n. 2, p. 1-20, 2014; e GUIMARÃES, Paulo Jorge Scartezzini. Responsabilidade civil e interesse contratual positivo e negativo (em caso de descumprimento contratual). In: GUERRA, Alexandre Dartanhan de Mello; BENACCHIO, Marcelo (Coord.). *Responsabilidade civil*. São Paulo: Escola Paulista da Magistratura, 2015. p. 129-158. Em sentido contrário, cinco autores brasileiros defendem enfaticamente o interesse negativo: cf. GUEDES, Gisela Sampaio da Cruz. *Lucros cessantes*: do bom-senso ao postulado normativo da razoabilidade. São Paulo: Editora Revista dos Tribunais, 2011; TERRA, Aline de Miranda Valverde. *Cláusula Resolutiva Expressa*. Belo Horizonte: Fórum, 2017; MARTINS-COSTA, Judith. O Árbitro e o Cálculo do Montante da Indenização. In: CARMONA, Carlos Alberto; LEMES, Selma Ferreira; MARTINS, Pedro Batista (Coord.). *20 Anos da Lei de Arbitragem*: Homenagem a Petrônio R. Muniz. 1. ed. São Paulo: Atlas, 2017. p. 609-638; ASSIS, Araken de. *Resolução do contrato por inadimplemento*. 6. ed. rev., atual. e ampl. São Paulo: Thomson Reuters Brasil, 2019; e ZANETTI, Cristiano de Sousa. A transformação da mora em inadimplemento absoluto. In: *Revista dos Tribunais*. v. 942, p. 117-139, 2014. Para fins didáticos, os principais argumentos defendidos pelos autores acerca do tema foram organizados no Apêndice A *infra*. Além da pesquisa doutrinária, realizou-se pesquisa jurisprudencial em que foram

ser definida qual a posição adotada no presente trabalho, analisam-se os principais argumentos apresentados pelas duas correntes doutrinárias, a fim de se chegar à conclusão bem fundamentada e coerente com o estudo antes desenvolvido acerca dos demais efeitos resolutivos.

Apresentam-se os cinco argumentos pela tutela do interesse contratual positivo na resolução contratual, quais sejam: (i) a compatibilidade entre a concessão de indenização pelo interesse positivo e a extinção do vínculo operada pela resolução, pois a retroatividade não é absoluta, além de atingir apenas o efeito restitutório; (ii) a desconstrução da similitude entre a sistemática da indenização na invalidade do negócio jurídico e na resolução; (iii) a identificação da indenização na execução do contrato e a devida na resolução, diferenciando-se apenas pela aplicação do método da diferença no cálculo da última; (iv) a indenização pelo interesse positivo permite a melhor proteção do patrimônio do credor, não tendo efeito apenas eliminatório do dano; e (v) a dificuldade prática na quantificação do interesse negativo, uma vez que os lucros cessantes, especialmente relacionados às oportunidades alternativas, são de difícil prova, o que conduziria à possibilidade de o devedor se beneficiar da quebra eficiente do contrato.

De acordo com o primeiro argumento, não se verifica incongruência lógica entre a eficácia retroativa à resolução e a indenização do interesse positivo do credor. Isso, porque a retroatividade é apenas jurídica e encontra limites na finalidade da resolução como solução ofertada à parte, na situação de incumprimento definitivo da prestação imputável ao

---

analisadas aproximadamente cem decisões, destacando-se a tutela do interesse negativo no Tribunal de Justiça de São Paulo. A título exemplificativo, cf. São Paulo. Tribunal de Justiça de São Paulo. *AC 1000280-92.2018.8.26.0625*. Relator: Des. Alcides Leopoldo. Julgamento: 12/08/2020. Órgão Julgador: 4ª Câmara de Direito Privado. Publicação: 12/08/2020; São Paulo. Tribunal de Justiça de São Paulo. *AC 1019476-72.2015.8.26.0554*. Relator: Des. Enéas Costa Garcia. Julgamento: 15/08/2017. Órgão Julgador: 1ª Câmara de Direito Privado. Publicação: 15/08/2017. Recentemente, houve relevante decisão na Terceira Turma do Superior Tribunal de Justiça, pela prevalência do interesse contratual negativo na situação da resolução contratual, o que pode representar, ao menos *a priori*, indicativo de mudança da posição adotada na Corte Superior, cf. BRASIL. Superior Tribunal de Justiça. *REsp 1750585/RJ*. Relator: Min. Ministro Ricardo Villas Bôas Cueva. Julgamento: 01/06/2021. Órgão Julgador: 3ª Turma. Publicação: DJe 08/06/2021.

devedor.[606] Considera-se que a indenização deve ser voltada à proteção patrimonial do credor, de modo que "não se pode impor à parte lesada uma escolha ou a renúncia ao direito de se ver indenizada por utilizar o remédio resolutivo".[607] A eficácia retroativa na resolução está restrita ao efeito restitutório, porque a restituição é voltada a recompor o *status quo ante*,[608] enquanto que "o dever de indenizar não promove qualquer ideal de retorno a um estado anterior".[609]

Conforme o segundo argumento, defende-se a diversidade ontológica entre invalidade e resolução, tendo em vista que o último instituto apresenta "sentido eminentemente libertador" de eficácia retroativa relativa, de sorte que "a opção resolutiva não pode ser 'sancionada', em desfavor do lesado, como uma indenização 'menor' (qualitativamente falando)".[610] Ao passo que, na resolução, o evento lesivo está na inexecução da obrigação, na invalidade, ele está na criação de situação de confiança na conclusão do negócio.[611] Por conseguinte, "o problema do interesse negativo,

---

[606] PINTO, Paulo Mota. Resolução e indenização por inadimplemento do contrato. In: *VI Jornada de Direito Civil*. Brasília: Conselho da Justiça Federal, Centro de Estudos Judiciários, 2013. p. 21-63. p. 48-50.

[607] STEINER, Renata C. *Reparação de Danos:* interesse positivo e interesse negativo. São Paulo: Quartier Latin, 2018. p. 367.

[608] STEINER, Renata C. *Reparação de Danos*: interesse positivo e interesse negativo. São Paulo: Quartier Latin, 2018. p. 377-378.

[609] SILVA, Rodrigo da Guia. Interesse contratual positivo e interesse contratual negativo: influxos da distinção no âmbito da resolução do contrato por inadimplemento. In: *Revista IBERC*, v. 3, n. 1, p. 1-37, 2020. p. 23-25.

[610] PROENÇA, José Carlos Brandão. *Lições de cumprimento e não cumprimento das obrigações*. 2. ed. Rev. e atual. Porto: Universidade Católica Editora Porto, 2017. p. 379.

[611] PINTO, Paulo Mota. Resolução e indenização por inadimplemento do contrato. In: *VI Jornada de Direito Civil*. Brasília: Conselho da Justiça Federal, Centro de Estudos Judiciários, 2013. p. 21-63. p. 51. No mesmo sentido, cf. PEREIRA, Maria de Lurdes. Da indenização do interesse negativo em caso de resolução do contrato por incumprimento à indemnização de despesas inutilizadas na responsabilidade contratual. In: GUEDES, Agostinho Cardoso; OLIVEIRA, Nuno Manuel Pinto. *Colóquio de Direito Civil de Santo Tirso*. Almedina, 2017. p. 176. SILVA, Rodrigo da Guia. Interesse contratual positivo e interesse contratual negativo: influxos da distinção no âmbito da resolução do contrato por inadimplemento. In: *Revista IBERC*, v. 3, n. 1, p. 1-37, 2020. p. 27. SZTAJNBOK, Felipe. A indenização pelo interesse positivo como forma de tutela do interesse do credor nas hipóteses de inadimplemento culposo da obrigação: análises a partir do AgRg no

na sua natureza, está mais diretamente ligado ao problema da culpa *in contrahendo*", e se considera que a resolução envolve as consequências do inadimplemento de contrato já celebrado.[612]

Em sequência, consoante o terceiro argumento, assume-se que, sob o ponto de vista teleológico, a resolução contratual e a execução pelo equivalente possuem idêntica função, qual seja: a tutela do credor na situação de inadimplemento absoluto da prestação. Defende-se que "não há distinção quanto ao direcionamento da pretensão nos casos de manutenção do contrato (cumprimento) ou da extinção (resolução)", de maneira que não se poderia conceber efetiva alternatividade se as consequências fossem diametralmente opostas.[613] Não se admite diferença no tipo de interesse tutelado, seja quando o credor pleiteia a resolução, seja quando ele pleiteia o cumprimento da obrigação pelo equivalente.[614] Ressalta-se, contudo, que, no cálculo da indenização da resolução, deve ser adotado o *método da diferença*, com a compensação entre prestação e contraprestação, evitando-se, por conseguinte, a configuração de enriquecimento sem causa do credor.[615]

Já pelo quarto argumento, afirma-se que a indenização pelo interesse positivo possibilita que a resolução seja vista "em função dos interesses do lesado, ao serviço de uma verdadeira reintegração, perante um programa negocial frustrado pelo incumprimento ilícito e culposo, e não como

---

REsp 1.202.506/RJ e do AgRg no AgRg no AI 1.137.044/RJ. In: *Civilistica.com*, a. 3, n. 2, p. 1-20, 2014. p. 15.

[612] GUERRA, Alexandre Dartanhan de Mello. Interesse contratual positivo e negativo: reflexões sobre o inadimplemento do contrato e indenização do interesse contratual positivo. In: *Revista IBERC*, v. 2, n. 2, p. 1-25, 2019. p. 14.

[613] STEINER, Renata C. *Reparação de Danos:* interesse positivo e interesse negativo. São Paulo: QUARTIER Latin, 2018. p. 372-373.

[614] GUIMARÃES, Paulo Jorge Scartezzini. Responsabilidade civil e interesse contratual positivo e negativo (em caso de descumprimento contratual). In: GUERRA, Alexandre Dartanhan de Mello; BENACCHIO, Marcelo (Coord.). *Responsabilidade civil*. São Paulo: Escola Paulista da Magistratura, 2015. p. 129-158. p. 146.

[615] Cf. PINTO, Paulo Mota. Resolução e indenização por inadimplemento do contrato. In: *VI Jornada de Direito Civil*. Brasília: Conselho da Justiça Federal, Centro de Estudos Judiciários, 2013. p. 21-63. p. 48. STEINER, Renata C. *Reparação de Danos:* interesse positivo e interesse negativo. São Paulo: Quartier Latin, 2018. p. 382. Ressalte-se que o método da diferença não se confunde com a teoria da diferença, como forma de cálculo da medida da indenização, o que será melhor desenvolvido no terceiro capítulo, item 3.1 e 3.2 *infra*.

meio limitado, de fim marcadamente 'eliminador'".[616] Inegavelmente, atribui-se *caráter punitivo* à resolução, porquanto, diante do dilema posto, entre se admitir "a necessidade de o credor realizar ou manter a sua contraprestação para obter em troca apenas uma indenização pelos lucros do contrato (e não a própria prestação)", ou se conceber "a perda pelo devedor inadimplente do direito de obter, ou de reter, a contraprestação, para ficar obrigado a indenizar", deve-se sempre optar pela proteção da parte credora. Isso, porque a inexecução da obrigação é imputável à parte devedora, quem poderia ter cumprido a prestação e, assim, recebido a respectiva contraprestação.[617]

Por fim, pelo quinto argumento, afirma-se dificuldade prática de comprovação dos lucros cessantes negativos, principalmente quanto às perdas de oportunidades alternativas (*i. e.* custo de oportunidade), fazendo com que a responsabilização exclusiva pela confiança gere incentivo econômico ao devedor para não cumprir.[618] A não reparação do interesse positivo levaria, em situações extremas, o devedor a não ter que indenizar valor algum ao credor e significaria proteção manifestamente insuficiente do direito de crédito.[619] Conclui-se que a concessão de indenização pelo

---

[616] PROENÇA, José Carlos Brandão. *Lições de cumprimento e não cumprimento das obrigações.* 2. ed. rev. e atual. Porto: Universidade Católica Editora Porto, 2017. p. 383-384.

[617] PINTO, Paulo Mota. *Interesse contratual negativo e interesse contratual positivo.* Coimbra: Coimbra Editora, 2008. v. 2. p. 1651. No direito italiano, defende a função punitiva da resolução contratual por inadimplemento, com a fixação da indenização pelo interesse positivo do credor, cf. AULETTA, Giacomo Giuseppe. *La risoluzione per inadempimento.* Milano: Giuffrè, 1942. p. 147-150. No direito francês, cf. PLANIOL, Marcel. *Traité élémentaire de droit civil conforme au programme officiel des facultés de droit,.* 9. ed. Paris: Librairie Générale de Droit et de Jurisprudence, 1923. t. 2, n. 1317. p. 447. Recentemente, a posição pela defesa da indenizabilidade do interesse positivo na resolução foi retomada por GENICON, Thomas. *La résolution du contrat pour inexécution.* Paris: Librairie Générale de Droit et de Jurisprudence, 2007. p. 744-755.

[618] PROENÇA, José Carlos Brandão. *Lições de cumprimento e não cumprimento das obrigações.* 2. ed. rev. e atual. Porto: Universidade Católica Editora Porto, 2017. p. 380. No mesmo sentido, cf. STEINER, Renata C. *Reparação de Danos:* interesse positivo e interesse negativo. São Paulo: Quartier Latin, 2018. p. 381.

[619] PINTO, Paulo Mota. Resolução e indenização por inadimplemento do contrato. In: *VI Jornada de Direito Civil.* Brasília: Conselho da Justiça Federal, Centro de Estudos Judiciários, 2013. p. 21-63. p. 56.

interesse negativo produziria "autêntico prêmio à inadimplência", por proteger a quebra eficiente do contrato. Inversamente, não se deve permitir ao devedor que "perante um contrato que não mais lhe conviesse limitar-se a deixar para a resolução, pagando depois (gostosamente) uma indenização pelo interesse contratual negativo".[620]

Em sentido diametralmente oposto, apresentam-se cinco argumentos adotados na defesa da tutela do interesse contratual negativo, quais sejam: (i) a resolução leva à extinção retroativa e definitiva do programa do contrato, que tem idêntico reflexo em todos os efeitos; (ii) há semelhança ontológica entre a resolução e a invalidade, já que, em ambos os institutos, se verifica a perda de eficácia retroativa da relação obrigacional, como se ela nunca tivesse existido no mundo jurídico; (iii) diversamente da demanda de cumprimento, na de resolução, há a liberação das partes da execução da prestação, o que não é coerente com a concessão ao credor de indenização pelo cumprimento; (iv) o princípio da reparação integral garante a indenização de todo o dano sofrido, porém não admite ânimo vingativo do credor ou intenção de punição do devedor; e (v) o receio de dificuldade prática de quantificação dos lucros cessantes no interesse negativo, além de também existir na definição do interesse positivo, não pode prejudicar a existência do direito à indenização do credor.

O primeiro argumento – e o mais relevante – para a concessão da indenização pelo interesse negativo é exatamente aquele vinculado à retroatividade da resolução, que afeta igual e coerentemente *todos* os efeitos resolutivos. O credor pretende a exoneração da obrigação assumida, ou a restituição se já efetuada, acrescentando-se a indenização complementar que possibilite a recomposição do patrimônio no estado em que se encontraria, se não tivesse celebrado o contrato.[621] Prega-se a necessidade de unidade lógica entre os efeitos liberatório, restitutório

---

[620] CORDEIRO, António Menezes. *Tratado de direito civil*. 3. ed. rev. e aum. Coimbra: Almedina, 2017. v. 9. p. 944. O argumento é extensamente desenvolvido por TRIMARCHI, Pietro. *Il contratto*: inadempimento e rimedi. Milano: Giuffrè, 2010. p. 83-92.

[621] VARELA, João de Matos Antunes. *Das obrigações em geral*. 7. ed. Coimbra: Almedina, 2017. v. 2. p. 109.

e indenizatório,[622] sem quebra de regime ou desequilíbrio da estrutura sinalagmática do contrato.[623] A resolução tem o escopo de reconduzir as partes ao *status quo ante*, ressaltando-se, todavia, que tal retorno deve ser visto de forma dinâmica. Em outras palavras: deve-se recompor a situação patrimonial do credor considerando-se o momento presente da resolução, e não o passado (momento da formação da relação jurídica).[624]

Já no segundo argumento, retoma-se a afirmação acerca da similitude ontológica da resolução contratual e a sistemática das invalidades, uma vez que, em ambas, a relação obrigacional não chega a produzir efeito jurídico. A relação de liquidação, que exsurge com a resolução, opera de maneira semelhante ao que se dá na hipótese de decretação de nulidade do negócio jurídico,[625] tendo em vista a identidade de escopo, qual seja, a recolocação da vítima na situação em que estaria se não tivesse celebrado o contrato.[626] Mesmo que o evento lesivo seja o inadimplemento, e não a resolução em si, diante da retroeficácia, é o rompimento da confiança ou a frustração da expectativa no correto atendimento do programa contratual que deverá ser indenizado. Nada obstante, advogar a favor de indenização pelo interesse negativo no caso de invalidade e no de resolução não significa sustentar, em absoluto, que a extensão do dano deva ser igual em ambos os casos.[627]

---

[622] Cf. Assis, Araken de. Dano positivo e dano negativo na dissolução do contrato. In: *Revista do Advogado*, n. 44, p. 20-23, 1994. p. 22. Martins-Costa, Judith. O Árbitro e o Cálculo do Montante da Indenização. In: Carmona, Carlos Alberto; Lemes, Selma Ferreira; Martins, Pedro Batista (Coord.). *20 Anos da Lei de Arbitragem*: Homenagem a Petrônio R. Muniz. 1. ed. São Paulo: Atlas, 2017. p. 609-638. p. 625.

[623] Leitão, Luís Manuel Teles de Menezes. *Direito das Obrigações*. 12. ed. Coimbra: Almedina, 2018. v. 2. p. 269. No mesmo sentido, cf. Almeida Costa, Mário Júlio de. *Direito das Obrigações*. 12. ed. rev. e atual. Coimbra: Almedina, 2009. p. 1045.

[624] Terra, Aline de Miranda Valverde; GUEDES, Gisela Sampaio da Cruz. Resolução por inadimplemento: o retorno ao *status quo ante* e a coerente indenização pelo interesse negativo. In: *Civilistica.com*, v. 9, n. 1, p. 1-22, maio 2020. p. 9.

[625] Zanetti, Cristiano de Sousa. A transformação da mora em inadimplemento absoluto. In: *Revista dos Tribunais*. v. 942, p. 117-139, 2014. p. 136.

[626] Guelfucci-Thibierge, Catherine. *Nullité, Restitutions et Responsabilité*. Paris: Librairie Générale de Droit et de Jurisprudence, 1992. p. 121.

[627] Terra, Aline de Miranda Valverde; GUEDES, Gisela Sampaio da Cruz. Resolução

Pelo terceiro argumento, considera-se que o legislador brasileiro, no artigo 475 do Código Civil, estabeleceu dois caminhos: a resolução contratual, ou a execução pelo equivalente, admitindo-se, em ambas as situações, o ressarcimento de perdas e danos.[628] Trata-se de decisão do credor que importa em consequências diferentes quanto à identificação e à extensão do dano a ser reparado: a diversidade de fórmulas para a definição da indenização justifica-se, porque os institutos apresentam efeitos opostos.[629] Garantir ao credor, no desfazimento retroativo do vínculo, indenização pelo interesse de cumprimento importa em enriquecimento sem causa, tendo em vista que a parte receberia o lucro do negócio sem ter que prestar, ficando livre, também, para retornar ao mercado e encontrar novo parceiro comercial.[630] Conquanto os defensores da indenização pelo interesse positivo adotem *o método da diferença*, tal solução é vista como causadora de desequilíbrio na estrutura sinalagmática do contrato, pois o credor terá direito, simultaneamente, à pretensão restitutória e à

---

por inadimplemento: o retorno ao *status quo ante* e a coerente indenização pelo interesse negativo. In: *Civilistica.com*, v. 9, n. 1, p. 1-22, maio 2020. p. 13.

[628] Sobre o tema, ver item 1.4 *supra*.

[629] TERRA, Aline de Miranda Valverde. Execução pelo equivalente como alternativa à resolução: repercussões sobre a responsabilidade civil. In: *Revista Brasileira de Direito Civil – RBDCivil*. Belo Horizonte, v.18, p. 49-73, out./dez. 2018. p. 71-72. No direito português, reconhecem a existência de dupla opção ao credor, sendo que, na execução pelo equivalente, a indenização é definida pelo interesse contratual positivo, além de o credor ter de cumprir sua prestação, se ainda não o fez; enquanto que, na resolução, a indenização é definida pelo interesse negativo, sendo acompanhada pela liberação do cumprimento da prestação ou de sua restituição. Cf. TELLES, Inocêncio Galvão. *Direito das Obrigações*. 7. ed. (Reimpressão). Coimbra: Coimbra Editora, 2010. p. 464. ALMEIDA COSTA, Mário Júlio de. *Direito das Obrigações*. 12. ed. rev. e atual. Coimbra: Almedina, 2009. p. 1045. FARIA, Jorge Leite Areias Ribeiro de. *Direito das obrigações*. Coimbra: Almedina, 2001. v. 2. p. 432-434. Por sua vez, no direito francês, cf. VINEY, Geneviève; JOURDAIN, Patrice; e CARVAL, Suzanne. *Traité de Droit Civil*: les effets de la responsabilité. 4. ed. Paris: LGDJ, 2017. p. 434-435. PINNA, Andrea. *La mesure du préjudice contractuel*. Paris: LGDJ, 2007. p. 62-63.

[630] MARTINS-COSTA, Judith. Responsabilidade civil contratual. Lucros cessantes. Interesse positivo e interesse negativo. Distinção entre lucros cessantes e lucros hipotéticos. Dever de mitigar o próprio dano. Dano moral e pessoa jurídica. In: LOTUFO, Renan; NANNI, Giovanni Ettore; MARTINS, Fernando Rodrigues (Coord.). *Temas relevantes do direito civil contemporâneo*: reflexões sobre os 10 anos do Código Civil. São Paulo: Atlas, 2012. p. 559-595. p. 564.

pretensão indenizatória referente ao interesse de cumprimento, desde que seja em valor superior à prestação, enquanto que o devedor não terá direito à prestação correspectiva.[631]

De acordo com o quarto argumento, atente-se ao princípio da reparação integral, pelo qual o credor deve ser colocado na situação patrimonial em que estaria se o dano não tivesse ocorrido, isto é, nem em situação melhor, nem pior, afastando-se qualquer ânimo vingativo do prejudicado ou intenção de punição do inadimplente. A eficácia extintiva da resolução não atinge a obrigação de indenizar, de forma que "os interesses do credor não são desprezados, nem a indenização seria subtraída pelo entendimento que limita ao interesse negativo".[632] Há prejuízos para o credor na resolução que não poderiam ser reparados se a indenização fosse definida pelo parâmetro do interesse positivo, especialmente quanto aos danos intrínsecos, relacionados ao custo de oportunidade (*e.g.* despesas inutilizadas e perda de oportunidades alternativas). Em tais situações, com fundamento na reparação integral, será vantajoso ao credor que o ressarcimento seja definido pelo interesse negativo, de maneira a se restabelecer a situação econômico-jurídica original.[633]

Por fim, o quinto argumento está na ausência de plausibilidade jurídica de se afastar a indenizabilidade do interesse negativo simplesmente em razão de dificuldade prática na quantificação dos lucros cessantes. A uma, porque a dificuldade não afasta o dever do julgador de realizar a delimitação do *quantum* da indenização no caso concreto, buscando, como parâmetro razoável, para definição da perda de oportunidades alternativas, o preço médio de mercado (custo de oportunidade), e não o preço do contrato ora desfeito pela resolução. A duas, não se justifica o receio de que a indenização possa ser zero, ou quase nada, já que a extensão do dano pautada pelo interesse negativo poderá atingir quan-

---

[631] Leitão, Luís Manuel Teles de Menezes. *Direito das Obrigações*. 12. ed. Coimbra: Almedina, 2018. v. 2. p. 269-271.

[632] Martins-Costa, Judith. O Árbitro e o Cálculo do Montante da Indenização. In: Carmona, Carlos Alberto; Lemes, Selma Ferreira; Martins, Pedro Batista (Coord.). *20 Anos da Lei de Arbitragem*: Homenagem a Petrônio R. Muniz. 1. ed. São Paulo: Atlas, 2017. p. 609-638. p. 626.

[633] Pereira, Fabio Queiroz. *O ressarcimento do dano pré-contratual*: interesse negativo e interesse positivo. São Paulo: Almedina, 2017. p. 198.

tias vultosas.[634] A três, porque a teoria da quebra eficiente do contrato foi construída sobre a premissa de que é a indenização fixada pelos danos da expectativa (*i. e.* interesse no cumprimento), que poderá permitir ao devedor optar por inadimplir a prestação, caso lhe pareça economicamente mais vantajoso pagar o valor equivalente ao preço do contrato. Assim, poderá ser concretamente mais interessante, para o credor, a fixação da indenização conforme as oportunidades de alternativas perdidas (*i. e.* interesse da confiança).[635]

Por conseguinte, à luz do ordenamento brasileiro, entende-se ser prevalente a tutela do interesse contratual negativo como parâmetro para a definição do dano patrimonial, na resolução contratual por inadimplemento, desde que – ressalte-se, pela relevância – se tenha em conta a sua eficácia *retroativa*. Pelo prisma funcional, a identificação do dano indenizável deverá ser condizente com a necessária condução dos contratantes ao *status quo ante*, ainda que visto de forma dinâmica, posicionando-se o credor na situação econômico-jurídica em que estaria, no momento da resolução, se não tivesse adentrado no contrato.

Objetiva-se a recomposição patrimonial para além da restituição, devendo ser retirado o dano sofrido pela parte, por ter confiado na manifestação de vontade da outra parte, ora inadimplente, que a levou a contratar inutilmente. Em situações excepcionais, especialmente nos contratos de duração, poderá ser admitida a tutela do interesse contratual positivo, porém não na sua integralidade, para a definição da indenização

---

[634] TERRA, Aline de Miranda Valverde; GUEDES, Gisela Sampaio da Cruz. Resolução por inadimplemento: o retorno ao *status quo ante* e a coerente indenização pelo interesse negativo. In: *Civilistica.com*, v. 9, n. 1, p. 1-22, maio 2020. p. 13.

[635] FULLER, L. L.; PERDUE JR., William R. The Reliance Interest in Contract Damages: 1. In: *Yale Law Journal*, v. 46, p. 52-96, 1936. p. 53. SHAVELL, Steve. Damages Measures for Breach of Contract. In: *Bell Journal Economics*, v. 11, 1980. p. 466. ADLER, Barry E. Efficient Breach Theory through the Looking Glass. In: *New York University Law Review*, v. 83, n. 6, p. 1679-1725, 2008. p. 1680. Além disso, apesar de se posicionar pela tutela do interesse positivo na resolução por inadimplemento, Mota Pinto reconhece que a regra da indenização pelo interesse positivo poderá produzir resultados ineficientes que promovam excesso de confiança no adimplemento pelo credor. Cf. PINTO, Paulo Mota. *Interesse contratual negativo e interesse contratual positivo*. Coimbra: Coimbra Editora, 2008. v. 1. p. 401-405. Sobre a teoria da quebra eficiente do contrato, ver item 1.2.2 *supra*.

devida ao credor, considerando-se a atribuição de eficácia *prospectiva* da resolução. Caso haja o atendimento parcial do objeto contratual ou por certo período da função econômico-individual do contrato, justifica-se, ao menos em alguma medida, que o ressarcimento do dano esteja vinculado ao valor da prestação a cargo do devedor, ora inadimplida. Isto é, a indenização deverá corresponder às vantagens econômicas que a parte lesada almejava obter com o recebimento da obrigação correspectiva, desde que ela também tenha cumprido, proporcionalmente, a sua contraprestação.

2.4.2 A prevalência da tutela do interesse contratual negativo do credor à luz da retroatividade da resolução e a necessária separação entre restituição e indenização

Por tudo que foi antes afirmado, está claro que a retroatividade da resolução terá repercussão direta na definição dos efeitos liberatório, restitutório e indenizatório e, portanto, terá relevância na decisão do parâmetro a ser adotado: o interesse positivo ou o negativo, de maneira a identificar e medir a extensão do dano. Na responsabilidade contratual, o interesse positivo deriva do não cumprimento das obrigações contratuais, ao passo que o interesse negativo decorre da celebração de contrato inválido ou que veio *retroativamente* a perder eficácia. Se, no primeiro, a indenização visa a colocar a parte lesada "na situação que teria se o contrato tivesse sido cumprido"; no segundo, a reparação tem como escopo posicioná-la "na situação que teria se o contrato não tivesse sido celebrado".[636]

Se a resolução tiver eficácia *ex tunc*, libertará os contratantes do cumprimento da prestação correspectiva e, caso já a tenham atendido, ainda que parcialmente, lhes obrigará a respectiva restituição, bem como determinará que a indenização do credor seja definida pelo interesse negativo, colocando a parte na situação econômico-jurídica em que estaria se não tivesse contratado. Se a resolução for dotada de eficácia *ex nunc*, não terá efeito libertador em relação ao passado, devendo as partes atender ao programa contratual até o momento da configuração do inadimplemento absoluto, sem restituição da parcela executada do objeto do contrato.

---

[636] JORGE, Fernando de Sandy Lopes Pessoa. *Ensaio sobre os pressupostos da responsabilidade civil*. 3. reimp. Coimbra: Almedina, 1999. p. 380.

DA RELAÇÃO OBRIGACIONAL À RELAÇÃO DE LIQUIDAÇÃO

A eficácia do contrato se exauriu, conforme tenha alcançado o resultado útil programado. Já a indenização do credor poderá levar em conta, ainda que parcialmente, o interesse positivo, consoante aquilo que o lesado esperava obter na execução do contrato.

A regra é que a resolução tenha eficácia *ex tunc*, fazendo com que desapareçam todas as consequências criadas com a execução do programa contratual. Há necessária coerência sistêmica entre os efeitos resolutivos: se o escopo central é o retorno ao *status quo ante*, o dever de restituição faz com que ambas as partes devolvam, uma à outra, o benefício econômico recebido por força da relação ora rompida. Por sua vez, a indenização garante que o patrimônio do credor seja completamente recomposto, considerando-se a posição econômico-jurídica que ele teria na ocasião da resolução se não houvesse celebrado o contrato.[637] Mesmo que a restituição e a indenização atuem como mecanismos autônomos no patrimônio do credor, o retorno ao *status quo ante* só será possível com a eficácia conjunta de ambos os efeitos. Em síntese, o pedido de indenização, associado ao de resolução, servirá para a reparação dos danos persistentes após a restituição ao credor prejudicado do que havia prestado inutilmente ao devedor inadimplente.[638]

Em consequência, é inegável que a obrigação de restituir seja dotada de certo *efeito reparador indireto*, dado que limita o dano, que é o pressuposto da indenização, de modo que "em razão da restituição, a situação do credor se torna menos distante daquela em que estaria se o evento lesivo não tivesse ocorrido".[639] Paralelamente, a obrigação de indenizar possui *função complementar* à restituição na resolução contratual por inadimple-

---

[637] TERRA, Aline de Miranda Valverde; GUEDES, Gisela Sampaio da Cruz. Resolução por inadimplemento: o retorno ao *status quo ante* e a coerente indenização pelo interesse negativo. In: *Civilistica.com*, v. 9, n. 1, p. 1-22, maio 2020. p. 9.

[638] MARTINS-COSTA, Judith. Responsabilidade civil contratual. Lucros cessantes. Interesse positivo e interesse negativo. Distinção entre lucros cessantes e lucros hipotéticos. Dever de mitigar o próprio dano. Dano moral e pessoa jurídica. In: LOTUFO, Renan; NANNI, Giovanni Ettore; MARTINS, Fernando Rodrigues (Coord.). *Temas relevantes do direito civil contemporâneo*: reflexões sobre os 10 anos do Código Civil. São Paulo: Atlas, 2012. p. 559-595. p. 563.

[639] TERRA, Aline de Miranda Valverde. *Cláusula Resolutiva Expressa*. Belo Horizonte: Fórum, 2017. p. 204.

mento, considerando-se que ela deverá levar em conta a situação em que a parte estaria se não tivesse contratado, não estando vinculada nem limitada à avaliação contratual das partes em relação às suas prestações.[640]

A despeito de encontrarem previsão no artigo 475 do Código Civil, as perdas e danos adicionais ao pedido de resolução pelo credor não devem ser, ao menos em tese, idênticas àquelas que a parte poderia receber se tivesse optado por executar a prestação, ainda que em pecúnia, já que a restituição recebida pelo contratante na resolução garante, por si só, "pequeno reparo". Mais uma vez, a *ratio* está na eficácia retroativa da resolução, pela qual os efeitos do contrato são apagados; enquanto, na execução genérica, eles ficam definitivamente validados.[641]

Daí, considerada a retroatividade do remédio resolutivo, parece ser conclusão lógica e inevitável que o *interesse contratual negativo* do credor seja o tutelado.[642] Diversamente da situação em que a parte requer a execução da prestação contratual, ainda que pelo equivalente em pecúnia, se optar pela resolução, ela será acompanhada dos efeitos liberatório, restitutório e indenizatório, cuja mensuração deverá ser necessariamente orientada "para a finalidade de reposição do credor na situação patrimonial em que se encontraria, caso não fosse a celebração do contrato resolvido".[643]

A título exemplificativo, em caso julgado pelo Tribunal de Justiça do Estado de São Paulo, em contrato de prestação de serviços de informática,

---

[640] VINEY, Geneviève; JOURDAIN, Patrice; e CARVAL, Suzanne. *Traité de Droit Civil*: les effets de la responsabilité. 4.ed. Paris: LGDJ, 2017. p. 434-435.

[641] PINNA, Andrea. *La mesure du préjudice contractuel*. Paris: LGDJ, 2007. p. 16.

[642] JORGE, Fernando de Sandy Lopes Pessoa. *Ensaio sobre os pressupostos da responsabilidade civil*. 3. reimp. Coimbra: Almedina, 1999. p. 380. No direito brasileiro, são categóricos em ressaltar a incongruência no raciocínio da concessão de indenização ao credor pelo interesse positivo na resolução por inadimplemento. Cf. MARTINS-COSTA, Judith. O Árbitro e o Cálculo do Montante da Indenização. In: CARMONA, Carlos Alberto; LEMES, Selma Ferreira; MARTINS, Pedro Batista (Coord.). *20 Anos da Lei de Arbitragem*: Homenagem a Petrônio R. Muniz. 1. ed. São Paulo: Atlas, 2017. p. 609-638. p. 625. Assis, Araken de. Dano positivo e dano negativo na dissolução do contrato. In: *Revista do Advogado*, n. 44, p. 20-23, 1994. p. 22. ZANETTI, Cristiano de Sousa. A transformação da mora em inadimplemento absoluto. In: *Revista dos Tribunais*. v. 942, p. 117-139, 2014. p. 136.

[643] FARIA, Jorge Leite Areias Ribeiro de. *Direito das obrigações*. Coimbra: Almedina, 2001. v. 2. p. 434-435.

em que houve o inadimplemento absoluto pelo prestador do serviço, que não realizou a entrega do serviço conforme o cronograma no contrato, foi determinada a restituição de todos os valores pagos pelo tomador. Considerando que a parte prejudicada requereu a resolução com pedido de indenização, além da restituição dos valores pagos, a decisão não concedeu a parcela, a título de danos emergentes, referente "à diferença entre o orçamento do réu e o orçamento de um serviço de terceiro". Isso, porque tal parcela – também chamada de operação de cobertura – não corresponderia ao dano ressarcível na hipótese de extinção retroativa da relação obrigacional, "isto é, àquilo que a [parte] autora deixaria de perder, caso não houvesse celebrado o contrato com o réu (interesse contratual negativo)".[644]

Reitere-se que a perda de eficácia retroativa da resolução está vinculada à quebra da causa de atribuição entre as prestações recíprocas fixadas na relação obrigacional, porque o atendimento ao programa contratual se impossibilitou ou se tornou inútil ao interesse da parte por fato imputável à outra parte. Pode ser que, diante da divisibilidade econômica da obrigação, a quebra de reciprocidade não tenha se dado em relação a todo o objeto contratual, o que afastará a retroatividade da resolução na relação jurídica concreta. Em outras palavras, é necessário atentar para a utilidade, ou não, da prestação (ou da parte dela) que foi executada pelo devedor ao atendimento do interesse do credor, tendo em vista o lapso temporal desde o início da execução até o momento em que se configurou o inadimplemento absoluto. Especialmente nos contratos de duração, existem limites – inegavelmente de ordem pragmática – à retroeficácia da resolução, que poderá ser apenas prospectiva.

Mesmo a doutrina que defende a tutela do interesse contratual negativo, na delimitação do efeito indenizatório da resolução, aceita excepcioná-la nos contratos duradouros, especificamente quando a execução da prestação esteja em estágio avançado no momento da concretização do incumprimento definitivo. Nesse sentido, afirma Judith Martins-Costa

---

[644] Cf. São Paulo. Tribunal de Justiça de São Paulo. *AC 9120164-31.2006.8.26.0000*. Relator: Des. Álvaro Torres Júnior. Julgamento: 13/06/2011. Órgão Julgador: 20ª Câmara de Direito Privado. Publicação: DJe 28/07/2011. Sobre a não indenizabilidade da operação de cobertura como dano emergente no parâmetro do interesse negativo, ver item 3.2.1.2 *infra*.

que, na situação da chamada *resilição* ou, melhor dizendo, da resolução contratual por inadimplemento de relações duradouras,[645] a eficácia será *prospectiva*, considerando-se que, se já executada "prestação contratual cuja existência e efeitos não se pode apagar sequer por ficção, [...] não há, a rigor, a volta ao *status quo ante* que justificaria a indenização pelo interesse negativo". Para a professora Martins-Costa, em tal situação, o dano do credor a ser indenizado deverá ser definido conforme a lesão pelo interesse ao cumprimento.[646]

Decerto, já se encontram, na legislação civil, regras que diferenciam a indenização do credor a depender da duração da relação obrigacional. Por exemplo, na Lei n. 8.245 de 1991, conhecida como a Lei de Locações Prediais Urbanas, há norma que estabelece que a indenização a que fará jus o locador, caso haja o inadimplemento da prestação pelo locatário (*e. g.* abandono do imóvel no curso da locação), será fixada proporcionalmente ao tempo de vigência do contrato.[647] Ou seja, o período de duração da relação obrigacional, além de limitar a restituição – considerando que houve o atendimento da obrigação contratual por certo tempo até o inadimplemento absoluto, fazendo com que a obrigação correspectiva (*i. e.* contraprestação) seja devida – afeta a definição da indenização, cujo valor não poderá ser o mesmo se o incumprimento definitivo ocorrer no início, ou se ele for mais para o fim do prazo do contrato, que, em regra, é fixado por trinta meses.[648]

---

[645] Sobre a resolução dos contratos de duração, ver item 2.3.2 *supra* e item 3.4 *infra*.

[646] Martins-Costa, Judith. O Árbitro e o Cálculo do Montante da Indenização. In: Carmona, Carlos Alberto; Lemes, Selma Ferreira; Martins, Pedro Batista (Coord.). *20 Anos da Lei de Arbitragem*: Homenagem a Petrônio R. Muniz. 1. ed. São Paulo: Atlas, 2017. p. 609-638. p. 628-629.

[647] Lei 8.245/1991, art. 4º. "Durante o prazo estipulado para a duração do contrato, não poderá o locador reaver o imóvel alugado. Com exceção ao que estipula o § 2º do art. 54-A, o locatário, todavia, poderá devolvê-lo, pagando a multa pactuada, proporcional ao período de cumprimento do contrato, ou, na sua falta, a que for judicialmente estipulada". Cf., na jurisprudência: São Paulo. Tribunal de Justiça de São Paulo. *AC 1077374-76.2017.8.26.0100*. Relator: Des. Kioitsi Chicuta. Julgamento: 24/01/2020. Órgão Julgador: 32ª Câmara de Direito Privado. Publicação: DJe 24/01/2020.

[648] Cf. Distrito Federal. Tribunal de Justiça do Distrito Federal. *AC 07146543120188070007*. Relator(a): Des. Simone Lucindo. Julgamento: 23/10/2019. Órgão Julgador: 1ª Turma Cível. Publicação: DJe 18/11/2019.

O impacto da ausência de retroatividade da resolução na definição do parâmetro do interesse a ser tutelado nos contratos de duração deve ser visto com bastante cautela. Assim, nos contratos de prestação periódica como a locação, a franquia e o arrendamento mercantil, é possível que tenha havido o atendimento do interesse do credor durante certo tempo pelo cumprimento da fração periódica da prestação (*e. g.* uso do imóvel), sendo devida a respectiva fração periódica da contraprestação (*e. g.* aluguel). Consequentemente, a resolução, em razão de posterior inadimplemento absoluto, terá eficácia apenas prospectiva, respeitando-se todos os efeitos produzidos e anteriormente exauridos.[649]

Os danos sofridos pelo credor deverão incluir aqueles *incidentais* relacionados à mora durante a execução da prestação, isto é, aos danos sofridos pelo credor *antes* da verificação do incumprimento definitivo, que se vinculam ao interesse da parte no cumprimento da prestação, até o momento que tal interesse deixou de existir.[650] Para além dos danos de mora, a indenização complementar à resolução poderá levar em conta o interesse positivo, considerando-se que o *decurso de longo lapso temporal* antes da configuração do inadimplemento absoluto impossibilita, por razões fáticas e lógicas, o retorno dos contratantes ao *status quo ante*, já que houve o atendimento, ainda que parcial, do resultado útil programado para a operação econômica, ou seja, da função econômico-individual do contrato.[651]

Ressalte-se, contudo, que a adoção do parâmetro interesse no cumprimento não deverá ser feita de forma integral, o que violaria o sinalagma contratual. Distintamente, deverá ficar limitada à parte do objeto do contrato que foi efetiva e utilmente executada e que está completamente exaurida por quem está adimplente. A ideia é que, diante da pre-

---

[649] Cf. Minas Gerais. Tribunal de Justiça de Minas Gerais. *AI 1.0114.11.013289-0/001*. Relator: Des. Pedro Bernardes. Julgamento: 12/06/2012. Órgão Julgador: 9ª Câmara Cível. Publicação: DJe 19/06/2012.

[650] Sobre os danos emergentes relacionados ao inadimplemento da prestação, ver item 3.2.1.2 *infra*.

[651] Martins-Costa, Judith. O Árbitro e o Cálculo do Montante da Indenização. In: Carmona, Carlos Alberto; Lemes, Selma Ferreira; Martins, Pedro Batista (Coord.). *20 Anos da Lei de Arbitragem*: Homenagem a Petrônio R. Muniz. 1. ed. São Paulo: Atlas, 2017. p. 609-638. p. 629.

servação dos efeitos produzidos na relação obrigacional até o momento do inadimplemento absoluto, o contratante lesado tenha direito, em alguma medida, ao benefício econômico que almejava com o cumprimento da prestação contratual pelo outro contratante lesante. Contudo, o credor não terá direito ao benefício econômico esperado com a execução do contrato por completo, uma vez que não realizou a totalidade da sua prestação e, portanto, não terá direito à contraprestação do devedor por inteiro.

Isso significa que a parte poderá utilizar o conteúdo do contrato, em relação à prestação que lhe era devida, como parâmetro para a aferição de ganhos prováveis perdidos, especialmente em negócios subsequentes, mas não de modo integral, porquanto ela não integralizou a própria prestação. A ausência de retroatividade significa que deve ser preservada a correspectividade das prestações, conforme o equilíbrio econômico definido pelos próprios contratantes: ou seja, – como se desenvolverá melhor no momento oportuno – a quantificação das perdas e danos não dependerá de recurso ao *método da diferença* entre prestação e contraprestação para se definir a indenização.[652]

De modo similar, reconhece-se a possibilidade de que, nos contratos de execução continuada, logo que configurado o inadimplemento absoluto, uma das partes já tenha executado parcela considerável da prestação que lhe incumbe – a qual foi capaz de atender, embora não totalmente, a função econômico-individual do contrato. Em tal situação, mesmo se o contratante prejudicado optar pela resolução, deve ser reconhecido que houve a satisfação, ainda que parcial, do programa do contrato, considerando a divisibilidade econômica da obrigação. Em outras palavras, há limitações de ordem pragmática à eficácia retroativa da resolução, sendo que ela atingirá apenas parte do objeto do contrato, gerando reflexo no interesse contratual como parâmetro para a fixação da indenização devida ao credor.

Suponha-se que, em contrato de empreitada, após a construção de dois dos três prédios previstos no conteúdo do contrato, haja o incumprimento definitivo da prestação pelo tomador da obra. Se o empreiteiro

---

[652] Sobre a tutela progressiva do interesse contratual positivo do credor nos contratos de duração, ver item 3.4 *infra*.

optar pela execução pelo equivalente, ele terá de atender à totalidade da obrigação correspectiva, isto é, construir os três prédios, mesmo ciente dos riscos de não receber o valor correspondente à totalidade da contraprestação, ou mesmo de ser ressarcido pelos danos (*e. g.* em razão de insolvência do tomador da obra). Tendo em conta o momento em que foi fixado o inadimplemento absoluto, após já realizada parte relevante da prestação, parece bastante coerente, perante a impossibilidade de retorno *ao status quo ante*, que se admita a resolução, de finalidade preventiva, sendo devido o pagamento do valor referente à parcela da prestação executada. Tal valor seria acrescido de perdas e danos, fixadas conforme o interesse da parte no cumprimento, considerando, porém, a não integralidade do objeto contratual, mas a parcela que foi efetivamente executada. Em suma, o parâmetro do contrato poderá ser utilizado para a quantificação das perdas e danos, especialmente dos lucros cessantes.[653]

Mais uma vez, deve-se ressaltar que a indenização devida à parte não inadimplente não pode ser confundida com a restituição na resolução. Como antes afirmado, resolvida a relação obrigacional cuja obrigação correspectiva constitua em obrigação de fazer (*e. g.* contratação de estilista para fazer vestido de noiva sob medida) poderá restar inviabilizado, na prática, o retorno das partes ao *status quo ante*, sendo que a prestação, que foi efetivamente executada pelo contratante prejudicado pelo inadimplemento, deverá ser restituída pelo valor de mercado da obrigação. Além da restituição, haverá a indenização complementar – essa sim, *a priori*, pelo interesse contratual negativo, referente às perdas e aos danos sofridos em razão da confiança do credor no cumprimento do programa contratual pelo devedor (*i. e.* ressarcimento de gastos depreendidos inutilmente pela parte na execução da obrigação e dos lucros referentes à perda de oportunidades alternativas).[654]

---

[653] Cf., na jurisprudência, caso em que, em contrato de empreitada, apesar de haver multa contratual prefixando a indenização devida em caso de inadimplemento, seu valor foi revisto judicialmente, considerando exatamente que houve atendimento de parte relevante da função econômico-individual do contrato: Rio Grande do Sul. Tribunal de Justiça do Rio Grande do Sul. *AC 70082785320*. Relator: Des. Eduardo João Lima Costa. Julgamento: 02/07/2020. Órgão Julgador: 19ª Câmara Cível. Publicação: DJe 17/09/2020.

[654] É bem verdade que, na prática, o vestido poderá ser adaptado e repassado a outra noiva no futuro, não havendo a perda definitiva da chance de lucro pelo prestador, mas o ponto

A diferença da situação acima descrita em relação ao exemplo anterior do contrato de empreitada para a construção de três prédios é que, na última, diante da longevidade da relação jurídica, somada à divisibilidade econômica da obrigação, houve a execução de *parcela relevante* da prestação, que foi capaz de atender, ainda que não plenamente, à função econômico-individual do contrato – no caso, os dois prédios construídos satisfazem (parcialmente) o interesse do tomador da obra –, restando afastada a restituição correspondente à parcela da obrigação utilmente executada. A resolução será prospectiva, e a definição da indenização poderá levar em conta o interesse positivo do contratante prejudicado pelo inadimplemento, tendo em vista a expectativa que depositou no cumprimento do programa contratual, que poderá ter afetado outros negócios subsequentes.

Se a relação obrigacional deve ser vista como *processo* voltado ao adimplemento, todos os efeitos resolutivos devem ser coerentes entre si, de forma que o efeito indenizatório deve se pautar na mesma direção que os efeitos liberatório e restitutório. Caso haja a execução de parcela relevante do programa contratual, o que atendeu ao interesse da parte não inadimplente, ainda que parcialmente frente ao objeto do contrato ou por determinado lapso temporal, aceita-se que a definição da indenização possa ser parametrizada conforme o preço do contrato (e não o preço de mercado, consoante a eventual oportunidade alternativa dispensada em prol da execução do programa contratual), diante da ausência de justificativa para a retroatividade do remédio resolutivo. Em outras palavras, na medida em que se afasta a retroatividade da resolução quanto à restituição, a indenização complementar poderá ser definida pela lesão ao interesse positivo do credor, considerado, assim, o parâmetro do contrato.

Nada obstante, mesmo em contratos duradouros, é possível que o inadimplemento absoluto ocorra logo no início da execução da prestação, ou mesmo antes disso, situação em que não se justificará qualquer flexibi-

---

relevante é que a restituição deverá ser feita considerando que a prestação (obrigação de fazer) foi, ao menos, parcialmente executada pelo prestador do serviço e não poderá ser facilmente desfeita. Cf. Distrito Federal. Tribunal de Justiça do Distrito Federal. *AC 20140110297866.* Relator: Edi. Maria Coutinho Bizzi. Julgamento: 11/11/2014. Órgão Julgador: 3ª Turma Recursal. Publicação: DJe 13/11/2014.

DA RELAÇÃO OBRIGACIONAL À RELAÇÃO DE LIQUIDAÇÃO

lização acerca do interesse do credor, que irá funcionar como parâmetro para as perdas e danos. Se a extinção da relação obrigacional for *ex tunc*, mesmo nos contratos de duração, o interesse do credor a ser tutelado será aquele vinculado à frustração da confiança depositada pela parte no programa contratual, sendo a indenização, desde que presente o dano efetivo, pautada pelo interesse negativo.[655]

Em síntese, a definição do parâmetro para que se tenha a adequada ponderação de valores relevantes à composição da reparação patrimonial, na resolução, não pode ser dissociada da análise da retroatividade dos efeitos do remédio resolutivo, na relação jurídica concreta.[656] Por sua vez, também é verdade que o credor poderá escolher pelo caminho da execução pelo equivalente da prestação, que está indiscutivelmente vinculada à tutela do interesse positivo, já que, para receber o equivalente pecuniário do devedor, ele terá que atender à integralidade da prestação contratual correspectiva.[657] Em determinadas situações, parece ser preferível que a parte siga com a opção pela execução, mantendo-se viva a relação obrigacional, quando a prestação a ser cumprida pelo devedor

---

[655] Cf. "Apelação ‑ contrato de franquia ‑ rescisão ‑ culpa das rés ‑ violação ao princípio da boa-fé objetiva. Descumpre o contrato e viola o princípio da boa-fé objetiva a contratante que cumpre parcialmente sua prestação, deixando de dar as informações necessárias ao franqueado, omitindo-se no dever de auxílio com a abertura da loja e não recolhendo os ART's referentes aos projetos por ela elaborados. Indenização pelos danos emergentes. Comprovado que a franqueada realizou gastos e que o contrato foi rescindido por culpa da franqueadora, tem a franqueada direito à indenização de todos os gastos devidamente comprovados. Lucros cessantes. Levando em, consideração que a franqueada não chegou a iniciar sua atividade e que teve os valores desembolsados restituídos, não há que se falar em lucro cessante [...]" (São Paulo. Tribunal de Justiça de São Paulo. *AC 9163261-52.2004.8.26.0000*. Relator: Des. Paulo Jorge Scartezzini Guimarães. Julgamento: 03/10/2018. Órgão Julgador: 11ª Câmara de Direito Privado. Publicação: DJe 15/10/2008).
[656] Cf. MALO VALENZUELA, Miguel Ángel. *Remedios frente al incumplimiento contractual*. Cizur Menor: Aranzadi, 2016. p. 184, para quem a diferença quanto à concessão de efeitos prospectivos ou retroativos à resolução entre os sistemas da *civil law* (direito espanhol) e *common law* pode ser explicada pelo fato de que, enquanto, no primeiro, foca-se nos contratos de execução instantânea; no segundo, o foco é nos contratos de trato sucessivo.
[657] Sobre a resolução contratual por inadimplemento como direito potestativo do credor, o qual poderá optar pela execução da prestação pelo equivalente pecuniário, ver item 1.4 *supra*.

não será mais a que foi originalmente prevista no programa contratual, mas, sim, o valor equivalente em pecúnia, acompanhado das perdas e danos conforme o interesse no cumprimento.[658]

Além disso, a defesa do interesse contratual negativo como parâmetro para a fixação da indenização, aliada à resolução retroativa, não significa que o credor terá apenas direito à restituição, ou que as perdas e danos ficarão limitadas a valor módico. Mais uma vez, enfatize-se que advogar pela tutela do interesse negativo não significa excluir qualquer parcela da indenização devida ao credor. Como se desenvolverá melhor no momento oportuno, o interesse negativo é composto pelos *danos emergentes*, isto é, os investimentos efetuados com vistas ao cumprimento do contrato e os prejuízos sofridos em razão do seu incumprimento; bem como pelos *lucros cessantes* relacionados ao que, em média, a parte poderia ter obtido com outras oportunidades contratuais, das quais o credor teria se beneficiado se não as tivesse enjeitado em prol daquele negócio específico.[659]

A seguir, para finalizar e sedimentar as conclusões do presente capítulo quanto à *identificação* da indenização devida ao credor na resolução, realiza-se a análise de casos recorrentes retirados da jurisprudência brasileira. Embora ainda não se considere o detalhamento das parcelas componentes da *medida* da indenização (*i .e.* danos emergentes e lucros cessantes), pretende-se verificar qual o interesse do credor que está sendo tutelado. Para tal, se realizará a separação entre os efeitos restitutório e indenizatório, uma vez que apenas a indenização está vinculada à imputabilidade da inexecução da obrigação contratual à pessoa do devedor, e a restituição é dever atribuído a ambos os contratantes.

---

[658] MARTINS-COSTA, Judith. O Árbitro e o Cálculo do Montante da Indenização. In: CARMONA, Carlos Alberto; LEMES, Selma Ferreira; MARTINS, Pedro Batista (Coord.). *20 Anos da Lei de Arbitragem*: Homenagem a Petrônio R. Muniz. 1. ed. São Paulo: Atlas, 2017. p. 609-638. p. 629-630. No mesmo sentido, pela preferência, nos contratos de duração, à execução pelo credor em vez de exercer o direito à resolução, cf. MIRANDA, Pontes de. *Tratado de Direito Privado*. NERY JUNIOR, Nelson; NERY, Rosa Maria de Andrade (Atual.). São Paulo: Editora Revista dos Tribunais, 2012. t. 25. p. 430.

[659] TEPEDINO, Gustavo. Formação progressiva dos contratos e responsabilidade pré--contratual: notas para uma sistematização. In: BENETTI, Giovana Valentiniano (Org.) et al. *Direito, Cultura, Método:* Leituras da obra de Judith Martins-Costa. Rio de Janeiro: GZ Editora, 2019. p. 598.

DA RELAÇÃO OBRIGACIONAL À RELAÇÃO DE LIQUIDAÇÃO

O contrato mais citado pela doutrina e repetido na jurisprudência é a promessa de compra e venda de bem imóvel. Trata-se de contrato instantâneo, ainda que o pagamento do preço seja feito de forma parcelada pelo promissário comprador, atribuindo-se plena eficácia retroativa na resolução contratual. Em outras palavras, deverá ser feita tanto a restituição do bem transferido em função do contrato e dos frutos, ao patrimônio do promitente vendedor, bem como a restituição do preço cujo pagamento foi efetuado pelo promissário comprador. Por sua vez, a identificação da indenização dependerá da análise daquele a quem seja imputável o incumprimento: ao promitente vendedor, ou ao promissário comprador.

Na situação em que o inadimplemento seja atribuído ao *promitente vendedor*, reconhece a jurisprudência que a parte promissária compradora terá direito à restituição integral dos valores pagos pelo bem imóvel objeto do contrato, com a atualização monetária desde o desembolso.[660] Paralelamente, o promitente vendedor, que deu causa à resolução, terá direito à restituição do bem cuja propriedade seria transferida em razão do programa contratual, ora desfeito, a qual deverá ser acompanhada de valores complementares referentes aos frutos, caso o promissário comprador tenha chegado a usufruir do bem durante o período de vigência do contrato.[661] Assim, se a parte alugou o bem a terceiro, ela deverá repassar o valor dos aluguéis recebidos ao promitente vendedor.[662]

O ponto mais polêmico será a definição da indenização devida ao promissário comprador pelo promitente vendedor. Mesmo diante da retroatividade da resolução, há diversas decisões na jurisprudência concedendo à parte não inadimplente a indenização pela tutela do interesse positivo, considerando devidos lucros cessantes quanto à valorização do bem objeto do contrato.[663] Em sentido diametralmente oposto, há outros jul-

---

[660] Nesse sentido, há o já transcrito enunciado da Súmula n. 543 na nota 458.

[661] Cf. BRASIL. Superior Tribunal de Justiça. *REsp 845.247/PR*. Relator: Min. Sidnei Beneti. Julgamento: 01/06/2010. Órgão Julgador: 3ª Turma. Publicação: DJe 18/06/2010.

[662] TERRA. Aline de Miranda Valverde. *Cláusula Resolutiva Expressa*. Belo Horizonte: Fórum, 2017. p. 191, n. 65.

[663] Nesse sentido, mencionam-se as decisões muito conhecidas e sempre citadas da relatoria do Ministro Ruy Rosado de Aguiar Jr. Cf. BRASIL. Superior Tribunal de Justiça. *REsp 109.174/SP*. Relator: Min. Ruy Rosado de Aguiar. Julgamento: 20/02/1997. Órgão

gados em que se defende que a indenização deve ser definida conforme o interesse negativo,[664] de modo que a parte terá, além da restituição dos valores pagos, o ressarcimento quanto às despesas efetuadas na execução da prestação, a exemplo da taxa de condomínio, tributos e comissão de

Julgador: 4ª Turma. Publicação: DJe 31/03/1997. BRASIL. Superior Tribunal de Justiça. *REsp 403.037/SP*. Relator: Min. Ruy Rosado de Aguiar. Julgamento: 28/05/2002. Órgão Julgador: 4ª Turma. Publicação: DJe 05/08/2002.

[664] Cf. "[...] Compromisso de compra e venda de imóvel. Ação de resolução por fato imputável aos vendedores em razão de atraso na entrega de documentação para contratação de financiamento do saldo do preço. [...] Inadimplemento absoluto caracterizado, autorizando resolução do contrato. Resolução por inadimplemento do vendedor que determina obrigação de restituição integral dos valores percebidos (Súmula 543 do STJ), inclusive montante relativo à comissão de corretagem. Indenização do interesse negativo do contrato. Cláusula penal. Cumulação com restituição dos valores pagos pelo compromissário-comprador. Art. 475 do Código Civil. Distinção entre o dever de restituição que decorre da resolução do contrato e a indenização de perdas e danos, que pode ser substituída pela cláusula penal. Multa moratória que poderia ser cobrada pelo inadimplemento verificado antes da resolução" (São Paulo. Tribunal de Justiça de São Paulo. *AC 1041420-40.2015.8.26.0002*. Relator: Des. Enéas Costa Garcia. Julgamento: 18/12/2019. Órgão Julgador: 1ª Câmara de Direito Privado. Publicação: DJe 18/12/2019). Há decisão da Terceira Turma do STJ entendendo que a valorização do bem objeto do contrato não faz parte da composição dos lucros cessantes devidos ao promissário comprador, tendo em vista que a parte, diante do inadimplemento absoluto do promitente vendedor, fez a opção pela extinção da relação obrigacional e não a sua execução, ainda que pelo equivalente. Cf. "[...] 3. De acordo com o artigo 43, inciso II, da Lei nº 4.591/1964, o incorporador deve responder civilmente pela execução da incorporação, devendo indenizar os adquirentes dos prejuízos que a estes advierem do fato de não se concluir a edificação ou de se retardar injustificadamente a conclusão das obras. 4. Eventual valorização do imóvel não se enquadra no conceito de perdas e danos. Não representa uma diminuição do patrimônio do adquirente, nem significa a perda de um ganho que se devesse legitimamente esperar. 5. O suposto incremento do valor venal do imóvel não decorre, de forma direta e imediata, da inexecução do contrato, mas de fatores extrínsecos, de ordem eminentemente econômica. 6. A frustração da expectativa de lucro ventilada na hipótese não decorre de ato compulsório imposto pelo vendedor, mas da opção pela resolução antecipada do contrato livremente exercida pelo adquirente. 7. Recurso especial conhecido e não provido" (BRASIL. Superior Tribunal de Justiça. *REsp 1750585/RJ*. Relator: Min. Ministro Ricardo Villas Bôas Cueva. Julgamento: 01/06/2021. Órgão Julgador: 3ª Turma. Publicação: DJe 08/06/2021).

corretagem,[665] além de compensação pela perda de oportunidades alternativas referentes a possíveis investimentos que poderiam ter sido feitos com o capital aplicado no preço do imóvel.[666]

Por sua vez, se o inadimplemento for imputado ao *promissário comprador*, ao menos em tese, a restituição deveria se passar de forma semelhante à situação supramencionada, tendo em vista que o preço devidamente atualizado deve retornar ao patrimônio do promissário comprador, tal como a coisa imóvel objeto do contrato, acompanhada dos seus frutos, deve retornar ao patrimônio do promitente vendedor. Contudo, verifica-se certa incongruência na jurisprudência acerca do valor referente à fruição do imóvel pelo promissário comprador durante a vigência do contrato. Na prática, algumas decisões tendem a conceder a verba a título de indenização pelo uso do bem, quando há o inadimplemento pelo outro contratante, isto é, se a resolução se deu em razão da inexecução da prestação imputável ao promissário comprador, o pagamento de alu-

---

[665] É bem verdade que, como se desenvolverá no terceiro capítulo, item 3.2.1.1, tais verbas tendem a ser incluídas na restituição, e não propriamente na indenização. Cf. Rio de Janeiro. Tribunal de Justiça do Rio de Janeiro. *AC 0110011-69.2015.8.19.0001.* Relator(a): Des. Sônia de Fátima Dias. Julgamento: 08/03/2017. Órgão Julgador: 23ª Câmara Cível. Publicação: DJe 10/03/2017.; Rio de Janeiro. Tribunal de Justiça do Rio de Janeiro. *AC 0025370-82.2010.8.19.0209.* Relator: Des. Horácio dos Santos Ribeiro Neto. Julgamento: 19/04/2016. Órgão Julgador: 15ª Câmara Cível. Publicação: DJe 25/04/2016.

[666] Cf. "[...] Pedido de rescisão do contrato formulado pela compradora em razão de descumprimento contratual pela vendedora [...] Lucros cessantes Inviabilidade Descumprido o prazo para a entrega do imóvel, caberá a condenação ao pagamento de juros compensatórios a partir da data em que o atraso ficou tipificado. Fixação nesta sede em 1% ao mês sobre o valor atualizado do imóvel, a que se viram privados da escritura definitiva Sentença reformada em parte Provido em parte o recurso adesivo da autora, nos termos assinalados" (São Paulo. Tribunal de Justiça de São Paulo. *AC 0048346-62.2011.8.26.0562.* Relator: Des. Luiz Ambra. Julgamento: 10/04/2015. Órgão Julgador: 8ª Câmara de Direito Privado. Publicação: DJe 10/04/2015). A rigor, considerando que a obrigação da parte a ser restituída constitui dívida de valor, a restituição também será em pecúnia e acompanhada de juros de mora que funcionam como a indenização (*i. e.* lucros cessantes) pela remuneração do capital a ser restituído, sendo ainda possível indenização complementar. Cf. TEPEDINO, Gustavo; e SCHREIBER, Anderson. *Fundamentos do direito civil*: Obrigações. Rio de Janeiro: Forense, 2020. v. 2. p. 346. O tratamento legal dos juros de mora será melhor desenvolvido no terceiro capítulo, item 3.1.2.

guéis ao promitente vendedor será parte da indenização, e não mais da restituição.[667]

Além disso, inversamente da tendência seguida na hipótese de inadimplemento do promitente vendedor, em que a jurisprudência ainda parece se inclinar à tutela do interesse positivo na fixação da indenização, a indenização a que o *antipático* promitente vendedor fará jus na resolução por inadimplemento do promissário comprador tende a ser fixada conforme o interesse negativo.[668] Assim, as perdas e danos costumam ser limitadas ao ressarcimento das despesas tornadas inúteis, além dos mencionados aluguéis, em virtude do uso ou fruição do bem pela parte inadimplente durante a vigência do contrato.[669]

---

[667] Cf. BRASIL. Superior Tribunal de Justiça. *REsp 1.258.998/MG*. Relator: Min. Paulo de Tarso Sanseverino. Julgamento: 18/02/2014. Órgão Julgador: 3ª Turma. Publicação: DJe 06/03/2014. A incongruência da jurisprudência é notada por STEINER, Renata C. *Reparação de Danos*: interesse positivo e interesse negativo. São Paulo: Quartier latin, 2018. p. 404-405, nota 975. O tema será melhor desenvolvido no terceiro capítulo, na parte de lucros cessantes a título de perda de oportunidade de negócios alternativos, no item 3.2.2.1, *infra*.

[668] A tendência da jurisprudência de conceder tratamento heterogêneo aos contratantes, a depender daquele a quem seja imputável o inadimplemento, já era destacada por ASSIS, Araken de. Dano positivo e dano negativo na dissolução do contrato. In: *Revista do Advogado*, n. 44, p. 20-23, 1994. p. 23.

[669] Cf. "[...] Promessa de compra e venda de imóvel. Resolução por inadimplemento do promitente-comprador. Indenização pela fruição do imóvel. Cabimento. Inaplicabilidade da limitação prevista no art. 53 do CDC. Princípio da reparação integral.1. Controvérsia acerca da possibilidade de se limitar a indenização devida ao promitente-vendedor em razão da fruição do imóvel pelo promitente-comprador que se tornou inadimplente, dando causa à resolução do contrato. 2. "Não cumprida a obrigação, responde o devedor por perdas e danos, mais juros e atualização monetária segundo índices oficiais regularmente estabelecidos, e honorários de advogado" (art. 389 do CC/2002).3. Possibilidade de estimativa prévia da indenização por perdas e danos, na forma de cláusula penal, ou de apuração posterior, como nos presentes autos.4. Indenização que deve abranger todo o dano, mas não mais do que o dano, em face do princípio da reparação integral, positivado no art.944 do CC/200. Descabimento de limitação 'a priori' da indenização para não estimular a resistência indevida do promitente-comprador na desocupação do imóvel em face da resolução provocada por seu inadimplemento contratual [...]" (BRASIL. Superior Tribunal de Justiça. *REsp 1.258.998/MG*. Relator: Min. Paulo de Tarso Sanseverino. Julgamento: 18/02/2014. Órgão Julgador: 3ª Turma. Publicação: DJe 06/03/2014.).

Ao que parece, há influência, na definição de qual o parâmetro indenizatório de visão protetiva do promissário comprador, já que, ao menos em muitas situações, ele será o contratante considerado vulnerável, especialmente nas relações de consumo.[670] Nada obstante, entende-se que tal tratamento heterogêneo apenas em razão de *quem* é a parte prejudicada pelo inadimplemento contratual não merece guarida em nosso ordenamento jurídico.[671] Isso, porque, como antes afirmado, a responsabilidade civil possui função reparatória do dano, de modo que a indenização é limitada pelo dano: é irrelevante a condição econômica do lesante ou da vítima. É claro que as peculiaridades do caso concreto referentes aos interesses das partes devem ser levadas em conta pelo intérprete, porém o foco da responsabilidade contratual não pode ser desviado, para seguir perspectiva sancionatória ou mesmo de justiça distributiva.[672]

Conclui-se, portanto, pela tutela do interesse contratual negativo na fixação da indenização que acompanha o pedido de resolução, fundamentado no inadimplemento absoluto da prestação. Tal indenização deve ser mensurada, considerando sempre, na relação jurídica concreta, a eficácia retroativa atribuída conjuntamente a todos os efeitos resolutivos. Não se afasta, entretanto, especificamente nos contratos de duração, a necessidade de que o intérprete se atenha às peculiaridades do caso concreto, visando a melhor compor os interesses em jogo, conforme deva ser preservado o quanto se tenha alcançado da função econômico-individual do contrato.

---

[670] Tal fato também é reconhecido por STEINER, Renata C. *Reparação de Danos:* interesse positivo e interesse negativo. São Paulo: Quartier latin, 2018. p. 404-405, quem ainda ressalta que a tendência jurisprudencial não fica limitada aos contratos formados em relações de consumo.

[671] Em idêntico sentido, cf. ASSIS, Araken de. Dano positivo e dano negativo na dissolução do contrato. In: *Revista do Advogado*, n. 44, p. 20-23, 1994. p. 23.

[672] Cf. COUTO E SILVA, Clóvis. O conceito de dano no direito brasileiro e comparado. In: FRADERA, Vera (Org.). O direito privado brasileiro na visão de Clóvis Couto e Silva. Porto Alegre: Livraria do Advogado, 1997. p. 225-226, para quem, a responsabilidade civil não deverá permitir que, por meio da reparação de perdas e danos, a vítima possa ter qualquer benefício econômico.

3.

O DANO PATRIMONIAL INDENIZÁVEL NA RESOLUÇÃO CONTRATUAL POR INADIMPLEMENTO

3.1 A medida da indenização na resolução contratual: interesse do credor e diferença patrimonial

Com o ressarcimento do dano contratual, busca-se tutelar o *id quod interest*, de modo que as perdas e danos devem ser definidas considerando o dano causado pelo devedor com o inadimplemento da prestação na perspectiva de tutela do interesse contratual do credor.[673] O interesse do credor funciona como parâmetro para permitir não só a *identificação da situação jurídica tutelada*, mas também a *fórmula de cálculo do dano*. Já tendo sido abordada, no segundo capítulo, a identificação da indenização devida à parte na resolução, pretende-se, a seguir, analisar *qual a medida* e *qual a composição do montante da indenização devida*.[674]

Como regra geral, atribui-se eficácia retroativa à resolução, já que visa a recolocar o patrimônio do credor prejudicado pela inexecução da obrigação na situação econômico-jurídica em que se encontraria se não tivesse adentrado na relação obrigacional.[675] Em consequência da retroatividade, será o *interesse contratual negativo* do credor que funcionará

---

[673] PINTO, Paulo Mota. *Interesse contratual negativo e interesse contratual positivo*. Coimbra: Coimbra Editora, 2008. v. 1. p. 501-502.

[674] As expressões são inspiradas em MARTINS-COSTA, Judith. O Árbitro e o Cálculo do Montante da Indenização. In: CARMONA, Carlos Alberto; LEMES, Selma Ferreira; MARTINS, Pedro Batista (Coord.). *20 Anos da Lei de Arbitragem*: Homenagem a Petrônio R. Muniz. 1. ed. São Paulo: Atlas, 2017. p. 609-638. p. 610.

[675] VARELA, João de Matos Antunes. *Das obrigações em geral*. 7. ed. Coimbra: Almedina, 2017. v. 2. p. 110.

como parâmetro definidor da indenização na resolução.[676] Isso não significa retorno estático ao passado, o que, decerto, não seria nem concretamente possível, nem condizente com o interesse contratual da parte. Diversamente, objetiva-se a *recomposição dinâmica do patrimônio*, para a qual deverá ser levado em conta o lapso de tempo entre a formação do contrato e o inadimplemento absoluto da prestação.

Sobre a *medida do dano indenizável*, deve ser confrontada "a situação em que o patrimônio do credor da indenização foi posto pela conduta lesiva (situação real) com a situação em que se encontraria se a mesma conduta não houvesse ocorrido (situação hipotética)", tendo-se em conta, na apuração do cálculo da diferença entre o real e o hipotético, a composição do patrimônio da parte no momento atual.[677] A indenização não tem por fim transportar o credor para a situação econômico-jurídica em que se encontrava no momento anterior ao contrato, mas, sim, "conduzi-lo à posição hipotética em que poderia estar caso não tivesse celebrado o indigitado contrato, e houvesse ingressado, por exemplo, em outra relação contratual que se lhe apresentava, ou mesmo dado continuidade a negócio que já vinha desenvolvendo".[678]

A definição do *quantum* das perdas e danos na resolução não configura tarefa fácil ou mesmo trivial na grande parte dos casos concretos.[679] A maioria dos códigos civis delegou à doutrina a definição do conceito de dano, sem especificar critérios para a quantificação.[680] A matéria de ressarcimento de danos contratuais não é tratada detalhadamente, mas por

---

[676] Sobre a prevalência da tutela do interesse contratual negativo do credor à luz da retroatividade da resolução, ver item 2.4.2 *supra*.

[677] ALMEIDA COSTA, Mário Júlio de. *Direito das Obrigações*. 12. ed. rev. e atual. Coimbra: Almedina, 2009. p. 596.

[678] TERRA, Aline de Miranda Valverde; GUEDES, Gisela Sampaio da Cruz. Efeito indenizatório da resolução por inadimplemento. In: TERRA, Aline de Miranda Valverde; GUEDES, Gisela Sampaio da Cruz (Coord.). *Inexecução das Obrigações*: pressupostos, evolução e remédios. Rio de Janeiro: Editora Processo, 2020. p. 398-399.

[679] TREITEL, Guenter Heinz. *Remedies for breach of contract*. Oxford: Clarendon Press, 1988. p. 392.

[680] SILVA, Clóvis do Couto e. O Conceito de dano no Direito brasileiro e comparado. In: FRADERA, Vera (Org.). *O direito privado brasileiro na visão de Clóvis Couto e Silva*. Porto Alegre: Livraria do Advogado, 1997. p. 218-219.

meio de cláusulas gerais, de forma que o uso da técnica legislativa tem duas consequências principais: em primeiro lugar, o intérprete depara-se com assunto a ser moldado em cada caso concreto, precisamente porque as diretrizes legais a serem seguidas são vagas; em segundo lugar, lhe é confiado amplo poder discricionário de avaliação dos danos.[681]

Prevalece, como já afirmado, o conceito normativo de dano, segundo o qual constitui dano qualquer *lesão a interesse juridicamente tutelado*.[682] Para a mensuração das perdas e danos, entende-se que o âmbito de discricionariedade do intérprete deve ser exercido, em cada caso concreto, de acordo com as diretrizes e balizas do ordenamento jurídico, de modo que a situação econômico-jurídica a ser recomposta pela indenização está impreterivelmente relacionada à antijuridicidade do dano, ou seja, à contrariedade à ordem jurídica.[683]

A despeito da inexecução de obrigação contratual, não se admite a imposição do dever de reparar sem a antijuridicidade do dano, isto é, sem que se verifique "valoração negativa de certo fato que lhe dá origem".[684] Assim, "a lesão causadora do dano injusto refere-se, diretamente, ao bem jurídico tutelado, ao interesse ou direito da pessoa humana", o qual deve ser protegido pela jurídica.[685] Mais especificamente, para a seleção de quais os interesses a serem tutelados no caso concreto, o intérprete deverá atentar "se o interesse alegadamente violado consiste, à luz do ordenamento jurídico vigente, em um interesse digno de proteção, não apenas em abstrato, mas, também e sobretudo, face ao interesse que se lhe contrapõe".[686]

Além dos danos que configurem lesão a interesse de natureza patrimonial – o que constitui a situação mais comumente geradora de res-

---

[681] ALPA, Guido. Note sul danno contrattuale. In: *Rivista Trimestrale di Diritto e Procedura Civile*, v. 65, n. 2, 2011. p. 365-388.

[682] Sobre o conceito normativo de dano, ver item 2.4 *supra*.

[683] CARNELUTTI, Francesco. *Il danno e il reato*. Padova: CEDAM, 1926. p. 17-18.

[684] TEPEDINO, Gustavo. Editorial: O art. 931 e a antijuridicidade do dano injusto. In: *Revista Brasileira de Direito Civil* – RBDCIVIL. Belo Horizonte, v. 22, p. 11-13, out./dez. 2019.

[685] MORAES, Maria Celina Bodin de. *Danos à pessoa humana*: uma leitura civil-constitucional dos danos morais. Rio de Janeiro: Renovar, 2003. p. 181.

[686] SCHREIBER, Anderson. *Novos paradigmas da responsabilidade civil*. 5. ed. São Paulo: Atlas, 2013. p. 142.

ponsabilidade nas relações contratuais –, é possível lesão a interesse de natureza existencial, em razão do inadimplemento absoluto da prestação, a qual poderá dar ensejo à resolução acompanhada de indenização por danos extrapatrimoniais.[687] Tal situação poderá ocorrer, especialmente, em negócios jurídicos bilaterais que envolvam as situações jurídicas dúplices, os quais retratam situações patrimoniais com repercussões existenciais, a exemplo dos contratos cujo objeto seja voltado à promoção de interesses existenciais, ligados à personalidade humana.[688]

Enfatize-se que o foco da análise do presente trabalho é a mensuração do dano patrimonial indenizável na resolução contratual por inadimplemento, ou seja, as perdas e danos. Consoante o artigo 402 do Código Civil, "salvo as exceções expressamente previstas em lei, as perdas e danos devidas ao credor abrangem, além do que ele efetivamente perdeu, o que razoavelmente deixou de lucrar". Encontra-se descrita no dispositivo legal a *composição da indenização patrimonial* como consequência da inexecução da prestação contratual que seja imputável ao devedor,[689] pois a lei já determina o "conteúdo da obrigação que se cria àquele que não a

---

[687] PERLINGIERI, Pietro. *O direito civil na legalidade constitucional*. Tradução de Maria Cristina de Cicco. Rio de Janeiro: Renovar, 2008. p. 347-350.

[688] Sobre o tema, os professores Ana Carolina Brochado Teixeira e Carlos Nelson Konder desenvolvem casos interessantes, em que há a realização de contratos para a disponibilização temporária de atributos da personalidade, como a conhecida situação dos "garotos ou garotas-propaganda". De acordo com os autores, poderá haver inadimplemento absoluto de tais negócios jurídicos se presente "defeito dos produtos vendidos", que seja irremediável, se esse defeito tiver consequências negativas na imagem da pessoa contratada para fazer a divulgação dos produtos, o que poderá levar a resolução acompanhada de reparação por danos patrimoniais e morais. Cf. TEIXEIRA, Ana Carolina Brochado; KONDER, Carlos Nelson. Situações jurídicas dúplices: controvérsias na nebulosa fronteira ente patrimonialidade e extrapatrimonialidade. In: TEPEDINO, Gustavo; FACHIN, Luiz Edson (Org.). *Diálogos sobre o Direito Civil*. Rio de Janeiro: Renovar, 2012. v. 3. p. 3-24.

[689] À luz do art. 1.059 do Código Civil de 1916, cuja redação não difere muito do artigo 402 do Código Civil de 2002, Clóvis Beviláqua afirmava que o dispositivo trata apenas do dano patrimonial, que compõe a indenização que *substitui* a prestação não cumprida pelo devedor. Cf. BEVILAQUA, Clovis. *Código Civil dos Estados Unidos do Brasil*. 8. ed. Rio de Janeiro: Editora Paulo de Azevedo Ltda., 1950. v. 4. p. 175-176.

cumpre".[690] A principal consequência para o inadimplemento é a obrigação substitutiva de o devedor indenizar o dano causado ao credor.[691] O escopo da responsabilidade contratual é garantir ao lesado a mesma situação econômico-jurídica que ocuparia sem o evento danoso.[692]

A doutrina visualiza a expressão *perdas e danos* como fenômeno triplo.[693] Em primeiro lugar, como *modalidade* da obrigação de indenizar, as perdas e danos diferenciam-se da reparação *in natura*, por configurar indenização substitutiva, que consiste no equivalente em dinheiro ao dano sofrido pela parte em virtude do inadimplemento.[694] Em segundo lugar, elas representam a *consequência* da obrigação de indenizar,[695] devendo ser quantificadas em valor que permita ao contratante prejudicado ser ressarcido no valor equivalente ao dano sofrido.[696] O julgador encontra árdua tarefa na mensuração, porquanto, se, por um lado, ele deve evitar a reparação insuficiente que não sane o dano do patrimônio da vítima; por outro lado, não deve conceder valor excessivo a ponto de permitir lucro ao lesado.[697]

Em terceiro lugar, as perdas e danos, na acepção de *conteúdo* do dever de indenizar, são compostas pelos *danos emergentes* (o que a parte "efetivamente perdeu") e pelos *lucros cessantes* (o que ela "razoavelmente deixou de lucrar"). A medida da indenização deverá ser obtida por meio da medida do seu objeto, que é constituído pelo interesse do credor: o res-

---

[690] MARTINS-COSTA, Judith. *Comentários ao novo Código civil*: do inadimplemento das obrigações. 2. ed. Rio de Janeiro: Forense, 2009. v. 5, t. 2. p. 453.

[691] VARELA, João de Matos Antunes. *Das obrigações em geral*. 7. ed. Coimbra: Almedina, 2017. v. 2. p. 93.

[692] FISCHER, Hans Albrecht. *Los daños civiles y su reparación*. Tradução de W. Roces. Madrid: Suarez, 1928. p. 143.

[693] MARTINS-COSTA, Judith. *Comentários ao novo Código civil*: do inadimplemento das obrigações. 2. ed. Rio de Janeiro: Forense, 2009. v. 5, t. 2. p. 470.

[694] VINEY, Geneviève; JOURDAIN, Patrice; e CARVAL, Suzanne. *Traité de Droit Civil*: les effets de la responsabilité. 4. ed. Paris: LGDJ, 2017. p. 143.

[695] MARTINS-COSTA, Judith. *Comentários ao novo Código civil*: do inadimplemento das obrigações. 2. ed. Rio de Janeiro: Forense, 2009. v. 5, t. 2. p. 472-473.

[696] VINEY, Geneviève; JOURDAIN, Patrice; e CARVAL, Suzanne. *Traité de Droit Civil*: les effets de la responsabilité. 4. ed. Paris: LGDJ, 2017. p. 154-155.

[697] BÉNABENT, Alain. *Droit des Obligations*. 18. ed. Issy-les-Moulineaux: LGDJ, 2019. p. 531. Sobre o princípio da reparação integral, ver item 2.4 *supra*.

sarcimento é dos danos-interesses, que incluem tanto a perda patrimonial efetivamente sofrida, como também a privação de ganhos que teve em razão do inadimplemento.[698]

Tradicionalmente, para a fixação dos *limites* do dano patrimonial ressarcível, defende a doutrina a aplicação da *teoria da diferença*. A *Differenztheorie* foi elaborada, em meados do século XIX, no direito alemão por Friedrich Mommsen com base na interpretação do *id quod interest* do direito romano, constituindo fórmula geral de avaliação de danos patrimoniais que tenham origem em relações contratuais.[699] Trata-se da comparação entre a posição patrimonial real em que o credor se encontra em virtude do inadimplemento da obrigação contratual pelo devedor e a posição hipotética em que ele estaria, nesse mesmo momento, se não fosse pela inadimplência.[700]

Pela teoria da diferença, o patrimônio, como unidade de valor, corresponde, no regime de reparação de danos, à ideia de interesse. O *quantum* do dano é determinado pelo cálculo da diferença resultante entre a situação real do patrimônio do lesado após o evento danoso e o estado imaginário que ele apresentaria nesse mesmo momento se tal evento não tivesse ocorrido.[701] A teoria teve reconhecidamente impacto imediato e duradouro e passou a reger a mensuração de danos contratuais em diversos ordenamentos jurídicos, inclusive no direito alemão, apesar de não ter aplicação tão rigorosa em algumas situações.[702]

Desde logo, é preciso afirmar que, se não houver qualquer diferença, não haverá o que recompor. A função da responsabilidade civil é repa-

---

[698] DE CUPIS, Adriano. *Il danno:* teoria generale della responsabilità civile. 3. ed. Milano: Giuffrè, 1979. v. 1. p. 333.

[699] MOMMSEN, Friedrich. *Beitrage zum Obligationenrecht.* Zur Lehre von dem Interesse. Braunschweig, C.U. Schmeschte und Sohn, 1855.

[700] ZIMMERMANN, Reinhard. Art. 9:502: General Measure of Damages. In: JANSEN, Nils; ZIMMERMANN, Reinhard. *Commentaries on European Contract Laws.* Oxford: Oxford University Press, 2018. p. 1455-1466. p. 1460-1461.

[701] FISCHER, Hans Albrecht. *Los daños civiles y su reparación.* Tradução de W. Roces. Madrid: Suarez, 1928. p. 17-18.

[702] ZIMMERMANN, Reinhard. Art. 9:502: General Measure of Damages. In: JANSEN, Nils; ZIMMERMANN, Reinhard. *Commentaries on European Contract Laws.* Oxford: Oxford University Press, 2018. p. 1455-1466. p. 1461.

ratória, sendo imprescindível que haja algo a ser reparado, de modo que não se concretiza sem a presença do dano.[703] Ressalvada a situação peculiar dos juros legais de mora, que dispensam a necessidade de comprovação do dano, não é suficiente *per se* o inadimplemento pelo devedor para que se conclua pela obrigação de indenizar, cabendo ao credor provar a existência do dano e a sua extensão.[704]

A doutrina não tardou a apresentar críticas à teoria da diferença, indicando, ao menos, a incompletude diante da diversidade de interesses que merecem tutela pelo ordenamento. De pronto, verifica-se que a teoria possui "natureza estritamente patrimonialista, pois restringe a noção de dano às perdas de natureza econômica causadas no patrimônio do lesado".[705] O primeiro problema apontado é exatamente a associação da teoria à concepção naturalista de dano, já superada por ser restrita à ideia de diminuição patrimonial.[706]

Ainda assim, não são todos os danos patrimoniais cuja *extensão* pode ser verificada pela medida da diferença, a exemplo dos lucros cessantes quando configurem danos futuros ou de natureza continuada (*e. g.* privação da capacidade de auferir rendimentos),[707] além dos danos relacio-

---

[703] É a clássica afirmação dos irmãos Mazeau. Cf. MAZEAUD, Henri; MAZEAUD, Léon. *Traité théorique et pratique de la responsabilité civile délictuelle et contractuelle.* 4. ed. Paris: Librairie du Recueil Sirey, 1932, n. 280. p. 229.

[704] DIAS, José de Aguiar. *Da Responsabilidade Civil.* 12ª ed. Rio de Janeiro: Lumen Juris, 2011. p. 823. Cf., na jurisprudência, "Indenização. Contrato de mediação de seguros. Quebra da exclusividade. Pretensão da corretora de receber comissão a título de lucros cessantes. [...] A prova da existência do dano efetivo constitui pressuposto ao acolhimento da ação indenizatória. ‐Caso em que a corretora não se desincumbiu do ônus de comprovar a existência do dano sofrido com a quebra da exclusividade [...]." (BRASIL. Superior Tribunal de Justiça. *REsp 107.426/RS.* Relator: Min. Barros Monteiro. Julgamento: 20/02/2000. Órgão Julgador: 4ª Turma. Publicação: DJe 30/04/2001.). Sobre os juros legais de mora, ver item 3.1.2 *infra.*

[705] SANSEVERINO, Paulo de Tarso Viera. *Princípio da reparação integral.* São Paulo: Saraiva, 2011. p. 141.

[706] MARTINS-COSTA, Judith. *Comentários ao novo Código civil*: do inadimplemento das obrigações. 2. ed. Rio de Janeiro: Forense, 2009. v. 5, t. 2. p. 168-169. Sobre a noção naturalista de dano, ver item 2.4 *supra.*

[707] JORGE, Fernando de Sandy Lopes Pessoa. *Ensaio sobre os pressupostos da responsabilidade*

nados à perda da chance.[708] Isso, porque, como se desenvolverá oportunamente, a quantificação dos lucros cessantes baseia-se em juízo de probabilidade, o que torna difícil (ou até impraticável) precisar em que consistiria a diferença patrimonial, cujo cálculo é focado em momento específico.[709] Por conseguinte, se a teoria da diferença serve para identificar a existência do dano patrimonial, ela nem sempre permite a verificação exata da sua mensuração.[710]

Resta evidente que essa teoria também não serve para explicar o dano extrapatrimonial, consequência de lesão a interesse de natureza existencial, o qual, como antes mencionado, poderá existir em razão do inadimplemento do contrato, especialmente nas relações jurídicas dúplices. Por fim, identifica-se dificuldade na aplicação da teoria da diferença aos danos coletivos, em que são afetados interesses da coletividade, tendo em vista não haver espaço prático para a verificação individualizada de diferença patrimonial.[711]

Apesar de contundentes, as críticas não afastam a importância prática da teoria da diferença para a mensuração das perdas e danos, desde que a sua incidência seja limitada àqueles danos *individuais* e *patrimoniais*, excepcionando-se casos específicos, como a situação dos lucros cessantes, quando eles configurem danos futuros de difícil mensuração e dependam de análise de probabilística. A relevância da teoria é reconhecida pela jurisprudência[712] e pela doutrina brasileira especialista no

---

civil. 3. reimp. Coimbra: Almedina, 1999. p. 383. Sobre os lucros cessantes, ver itens 3.2.2 e seguintes *infra.*

[708] Afirma Anderson Schreiber que a problemática da associação do conceito natural de dano a decréscimo matemático verificado no patrimônio da vítima dificultou, historicamente, a aceitação da indenizabilidade da perda da chance pela jurisprudência brasileira. Cf. SCHREIBER, Anderson. *Novos paradigmas da responsabilidade civil.* 5. ed. São Paulo: Atlas, 2013. p. 104-105.

[709] SANSEVERINO, Paulo de Tarso Viera. *Princípio da reparação integral.* São Paulo: Saraiva, 2011. p. 141.

[710] GUEDES, Gisela Sampaio da Cruz. *Lucros cessantes:* do bom-senso ao postulado normativo da razoabilidade. São Paulo: Editora Revista dos Tribunais, 2011. p. 50-51.

[711] SANSEVERINO, Paulo de Tarso Viera. *Princípio da reparação integral.* São Paulo: Saraiva, 2011. p. 141.

[712] Cf. exemplificativamente: "[...] As perdas e danos representam a diferença entre a situação atual daquele que foi lesado e a situação que se encontraria se não houvesse a

tema,[713] bem como expressamente pela legislação de outros ordenamentos jurídicos.[714]

No cálculo do dano patrimonial, não se verifica qualquer incompatibilidade entre o conceito normativo de dano, como lesão a interesse juridicamente protegido, e a aplicação da teoria da diferença. Não obstante a origem da teoria esteja associada ao dano naturalístico, a utilidade

lesão, ou se a obrigação tivesse sido cumprida. Logo, inevitável o reconhecimento do nexo causal entre o inadimplemento da devedora e o prejuízo da autora em despender verba, além da prevista anteriormente, para obter as peças necessárias ao desenvolvimento de sua atividade industrial" (São Paulo. Tribunal de Justiça de São Paulo. *AC 9146036-82.2005.8.26.0000.* Relator: Des. José Malerbi. Julgamento: 17/10/2011. Órgão Julgador: 35ª Câmara de Direito Privado. Publicação: DJe 19/10/2011).

[713] Cf. Silva, Clóvis do Couto e. O Conceito de dano no Direito brasileiro e comparado. In: Fradera, Vera (Org.). *O direito privado brasileiro na visão de Clóvis Couto e Silva.* Porto Alegre: Livraria do Advogado, 1997. p. 219. Martins-Costa, Judith. *Comentários ao novo Código civil*: do inadimplemento das obrigações. 2. ed. Rio de Janeiro: Forense, 2009. v. 5, t. 2. p. 475. Schreiber, Anderson. *Novos paradigmas da responsabilidade civil.* 5. ed. São Paulo: Atlas, 2013. p. 108. Steiner, Renata C. *Reparação de Danos:* interesse positivo e interesse negativo. São Paulo: Quartier Latin, 2018. p. 51-52.

[714] No direito alemão, berço da teoria da diferença no século XIX, entende a doutrina que o artigo § 249 do Código Civil alemão – BGB consagrou o método comparativo para a definição da extensão do dever de indenizar, apesar de o critério ser flexibilizado em algumas situações pela jurisprudência: "Art. 249. (1) A person who is liable in damages must restore the position that would exist if the circumstance obliging him to pay damages had not occurred". Cf. Fischer, Hans Albrecht. *Los daños civiles y su reparación.* Tradução de W. Roces. Madrid: Suarez, 1928. p. 28. Zimmermann, Reinhard. Art. 9:502: General Measure of Damages. In: Jansen, Nils; Zimmermann, Reinhard. *Commentaries on European Contract Laws.* Oxford: Oxford University Press, 2018. p. 1455-1466. p. 1461. Por sua vez, entende a doutrina portuguesa que, pelo artigo 566º, n. 2, do Código Civil português, é adotada a teoria da diferença como medida da indenização em dinheiro, ressalvada algumas situações específicas: isto é, as perdas e danos são fixadas pela diferença entre a situação patrimonial do lesado, na data mais recente que puder ser atendida pelo tribunal, e a que teria nessa data se não existissem os danos: "Art. 566º, 2. Sem prejuízo do preceituado noutras disposições, a indemnização em dinheiro tem como medida a diferença entre a situação patrimonial do lesado, na data mais recente que puder ser atendida pelo tribunal, e a que teria nessa data se não existissem danos". Cf. Almeida Costa, Mário Júlio de. *Direito das Obrigações.* 12. ed. rev. e atual. Coimbra: Almedina, 2009. p. 777. Faria, Jorge Leite Areias Ribeiro de. *Direito das obrigações.* Coimbra: Almedina, 2003. v. 1. p. 509-510. Telles, Inocêncio Galvão. *Direito das Obrigações.* 7. ed. (Reimpressão). Coimbra: Coimbra Editora, 2010. p. 389.

do método comparativo persiste para a definição da *medida da diferença patrimonial*. Assim, o *quantum* da indenização deverá recompor a situação que existiria, após o evento danoso, para a parte prejudicada não fosse o dano patrimonial causado por ele. Ademais, deve ser adotado, como parâmetro, o interesse concreto do credor específico daquela relação contratual, e não qualquer perda abstrata em razão de bem isoladamente considerado.[715]

Portanto, é o critério subjetivo que deve ser seguido para a mensuração das perdas e danos. Alia-se o *id quod interest* à teoria da diferença para se encontrar a diferença patrimonial, tendo-se em conta a esfera do interesse contratual da pessoa afetada, que deverá corresponder ao limite do dano.[716] Conquanto seja utilizado o critério subjetivo, não se pode confundir o interesse do credor com qualquer valor afetivo do bem. O interesse é subjetivo na medida em que esteja voltado aos efeitos que o ato lesivo provoque, especificamente, no patrimônio do lesado. No entanto, ele não deixa de ter certo significado objetivo, pois representa critério de avaliação da mudança produzida por determinado ato no patrimônio da vítima, que deve ter sofrido efetiva diferença patrimonial negativa.[717]

O ordenamento jurídico atribui importância à avaliação subjetiva, exatamente por ser a que melhor traduz os danos sofridos pelo credor e que deverão ser reparados pelo devedor.[718] Na fixação das perdas e danos, leva-se em conta o inteiro prejuízo suportado pela parte com a inexecu-

---

[715] Steiner, Renata C. *Reparação de Danos:* interesse positivo e interesse negativo. São Paulo: Quartier Latin, 2018. p. 56-57.

[716] No direito italiano, mesmo que a legislação não apresente critérios precisos para a mensuração do dano, entende a doutrina que, pelo artigo 1.223 do Código Civil italiano, a regra é a reparação pelo critério subjetivo, ou seja, conforme o interesse contratual concreto do credor lesado: "Art. 1.223. Il risarcimento del danno per l'inadempimento o per il ritardo deve comprendere così la perdita subita dal creditore come il mancato guadagno, in quanto ne siano conseguenza immediata e diretta". Cf. De Cupis, Adriano. *Il danno:* teoria generale della responsabilità civile. 3. ed. Milano: Giuffrè, 1979. v. 1. p. 334. Trimarchi, Pietro. *Il contratto:* inadempimento e rimedi. Milano: Giuffrè, 2010. p. 83-92. Villa, Gianroberto. *Danno e risarcimento contrattuale.* Milano: Giuffrè, 2014. p. 113.

[717] Fischer, Hans Albrecht. *Los daños civiles y su reparación.* Tradução de W. Roces. Madrid: Suarez, 1928. p. 37-40.

[718] Telles, Inocêncio Galvão. *Direito das Obrigações.* 7. ed. (Reimpressão). Coimbra: Coimbra Editora, 2010. p. 389.

ção contratual, conforme o valor individualizado que os bens danificados, destruídos ou subtraídos tinham para o lesado, não ficando vinculado ao valor de mercado (*i. e. aestimatio rei*).[719] Isso significa que, não necessariamente, o credor terá direito ao preço de mercado da prestação inadimplida, que não configura limite à medida da indenização, mas somente pauta que poderá orientar o quantitativo da perda patrimonial que tenha sido concretamente sofrida pelo lesado.[720]

Por conseguinte, em havendo resolução contratual, mesmo se dois credores tivessem direito a duas prestações perfeitamente idênticas, as respectivas indenizações substitutivas poderão ser diversas, já que são diferentes os danos causados pelo incumprimento ao patrimônio de cada um. Por exemplo, suponha-se que, em contrato de compra e venda, o objeto da obrigação não adimplida consista na entrega de veículo automotor. Se o comprador puder ter acesso a um meio de transporte alternativo para exercício de atividade econômica, a falta da entrega do bem poderá lhe causar dano sensivelmente menor do que na situação de outro credor, que planejava usar o bem no exercício de atividade de serviço de transporte, inclusive já com contratos firmados com terceiros.[721]

3.1.1 Sobre o nexo causal na quantificação dos danos contratuais

Ponto bastante relevante é a função do nexo causal não só como pressuposto da responsabilidade civil, mas também na delimitação do dano indenizável.[722] Consoante o artigo 403 do Código Civil, "ainda que a ine-

---

[719] ALMEIDA COSTA, Mário Júlio de. *Direito das Obrigações*. 12. ed. rev. e atual. Coimbra: Almedina, 2009. p. 777-778. Afirma-se que, enquanto a *aestimatio rei* está relacionada ao cumprimento pelo equivalente, devendo ser objeto de ação de cumprimento, o *id quod interest* deve ser objeto de ação de indenização de perdas e danos. Cf. MALO VALENZUELA, Miguel Ángel. *Remedios frente al incumplimiento contractua*l. Cizur Menor: Aranzadi, 2016. p. 211.

[720] MARTINS-COSTA, Judith. *Comentários ao novo Código civil*: do inadimplemento das obrigações. 2. ed. Rio de Janeiro: Forense, 2009. v. 5, t. 2. p. 458.

[721] O exemplo é inspirado em VARELA, João de Matos Antunes. *Das obrigações em geral*. 7. ed. Coimbra: Almedina, 2017. v. 2. p. 93.

[722] ALARCÃO, Rui. *Direito das Obrigações*. Coimbra, 1983. p. 235. Sobre a dupla função do nexo causal, fundamental consultar GUEDES, Gisela Sampaio da Cruz. *O problema do nexo causal na responsabilidade civil*. Rio de Janeiro: Renovar, 2005. p. 22-27.

xecução resulte de dolo do devedor, as perdas e danos só incluem os prejuízos efetivos e os lucros cessantes por efeito dela direto e imediato".[723] A indenização – que visa a reparar lesão ao interesse do credor em perspectiva concreta, desde que protegido pelo ordenamento jurídico, – tem a extensão definida pela relação de causalidade do dano, que deverá ser, conforme o texto legal, consequência *direta* e *imediata* da inexecução da obrigação pelo devedor.

A regra do artigo 403 do Código Civil encontra inspiração no direito francês, sendo praticamente reprodução do vetusto artigo 1.151 do *Code Civil*.[724] De acordo com Pothier, no que diz respeito ao *quantum* da indenização, quando os prejuízos do credor alcancem valor considerável, as perdas e danos devem ser calculadas com certa *moderação* pelo intérprete, principalmente em relação aos danos considerados como *intrínsecos*, isto é, aqueles que estão relacionados ao objeto do contrato. Na sua composição, devem ser consideradas as consequências patrimoniais diretas – e até mesmo aquelas indiretas, desde que necessárias da inexecução da

[723] O papel do nexo causal como definidor da medida da indenização é reforçado pelo artigo 944 do CC, segundo o qual "a indenização mede-se pela extensão do dano".

[724] Código Civil francês de 1804 (anterior à reforma de 2016), "art. 1.151. Dans le cas même où l'inexécution de la convention résulte du dol du débiteur, les dommages et intérêts ne doivent comprendre à l'égard de la perte éprouvée par le créancier et du gain dont il a été privé, que ce qui est une suite immédiate et directe de l'inexécution de la convention". O artigo 1.060 do Código Civil de 1916 tinha redação similar ao artigo 403, cuja fonte é reconhecida no Código Napoleônico: "Art. 1.060. Ainda que a inexecução resulte de dolo do devedor, as perdas e danos só incluem os prejuízos efetivos e os lucros cessantes por efeito dela direto e imediato". Cf. BEVILAQUA, Clovis. *Código Civil dos Estados Unidos do Brasil*. 8. ed. Rio de Janeiro: Editora Paulo de Azevedo Ltda., 1950. v. 4. p. 177. ALVIM. Agostinho. *Da inexecução das obrigações e suas consequências*. 3. ed. Rio de Janeiro ‑ São Paulo: Editora Jurídica e Universitária Ltda., 1965. p. 351. Após a reforma no direito das obrigações de 2016, o artigo 1.151 do Código Civil francês foi substituído pelo artigo 1.231-4, que tem conteúdo similar ao direito anterior: "art. 1.231-4. Dans le cas même où l'inexécution du contrat résulte d'une faute lourde ou dolosive, les dommages et intérêts ne comprennent que ce qui est une suite immédiate et directe de l'inexécution". Cf. BÉNABENT, Alain. *Droit des Obligations*. 18. ed. Issy-les-Moulineaux: LGDJ, 2019. p. 339.

obrigação contratual (*i. e.*, que não possuam outras causas além do inadimplemento pelo devedor).[725]

O devedor, ainda que tenha agido com dolo, não deverá responder por perdas e danos além das que configurem consequências *necessárias* do inadimplemento contratual, devendo ser verificado como questão de fato na relação concreta.[726] A essência está na avaliação do que configura dano direto e imediato, de sorte que a parte terá que indenizar todos os danos que não teriam sido imediatamente concretizados não fosse a conduta culposa.[727] Apesar da literalidade do texto do Código Civil francês, consolidou-se o entendimento de que não se exclui, por completo, a possibilidade de ressarcimento do dano indireto, quando presente a ligação de necessariedade com a inexecução da obrigação contratual, isto é, o dano não teria sido concretamente produzido se não fosse pela ocorrência do evento danoso.[728]

No direito brasileiro, é notória a lição de Agostinho Alvim, em comentário ao artigo 1.060 do Código Civil de 1916, para quem a expressão *direto e imediato* significa o nexo causal *necessário*, ou seja, trata-se de ideia oriunda da doutrina francesa, segundo a qual os danos indiretos podem ser indenizáveis se forem efeito necessário da inexecução da obrigação contratual, diante do não aparecimento de outras causas. Conquanto não resolva todas as dificuldades práticas, especialmente na situação dos chamados danos indiretos indenizáveis, a teoria da necessariedade da causa

---

[725] POTHIER, Robert Joseph. *Ouvres de Pothier*. Traité des Obligations. Paris: Béchet Ainé Librairie, 1824. n. 164-167. p. 84-87. A diferença entre danos intrínsecos e extrínsecos e a repercussão no nexo de causalidade será mais bem abordada nos itens 3.2 e seguintes *infra*.

[726] Cf. PLANIOL, Marcel. *Traité élémentaire de droit civil conforme au programme officiel des facultés de droit*. 9. ed. Paris: Librairie Générale de Droit et de Jurisprudence, 1923. t. 2. n. 249. p. 90. SAVATIER, René. *Traité de la responsabilité civile en droit français*. 2. ed. Paris: Librairie Générale de Droit et de Jurisprudence, 1951. t. 2. p. 3.

[727] TERRÉ, François; SIMLER, Philippe; LEQUETTE, Yves; e CHÉNEDÉ, François. *Droit civil*: les obligations. 12. ed. Paris: Dalloz, 2018. p. 925-926.

[728] VINEY, Geneviève; JOURDAIN, Patrice; e CARVAL, Suzanne. *Traité de Droit Civil*: les conditions de la responsabilité. 4. ed. Paris: LGDJ, 2013. p. 266-267.

"é a que de modo mais perfeito e mais simples cristaliza a doutrina do dano direto e imediato".[729]

Por sua vez, no direito alemão, foi desenvolvida a teoria da causalidade adequada (*Adäquanztheorie*), que encontrou razoável repercussão na doutrina[730] e jurisprudência[731] brasileiras. De acordo com a teoria, procura-se identificar, na presença de mais de uma causa, qual delas seria potencialmente apta a produzir os efeitos danosos segundo as regras de experiência, devendo a causa ser analisada em abstrato, independentemente das circunstâncias que, em concreto, possam ter operado em favor do resultado lesivo.[732]

Pela causalidade adequada, deverá ser verificado se o dano ocorrido na situação concreta pertence, ou não, ao tipo (racional) de dano que o bom desempenho da obrigação contratual pelo devedor se destinaria a (em tese) prevenir.[733] O devedor lesante não tem responsabilidade pelo que, de acordo com a experiência, não poderia ser considerado consequência normal ou natural da inexecução da obrigação. Critica-se, todavia, a teoria, porque o critério de adequação abstrata da causa não revela *per se* qual a razão para decidir o caso concreto, mas serve apenas como argumento legitimador do que é considerado como justo ou razoável pelo julgador.[734]

Não obstante a literalidade textual do Código Civil brasileiro, que seguiu caminho similar ao francês, identifica a doutrina tendência evo-

---

[729] Alvim, Agostinho. *Da inexecução das obrigações e suas consequências*. 3. ed. Rio de Janeiro - São Paulo: Editora Jurídica e Universitária Ltda., 1965. p. 351. A rigor da técnica, esses danos, tradicionalmente considerados como indiretos, porém indenizáveis, podem ser vistos como efetivamente diretos, uma vez que não houve, na relação jurídica concreta, o aparecimento de outra causa que levasse à interrupção do nexo causal.

[730] Cavarieri Filho, Sergio. *Programa de responsabilidade civil*. 8. ed. São Paulo: Atlas, 2008. p. 49-50.

[731] Cf. BRASIL. Superior Tribunal de Justiça. *REsp 1808079/PR*. Relator(a): Ministra Nancy Andrighi. Julgamento: 06/08/2019. Órgão Julgador: 3ª Turma. Publicação: DJe 08/08/2019.

[732] Larenz, Karl. *Derecho de Obligaciones*. Tradução de Jaime Santos Briz. Madrid: Editorial Revista de Derecho Privado, 1958. t. 1. p. 200-201.

[733] Kötz, Hein. *European contract law*. 2. ed. Oxford: Oxford University Press, 2017. p. 260.

[734] Zimmermann, Reinhard. *La indemnización de los daños contractuales*. Santiago: Ediciones Olejnik, 2019. p. 96.

lutiva de harmonização das teorias, pela qual se adota, na definição dos limites do dano indenizável, a teoria francesa do dano direto e imediato, somada à noção de causalidade necessária, ou a noção germânica de causalidade adequada, desde que aliada à interrupção do nexo causal. Isso, porque, na grande maioria das vezes, ambas as teorias acabam por alcançar resultados práticos bastante próximos.[735] [736]

O lesado terá direito à indenização do dano que tenha sido "produzido por uma causa imediata, engendrada e condicionada pelas circunstâncias específicas do caso concreto".[737] Em síntese, a indenização deverá abarcar toda a extensão do dano que configure efeito abstrato (racionalmente adequado) e concreto (necessário) da conduta da parte inadimplente.[738] A presença do nexo causal é, portanto, imprescindível

---

[735] SILVA, Clóvis do Couto e. Dever de indenizar. In: FRADERA, Vera (Org.). *O direito privado brasileiro na visão de Clóvis Couto e Silva*. Porto Alegre: Livraria do Advogado, 1997. p. 187. TEPEDINO, Gustavo. Notas sobre o nexo de causalidade. In: *Temas de direito civil*. Rio de Janeiro: Renovar, 2006. t. 2. p. 70. MARTINS-COSTA, Judith. *Comentários ao novo Código civil*: do inadimplemento das obrigações. 2. ed. Rio de Janeiro: Forense, 2009. v. 5, t. 2. p. 214-215. GUEDES, Gisela Sampaio da Cruz. *Lucros cessantes*: do bom-senso ao postulado normativo da razoabilidade. São Paulo: Editora Revista dos Tribunais, 2011. p. 83. No contexto da resolução por inadimplemento, há decisões que expressamente associam as duas teorias, do dano direito e imediato e da causalidade adequada, tratando-as como complementares e até similares na análise do nexo de causalidade como elemento definidor do dano, cf.: Distrito Federal. Tribunal de Justiça do Distrito Federal. *AC 07023003720198070007.* Relator(a): Soníria Rocha Campos D'Assunção. Julgamento: 17/10/2019. Órgão Julgador: 1ª Turma Recursal. Publicação: DJe 06/11/2019.

[736] No direito francês, também parece haver a aproximação da ideia de necessariedade com a teoria da causalidade adequada. Cf. VINEY, Geneviève; JOURDAIN, Patrice; e CARVAL, Suzanne. *Traité de Droit Civil*: les conditions de la responsabilité. 4. ed. Paris: LGDJ, 2013. p. 264-265. TERRÉ, François; SIMLER, Philippe; LEQUETTE, Yves; e CHÉNEDÉ, François. *Droit civil*: les obligations. 12. ed. Paris: Dalloz. 2018. p. 926.

[737] TEPEDINO, Gustavo. Notas sobre o nexo de causalidade. In: *Temas de direito civil*. Rio de Janeiro: Renovar, 2014. t. 2. p. 68.

[738] GUEDES, Gisela Sampaio da Cruz. *Lucros cessantes*: do bom-senso ao postulado normativo da razoabilidade. São Paulo: Editora Revista dos Tribunais, 2011. p. 81. Cf. na jurisprudência especificamente na resolução por inadimplemento: Rio de Janeiro. Tribunal de Justiça do Rio de Janeiro. *AC 0023126-70.2007.8.19.0021.* Relator(a): Des. Luisa Cristina Bottrel Souza. Julgamento: 29/04/2009. Órgão Julgador: 17ª Câmara Cível. Publicação: DJe 14/05/2009.

para definir a medida do dano ressarcível, devendo ser desconsiderados prejuízos que não representem decorrência direta e imediata do inadimplemento contratual.[739]

Ademais, alguns ordenamentos jurídicos como o francês,[740] o espanhol[741] e o italiano[742] restringem a indenização aos danos *previsíveis*, especialmente quanto aos lucros cessantes, o que também configura construção jurisprudencial no sistema da *common law* pelo *foreseeability test*.[743]

---

[739] GOMES, Orlando. *Obrigações*. 19. ed. Rio de Janeiro: Forense, 2019. p. 158.

[740] Artigo 1.150 do Código Civil francês, que foi substituído pelo artigo 1.231-3, após a reforma do direito das obrigações de 2016: "Art. 1.150. Le débiteur n'est tenu que des dommages et intérêts qui ont été prévus ou qu'on a pu prévoir lors du contrat, lorsque ce n'est point par son dol que l'obligation n'est point exécutée». «Art. 1.231-3. Le débiteur n'est tenu que des dommages et intérêts qui ont été prévus ou qui pouvaient être prévus lors de la conclusion du contrat, sauf lorsque l'inexécution est due à une faute lourde ou dolosive». Cf. BÉNABENT, Alain. *Droit des Obligations*. 18. ed. Issy-les-Moulineaux: LGDJ, 2019. p. 338. TERRÉ, François; SIMLER, Philippe; LEQUETTE, Yves; e CHÉNEDÉ, François. *Droit civil*: les obligations. 12. ed. Paris: Dalloz. 2018. p. 890-891. A origem da regra remonta à lição de Pothier, para quem os lucros cessantes devem ser limitados ao que o devedor conseguiria prever como consequência do inadimplemento da obrigação no momento da conclusão do contrato. Cf. POTHIER, Robert Joseph. *Ouvres de Pothier*. Traité des Obligations. Paris: Béchet Ainé Librairie, 1824. n. 164. p. 84-85.

[741] Código Civil espanhol, "art. 1.107. Los daños y perjuicios de que responde el deudor de buena fe son los previstos o que se hayan podido prever al tiempo de constituirse la obligación y que sean consecuencia necesaria de su falta de cumplimiento. En caso de dolo responderá el deudor de todos los que conocidamente se deriven de la falta de cumplimiento de la obligación". Cf. MALO VALENZUELA, Miguel Ángel. *Remedios frente al incumplimiento contractual*. Cizur Menor: Aranzadi, 2016. p. 241-245.

[742] Código Civil italiano, "art. 1.225. Se l'inadempimento o il ritardo non dipende da dolo del debitore, il risarcimento è limitato al danno che poteva prevedersi nel tempo in cui è sorta l'obbligazione". Cf. VILLA, Gianroberto. *Danno e risarcimento contrattuale*. Milano: Giuffrè, 2014. p. 177-182. TRIMARCHI, Pietro. *Il contratto*: inadempimento e rimedi. Milano: Giuffrè, 2010. p. 172-177.

[743] De acordo com o teste da previsibilidade, caso as perdas patrimoniais não fossem previsíveis no momento da contratação para ambos os contratantes, elas devem ser consideradas remotas e, portanto, não podem ser recuperadas, ou seja, deverá ser verificado se poderiam ser consideradas como razoável consequência do inadimplemento desde a formação do contrato, conforme estabelecido no precedente inglês Hadley v. Baxendal (1854) 9 Exch 341. Cf. KRAMER, Adam. *The law of contract damages*. 2. ed. Oxford; Portland, Oregon: Hart Publishing, 2017. p. 299. FARNSWORTH, E. Allan. *Contracts*. 4.ed, New York: Aspen Publishers, 2004. p. 792-793.

O DANO PATRIMONIAL INDENIZÁVEL NA RESOLUÇÃO CONTRATUAL POR INADIMPLEMENTO

Com a exigência da não indenizabilidade do dano imprevisível, não se pretende a exclusão da responsabilidade do devedor pela inexecução da obrigação, mas, sim, limitar a medida da indenização.[744] A regra visa a restringir o *quantum* indenizatório conforme a previsibilidade das consequências patrimoniais do inadimplemento, porque, ao contratar, a parte deve ter sido capaz de medir os efeitos da possível falha ao não adimplir a prestação: o dano imprevisível ultrapassaria a alocação contratual de riscos, isto é, os limites do que os contratantes teriam razoavelmente aceito no objeto do contrato.[745]

No direito brasileiro, mais uma vez por inspiração francesa, o Código Civil de 1916 continha regra, no parágrafo único do artigo 1.059,[746] que fazia referência à previsibilidade do dano, porém limitada à situação de *mora* do devedor, pela qual a parte só responderia pelos lucros que foram ou poderiam ter sido previstos no *momento em que se contraiu o vínculo obrigacional*.[747] O Código Civil de 2002, por sua vez, não repetiu a regra da legislação anterior, não estabelecendo a previsibilidade dos lucros cessantes como pressuposto para a indenizabilidade.[748]

Ressalvadas as normas contratuais específicas como a cláusula penal ou a cláusula limitativa da indenização, a alocação de riscos no contrato não depende necessariamente do que ambas as partes poderiam – ou do que apenas uma delas poderia – razoavelmente prever ao contratar em relação à mensuração de danos como consequência do inadimplemento contratual. Diversamente, foca-se no que os contratantes acordaram no

---

[744] Terré, François; Simler, Philippe; Lequette, Yves; e Chénedé, François. *Droit civil*: les obligations. 12. ed. Paris: Dalloz. 2018. p. 890-891.

[745] Bénabent, Alain. *Droit des Obligations*. 18. ed. Issy-les-Moulineaux: LGDJ, 2019. p. 338.

[746] Código Civil de 1916, art. 1.059, parágrafo único: "O devedor, porém, que não pagou no tempo e forma devidos, só responde pelos lucros, que foram ou podiam ser previstos na data da obrigação".

[747] Bevilaqua, Clovis. *Código Civil dos Estados Unidos do Brasil*. 8. ed. Rio de Janeiro: Editora Paulo de Azevedo Ltda., 1950. v. 4. p. 176. Alvim, Agostinho. *Da inexecução das obrigações e suas consequências*. 3. ed. Rio de Janeiro – São Paulo: Editora Jurídica e Universitária Ltda., 1965. p. 205.

[748] Martins-Costa, Judith. *Comentários ao novo Código civil*: do inadimplemento das obrigações. Rio de Janeiro: Forense, 2003. v. 5, t. 2. p. 336. Silva, Jorge Cesa Ferreira da. *Inadimplemento das obrigações*. São Paulo: Revista dos Tribunais, 2007. p. 166.

conteúdo da avença, tendo em vista as prestações correspectivas.[749] Trata-se de interpretar o programa do contrato conforme a sua função econômico-individual, isto é, a causa contratual, e de se verificar a que interesse do credor a obrigação inadimplida visava a proteger. Por conseguinte, em não havendo interrupção do nexo causal diante do aparecimento de nova causa, que seja necessária à ocorrência do dano, a simples alegação da imprevisibilidade frente ao programa contratual não é suficiente para afastar o direito do contratante prejudicado ao seu ressarcimento.

Além disso, no campo dos lucros cessantes, é inegável a dificuldade de saber em relação a *qual das partes* – isto é, se em relação ao credor lesado ou ao devedor lesante – deverá ser analisado se os ganhos frustrados poderiam ter sido previstos ou, ao menos, vislumbrado como previsíveis no momento da contratação. Ao reverso, entende-se que o melhor caminho seja seguir a análise de probabilidade objetiva na definição dos lucros cessantes. Tal análise deve ser focada na cadeia de danos que possam ter sido causados pelo inadimplemento contratual.[750]

Conforme a síntese de Pontes de Miranda, *a visão corrige a previsão*.[751] Para a reparação integral, incluem-se, na extensão do dano, as perdas efetivas e as privações de ganho que configurem consequências diretas e imediatas (porque necessárias) da inexecução da obrigação contratual, independentemente de característica de previsibilidade para as partes. A quantificação dos lucros cessantes, dependerá, em cada caso concreto, de análise de probabilidade objetiva para a conclusão acerca da existência de relação de causalidade entre o inadimplemento pelo devedor e o prejuízo patrimonial do credor.[752]

Além disso, em determinadas situações, o inadimplemento pelo devedor poderá ocasionar ao credor não somente consequências patrimoniais

---

[749] ZIMMERMANN, Reinhard. Art. 9:503: Foreseeability. In: JANSEN, Nils; ZIMMERMANN, Reinhard. *Commentaries on European Contract Laws*. Oxford: Oxford University Press, 2018. p. 1467-1474. p. 1472. KÖTZ, Hein. *European contract law*. 2. ed. Oxford: Oxford University Press, 2017. p. 259.

[750] FISCHER, Hans Albrecht. *Los daños civiles y su reparación*. Tradução de W. Roces. Madrid: Suarez, 1928. p. 57-63.

[751] MIRANDA, Pontes de. *Tratado de Direito Privado*. AGUIAR JÚNIOR. Ruy Rosado de; NERY JUNIOR, Nelson (Atual.). São Paulo: Editora Revista dos Tribunais, 2012. t. 26. p. 131.

[752] Sobre o tema, ver item 3.2.2 *infra* sobre lucros cessantes.

negativas, mas também outras que lhe sejam positivas. Em tais casos, os prejuízos sofridos devem ser contrabalanceados pelos ganhos recebidos, considerando que ambos sejam provenientes do mesmo fato gerador, o que se denomina de *compensatio lucri cum damno*. Dessa forma, a compensação do lucro com o dano pode ser definida como "a diminuição que pode sofrer o objeto do ressarcimento – em virtude da compensação que se opera entre perdas e benefícios – quando um comportamento ilícito gera não apenas consequências danosas, mas também vantagens".[753] A indenização deverá ser fixada conforme a diferença encontrada no patrimônio do lesado, a qual deverá corresponder ao valor das perdas, após a dedução dos ganhos.[754]

A título exemplificativo, suponha-se que Pedro (locador) realize contrato de locação de veículo automotor de modelo clássico e raro com Maria (locatária), o qual continha cláusula proibindo o locatário de realizar intervenção ou alteração no veículo alugado. Maria, todavia, realiza várias melhorias no veículo, que ocasionam a valorização de preço de mercado. Em razão do inadimplemento pelo locatário, diante do não cumprimento da regra contratual, o locador poderá resolver o contrato, porém deverá, em alguma medida, compensar o prejuízo da inexecução da obrigação com a vantagem obtida.[755]

A compensação do lucro com o dano deriva do conceito normativo de dano aliado à teoria da diferença, adotando-se o critério subjetivo de avaliação,[756] e configura aplicação do princípio da reparação integral.[757] De acordo com os artigos 402 e 403 do Código Civil, apenas devem ser

---

[753] NANNI, Giovanni Ettore. Desconto de proveitos (*"compensatio lucri cum damno"*). In: PIRES, Fernanda Ivo (Org.). *Da estrutura à função da responsabilidade civil:* uma homenagem do Instituto Brasileiro de Responsabilidade Civil (IBERC) ao Professor Renan Lotufo. São Paulo: Editora Foco, 2021. p. 284).

[754] TELLES, Inocêncio Galvão. *Direito das Obrigações*. 7. ed. (Reimpressão). Coimbra: Coimbra Editora, 2010. p. 392.

[755] O exemplo é inspirado em NEVES, José Roberto de Castro. *Direito das Obrigações*. 7. ed. Rio de Janeiro: LMJ Mundo Jurídico, 2017. p. 339.

[756] FISCHER, Hans Albrecht. *Los daños civiles y su reparación*. Tradução de W. Roces. Madrid: Suarez, 1928. p. 186. ZIMMERMANN, Reinhard. *La indemnización de los daños contractuales*. Santiago: Ediciones Olejnik, 2019. p. 85.

[757] DE CUPIS, Adriano. *Il danno:* teoria generale della responsabilità civile. 3. ed. Milano: Giuffrè, 1979. v. 1. p. 312. Sobre o princípio da reparação integral do dano, ver item 2.4 *supra*.

considerados, na indenização, os danos emergentes e os lucros cessantes que configurem danos *efetivos* ao credor.[758] Portanto, para que haja a computação dos benefícios no cálculo das perdas e danos, contrapondo-os aos prejuízos, é necessário que ambos mantenham relação de causa e efeito com o fato que dará origem à indenização (*i. e.*, com o inadimplemento contratual).[759]

Não é qualquer vantagem patrimonial que o credor tenha alcançado, a despeito do inadimplemento da prestação, que poderá ensejar a aplicação da *compensatio*, sendo imprescindível a unidade de origem entre a vantagem e a desvantagem, a qual constitua o nexo de causal.[760] Não se aplica a compensação se o lucro obtido pelo credor constituir resultado de decisão econômica que a parte poderia ter tomado de outra maneira, como contrapartida de mérito autônomo ou de risco por ele assumido. Suponha-se que João (comprador) faça contrato de compra e venda com Ana (vendedora), cujo objeto seja 5 toneladas do minério zinco ao preço de R$ 50.000,00 a tonelada. Em havendo inadimplemento absoluto por João, se a coisa aumentar de preço no mercado e, em outra operação econômica, Ana conseguir vendê-la a terceiro pelo preço de R$ 60.000,00 a tonelada, esse benefício *não* deverá ser computado com a finalidade de redução da indenização devida por João à Ana.[761]

---

[758] CHAVES, Antônio. *Responsabilidade pré-contratual*. 2. ed. rev. ampl. e atual. São Paulo: Lejus, 1997. p. 239. A análise do autor foi feita com base nos artigos 1.059 e 1.060 do Código Civil de 1916, cujo conteúdo foi similarmente reproduzido nos dispositivos citados. Em sentido próximo, no direito italiano, aponta-se o fundamento da *compensatio lucri cum damno* no artigo 1.223 do Código Civil italiano. Cf. DE CUPIS, Adriano. *Il danno*: teoria generale della responsabilità civile. 3. ed. Milano: Giuffrè, 1979. v. 1. p. 311. VILLA, Gianroberto. *Danno e risarcimento contrattuale*. Milano: Giuffrè, 2014. p. 161. TRIMARCHI, Pietro. *Il contratto*: inadempimento e rimedi. Milano: Giuffrè, 2010. p. 188.

[759] FISCHER, Hans Albrecht. *Los daños civiles y su reparación*. Tradução de W. Roces. Madrid: Suarez, 1928. p. 193. No direito brasileiro, cf. MIRANDA, Pontes de. *Tratado de Direito Privado*. AGUIAR JÚNIOR. Ruy Rosado de; NERY JUNIOR, Nelson (Atual.). São Paulo: Editora Revista dos Tribunais, 2012. t. 26. p. 136.

[760] GUEDES, Gisela Sampaio da Cruz. *Lucros cessantes*: do bom-senso ao postulado normativo da razoabilidade. São Paulo: Editora Revista dos Tribunais, 2011. p. 311.

[761] O exemplo é inspirado em TRIMARCHI, Pietro. *Il contratto*: inadempimento e rimedi. Milano: Giuffrè, 2010. p. 188-189. Apesar de o lucro obtido pela parte na operação subsequente não ser compensável com os danos sofridos em razão do inadimplemento contra-

Com efeito, se a vantagem obtida pelo credor possuir título de atribuição patrimonial independente, que apresente justificação própria, não deverá ser operada a *compensatio lucri cum damno.*[762] Além de se afastar qualquer pretensão à compensação, não se discute a possibilidade de cumulação entre a indenização devida a título de responsabilidade contratual e outras prestações recebidas paralelamente pelo lesado, desde que possuam título autônomo, a exemplo de prestações auferidas pelo credor em contratos com terceiros, como no caso de contrato de seguro[763] e de doação,[764] ou em razão de relações jurídicas institucionais (*e. g.* benefício previdenciário).[765]

---

tual, exatamente por deter título autônomo, é possível que, diante da resolução, por haver a parte firmado nova operação econômica, o lucro do contrato não tenha sido efetivamente perdido, mas apenas adiado, o que poderá retirar a justificativa para o ressarcimento de perda de oportunidade alternativa a título de lucros cessantes no interesse negativo, ante ao novo valor obtido. Sobre o tema, ver item 3.3 *infra*.

[762] GUEDES, Gisela Sampaio da Cruz. *Lucros cessantes:* do bom-senso ao postulado normativo da razoabilidade. São Paulo: Editora Revista dos Tribunais, 2011. p. 316.

[763] DIAS, José de Aguiar. *Da Responsabilidade Civil.* 12. ed. Rio de Janeiro: Lumen Juris, 2011. p. 1.051. MIRANDA, Pontes de. *Tratado de Direito Privado.* AGUIAR JÚNIOR. Ruy Rosado de; NERY JUNIOR, Nelson (Atual.). São Paulo: Editora Revista dos Tribunais, 2012. t. 26. p. 136-137. Ressalte-se que o contrato de seguro de dano, feito entre particulares, não se confunde com o seguro obrigatório para todos os motoristas de veículos terrestres. No entendimento do Superior Tribunal de Justiça, o seguro obrigatório (DPVAT) constitui obrigação imposta por lei, inexistindo relação contratual por não haver "acordo de vontade entre as partes" (BRASIL. Superior Tribunal de Justiça. *REsp 1635398/PR.* Relator: Min. Marco Aurélio Bellizze. Julgamento: 17/10/2017. Órgão Julgador: 3ª Turma. Publicação: 23/10/2017). Nesse sentido, a jurisprudência da Corte Superior permite a subtração do *quantum* da indenização, na ação de responsabilidade civil, do valor referente ao seguro obrigatório de danos pessoais causados por veículos automotores de via terrestre (DPVAT), instituído pela Lei n. 6.194/1974. Assim, consoante o enunciado n. 246 da Súmula do STJ, "o valor do seguro obrigatório deve ser deduzido da indenização judicialmente fixada". Ademais, a Corte Superior firmou entendimento no sentido de que "a interpretação a ser dada à Súmula 246/STJ é no sentido de que a dedução do valor do seguro obrigatório da indenização judicialmente fixada dispensa a comprovação do seu recebimento ou mesmo de seu requerimento" (BRASIL. Superior Tribunal de Justiça. *EREsp 1191598/DF.* Relator: Min. Marco Aurélio Bellizze. Julgamento: 26/04/2017. Órgão Julgador: 2ª Seção. Publicação: 03/05/2017).

[764] ZIMMERMANN, Reinhard. *La indemnización de los daños contractuales.* Santiago: Ediciones Olejnik, 2019. p. 85-86.

A *compensatio lucri cum damno* não se confunde com a compensação de crédito, prevista nos artigos 368 a 380 do Código Civil e, em consequência, não poderá ser utilizada pelo devedor para extrair qualquer parcela do ganho excedente ao prejuízo obtido pelo credor com o inadimplemento do contrato.[766] A indenização poderá chegar a zero, mas nunca será negativa, não se atribuindo obrigação de pagar ao credor.[767] Ou seja, se o julgador não apurar a existência de prejuízo superior ao valor do benefício, o credor não receberá indenização, entretanto não terá que restituir o lucro alcançado a despeito do inadimplemento ao devedor.[768]

Outra questão a ser enfrentada é a existência do chamado dever de mitigar danos, que se atribui ao credor. Com origem na *common law*, a doutrina da mitigação de danos (*mitigation of damages doctrine*) pode ser assim resumida: ao fixar as perdas e danos, não se deverá ressarcir a parte lesada pelas consequências patrimoniais que esta poderia ter evitado, caso tivesse agido com esforços apropriados diante das circunstâncias do caso concreto. A lógica econômica é de se retirar incentivos ao credor, para atuar de forma a aumentar ou, ao menos, a não reduzir as consequências perdulárias que poderiam ocorrer após o inadimplemento do contrato. No sistema da *common law*, não se reconhece a existência propriamente de dever jurídico, porque a parte não incorre em responsabilidade em face do devedor ao não tomar tais medidas.[769]

---

[765] Dessa forma, a jurisprudência do Superior Tribunal de Justiça é firme no sentido de "não se compensar o benefício previdenciário recebido pela vítima com o pensionamento ante a diferença entre as causas de concessão de cada uma das pensões, afastando-se a *compensatio lucri cum damno* (compensação do lucro com o dano)" (BRASIL. Superior Tribunal de Justiça. *AgRg no REsp 1537273/SP*. Relator: Min. Paulo de Tarso Sanseverino. Julgamento: 24/11/2015. Órgão Julgador: 3ª Turma. Publicação: DJe 01/12/2015).

[766] NANNI, Giovanni Ettore. Desconto de proveitos ("*compensatio lucri cum damno*"). In: PIRES, Fernanda Ivo (Org.). *Da estrutura à função da responsabilidade civil*: uma homenagem do Instituto Brasileiro de Responsabilidade Civil (IBERC) ao Professor Renan Lotufo. São Paulo: Editora Foco, 2021. p. 284-285 e 289.

[767] TRIMARCHI, Pietro. *Il contratto*: inadempimento e rimedi. Milano: Giuffrè, 2010. p. 188-190.

[768] GUEDES, Gisela Sampaio da Cruz. *Lucros cessantes*: do bom-senso ao postulado normativo da razoabilidade. São Paulo: Editora Revista dos Tribunais, 2011. p. 310.

[769] Cf. FARNSWORTH, E. Allan. *Contracts*. 4. ed, New York: Aspen Publishers, 2004.

Se a indenização é *compensatória*, ela não deve enriquecer o credor, que não poderá recuperar mais do que os danos efetivos. A título exemplificativo, imagine-se contrato de compra e venda, com o objeto de cinco toneladas de soja ao preço de R$ 10.000,00 a tonelada, a ser entregue em determinado dia e local. Se o vendedor deixar claro ao comprador, antes da data marcada para a entrega da mercadoria, que não irá cumprir a prestação, o comprador não deverá, se ainda concretamente possível, realizar despesas que se mostrem inúteis diante da evidente inexecução da obrigação correspectiva, como a contratação de depósito para armazenar a mercadoria, por já estar ciente de que não a receberá.[770] A definição das medidas razoáveis que deveriam ter sido adotadas pelo credor, para minimizar o prejuízo, dependerá da situação jurídica concreta.[771]

---

p. 778-779. BURROWS, Andrew S. *Remedies for torts, breach of contract, and equitable wrongs*. 4. ed. Oxford: Oxford University Press, 2019. p. 127.

[770] TREITEL, Guenter Heinz. *Remedies for breach of contract*. Oxford: Clarendon Press, 1988. p. 77-78. O exemplo retrata situação de inadimplemento antecipado, ou, mais tecnicamente, o inadimplemento anterior ao termo, que foi sucintamente tratada no primeiro capítulo, item 1.2.2, *supra*, nota 129.

[771] Cf. DAVIES, F. R. Contract. London: Sweet & Maxwell, 1970. p. 219-220. BURROWS, Andrew S. *Remedies for torts, breach of contract, and equitable wrongs*. 4. ed. Oxford: Oxford University Press, 2019. p. 127-129. Em análise dos principais precedentes da jurisprudência, aponta o último autor a existência de alguns fatores que tendem a ser considerados relevantes: (i) em contrato de emprego, se o empregador dispensar o empregado sem justa causa, o último deverá aceitar nova oferta de emprego do primeiro, a menos se for para função com menor status, não permanente ou se, de alguma forma, a parte considerar que não receberá tratamento justo pelo antigo empregador, na nova função; (ii) em contrato de compra e venda, se a parte inadimplente fizer nova oferta à outra parte, que seja igualmente vantajosa em termos econômicos, não se considera razoável a recusa da última, se a aceitação reduzisse seus prejuízos, ressalvada a existência de alguma justificativa alternativa; (iii) caso haja danos psicofísicos na pessoa do credor, sua recusa não será considerada razoável se ele não se submeter a tratamento médico comprovadamente eficaz; (iv) em geral, não será razoável para o credor recusar ofertas de ajuda do devedor ou de terceiros que teriam evitado maiores danos à sua propriedade; (v) para mitigar seus danos, o credor não precisará chegar ao ponto de adotar medidas que coloquem em risco a sua reputação comercial ou a sua relação com terceiros; (vi) o credor também não precisa tomar medidas que possam levar a litígio com terceiros; e, por fim, (vii) o credor não está obrigado a seguir medidas que sejam excessivamente custosas ou além de sua força financeira.

Por sua vez, no sistema jurídico da *civil law*, a exemplo do direito italiano, considera a doutrina que a mitigação de danos deve ser analisada com base na definição da relação de causalidade, na quantificação dos danos contratuais. Assim, de acordo com a doutrina italiana, não há propriamente dever, mas apenas ônus de cooperação e diligência na proteção do próprio interesse, tornando necessário que a parte mitigue o seu prejuízo. Se apenas parcela das consequências patrimoniais da inexecução contratual podem ser efetivamente imputadas à conduta do devedor, somente essa parcela irá compor o dano patrimonial ressarcível. Além disso, não devem ser computadas as consequências que tenham sido comprovadamente causadas pela omissão negligente do credor, e não pelo inadimplemento da prestação contratual pelo credor.[772]

No direito brasileiro, apesar de existir regra legal,[773] há poucos estudos doutrinários que abordem o tema da mitigação de danos, mas se vislumbra tendência no sentido de recepção do chamado *duty to mitigate the loss* com base no artigo 422 do Código Civil,[774] de modo a considerá-lo como dever anexo derivado da boa-fé objetiva.[775] Nada obstante, parece

---

[772] Código Civil italiano, "art. 1.227. (1) Se il fatto colposo del creditore ha concorso a cagionare il danno, il risarcimento è diminuito secondo la gravità della colpa e l'entità delle conseguenze che ne sono derivate. (2) Il risarcimento non è dovuto per i danni che il creditore avrebbe potuto evitare usando l'ordinaria diligenza". Cf. VILLA, Gianroberto. *Danno e risarcimento contrattuale*. Milano: Giuffrè, 2014. p. 166-168. TRIMARCHI, Pietro. *Il contratto*: inadempimento e rimedi. Milano: Giuffrè, 2010. p. 196-197. DE CUPIS, Adriano. *Il danno:* teoria generale della responsabilità civile. 3.ed. Milano: Giuffrè, 1979. v. 1. p. 258-260.

[773] Artigo 77 da Convenção de Viena de 1980 sobre a venda internacional de mercadorias, que foi recepcionada do direito brasileiro pelo Decreto n. 8.327 de outubro de 2014, cujo teor é o seguinte: "a parte que invoca a quebra do contrato deve tomar as medidas razoáveis, levando em consideração as circunstâncias, para limitar a perda, nela compreendida o prejuízo resultante da quebra. Se ela negligenciar em tomar tais medidas, a parte faltosa poderá pedir a redução das perdas e danos, em proporção igual ao montante da perda que poderia ter sio diminuída".

[774] "Art. 422. Os contratantes são obrigados a guardar, assim na conclusão do contrato, como em sua execução, os princípios de probidade e boa-fé".

[775] O trabalho pioneiro na análise do tema é da professora Vera Fradera. Cf. FRADERA, Véra Maria Jacob. Pode o credor ser instado a diminuir o próprio prejuízo? In: *Revista Trimestral de Direito Civil*, v. 19, p. 109-119, jul./set. 2004. p. 116-117. A autora apresentou o Enunciado n. 169, que foi aprovado na III Jornada de Direito Civil no Conselho da

ser preferível o entendimento que atrela a mitigação de danos à contribuição causal do credor que afete a medida da indenização, isto é, em relação às consequências que sejam efetivamente atribuíveis ao inadimplemento da obrigação contratual pelo devedor.

A conduta – comissiva ou omissiva – do credor, que falha na mitigação de danos, pode levar ao rompimento parcial ou até completo do nexo causal, fazendo com que não deva ser ressarcido dos danos na proporção que ele, por sua ação ou omissão, ocasionou ou agravou as consequências do inadimplemento. Não parece haver dever jurídico de mitigar danos, ainda que anexo à prestação, com base na boa-fé objetiva, tendo em vista que, se tal dever heterônomo existisse, o descumprimento culposo ensejaria inadimplemento pela parte.[776]

Dessa forma, a mitigação de danos pelo credor é relevante para o cálculo da medida das perdas e danos, não tendo qualquer relação com a definição da imputabilidade da inexecução da obrigação contratual. Em outras palavras, a falha do credor em tomar medidas razoáveis para reduzir as consequências patrimoniais da inexecução da obrigação não apaga a reivindicação de danos, porquanto houve o inadimplemento do contrato pelo devedor, sendo afetada apenas a medida da indenização

---

Justiça Federal, segundo o qual "o princípio da boa-fé objetiva deve levar o credor a evitar o agravamento do próprio prejuízo". No mesmo sentido, cf. MORAES, Bruno Terra de. *O dever de mitigar o próprio dano:* fundamento e parâmetros no direito brasileiro. Rio de Janeiro: Lumen Juris, 2019. p. 75-82. Apesar de ter se manifestado poucas vezes, a jurisprudência do Superior Tribunal de Justiça parece adotar a boa-fé objetiva como fundamento do dever de mitigar danos. Cf. BRASIL. Superior Tribunal de Justiça. *REsp 1401233/RS*. Relator: Min. Paulo de Tarso Sanseverino. Julgamento: 17/11/2015. Órgão Julgador: 3ª Turma. Publicação: DJe 26/11/2015. BRASIL. Superior Tribunal de Justiça. REsp *758.518*/PR. Relator: Min. Vasco Della Giustina (Desembargador convocado do TJ/RS). Julgamento: 17/06/2010. Órgão Julgador: 3ª Turma. Publicação: DJe 28/06/2010. Em sentido similar, no direito português, PROENÇA, José Carlos Brandão. *Lições de cumprimento e não cumprimento das obrigações*. 2. ed. rev. e atual. Porto: Universidade Católica Editora Porto, 2017. p. 306-307.

[776] Sobre o descumprimento de deveres anexos que leve ao inadimplemento contratual, ver item 1.2.2 *supra*.

em relação àquelas consequências supérfluas e evitáveis, exatamente por serem atribuídas à conduta da própria parte lesada.[777] [778]

Portanto, a hipótese de o credor não realizar os atos que estariam ao seu alcance, razoavelmente, para diminuir ou evitar o crescimento do próprio prejuízo não se confunde com a concorrência de causas, prevista no artigo 945 do Código Civil, uma vez que "diz respeito a uma atitude do credor que não está relacionada à causa do prejuízo, mas com a sua eventual dimensão".[779] [780] Seja como for, no momento da mensuração das perdas e danos, as condutas do devedor e do credor deverão ter as respectivas causalidades dimensionadas, para se chegar ao dano patrimonial indenizável.[781]

Por fim, na fixação das perdas e danos, não se deve permitir confusão entre o dano patrimonial sofrido pelo credor e o lucro obtido pelo devedor. Como repetidamente afirmado, o dano indenizável é aquele que tenha sido *causado* pelo devedor ao patrimônio do credor em razão do inadimplemento. A responsabilidade contratual visa à reparação integral do dano e, por isso, se orienta pela medida da diferença. Não se reconhece função preventiva e/ou punitiva na obrigação de indenizar que possa justificar a imposição simultânea de obrigação de restituir os lucros

---

[777] ZIMMERMANN, Reinhard. Art. 9:504: Loss Attributable to Aggrieved Party. In: JANSEN, Nils; ZIMMERMANN, Reinhard. *Commentaries on European Contract Laws.* Oxford: Oxford University Press, 2018. p. 1475-1486. p. 1483.

[778] Cf. Enunciado n. 629, aprovado na VIII Jornada de Direito Civil no Conselho da Justiça Federal, *in verbis*: "a indenização não inclui os prejuízos agravados, nem os que poderiam ser evitados ou reduzidos mediante esforço razoável da vítima. Os custos de mitigação devem ser considerados no cálculo da indenização".

[779] MARTINS-COSTA, Judith. *Comentários ao novo Código civil:* do inadimplemento das obrigações. 2. ed. Rio de Janeiro: Forense, 2009. v. 5, t. 2. p. 492, n. 102.

[780] Em sentido contrário, há o Enunciado n. 630, também aprovado na VIII Jornada de Direito Civil no Conselho da Justiça Federal: "Culpas não se compensam. Para efeitos do artigo 945 do Código Civil, cabe observar os seguintes critérios: (i) há diminuição do *quantum* da reparação do dano causado quando, ao lado da conduta do lesante, verifica-se ação ou omissão do próprio lesado da qual resulta o dano, ou o seu agravamento, desde que (ii) reportados ambas as condutas a um mesmo fato, ou ao mesmo fundamento de imputação, conquanto possam ser simultâneas ou sucessivas, devendo-se considerar o percentual de agir de cada um".

[781] Sobre a exclusão das perdas evitadas da composição da indenização, ver item 3.3 *infra*.

à parte inadimplente, mesmo que tais ganhos sejam consequências do inadimplemento contratual, e ainda que superiores às perdas da parte lesada.[782]

Contudo, em termos práticos, a questão não é tão simples. Se, no sistema da *common law*, a regra é a responsabilidade compensatória, com a indenização fixada conforme os danos da expectativa,[783] há precedentes que reconhecem a fixação de danos chamados de restitucionais (*restitutionary damages*) ou de danos baseados nos ganhos (*gain based damages*).[784] Esses danos não se confundem com a restituição da prestação correspectiva ao credor prejudicado[785] e tendem a ser aplicados nas situações em que o credor não tenha sofrido perda patrimonial (ou que ela não tenha sido economicamente expressiva), porém o devedor obteve lucro relevante ao não cumprir a prestação, especialmente quando tenha atuado oportunisticamente no inadimplemento (*i. e.* na quebra eficiente do contrato).[786]

Já nos ordenamentos jurídicos do sistema da *civil law*, há normas que estabelecem o critério do lucro do ofensor *não* para a mensurar as perdas e danos devidas ao credor lesado, mas, sim, como instrumento do direito restitutório, especificamente quando haja o incumprimento doloso pelo

---

[782] Proença, José Carlos Brandão. *Lições de cumprimento e não cumprimento das obrigações.* 2. ed. rev. e atual. Porto: Universidade Católica Editora Porto, 2017. p. 298.

[783] Kramer, Adam. *The law of contract damages.* 2. ed. Oxford; Portland, Oregon: Hart Publishing, 2017. p. 13. Sobre o tema, ver item 1.2.1 *supra* do primeiro capítulo.

[784] Cf. Markovits, Daniel; Schwartz, Alan. The Myth of Efficient Breach: New Defenses of The Expectation Interest. In: *Virginia Law Review.* v. 97, n. 8, 2011, p. 1939-2008. p. 1941-1942. Giglio, Francesco. *The Foundations of Restitution for Wrongs.* Oxford: Hart, 2007. p. 86-87.

[785] Portanto, não são o mesmo do que o *restitution interest*, ou, na linguagem utilizada ao longo do texto, a restituição da prestação correspectiva. Cf. Fuller, L. L.; Perdue Jr., William R. The Reliance Interest in Contract Damages: 1. In: *Yale Law Journal*, v. 46, p. 52-96, 1936. p. 53-54.

[786] Cf. Farnsworth, Ward. *Restitution*: Civil Liability for Unjust Enrichment. Chicago: University of Chicago Press, 2014. p. 100-103, que analisa os dois principais leading cases no tema: *Wrotham Park Estate Co Ltd v Parkside Homes Ltd* [1974] 1 WLR 798 e *Attorney-General v Blake* [2001] 1 AC 268. A situação de inadimplemento lucrativo em análise de custo-benefício para o devedor foi abordada no item 1.2.2 *supra*, quando se tratou da teoria do *efficient breach*.

devedor, diante do aparecimento de melhor oferta no mercado.[787] Assim, no âmbito do direito alemão, na situação do inadimplemento eficiente, em que haja a chamada compra e venda dupla, pela qual o vendedor deixa de cumprir intencionalmente a prestação, não entregando a coisa objeto do contrato ao comprador, para entregá-la a terceiro, que apresentou proposta economicamente mais vantajosa, aplica-se a regra prevista no § do 285 do Código Civil alemão (BGB). Tal regra permite ao comprador do contrato primitivo obter, em vez da indenização, a restituição do lucro que o vendedor obteve na segunda transação econômica.[788]

Por sua vez, no direito brasileiro, em situação bastante excepcional, o lucro obtido pela parte inadimplente poderá ser adotado como critério para a quantificação de perdas e danos. No campo da propriedade industrial, há a regra do artigo 210 da Lei n. 9.279 de 1996, segundo a qual os lucros cessantes devem ser mensurados pela opção que for mais favorável ao lesado, dentre as quais está a possibilidade de adoção, como parâmetro da indenização, do ganho da parte lesante, isto é, "os benefícios que foram auferidos pelo autor da violação do direito".[789]

A hipótese prevista na Lei de Propriedade Industrial é diversa da norma estabelecida para compra e venda dupla antes mencionada, oriunda do direito alemão, pois a regra do direito brasileiro prevê o lucro do ofensor – e não propriamente o dano do ofendido – como critério de *quantificação* da indenização. Com efeito, a norma brasileira vai de encontro ao papel do nexo causal como limitador do dano indenizável, que atua

---

[787] Kötz, Hein. *European contract law*. 2. ed. Oxford: Oxford University Press, 2017. p. 270.

[788] Código Civil alemão, "art. 285. (1) If the obligor, as a result of the circumstance by reason of which, under section 275 (1) to (3), he has no duty of performance, obtains reimbursement or a claim to reimbursement for the object owed, the obligee may demand return of what has been received in reimbursement or an assignment of the claim to reimbursement. (2) If the obligee may demand damages in lieu of performance, then, if he exercises the right stipulated in subsection (1) above, the damages are reduced by the value of the reimbursement or the claim to reimbursement he has obtained". Cf. Zimmermann, Reinhard. *La indemnización de los daños contractuales*. Santiago: Ediciones Olejnik, 2019. p. 89-90.

[789] Lei n. 9.279 de 1996, "art. 210. Os lucros cessantes serão determinados pelo critério mais favorável ao prejudicado, dentre os seguintes: (...) II⁻ os benefícios que foram auferidos pelo autor da violação do direito; (...)".

na verificação da sua extensão, isto é, na função do nexo de causalidade como elemento definidor do *quantum debeatur*.[790] Entende-se que não andou bem o legislador brasileiro, seja pela violação da função reparatória da responsabilidade civil, seja pela confusão criada entre o instituto e o direito restitutório (no caso, o instituto do lucro de intervenção).[791]

Repita-se, mais uma vez, que a responsabilidade civil não configura resposta adequada para qualquer ânimo vingativo do credor, porquanto não possui função de punir o devedor, mas de garantir ao prejudicado o direito à reparação integral do dano que tenha sido efetivamente sofrido. Por tal razão, apenas excepcionalmente, em razão de específica autorização legislativa, o lucro do devedor poderá funcionar como parâmetro

---

[790] GUEDES, Gisela Sampaio da Cruz. *O problema do nexo causal na responsabilidade civil.* Rio de Janeiro: Renovar, 2005. p. 22.

[791] Embora não seja o objeto da presente tese, entende-se abstratamente admissível a aplicação do instituto do lucro da intervenção na situação de inadimplemento eficiente pelo devedor, o que deverá ser compatibilizado com a responsabilidade contratual. Se a responsabilidade civil não é apta a retirar o lucro ilegítimo do patrimônio da parte devedora, o lucro da intervenção é funcionalmente voltado a promover a exclusão do proveito econômico ilegítimo do patrimônio do ofensor. Para tanto, identificam-se quatro pontos a serem verificados na situação jurídica concreta: (i) o lucro da intervenção não poderá funcionar como instrumento para a revisão da alocação de riscos do programa contratual, não podendo ser admitido como sucedâneo de lucros cessantes, na quantificação da indenização de forma a burlar o princípio da reparação integral dos danos; (ii) deve existir efetivo lucro para o devedor na segunda operação econômica, sem o qual não há que se falar da aplicação do instituto do lucro da intervenção; (iii) a subsidiariedade do lucro da intervenção frente a responsabilidade civil significa que a fixação do montante do lucro a ser restituído ao patrimônio do credor leve em conta a indenização que a mesma parte receba do devedor, sob pena de violação da proibição do *bis in idem*; e (iv) deve ser feita a ponderação, no caso concreto, entre os interesses envolvidos, tendo em vista que o contrato é, em tese, instrumento hábil para justificar o enriquecimento do devedor, porém a legitimidade da operação econômica deve ser verificada na situação concreta. Sobre o tema, seja concedido remeter à SANTOS, Deborah Pereira Pinto dos. Resolução por inadimplemento eficiente do contrato: indenização e lucro da intervenção. In: SCHREIBER, Anderson; MONTEIRO FILHO, Carlos Edilson do Rêgo; OLIVA, Milena Donato (Coords.). *Problemas de Direito Civil*: homenagem aos 30 anos de cátedra do professor Gustavo Tepedino por seus orientandos e ex-orientandos. Rio de Janeiro: Gen Forense, 2022. p. 353-371.

para aferição dos lucros cessantes, sob pena de completa *desvirtuação* da responsabilidade civil.[792]

3.1.2 O papel dos juros legais de mora nas obrigações pecuniárias que acompanham a resolução contratual

Em razão da herança do direito português, que teve evidente influência do direito canônico,[793] o direito brasileiro tem histórico de medidas constritivas impostas à autonomia privada no contexto de vedação à usura.[794] Além disso, há diversidade de regimes aplicáveis às relações contratuais,[795] motivando a percepção de que o tratamento legal dos

---

[792] GUEDES, Gisela Sampaio da Cruz. *Lucros cessantes:* do bom-senso ao postulado normativo da razoabilidade. São Paulo: Editora Revista dos Tribunais, 2011. p. 212.

[793] Cf. HESPANHA, António Manuel. *A cultura jurídica europeia*: síntese de um milénio. Coimbra: Almedina. 2012. p. 139-148. A contextualização da sistemática dos juros deve partir de perspectiva comparativa histórica. Se, na Antiguidade, o direito tendia ao reconhecimento da validade da fixação de juros em contratos de empréstimo, vedando somente a previsão de taxa excessiva usurária, a situação mudou completamente a partir da baixa Idade Média. Com a ascensão do poder político da Igreja Católica no continente Europeu, passou-se "a condenar toda espécie de juro, como contrária à caridade cristã", chegando-se ao ponto de se atribuir à palavra usura "o sentido de todo juro, seja ele qual for". Apesar da proibição formal, surgiram meios de contorná-la, dentre eles a estipulação de juros moratórios. Durante a Idade Média, passou-se a autorizar que o devedor pagasse determinada quantia ao credor se não cumprisse a obrigação na data fixada, cuja justificativa era o atraso. A partir daí, nasciam os juros de mora umbilicalmente vinculados à responsabilidade civil, de forma que mesmo o direito canônico permitia a adoção de juros moratórios voltados a ressarcir "prejuízo (*damnum*) suportado pelo credor; distinguem desde então a *usura* e o *interesse*, [sendo o último] admitido em caso de *damnum* (donde a expressão moderna: *dommages-intérêts* – perdas e danos") (GLISSEN, John. *Introdução histórica ao direito*. Tradução de HESPANHA, A. M. e MALHEIROS, L. M. Macaísta. 4. ed. Lisboa: Fundação Calouste Gulbenkian, 2003. p. 766-769). Sobre a origem da expressão *dommages-intérêts*, cf. POTHIER, Robert Joseph. *Ouvres de Pothier*. Traité des Obligations. Paris: Béchet Ainé Librairie, 1824. n. 159. p. 80.

[794] A exemplo do Decreto n. 22.626 de 1933 (Lei da Usura) e da Lei Federal n. 1.521 de 1951 (Lei da Economia Popular).

[795] Com efeito, há dois regimes no direito brasileiro quanto à liberdade de estipulação de taxa de juros nas relação privadas: (i) regime aplicável às relações privadas, em que a parte credora possui qualificação de instituição financeira pública ou privada, como parte integrante do Sistema Financeiro Nacional, que tem como objeto o crédito negociado

juros seja considerado *caótico* e *confuso*,[796] ou ainda como conjunto *complexo* e *desarticulado* de normas.[797]

Desde logo, enfatize-se que não se tem pretensão de estudar toda a sistemática legal dos juros no direito brasileiro, assunto que merece sede apropriada. A análise do tema será voltada ao regime legal da espécie moratória, além de ficar restrita aos seguintes pontos: (i) a identificação da função dos juros legais moratórios; (ii) a possibilidade de pedido pelo credor de indenização suplementar; e (iii) a definição do termo inicial em relação aos efeitos da resolução.

Do ponto de vista econômico, os juros representam os ganhos atribuídos ao titular do capital em virtude da inversão, isto é, do uso do capital por alguém que não é o seu titular.[798] Por sua vez, em perspectiva macro, eles funcionam como "elo de uma cadeia de operações capaz de irradiar efeitos positivos ou negativos sobre todas as engrenagens do processo econômico – produção, comercialização e consumo".[799] Em outras palavras, no contexto das relações patrimoniais, os juros são mecanismo de política monetária, atuando como fator que poderá tanto *reduzir* como *estimular* a inadimplência no contexto de livre mercado, o que tem profundas consequências para o bem-estar social.

Do ponto de vista jurídico, deve-se bem definir o *perfil funcional* dos juros incidentes em matéria do direito obrigacional. Para tanto, separam-se as duas espécies de juros: enquanto os juros *remuneratórios* são a compensação pela privação do capital a que se submeteu voluntariamente o titular, a exemplo da realização de contrato de mútuo feneratício, os juros

---

como atividade institucional, conforme a Lei Federal n. 4.595 de 1964; e (ii) regime aplicável a todas as relações privadas em geral, que é regido pelo Código Civil.

[796] TRINDADE, Marcelo. *Apontamentos sobre os juros nas obrigações pecuniárias*. In: TERRA, Aline de Miranda Valverde; GUEDES, Gisela Sampaio da Cruz (Coord.). *Inexecução das Obrigações*: pressupostos, evolução e remédios, vol. 2, Rio de Janeiro: Editora Processo, 2021. p. 171-204.

[797] MARTINS-COSTA, Judith. O regime dos juros no novo direito privado brasileiro. In: *Revista da Ajuris*, v. 34, n. 105, p. 237-264, mar. 2007. p. 237.

[798] SCAVONE JUNIOR, Luiz Antonio. *Juros no Direito Brasileiro*. 5. ed. rev., atual. e ampl. Rio de Janeiro: Forense, 2014. p. 44.

[799] MARTINS-COSTA, Judith. O regime dos juros no novo direito privado brasileiro. In: *Revista da Ajuris*, v. 34, n. 105, p. 237-264, mar. 2007. p. 244.

moratórios são a indenização pelo não cumprimento de obrigação contratual ou legal expressa em pecúnia no tempo, lugar ou forma previstos, independentemente da prova de dano.[800]

Pretende-se focar a análise dos juros legais moratórios, no contexto da resolução contratual por inadimplemento. Por determinação legal, os juros de mora serão sempre devidos na situação de inexecução de obrigação pecuniária, seja ela legal ou contratual, já que configuram "verba acessória que se agrega por *força de lei* à prestação principal".[801] Considerando-se, especificamente, a situação de inadimplemento absoluto, incidirão juros moratórios à indenização substitutiva à prestação contratual, que consiste em obrigação fixada no equivalente ao dano em dinheiro, se houver mora no pagamento das perdas e danos.[802]

Tradicionalmente, afirma a doutrina que os juros moratórios são componente da indenização a título de lucros cessantes, isto é, os juros de mora constituem compensação geral por ganhos frustrados.[803] Trata-se de visão que remonta à origem do instituto no direito canônico, conforme lição de Pothier. Segundo o autor francês, nas obrigações de dar soma em dinheiro, em razão da variedade de cenários possíveis para o credor, diante da inexecução da obrigação, bem como da dificuldade de comprovação do dano, a lei deve estabelecer regramento definindo acerca da indenização. Consequentemente, os lucros cessantes por determinação

---

[800] MARTINS-COSTA, Judith. O regime dos juros no novo direito privado brasileiro. In: *Revista da Ajuris*, v. 34, n. 105, p. 237-264, mar. 2007. p. 247.

[801] "Art. 404. As perdas e danos, nas obrigações de pagamento em dinheiro, serão pagas com atualização monetária segundo índices oficiais regularmente estabelecidos, abrangendo juros, custas e honorários de advogado, sem prejuízo da pena convencional". Cf. TEPEDINO, Gustavo; e SCHREIBER, Anderson. *Fundamentos do direito civil*: Obrigações. Rio de Janeiro: Forense, 2020. v. 2. p. 345.

[802] NEVES, José Roberto de Castro. *Direito das Obrigações*. 7. ed. Rio de Janeiro: LMJ Mundo Jurídico, 2017. p. 358. De igual modo, na situação de inadimplemento relativo (mora), apesar de ainda permanecer a possibilidade de execução da prestação *in natura*, assim como o interesse do credor no recebimento, é possível à parte prejudicada requerer a indenização pelos danos de mora, que consiste em obrigação pecuniária, a qual poderá ser acompanhada de juros moratórios, se não houver o pagamento tempestivo pela parte inadimplente.

[803] FISCHER, Hans Albrecht. *Los daños civiles y su reparación*. Tradução de W. Roces. Madrid: Suarez, 1928. p. 42.

legal serão os juros, denominados também de interesses (*intérêts*).[804] Os juros moratórios são a indenização pelo "dano referente ao valor que o lesado deixou de auferir por não ter à sua disposição o dinheiro no momento oportuno", o que, em termos pragmáticos, "representa nada menos do que os lucros cessantes devidos pelo atraso no cumprimento da prestação".[805]

Em definitivo, apesar de existir balizada doutrina em sentido diverso, que lhes atribui caráter de sanção,[806] entende-se que a função dos juros moratórios é *reparatória*, constituindo parcela da indenização (*i. e.* os lucros cessantes) concedida ao credor prejudicado pelo inadimplemento de obrigação legal ou contratual, em regra fixada em pecúnia.[807] Ou seja, os juros de mora estão associados "à responsabilidade civil, na medida em

---

[804] POTHIER, Robert Joseph. *Ouvres de Pothier*. Traité des Obligations. Paris: Béchet Ainé Librairie, 1824. n. 169. p. 88-89. Este entendimento foi adotado por Clóvis Beviláqua, ao comentar o artigo 1.061 do Código Civil de 1916. Cf. BEVILAQUA, Clovis. *Código Civil dos Estados Unidos do Brasil*. 8. ed. Rio de Janeiro: Editora Paulo de Azevedo Ltda., 1950. v. 4. p. 177-178.

[805] GUEDES, Gisela Sampaio da Cruz. *Lucros cessantes:* do bom-senso ao postulado normativo da razoabilidade. São Paulo: Editora Revista dos Tribunais, 2011. p. 169-170.

[806] Defendem os professores Daniel Bucar e Caio Ribeiro Pires que os juros de mora possuem função de sanção, como "reprovação social ao descumprimento de uma obrigação contratual ou extracontratual". Cf. BUCAR, Daniel; PIRES, Caio Ribeiro. Juros moratórios na teoria do inadimplemento: em busca da sua função e disciplina no direito civil. In: TERRA, Aline de Miranda Valverde; GUEDES, Gisela Sampaio da Cruz (Coord.). *Inexecução das Obrigações*: pressupostos, evolução e remédios. Rio de Janeiro: Editora Processo, 2020. p. 451-480. p. 465.

[807] Cf. na jurisprudência: BRASIL. Superior Tribunal de Justiça. *EDcl no REsp 1089720/RS*. Relator: Min. Mauro Campbell Marques. Julgamento: 27/02/2013. Órgão Julgador: 1ª Seção. Publicação: DJe 06/03/2013; BRASIL. Superior Tribunal de Justiça. *REsp 1138695/SC*. Relator: Min. Mauro Campbell Marques. Julgamento: 22/05/2013. Órgão Julgador: 1ª Seção. Publicação: DJe 31/05/2013; BRASIL. Superior Tribunal de Justiça. *AgRg no REsp 1486100/SC*. Relator: Min. Mauro Campbell Marques. Julgamento: 18/12/2014. Órgão Julgador: 2ª Turma. Publicação: DJe 19/12/2014. Registre-se que há decisão, com repercussão geral, no âmbito do Supremo Tribunal Federal que reconheceu natureza indenizatória aos juros de mora, que se consubstanciam na aplicação da taxa SELIC. Cf. BRASIL. Supremo Tribunal Federal. *RE 1063187.* Relator: Min. Dias Toffoli. Julgamento: 27/09/2021. Órgão Julgador: Tribunal Pleno. Publicação: DJe 30/09/2021.

que compõem a indenização devida pela privação do capital correspondente ao descumprimento de dever jurídico – legal ou convencional".[808]

Diante do inadimplemento da obrigação pecuniária, a regra é que o ressarcimento dos lucros cessantes seja feito por meio de juros moratórios.[809] É a própria privação do capital sofrida pelo titular que configura *per se* dano, sendo que os juros legais de mora passam a ser devidos "a partir do momento em que a vítima faria jus ao bem, independentemente, quanto a este aspecto, da reprovabilidade da conduta do civilmente responsável".[810] Deverão ser computados juros moratórios "mesmo que nada tenham convencionado as partes a seu respeito, ou ainda, fora do âmbito negocial, quando provierem de determinação legal, como nas obrigações decorrentes de ilícito", a exemplo da indenização substitutiva à prestação.[811]

Os juros de mora constituem exceção ao princípio da reparação integral, afastando-se a teoria da diferença para a definição da medida do dano patrimonial. A *ratio* da regra está em que a simples supressão de disponibilidade de riqueza para o titular, em razão da privação de capital, lhe gere dano.[812] Não há necessidade de prova da existência da diferença patrimonial para o credor prejudicado, haja vista que a lei civil traz presunção absoluta de dano.[813] Dito diversamente, "os juros de mora, por constituírem vicissitude própria do inadimplemento, são devidos independentemente da demonstração de prejuízo por parte do credor".[814]

---

[808] TEPEDINO, Gustavo; VIÉGAS, Francisco. Notas sobre o termo inicial dos juros de mora e o artigo 407 do Código Civil. In: *Scientia Iuris*, v. 21, n. 1, p. 55-86, 2017. p. 57.

[809] MARTINS-COSTA, Judith. *Comentários ao novo Código civil*: do inadimplemento das obrigações. Rio de Janeiro: Forense, 2003. v. 5, t. 2. p. 372.

[810] TEPEDINO, Gustavo; VIÉGAS, Francisco. Notas sobre o termo inicial dos juros de mora e o artigo 407 do Código Civil. In: *Scientia Iuris*, v. 21, n. 1, p. 55-86, 2017. p. 59.

[811] TEPEDINO, Gustavo; e SCHREIBER, Anderson. *Fundamentos do direito civil*: Obrigações. Rio de Janeiro: Forense, 2020. v. 2. p. 346.

[812] GOMES, Orlando. *Obrigações*. 19. ed. Rio de Janeiro: Forense, 2019. p. 159.

[813] VINEY, Geneviève; JOURDAIN, Patrice; e CARVAL, Suzanne. *Traité de Droit Civil*: les effets de la responsabilité. 4. ed. Paris: LGDJ, 2017. p. 722, para quem a presunção legal de juros moratórios é praticamente regra universal, pois se encontra presente na maioria ou na quase totalidade dos ordenamentos jurídicos.

[814] Código Civil de 2002, art. 407. "Ainda que se não alegue prejuízo, é obrigado o devedor aos juros da mora que se contarão assim às dívidas em dinheiro, como às prestações

Reconhece-se a possibilidade tanto da exclusão pela autonomia privada da incidência de juros moratórios, como da fixação de indenização suplementar por regra convencional, desde que as partes assim o ajustem.[815] Caso não haja previsão de cláusula penal, o parágrafo único do artigo 404 do Código Civil corrige a omissão da legislação anterior. A regra legal permite ao magistrado que, mediante prova no caso concreto, no sentido da insuficiência dos juros legais de mora para abarcar todo o dano, conceda a indenização necessária, para que patrimônio do

---

de outra natureza, uma vez que lhes esteja fixado o valor pecuniário por sentença judicial, arbitramento, ou acordo entre as partes". TEPEDINO, Gustavo; VIÉGAS, Francisco. Notas sobre o termo inicial dos juros de mora e o artigo 407 do Código Civil. In: *Scientia Iuris*, v. 21, n. 1, p. 55-86, 2017. p. 66.

[815] Cf. TEPEDINO, Gustavo; e SCHREIBER, Anderson. *Fundamentos do direito civil*: Obrigações. Rio de Janeiro: Forense, 2020. v. 2. p. 346. MARTINS-COSTA, Judith. O regime dos juros no novo direito privado brasileiro. In: *Revista da Ajuris*, v. 34, n. 105, p. 237-264, mar. 2007. p. 248. Discussão interessante é acerca da existência de limites legais aos juros de mora convencionais. Sobre o tema, Marcelo Trindade defende a aplicação do limite do artigo 591 do Código Civil, que é previsto para os juros remuneratórios. Cf. TRINDADE, Marcelo. *Apontamentos sobre os juros nas obrigações pecuniárias*. In: TERRA, Aline de Miranda Valverde; GUEDES, Gisela Sampaio da Cruz (Coord.). *Inexecução das Obrigações*: pressupostos, evolução e remédios, vol. 2, Rio de Janeiro: Editora Processo, 2021. p. 171-204. Por sua vez, Daniel Bucar e Caio Pires discorrem sobre os diversos entendimentos encontrados na doutrina e defendem a aplicação do limite do artigo 5º do Decreto 22.626/33 (Lei da Usura) combinado com a taxa do § 1º do artigo 160 do Código Tributário Nacional, de modo que a taxa de juros moratórios convencional poderá chegar ao máximo de 24% ao ano. Cf. BUCAR, Daniel; PIRES, Caio Ribeiro. Juros moratórios na teoria do inadimplemento: em busca da sua função e disciplina no direito civil. In: TERRA, Aline de Miranda Valverde; GUEDES, Gisela Sampaio da Cruz (Coord.). *Inexecução das Obrigações*: pressupostos, evolução e remédios. Rio de Janeiro: Editora Processo, 2020. p. 451-480. p. 472-475. Já a jurisprudência do Superior Tribunal de Justiça tende limitar a taxa a 12% ao ano, conforme a Lei da Usura. Cf.: "[...] 3. As conclusões adotadas pelo órgão julgador no sentido de limitar os juros moratórios em 1% ao mês, reduzindo o percentual estabelecido no contrato, estão em consonância com a jurisprudência desta Corte Superior, atraindo a aplicação da Súmula 83 do STJ" (BRASIL. Superior Tribunal de Justiça. *AgInt no REsp 1169276/RJ*. Relator: Min. Marco Buzzi. Julgamento: 12/06/2018. Órgão Julgador: 4ª Turma. Publicação: DJe 19/06/2018).

lesado seja colocado na situação econômico-jurídica que estaria não fosse o dano.[816]

Ademais, em tese, o *caput* do artigo 404 do CC permite a possibilidade de cumulação dos juros de mora com a correção monetária, já que a atualização em si não é parte integrante da indenização a título de lucros cessantes, mas apenas protege o valor de compra da moeda, incidindo sobre a integralidade do débito e devendo ser computada desde o momento do desembolso.[817] Na prática, todavia, vem prevalecendo, no Superior Tribunal de Justiça, a fixação da taxa legal de juros moratórios pela taxa referencial do Sistema Especial de Liquidação e Custódia – SELIC, que não poderá ser cumulada com correção monetária, uma vez que possui vetor de atualização neutralizador de inflação na sua composição.[818]

Nesse contexto, considerando a longa discussão jurisprudencial acerca da taxa legal de juros moratórios,[819] parece crescente a relevância

---

[816] "Art. 404. Parágrafo único. Provado que os juros da mora não cobrem o prejuízo, e não havendo pena convencional, pode o juiz conceder ao credor indenização suplementar". Cf. TEPEDINO, Gustavo; BARBOZA, Heloisa Helena; e MORAES, Maria Celina Bodin de. *Código Civil interpretado conforme a Constituição da República*. 2. ed. Rio de Janeiro: Renovar, 2007. v. 1. p. 739. MARTINS-COSTA, Judith. *Comentários ao novo Código civil*: do inadimplemento das obrigações. Rio de Janeiro: Forense, 2003. v. 5, t. 2. p. 372.

[817] Art. 404, já transcrito na nota 801. DIAS, José de Aguiar. *Da Responsabilidade Civil*. 12. ed. Rio de Janeiro: Lumen Juris, 2011. p. 836. Mesmo durante a vigência do artigo 1.061 do Código Civil de 1916, já autorizava a jurisprudência a possibilidade de incidência da correção monetária. Cf. BRASIL. Superior Tribunal de Justiça. *REsp 317.914/MG*. Rel. Min. Barros Monteiro. Julgamento: 27/11/2001. Órgão Julgador: 4ª Turma. Publicação: DJe 22/04/2002.

[818] Cf. BRASIL. Superior Tribunal de Justiça. *REsp 1846819/PR*. Relator: Min. Paulo de Tarso Sanseverino. Julgamento: 13/10/2020. Órgão Julgador: 3ª Turma. Publicação: DJe 15/10/2020; BRASIL. Superior Tribunal de Justiça. *EDcl no REsp 1025298/RS*. Relator: Min. Massami Uyeda, Relator p/ Acórdão Ministro Luis Felipe Salomão. Julgamento: 28/11/2012. Órgão Julgador: 2ª Seção. Publicação: DJe 01/02/2013. O STJ segue o entendimento já manifestado pelo Supremo Tribunal Federal, cf. BRASIL. Supremo Tribunal Federal. *ARE 656195 AgR*. Relator: Min. Luiz Fux. Julgamento: 18/12/2012. Órgão Julgador: 1ª Turma. Publicação: DJe 19/02/2013.

[819] Trata-se de debate acerca de qual a taxa aplicável aos juros legais moratórios, que é bastante aceso até o presente momento, a despeito da aparente pacificação pelo Superior Tribunal de Justiça. A origem da discussão está no texto legal do artigo 406 do Código Civil, segundo o qual "quando os juros moratórios não forem convencionados, ou o forem

da demanda de indenização suplementar pelo credor prejudicado pelo inadimplemento de obrigação pecuniária. A taxa SELIC funciona como taxa básica de juros da economia, configurando instrumento de política monetária utilizado pelo Governo Federal para controle da inflação e estímulo ao desenvolvimento de atividade econômica no país. Trata-se de taxa calculada a partir de operações diárias, sendo a meta da SELIC definida e revista pelo Comitê de Política Monetária (COPOM), órgão do Banco Central, a cada 45 dias. De fato, a SELIC tem concretamente apresentado altíssima variação ao longo dos anos, tendo flutuado, no período de 20/01/2011 a 21/01/2021, de 10,25% a 2%, com máxima histórica de 14,25% entre 29/07/2015 e 31/08/2016.[820]

Além de estar sujeita à forte flutuação, como foi originalmente prevista para devedores fiscais, ressalta Marcelo Trindade que a taxa SELIC "refletirá, idealmente, o menor custo de capital possível para o próprio Tesouro Nacional" e será, ao menos como regra, "menor do que o custo de capital dos agentes econômicos privados, em obrigações expressas

---

sem taxa estipulada, ou quando provierem de determinação da lei, serão fixados segundo a taxa que estiver em vigor para a mora do pagamento de impostos devidos à Fazenda Nacional". Em síntese, diverge-se se a taxa legal aplicável deve ser a taxa fixa de 1% ao mês prevista no artigo 160 §1º do Código Tributário Nacional ou a taxa SELIC, cuja aplicação foi estendida aos tributos federais por força do artigo 84 da Lei Federal n. 8.981 de janeiro de 1995, dentre outros dispositivos legais. O Superior Tribunal de Justiça pacificou a discussão no julgamento dos Temas 99 e 112 com a prevalência da aplicação da Taxa SELIC. Cf. BRASIL. Superior Tribunal de Justiça. *EREsp 727.842/SP*. Relator: Min. Teori Albino Zavascki. Julgamento: 08/09/2008. Órgão Julgador: Corte Especial. Publicação: DJe 20/11/2008; BRASIL. Superior Tribunal de Justiça. *REsp 1102552/CE*. Relator: Min. Teori Albino Zavascki. Julgamento: 25/03/2009. Órgão Julgador: 1ª Seção. Publicação: DJe 06/04/2009; BRASIL. Superior Tribunal de Justiça. *REsp 1110547/PE*. Relator: Min. Castro Meira. Julgamento: 22/04/2009. Órgão Julgador: 1ª Seção. Publicação: DJe 04/05/2009. Não obstante, a Corte Superior voltará a examinar a questão no julgamento do REsp. 1.081.149/RS, da Quarta Turma, de que é Relator o Ministro Luís Felipe Salomão, no qual foram ouvidas, na condição de *amicus curiae*, diversas entidades governamentais e da sociedade civil. Ressalte-se que o REsp. 1.081.149/RS foi desafetado e, em seu lugar, foi afetado à Corte Especial o REsp. 1.795.982/SP, que está pendente de apreciação pela Corte Especial do STJ.

[820] Fonte: <<https://www.bcb.gov.br/controleinflacao/historicotaxasjuros>>. Acesso 01/03/2021.

em moeda nacional".[821] Por conseguinte, a SELIC costuma ser fixada em valor inferior aos juros remuneratórios pagos pelas instituições financeiras como taxa de retorno de investimento, mesmo em contratos de baixo risco. Se a regra do parágrafo único do artigo 404 do CC autoriza pedido de indenização suplementar, o credor poderá requerer os lucros cessantes excedentes quanto à "perda do custo de oportunidade, assim entendida a diferença entre a taxa legal de juros e aquela que seria obtida em aplicação ordinária e de baixo risco em instituição financeira", além de outros ganhos comprovadamente perdidos.[822]

Por fim, deve ser definido o termo inicial dos juros legais de mora em relação aos efeitos restitutório e indenizatório da resolução. Sobre o tema, o artigo 405 do Código Civil traz regra que, ao menos aparentemente, é bastante clara, segundo a qual "contam-se os juros de mora desde a citação inicial". A disposição, entretanto, não se aplica a toda e qualquer situação de inadimplemento e depende da verificação de qual obrigação foi descumprida na relação jurídica concreta. Por evidência, os juros de mora devem começar a fluir a partir do momento em que o devedor passa a estar em *mora* no cumprimento da obrigação legal ou contratual, e não é sempre que a citação será a forma adotada para constituí-lo em mora.

De acordo com Judith Martins-Costa, é necessário ao intérprete realizar interpretação sistemática entre o artigo 405 e as demais normas referentes à constituição do devedor em mora.[823] Nas obrigações decorrentes de ato ilícito extracontratual, é a data do evento danoso o termo inicial dos juros de mora, a teor do artigo 398 do Código Civil, já que a mora é

---

[821] TRINDADE, Marcelo. *Apontamentos sobre os juros nas obrigações pecuniárias*. In: TERRA, Aline de Miranda Valverde; GUEDES, Gisela Sampaio da Cruz (Coord.). *Inexecução das Obrigações*: pressupostos, evolução e remédios, vol. 2, Rio de Janeiro: Editora Processo, 2021. p. 171-204.

[822] TRINDADE, Marcelo. *Apontamentos sobre os juros nas obrigações pecuniárias*. In: TERRA, Aline de Miranda Valverde; GUEDES, Gisela Sampaio da Cruz (Coord.). *Inexecução das Obrigações*: pressupostos, evolução e remédios, vol. 2, Rio de Janeiro: Editora Processo, 2021. p. 171-204.

[823] MARTINS-COSTA, Judith. *Comentários ao novo Código civil*: do inadimplemento das obrigações. Rio de Janeiro: Forense, 2003. v. 5, t. 2. p. 375.

estabelecida pelo fato que a originou e resulta da determinação legal.[824] Por sua vez, quanto à mora oriunda de ilícito contratual, ela será *ex re* na situação do *caput* do artigo 397 do CC, quando do inadimplemento de obrigação positiva e líquida, em que os juros de mora passarão a correr desde a data do vencimento da obrigação.[825] Já na situação do parágrafo único do artigo 397, em não havendo termo para cumprimento da obrigação, a mora será pessoal (*ex persona*), devendo o credor constituir o devedor em mora, mediante a interpelação judicial ou extrajudicial, a partir da qual terão incidência os juros moratórios.[826]

Ressalva a situação de o devedor não cumprir a obrigação positiva e líquida no prazo (*i. e.* mora *ex re*), no que tange à indenização que acompanha a resolução, considerando que o credor deseja a indenização substitutiva à prestação contratual, resta evidente que, independentemente da vontade dos contratantes, há a necessidade de "interpelação para a constituição do devedor em mora nas hipóteses em que se discute o inadimplemento associado a fatos imputáveis ao devedor que, na perspectiva do credor, caracterizam o inadimplemento".[827] Assim, para que o credor

---

[824] "Art. 398. Nas obrigações provenientes de ato ilícito, considera-se o devedor em mora, desde que o praticou". A questão já está assentada na Súmula 54 da Jurisprudência do STJ, segundo a qual "os juros de mora fluem a partir do evento danoso em caso de responsabilidade extracontratual". Cf., na jurisprudência mais recente: BRASIL. Superior Tribunal de Justiça. *REsp 1114398/PR*. Relator: Min. Sidnei Beneti. Julgamento: 08/02/2012. Órgão Julgador: 2ª Seção. Publicação: DJe 16/02/2012.

[825] "Art. 397. O inadimplemento da obrigação, positiva e líquida, no seu termo, constitui de pleno direito em mora o devedor". Cf. na jurisprudência: BRASIL. Superior Tribunal de Justiça. *REsp 1270983/SP*. Relator: Min. Luis Felipe Salomão. Julgamento: 08/03/2016. Órgão Julgador: 4ª Turma. Publicação: DJe 05/04/2016.

[826] "Art. 397. Parágrafo único. Não havendo termo, a mora se constitui mediante interpelação judicial ou extrajudicial". Cf. na jurisprudência: BRASIL. Superior Tribunal de Justiça. *REsp 644.984/RJ*. Relator(a): Min. Nancy Andrighi. Julgamento: 16/08/2005. Órgão Julgador: 3ª Turma. Publicação: DJe 05/09/2005. Em harmonia com as regras do Código Civil, o artigo 240 do Código de Processo Civil, prevê, dentre os efeitos da citação válida, a constituição em mora do devedor, ressalvado o disposto nos artigos 397 e 398 do CC.

[827] TEPEDINO, Gustavo; VIÉGAS, Francisco. Notas sobre o termo inicial dos juros de mora e o artigo 407 do Código Civil. In: *Scientia Iuris*, v. 21, n. 1, p. 55-86, 2017. p. 65. Cf. BRASIL. Superior Tribunal de Justiça. *REsp 1556834/SP*. Relator: Min. Luis Felipe Salomão. Julgamento: 22/06/2016. Órgão Julgador: 2ª Seção. Publicação: DJe 10/08/2016.

possa requerer as perdas e danos, será necessário constituir o devedor em mora, de modo que contar-se-ão os juros moratórios: (i) a partir da interpelação do devedor, nos termos do parágrafo único do artigo 397 do Código Civil; ou (ii) desde a citação inicial, consoante o artigo 405 do CC. Assim, quanto ao efeito indenizatório da resolução, o qual consiste em obrigação legal fixada no equivalente ao dano em dinheiro, caso não seja promovida a interpelação judicial ou extrajudicial anteriormente ao ajuizamento da demanda resolutiva, será a partir da citação na ação resolutiva que incidirão os juros legais moratórios.[828]

Em relação ao efeito restitutório, deve-se analisar com mais cuidado *se* e *quando* haverá a contagem dos juros de mora, uma vez que a restituição encerra instituto do direito restitutório, e não da responsabilidade civil. Mesmo que a restituição, ou parte dela, seja feita em pecúnia, a *ratio* da eficácia restitutória está na perda da causa de atribuição, inerente à correspectividade das prestações nos contratos bilaterais. Melhor dizendo, com a restituição, objetiva-se a devolução do que se prestou, em razão

---

[828] Registre-se que há viva discussão acerca do termo inicial dos juros incidentes nas obrigações ilíquidas, especialmente se referentes à indenização de dano extrapatrimonial, quer seja oriundo de ilícito contratual ou extracontratual. A discussão envolve a interpretação do artigo 407 do Código Civil, segundo o qual "ainda que se não alegue prejuízo, é obrigado o devedor aos juros de mora que se contarão às dívidas em dinheiro, como às prestações de outra natureza, uma vez que lhes esteja fixado o valor pecuniário por sentença judicial, arbitramento, ou acordo entre as partes", o que daria espaço, nas obrigações ilíquidas, para a fixação do termo *a quo* dos juros de mora apenas a partir do arbitramento do valor da condenação por sentença transitada em julgado. Sem a pretensão de exame profundo do tema – o que foge ao escopo do presente trabalho – parece preferível o entendimento pela incidência de juros moratórios a partir da citação, se não houver anterior constituição da parte inadimplente em mora. Isso, porque o momento da liquidação da sentença não guarda relação necessária com o momento da constituição em mora, uma vez que a função da constituição do devedor em mora consiste, precisamente, em "assinalar o momento a partir do qual incidem os efeitos da mora, dentre os quais sobrelevam os juros" (TEPEDINO, Gustavo; VIÉGAS, Francisco. Notas sobre o termo inicial dos juros de mora e o artigo 407 do Código Civil. In: *Scientia Iuris*, v. 21, n. 1, p. 55-86, 2017. p. 76-77). No mesmo sentido, cf. MARTINS-COSTA, Judith. *Comentários ao novo Código civil*: do inadimplemento das obrigações. Rio de Janeiro: Forense, 2003. v. 5, t. 2. p. 407. Na jurisprudência, cf. BRASIL. Superior Tribunal de Justiça. *REsp 1361800/SP*. Relator: Min. Raul Araújo, Rel. p/ Acórdão Min. Sidnei Beneti. Julgamento: 21/05/2014. Órgão Julgador: Corte Especial. Publicação: DJe 14/10/2014.

da perda de eficácia da relação obrigacional, o que se aplica a ambos os contratantes, independentemente da imputabilidade da inexecução contratual.[829]

Segundo entendimento do Superior Tribunal de Justiça, ressalvada a presença de regra contratual autônoma, a pretensão do direito à restituição, como efeito natural, nasce com a confirmação da resolução por sentença, que extingue a relação obrigacional e inicia a relação de liquidação, cuja principal finalidade será a restituição das respectivas prestações aos contratantes e a recomposição do patrimônio do credor.[830] Dessa forma, caminha a jurisprudência da Corte Superior no sentido de que se, até o trânsito em julgado da decisão que determinou a resolução, não há dever de restituir, também não serão devidos juros de mora. Ou seja, somente passarão a incidir juros moratórios, se houver a configuração de inadimplemento (mora) no pagamento da obrigação legal de restituição.[831]

A rigor da técnica, na resolução, tanto a obrigação de indenizar quanto a obrigação de restituir somente nascem após trânsito em julgado da decisão judicial na ação resolutiva, que efetivamente extingue a relação obrigacional. Em outras palavras, é a sentença que resolve o programa contratual e cria a relação de liquidação, acompanhada do dever de restituir, atribuído a ambos os contratantes e do dever de indenizar, somente atribuído ao devedor inadimplente. O ponto central é que o efeito restitutório é imediato e simultâneo para ambas as partes, especificamente nos contratos bilaterais: apenas depois da intimação para cumprimento da sentença resolutiva – que representa a constituição em mora na obrigação de restituir –, caso não haja a restituição por um dos contratantes, passará a incidir, em favor do outro contratante, juros de mora.

A título ilustrativo, retome-se o exemplo recorrente na jurisprudência brasileira da promessa de compra e venda imobiliária. Ressalte-se que,

---

[829] Sobre a disciplina do efeito restitutório, ver item 2.3 *supra*.

[830] Cf. BRASIL. Superior Tribunal de Justiça. *REsp 1737992/RO*. Relator: Min. Paulo de Tarso Sanseverino. Julgamento: 20/08/2019. Órgão Julgador: 3ª Turma. Publicação: DJe 23/08/2019.

[831] Cf. BRASIL. Superior Tribunal de Justiça. *AgInt no AREsp 1667152/SP*. Relator: Min. Marco Buzzi. Julgamento: 29/06/2020. Órgão Julgador: 4ª Turma. Publicação: DJe 03/08/2020.

INDENIZAÇÃO E RESOLUÇÃO CONTRATUAL

como enfaticamente debatido, a compra e venda é contrato instantâneo, ainda que o pagamento do preço seja parcelado, consequentemente, a resolução tem efeitos retroativos. Assim, considera-se que o parâmetro para a indenização será o *interesse contratual negativo* do credor, tendo em vista que a eficácia resolutiva deve ser igual e coerentemente aplicada em todos os efeitos.[832]

Caso haja o inadimplemento da prestação pelo *promitente vendedor*, o promissário comprador terá direito os seguintes direitos: (i) restituição de todos os valores pagos (*i. e.* sua prestação correspectiva); (ii) indenização referente ao pagamento de juros moratórios, que devem ser computados desde a citação,[833] ressalvada a hipótese de anterior interpelação extrajudicial.[834] Tais juros constituem lucros cessantes pela remuneração do capital a ser restituído ao titular.[835] Além dos juros legais de mora,

---

[832] A análise dos efeitos da resolução no contrato de promessa de compra e venda de bem imóvel foi feita no item 2.4.2 *supra*, com a citação de farta jurisprudência sobre a matéria.

[833] Cf. "[...] 2. O STJ possui firme o entendimento no sentido de que na hipótese de resolução de contrato de promessa de compra e venda de imóvel submetido ao Código de Defesa do Consumidor, deve ocorrer a imediata restituição das parcelas pagas pelo promitente comprador ‒ integralmente, em caso de culpa exclusiva do promitente vendedor/construtor, ou parcialmente, caso tenha sido o comprador quem deu causa ao desfazimento" (Súmula 543/STJ). 3. No caso de ilícito contratual, os juros de mora são devidos a partir da citação. Precedentes" (BRASIL. Superior Tribunal de Justiça. *AgInt no REsp 1839801/RJ*. Relator: Min. Luis Felipe Salomão. Julgamento: 30/11/2020. Órgão Julgador: 4ª Turma. Publicação: DJe 03/12/2020). No mesmo sentido, cf. BRASIL. Superior Tribunal de Justiça. *AgInt no AREsp 1484066/MG*. Relator: Min. Raul Araújo. Julgamento: 18/05/2020. Órgão Julgador: 4ª Turma. Publicação: DJe 01/06/2020.

[834] Cf. "O dever de devolução dos valores pagos só nasce quando o promitente comprador manifesta a sua vontade de rescindir o contrato, o que, no caso dos autos, somente se deu com a propositura da presente demanda, não havendo prova de anterior notificação extrajudicial. Assim, os juros moratórios devem fluir desde a citação e a correção monetária a contar do efetivo desembolso nos termos da Súmula 43 do STJ" (Rio de Janeiro. Tribunal de Justiça do Rio de Janeiro. *AC 0110011-69.2015.8.19.0001*. Relator(a): Des. Sônia de Fátima Dias. Julgamento: 08/03/2017. Órgão Julgador: 23ª Câmara Cível. Publicação: DJe 10/03/2017).

[835] Contudo, tendo em vista a tutela do interesse contratual negativo, não fará parte da indenização do promissário comprador, a título de lucros cessantes, a eventual valorização do valor venal imóvel entre o início da execução do contrato e a sua extinção, pois "[...] a frustração da expectativa de lucro ventilada na hipótese não decorre de ato compulsório

outras parcelas poderão compor a indenização, como ressarcimento de danos emergentes referentes às despesas inutilizadas que foram efetuadas na execução da prestação correspectiva (*e. g.* comissão de corretagem, custeio de taxa condominial e pagamento de tributos incidentes sobre o imóvel),[836] afora aquelas relacionadas diretamente ao inadimplemento da prestação do contrato.

Já o promitente vendedor, parte inadimplente, terá direito à restituição do bem imóvel, cuja propriedade seria transferida em virtude do programa do contrato ora desfeito, a qual deverá ser acompanhada dos frutos civis, considerando-se a hipótese de o promissário comprador ter usufruído do bem durante a vigência do contrato (*e. g.* aluguel para terceiro). Os frutos civis constituem obrigação *in pecunia* e compõem a restituição, de forma que, como acima defendido, não incidirão juros de mora no valor a ser restituído, ressalvada a verificação de efetiva mora da parte na obrigação legal de restituir.[837]

---

imposto pelo vendedor, mas da opção pela resolução antecipada do contrato livremente exercida pelo adquirente". Cf. BRASIL. Superior Tribunal de Justiça. *REsp 1750585/RJ*. Relator: Min. Ministro Ricardo Villas Bôas Cueva. Julgamento: 01/06/2021. Órgão Julgador: 3ª Turma. Publicação: DJe 08/06/2021.

[836] Cf. "[...] Ação de rescisão contratual c/c indenização por danos materiais e moral. Unidade imobiliária comprada na planta. Atraso na entrega das chaves. [...] O construtor/vendedor foi quem deu causa à resolução do contrato, neste caso a restituição das parcelas pagas deve ocorrer em sua integralidade. [...] Em caso de rescisão contratual deve haver a devolução integral do que foi despendido pelo consumidor, incluindo taxas e comissões. Sentença parcialmente reformada. [...]" (Rio de Janeiro. Tribunal de Justiça do Rio de Janeiro. *AC 0110011-69.2015.8.19.0001*. Relator(a): Des. Sônia de Fátima Dias. Julgamento: 08/03/2017. Órgão Julgador: 23ª Câmara Cível. Publicação: DJe 10/03/2017).

[837] Cf. BRASIL. Superior Tribunal de Justiça. *AgInt no AREsp 763.015/SP*. Relator(a): Min. Maria Isabel Gallotti. Julgamento: 26/09/2017. Órgão Julgador: 4ª Turma. Publicação: DJe 27/10/2017, na decisão monocrática, que foi confirmada pela Turma, a Ministra Gallotti deu provimento ao recurso para afastar a incidência de juros de mora na indenização pelo uso do imóvel, com o entendimento de que, como não há fato imputável à parte promissária compradora, que não estava em mora, não há que se atribuir o pagamento de juros moratórios. Ressalte-se que, tecnicamente, não se trata de indenização, e sim de restituição, tendo em vista que a verba foi concedida à parte inadimplente (promitente vendedora) em razão da fruição do bem imóvel pela parte não inadimplente (promissária compradora).

Na situação inversa, caso haja o inadimplemento pelo *promissário comprador*, o promitente vendedor terá direito à restituição do bem imóvel, cuja transferência de propriedade tinha sido autorizada pelo contrato, além dos frutos civis. Ressalte-se que há posição na jurisprudência pela concessão de aluguéis a título de indenização de lucros cessantes referentes à fruição do bem pelo promissário comprador.[838] A rigor, parece incoerente entender a verba como indenização apenas em razão de a parte promissária compradora estar inadimplente, porquanto os alugueis são igualmente concedidos na situação em que a inexecução é imputável ao promitente vendedor.[839] Caso não haja cláusula contratual prefixando a indenização, o que não é hipótese de praxe,[840] o promitente vendedor terá direito ainda ao ressarcimento de outros danos, como as despesas efetuadas que se tornaram inúteis diante da resolução, nas quais incidirão juros de mora desde a citação.

Por sua vez, o promissário comprador, ainda que esteja inadimplente, terá direito à restituição das quantias desembolsadas, com a incidência de correção monetária a partir do desembolso de cada parcela. Será possível, entretanto, a retenção de alguma parte a título de indenização pelo promitente vendedor, conforme haja previsão da cláusula de decaimento. Considerando que o inadimplemento foi da parte promissária compradora, entende a jurisprudência do Superior Tribunal de Justiça que somente serão devidos juros de mora se não houver a restituição após o trânsito em julgado.[841] Como antes visto, a restituição encerra ins-

---

[838] Cf. BRASIL. Superior Tribunal de Justiça. *REsp 1.258.998/MG*. Relator: Min. Paulo de Tarso Sanseverino. Julgamento: 18/02/2014. Órgão Julgador: 3ª Turma. Publicação: DJe 06/03/2014.

[839] A incongruência da jurisprudência é notada por STEINER, Renata C. *Reparação de Danos*: interesse positivo e interesse negativo. São Paulo: Quartier latin, 2018. p. 404-405, nota 975. O tema será retomado quando do estudo dos lucros cessantes referente à perda de oportunidade alternativa, no item 3.2.2.1 *infra*.

[840] Como regra, há a previsão da cláusula de decaimento, que foi tratada no item 2.2.1 *supra*, a qual funciona como cláusula penal compensatória.

[841] Cf. "[...] 2. O entendimento do Tribunal de origem amolda-se à orientação jurisprudencial firmada por este Tribunal Superior, no sentido de que, nos casos de resolução contratual de compromisso de compra e venda por culpa dos adquirentes, os juros moratórios serão computados a partir do trânsito em julgado da decisão, posto que inexiste mora anterior do promitente-vendedor [...]" (BRASIL. Superior Tribunal de Justiça.

tituto do direito restitutório, e não da responsabilidade civil, de forma que é obrigação legal correspectiva para ambos os contratantes. Como dever recíproco, até o trânsito em julgado da decisão que determinou a resolução da relação obrigacional, não há, em termos práticos, mora de quaisquer das partes na obrigação de restituir, o que justifica não serem devidos juros de mora.[842]

3.2 A composição das perdas e danos na resolução – a tutela do interesse contratual negativo do credor

Por tudo o que foi antes estudado, não serão quaisquer consequências patrimoniais relacionadas à inexecução da obrigação contratual que irão compor as perdas e danos.[843] Reitere-se que, se o dano constitui lesão a interesse juridicamente protegido, será o interesse do credor o parâmetro para a medida do dano patrimonial indenizável. A definição do montante indenizatório deverá incluir a perda patrimonial (danos emergentes) e a privação de ganhos (lucros cessantes), desde que estejam em relação de causalidade com o inadimplemento contratual.[844]

De acordo com a teoria da diferença, a quantificação do dano implica a verificação de diferença de valor no patrimônio da parte lesada que tenha sido causada pelo inadimplemento, o que poderá ocorrer tanto pelo aumento do passivo como pela redução do ativo.[845] Não há dano sem que a soma das consequências negativas que derivem do evento

---

AgInt no AREsp 1667152/SP. Relator: Min. Marco Buzzi. Julgamento: 29/06/2020. Órgão Julgador: 4ª Turma. Publicação: DJe 03/08/2020). No mesmo sentido, BRASIL. Superior Tribunal de Justiça. *AgInt no REsp 1596064/RJ*. Relator: Min. Paulo de Tarso Sanseverino. Julgamento: 07/03/2017. Órgão Julgador: 3ª Turma. Publicação: DJe 16/03/2017. BRASIL. Superior Tribunal de Justiça. *AgRg no REsp 759.903/MG*. Relator: Min. Vasco Della Giustina (Desembargador convocado do TJ/RS). Julgamento: 15/06/2010. Órgão Julgador: 3ª Turma. Publicação: DJe 28/06/2010.

[842] Em sentido contrário, pela aplicação dos juros de mora desde a citação na obrigação de restituir, cf. SCAVONE JUNIOR, Luiz Antonio. *Juros no Direito Brasileiro*. 5. ed. rev., atual. e ampl. Rio de Janeiro: Forense, 2014. p. 137-138.

[843] TELLES, Inocêncio Galvão. *Direito das Obrigações*. 7. ed. (Reimpressão). Coimbra: Coimbra Editora, 2010. p. 392.

[844] DE CUPIS, Adriano. *Il danno:* teoria generale della responsabilità civile. 3. ed. Milano: Giuffrè, 1979. v. 1. p. 333.

[845] Sobre a teoria da diferença, ver item 3.1 *supra*.

exceda aritmeticamente a totalidade daquelas positivas que o mesmo evento tenha produzido no patrimônio do credor, conquanto tais benefícios constituam apenas a redução de despesas. A função reparatória da responsabilidade civil intenta que a indenização não deixe o lesado nem mais pobre nem mais rico do que estaria não fosse o evento danoso.[846]

Tanto o interesse contratual positivo como o interesse contratual negativo são medidas indenizáveis na situação de inadimplemento absoluto, a depender da escolha do credor pela resolução da relação obrigacional ou pela execução do programa contratual pelo equivalente pecuniário. A decisão do credor sobre qual o caminho a ser seguido, na relação jurídica concreta, dependerá de como for mais interessante economicamente para a parte cumprir a prestação correspectiva ou ter a sua liberação e restituição, caso já a tenha cumprido, somada com a indenização pelo interesse positivo ou negativo, respectivamente.[847]

Resolução contratual e execução pelo equivalente estão previstas no artigo 475 do Código Civil, cabendo a opção entre elas ao credor. As perdas e danos *adicionais* à resolução não devem ser, ao menos abstratamente consideradas, idênticas àquelas que a parte receberia se tivesse decidido por executar o contrato, uma vez que a restituição garante, por si só, a recuperação da prestação ao credor na resolução. Diversamente, na execução genérica, o credor terá que entregar a prestação correspectiva para fazer jus ao recebimento do equivalente à prestação do devedor em pecúnia, além das perdas e danos. A *ratio* está na eficácia retroativa que é atribuída à resolução, de forma que os efeitos pretéritos do contrato serão apagados, enquanto, na execução, eles serão confirmados e exauridos.[848]

Em definitivo, se a parte escolher a resolução, defende-se a *tutela do interesse contratual negativo* na fixação da indenização, à luz da verificação, sempre na relação concreta, da retroatividade atribuída conjuntamente aos efeitos resolutivos. A indenização definida conforme o interesse negativo será *complementar* à restituição e não está vinculada nem limitada à avaliação contratual das partes em relação às próprias prestações.

---

[846] FISCHER, Hans Albrecht. *Los daños civiles y su reparación*. Tradução de W. Roces. Madrid: Suarez, 1928. p. 185.

[847] Sobre a resolução como direito potestativo do credor, ver item 1.4 *supra*.

[848] PINNA, Andrea. *La mesure du préjudice contractuel*. Paris: LGDJ, 2007. p. 16.

Ademais, deve ser considerada a situação jurídica e econômica em que a parte estaria, no momento da resolução, se não tivesse contratado.[849]

Em obra clássica, Jhering define o interesse negativo como o *interesse na não conclusão do contrato*, traduzindo-se no ressarcimento do dano causado pela realização do contrato.[850] Em paralelo, para Fuller e Perdue, verifica-se a existência do dano pela violação ao interesse da confiança (*reliance interest*), cuja indenização deve recolocar a parte em posição econômico-jurídica tão boa quanto a que teria não fosse o contrato.[851] Assim, garante-se a reparação dos danos oriundos da confiança que o credor depositou na relação obrigacional, que terminou sem efeitos. Consequentemente, reposiciona-se o patrimônio da parte na situação em que estaria se o contrato não tivesse sido concluído com devedor faltoso.[852]

Para além da restituição das prestações recíprocas, a resolução permite à vítima requerer a indenização complementar referente a danos diversos. Assim, no que tange ao parâmetro do interesse negativo, os danos podem ser *intrínsecos*, no sentido de danos que o credor tenha sofrido por conta do próprio objeto da obrigação.[853] São desembolsos que não teriam ocorrido se o contrato não tivesse sido celebrado, mas teriam se materializado como consequências patrimoniais dentro da álea normal se o contrato tivesse sido corretamente executado. Incluem-se, na categoria, as despesas inutilmente assumidas para a celebração e a execução do programa contratual, bem como as oportunidades de negócios renunciadas em virtude da celebração do contrato que, ao fim e ao cabo, não foi executado.[854]

---

[849] VINEY, Geneviève; JOURDAIN, Patrice; e CARVAL, Suzanne. *Traité de Droit Civil*: les effets de la responsabilité. 4. ed. Paris: LGDJ, 2017. p. 434-435.

[850] JHERING, Rudolf Von. *Culpa in contrahendo ou indemnização em contratos nulos ou não chegados à perfeição*. Tradução e nota introdutória de Paulo Mota Pinto. Coimbra: Almedina, 2008. p. 12-13.

[851] FULLER, L. L.; PERDUE JR., William R. The Reliance Interest in Contract Damages: 1. In: *Yale Law Journal*, v. 46, p. 52-96, 1936. p. 54.

[852] LAITHIER, Yves-Marie. *Étude comparative des sanctions de l'inexécution du contrat*. Paris: LGPD, 2004. 173-174.

[853] POTHIER, Robert Joseph. *Ouvres de Pothier*. Traité des Obligations. Paris: Béchet Ainé Librairie, 1824. n. 161. p. 80.

[854] PINNA, Andrea. *La mesure du préjudice contractuel*. Paris: LGDJ, 2007. p. 447.

Por sua vez, no parâmetro do interesse negativo, também são incluídos, na medida da indenização, os danos *extrínsecos,* que são aqueles independentes da execução da prestação pelo credor, porém relacionados diretamente à inexecução imputável ao devedor.[855] Ou seja, são as consequências econômicas que não teriam ocorrido tanto se o contrato tivesse sido corretamente executado, como se ele não tivesse sido sequer celebrado. A rigor, esses danos extrínsecos, ao menos como regra, devem compor a indenização independentemente do parâmetro adotado, seja o interesse positivo, seja o interesse negativo, uma vez que correspondem aos danos causados diretamente pelo inadimplemento contratual.[856]

Sobre o ponto, ainda são necessárias algumas observações antes de se adentrar na análise individualizada dos componentes das perdas e danos, na resolução contratual. Em primeiro lugar, por evidência, limitar o cálculo da indenização devida ao credor ao interesse contratual negativo não significa excluir, *a priori,* qualquer parcela do conteúdo das perdas e danos. Se a parte pretende ter o patrimônio reposicionado na situação econômico-jurídica que teria se jamais tivesse adentrado no contrato, não há qualquer impedimento para que ela requeira lucros cessantes, embora os ganhos obstados sejam diferentes daqueles referentes ao cumprimento da prestação contratual.[857]

Caso as partes não tivessem sequer celebrado o contrato inadimplido, é provável que a parte prejudicada tivesse feito, em vez disso, negócio alternativo, que poderia ter lhe gerado ganho patrimonial. Tal lucro perdido, em decorrência da oportunidade alternativa, é que deverá ser ressarcido como componente da indenização pelo interesse da confiança. Ele não pode ser confundido com ganho referente ao que a própria prestação poderia ter garantido ao credor, se tivesse sido corretamente executada, o qual compõe a indenização pelo interesse do cumprimento. Em suma, a questão não está em saber se a resolução pode ser acompanhada

---

[855] POTHIER, Robert Joseph. *Ouvres de Pothier.* Traité des Obligations. Paris: Béchet Ainé Librairie, 1824. n. 161. p. 80-81.

[856] PINNA, Andrea. *La mesure du préjudice contractuel.* Paris: LGDJ, 2007. p. 447-448.

[857] PINNA, Andrea. *La mesure du préjudice contractuel.* Paris: LGDJ, 2007. p. 62.

de indenização por lucros cessantes, mas na determinação do que constitui esses lucros.[858]

Em segundo lugar, se a parte tem o direito potestativo à livre escolha entre a resolução ou a execução da prestação em pecúnia, o sistema lhe garante *alternatividade*, e não a cumulação ou combinação entre regimes legais diversos. A medida da indenização deverá seguir o parâmetro do interesse negativo *ou* aquele do positivo, conforme a parte decida pela extinção ou pela execução, respectivamente, não se admitindo mistura de composição de parcelas entre eles, para a aferição do dano.[859] Se a indenização visa à compensação de danos, não se pode almejar a *recuperação dupla*, de forma que não poderão ser reivindicados os benefícios da barganha contratual sem incorrer nos respectivos custos. Para que o credor tenha direito ao lucro almejado com o contrato, transferindo-o à responsabilidade do devedor, terá que arcar com o preço, isto é, com a execução da contraprestação, o que não acontece na resolução.[860]

Conforme destaca Paulo Mota Pinto, a demanda simultânea da reparação do interesse positivo e do interesse negativo não é possível por ausência de compatibilidade lógica, pois "ninguém pode pretender ser colocado simultaneamente na situação em que estaria, se não tivesse sido concluído um certo contrato e na situação em que estaria se esse mesmo negócio (fosse eficaz e) tivesse sido cumprido". Isso, porque a soma entre os benefícios advindos da execução da obrigação e aqueles advindos

---

[858] PINNA, Andrea. *La mesure du préjudice contractuel*. Paris: LGDJ, 2007. p. 62. Desde logo, é importante ressaltar que o lucro obstado no interesse negativo, fruto da perda de oportunidade alternativa ao contrato frustrado, não se confunde com a teoria da perda da chance, o que será mais bem analisado no item 3.2.2.1 *infra*.

[859] PROENÇA, José Carlos Brandão. *Lições de cumprimento e não cumprimento das obrigações*. 2. ed. rev. e atual. Porto: Universidade Católica Editora Porto, 2017. p. 377-378. Parte da doutrina que defende a tutela do interesse positivo como parâmetro para a medida das perdas e danos na resolução e aceita que haja a possibilidade de escolha pelo credor do parâmetro do interesse negativo, ressalta, todavia, que a possibilidade de escolha não se confunde com a cumulação entre parâmetros. Cf. AGUIAR JÚNIOR. Ruy Rosado de. *Extinção dos contratos por incumprimento do devedor*. 2. ed. rev. e atual. Rio de Janeiro: AIDE Editora, 2003. p. 269. STEINER, Renata C. *Reparação de Danos:* interesse positivo e interesse negativo. São Paulo: Quartier Latin, 2018. p. 410.

[860] FULLER, L. L.; PERDUE JR., William R. The Reliance Interest in Contract Damages: 1. In: *Yale Law Journal*, v. 46, p. 52-96, 1936. p. 81.

do desfazimento retroativo poderá levar à colocação do patrimônio do credor em situação superior ao cumprimento contratual, violando-se o limite imposto pela reparação integral dos danos.[861] Deve ser verificado se cada componente da indenização está relacionado ao "interesse negativo ou ao interesse positivo, não podendo ser somadas rubricas correspondentes aos dois, sob pena de se colocar o lesado em melhor situação do que estaria em cada uma das hipóteses relevantes e se desrespeitar a exigência de causalidade".[862]

A título exemplificativo, menciona-se decisão monocrática proferida pelo Ministro Paulo de Tarso Sanseverino, do Superior Tribunal de Justiça, na qual, em contrato de compra e venda cujo objeto era a subscrição de valores mobiliários, diante do inadimplemento absoluto pelo vendedor, o comprador das ações requereu a resolução contratual acompanhada da indenização por perdas e danos.[863] De acordo com o Ministro, "antes de se apurar a extensão dos danos, é necessário saber qual tipo de dano (ou interesse) deve ser indenizado". Feita a escolha pela execução pelo equivalente, a parte teria direito à indenização do interesse positivo, que corresponderia à "cotação das ações na bolsa de valores na data do trânsito em julgado, pois, se o contrato tivesse sido cumprido, o consumidor lucraria com a valorização das ações no mercado mobiliário". Diversamente, feita a escolha pela resolução, como de fato ocorreu no caso concreto, a parte teria, além da restituição, direito à indenização do interesse negativo, ou seja, o "lucro que o consumidor auferiria caso não tivesse investido na companhia".

Em síntese, concedeu-se a tutela do interesse negativo, pela qual, no que tange aos lucros cessantes, deverá ser reparada a perda de oportunidade alternativa de investimento de capital. Como antes estudado, em regra, os juros moratórios já exercem a função de lucros cessantes nas obrigações pecuniárias, porém a legislação autoriza pedido de indeniza-

---

[861] PINTO, Paulo Mota. *Interesse contratual negativo e interesse contratual positivo*. Coimbra: Coimbra Editora, 2008. v. 2. p. 1003-1006.

[862] PINTO, Paulo Mota. *Interesse contratual negativo e interesse contratual positivo*. Coimbra: Coimbra Editora, 2008. v. 2. . p. 1009.

[863] Cf. BRASIL. Superior Tribunal de Justiça. *REsp 1.157.444/MS*. Relator: Min. Paulo de Tarso Sanseverino. Julgamento: 24/08/2011. Publicação: DJe 29/08/2011.

ção suplementar, que deverá ser definida, na situação jurídica concreta, tendo como parâmetro a taxa de retorno de investimento ordinário e de baixo risco disponível no mercado. O Ministro Sanseverino concedeu a inclusão de juros remuneratórios, porque equivaleriam a forma mais aproximada da indenização dos lucros cessantes excedentes aos juros legais moratórios, com vistas à reparação integral dos danos.[864]

Em terceiro lugar, mesmo que não se aceite a mistura de parâmetros, é possível que, concretamente, a parcela componente do interesse negativo corresponda, em termos quantitativos, ao mesmo valor da parcela correspondente do interesse positivo. Fuller e Perdue, ao tratarem sobre o *reliance interest* (interesse na confiança), já reconheciam a possibilidade de coincidência com o *expectation interest* (interesse no cumprimento),[865] a qual é somente *factual*, e não jurídica. Tal coincidência poderá ocorrer nas situações em que a fixação do preço no contrato tenha sido feita consoante o preço de mercado, o que poderá autorizar que o mesmo parâmetro seja utilizado para precificar o que aconteceria em negócios alternativos.[866]

Afirma Pietro Trimarchi que a parcela mais importante no interesse negativo referente aos lucros cessantes é constituída pelas oportunidades de negócios alternativos que foram perdidas em razão do compromisso assumido pelo credor na execução da prestação. Na situação de mercado concorrencial e transparente, é possível presumir que as oportunidades alternativas seriam similares ao contrato concluído. Desse modo, o lucro referente à oportunidade alternativa perdida poderá corresponder, ao

---

[864] TRINDADE, Marcelo. *Apontamentos sobre os juros nas obrigações pecuniárias*. In: TERRA, Aline de Miranda Valverde; GUEDES, Gisela Sampaio da Cruz (Coord.). *Inexecução das Obrigações*: pressupostos, evolução e remédios, vol. 2, Rio de Janeiro: Editora Processo, 2021. p. 171-204. Sobre os juros legais de mora, ver itens 3.1.2 *supra*. Como bem destaca Trindade, pela aplicação da teoria da diferença, a indenização suplementar deverá ser calculada, levando-se em conta a diferença existente entre a taxa legal de juros moratórios, que atualmente é a SELIC, e aquela que seria obtida em aplicação ordinária e de baixo risco em instituição financeira.

[865] FULLER, L. L.; PERDUE JR., William R. The Reliance Interest in Contract Damages: 1. In: *Yale Law Journal*, v. 46, p. 52-96, 1936. p. 62.

[866] O tema será retomado no item 3.2.2.1 *infra*, ao tratar de lucros cessantes referentes a oportunidades alternativas perdidas.

menos em termos quantitativos, à perda de lucro referente ao contrato não executado. Em consequência, o interesse positivo, poderá representar o negativo, colocando a parte lesada não só na situação econômico-jurídica equivalente à que estaria diante da execução do contrato, mas também naquela que se encontraria se não o tivesse realizado e, ao contrário, tivesse concluído outro negócio.[867]

Considerando que o preço do contrato seja igual ao *melhor preço alternativo* que o lesado poderia ter obtido no mercado, e ressalvada a existência de outros ganhos específicos, poderá não se verificar *diferença quantitativa* entre os lucros cessantes referentes ao interesse positivo e referentes ao interesse negativo.[868] Não obstante, trata-se de mera coincidência circunstancial, que autoriza o uso da rubrica indenizatória, mas não significa a unidade do conteúdo indenizável entre o interesse positivo e negativo, permanecendo a diversidade de danos e, mais importante, a de causas.[869]

Além disso, se o ordenamento jurídico atribui relevância ao critério subjetivo na avaliação de danos, não necessariamente o credor terá direito ao valor de mercado da prestação (i. e. *aestimatio rei*), ainda que a pretexto de oportunidade alternativa, que deve ser visto apenas como pauta orientadora do quantitativo de ganhos obstados para o lesado. Por fim, somente a parcela da indenização referente aos lucros cessantes poderá ter eventualmente idêntico valor, independentemente do parâmetro do interesse do credor adotado (positivo ou negativo), já que os lucros cessantes foram definidos conforme o preço de mercado. No entanto, a quantificação da indenização como um todo será diferente em relação aos danos emergentes, tendo em vista que as verbas indenizáveis não serão as mesmas conforme o parâmetro adotado, a exemplo das despesas inutilizadas, que somente se aplicam ao interesse negativo.

---

[867] TRIMARCHI, Pietro. *Il contratto*: inadempimento e rimedi. Milano: Giuffrè, 2010. p. 86-87.

[868] PINTO, Paulo Mota. *Interesse contratual negativo e interesse contratual positivo*. Coimbra: Coimbra Editora, 2008. v. 2. p. 1695. PROENÇA, José Carlos Brandão. *Lições de cumprimento e não cumprimento das obrigações*. 2. ed. rev. e atual. Porto: Universidade Católica Editora Porto, 2017. p. 378.

[869] STEINER, Renata C. *Reparação de Danos:* interesse positivo e interesse negativo. São Paulo: Quartier Latin, 2018. p. 253.

Em quarto lugar, é possível que o valor da indenização parametrizada pelo interesse contratual negativo *supere* aquele referente ao positivo. As causas podem ser diversas, tais como mudança de mercado que leve ao aumento do custo da execução da prestação para o credor, ou até erro pela parte na definição do custo econômico do programa contratual, a qual poderá, inclusive, ter optado por firmar contrato que lhe fosse economicamente desfavorável.[870] Nesse sentido, é também possível que a parte tenha, voluntariamente, deixado de lado outras oportunidades negociais mais rentáveis em prol do contrato frustrado.[871] Especialmente em virtude das duas últimas causas mencionadas, a maior generosidade do *quantum* indenizatório na tutela do interesse negativo do credor encontra dificuldade de aceitação e até vedação legal em alguns ordenamentos jurídicos.[872]

---

[870] TRIMARCHI, Pietro. *Il contratto*: inadempimento e rimedi. Milano: Giuffrè, 2010. p. 99.

[871] ZANETTI, Cristiano de Sousa. *Responsabilidade pela ruptura das negociações*. São Paulo: Editora Juarez de Oliveira, 2005. p. 162.

[872] No direito alemão, há regras específicas nos §§122, 179 (2.º) do BGB, que vedam, ao menos da generalidade dos casos, que a indenização do interesse negativo supere o interesse que o prejudicado obteria com o cumprimento da prestação contratual, sendo que o excesso não poderá ser reclamado pelo credor lesado: "Art. 122. (1) If a declaration of intent is void under section 118, or avoided under sections 119 and 120, the person declaring must, if the declaration was to be made to another person, pay damages to this person, or failing this to any third party, for the damage that the other or the third party suffers as a result of his relying on the validity of the declaration; but not in excess of the total amount of the interest which the other or the third party has in the validity of the declaration.(2) A duty to pay damages does not arise if the injured person knew the reason for the voidness or the voidability or did not know it as a result of his negligence (ought to have known it)"; "Art. 179 (2) If the agent was not aware of his lack of power of agency, he is obliged to make compensation only for the damage which the other party suffers as a result of relying on the power of agency; but not in excess of the total amount of the interest which the other or the third party has in the effectiveness of the contract". Cf. FISCHER, Hans Albrecht. *Los daños civiles y su reparación*. Tradução de W. Roces. Madrid: Suarez, 1928. p. 99. Por sua vez, no direito italiano, há entendimento de que a vedação esteja vinculada ao critério da previsibilidade do dano, nos termos do artigo 1.225 do Código Civil italiano, já transcrito na nota 746. Cf. DE CUPIS, Adriano. *Il danno*: teoria generale della responsabilità civile. 3. ed. Milano: Giuffrè, 1979. v. 1. p. 384-388. Já no direito português, afirma Paulo Mota Pinto que a superação do dano correspondente ao interesse negativo daquele referente ao positivo não dever ser aceita

Afirmam Fuller e Perdue que, embora seja concretamente possível que o valor dos danos referentes ao interesse da confiança supere os do interesse da expectativa, tal fato não deverá ser admitido, porquanto representaria a concessão de valor superior à barganha contratual.[873] Em outras palavras, uma vez que os danos da confiança são espécie de consolo para o contratante que não obteve o contrato perfeito, seria ir além da ideia de correspectividade impor ao devedor custo maior do que a execução da prestação contratual lhe causaria.[874]

A parte credora, mesmo que tenha sido prejudicada pelo inadimplemento, não poderá requerer a reparação do interesse da confiança para escapar de mau negócio com o qual antes concordou.[875] O impedimento, todavia, não se aplica a todos os danos, de sorte que se diferenciam as despesas incorridas com base no contrato (*i.e.* intrínsecas ou danos de confiança) e aquelas incorridas em consequência da sua violação (*i.e.* extrínsecas ou *breach-related damages*), sendo que as últimas deverão ser indenizadas independentemente de qualquer limite. Isso, porque estão diretamente relacionadas com o inadimplemento contratual, e o seu ressarcimento não significa colocar o credor em posição patrimonial melhor do que estaria se o contrato não tivesse sido quebrado.[876]

Por sua vez, no direito brasileiro, a legislação civilista é omissa, determinando que a indenizabilidade dos danos emergentes e dos lucros cessantes sejam consequência direta e imediata do dano, conforme os artigos 402 e 403 do Código Civil. Não há parâmetro legal definindo a

---

por contrariar a comportamento lícito alternativo, pois não é finalidade da indenização permitir a transferência ao lesante do resultado negativo de cálculos ou especulações falhadas pelo lesado. Cf. Pinto, Paulo Mota. *Interesse contratual negativo e interesse contratual positivo.* Coimbra: Coimbra Editora, 2008. v. 2. p. 1696. . Coimbra: Coimbra Editora, 2008. v. 2. p. 1696.

[873] Fuller, L. L.; Perdue Jr., William R. The Reliance Interest in Contract Damages: 1. In: *Yale Law Journal*, v. 46, p. 52-96, 1936. p. 75.

[874] Fuller, L. L.; Perdue Jr., William R. The Reliance Interest in Contract Damages: 1. In: *Yale Law Journal*, v. 46, p. 52-96, 1936. p. 80.

[875] Burrows, Andrew S. *Remedies for torts, breach of contract, and equitable wrongs.* 4. ed. Oxford: Oxford University Press, 2019. p. 79-80. Malo Valenzuela, Miguel Ángel. *Remedios frente al incumplimiento contractual.* Cizur Menor: Aranzadi, 2016. p. 230.

[876] Treitel, Guenter Heinz. *Remedies for breach of contract.* Oxford: Clarendon Press, 1988. p. 98.

composição da indenização, seja tratando do interesse do cumprimento, seja tratando do interesse da confiança. Não se verifica, portanto, impedimento legal à recuperação da fração da indenização que supere quantitativamente o cálculo referente ao custo que teria o contratante para a execução da prestação. Em síntese definitiva, apesar de não ser comum, não é vedado que a indenização definida pelo interesse negativo supere o equivalente ao positivo, "desde que [o dano] devidamente demonstrado em toda a sua extensão, ligado que esteja por um nexo causal direto e imediato, pode e deve ser reparado".[877]

Reafirme-se que os parâmetros do interesse negativo e do interesse positivo se referem a situações econômico-jurídicas hipotéticas diversas e que não podem ser confundidas ou cumuladas. Mais do que isso, na definição das perdas e danos, a utilização de parâmetro contratual, seja positivo ou negativo, não poderá significar subterfúgio para deixar a quantificação *além* ou mesmo *aquém* do dano: a medida da indenização é sempre definida conforme a extensão dos danos, a teor do artigo 944 do Código Civil e do princípio da reparação integral.[878]

Em último lugar, como antes visto, uma das principais críticas ao uso do parâmetro do interesse negativo para o cálculo da indenização na resolução é a dificuldade prática de o credor provar os danos, especialmente quanto aos lucros cessantes (*i. e.* oportunidades alternativas), o que poderia autorizar "autêntico prêmio à inadimplência", por facilitar o inadimplemento eficiente do contrato.[879] Para se afastar tal problema, de ordem pragmática, sugere-se o uso do parâmetro do interesse positivo.

---

[877] GUEDES, Gisela Sampaio da Cruz. *Lucros cessantes:* do bom-senso ao postulado normativo da razoabilidade. São Paulo: Editora Revista dos Tribunais, 2011. p. 148. TERRA, Aline de Miranda Valverde. *Cláusula Resolutiva Expressa.* Belo Horizonte: Fórum, 2017. p. 204. Em sentido contrário, pela aplicação da limitação, cf. CHAVES, Antônio. *Responsabilidade pré-contratual.* 2. ed. rev. ampl. e atual. São Paulo: Lejus, 1997. p. 227.

[878] STEINER, Renata C. *Reparação de Danos:* interesse positivo e interesse negativo. São Paulo: Quartier Latin, 2018. p. 255-256.

[879] CORDEIRO, António Menezes. *Tratado de direito civil.* 3. ed. rev. e aum. Coimbra: Almedina, 2017. v. 9. p. 944. O argumento é extensamente desenvolvido por TRIMARCHI, Pietro. *Il contratto:* inadempimento e rimedi. Milano: Giuffrè, 2010. p. 83-92. Sobre os argumentos a favor do parâmetro do interesse positivo na indenização que acompanha a resolução contratual, ver item 2.4.1 *infra.*

Entretanto, para evitar a cumulação da restituição com a indenização que leve em conta o cumprimento contratual, adota-se o chamado *método da diferença*. Tal método garante a compensação entre prestação e contra-prestação, evitando-se que a indenização fique além dos danos.[880]

Como já enfatizado, na acepção técnica, a *teoria da diferença* – que é utilizada para o cálculo do dano patrimonial – parte da comparação entre duas situações econômico-jurídicas: as situações real e hipotética. O parâmetro de comparação é o interesse contratual do credor (*id quod interest*), isto é, a comparação da diferença pode ser feita tanto com o parâmetro hipotético da existência do contrato (positivo), como com o da sua frustração (negativo). A teoria da diferença *não* se confunde com o método da diferença, cuja aplicação é voltada a permitir ao contratante lesado *deixar* de cumprir a prestação e exigir, como indenização, apenas a *diferença* entre o valor da prestação que lhe era devida e a prestação correspectiva, além de ser ressarcido dos demais danos sofridos.[881]

O fato é que a adoção do chamado método da diferença mistura os parâmetros para a definição do interesse positivo com aqueles referentes ao interesse negativo do credor, especialmente em relação à eficácia restitutória da resolução, o que não deve ser encorajado. Além disso, a solução causa grave desequilíbrio na estrutura sinalagmática do contrato, pois praticamente transforma o contrato bilateral em unilateral, uma vez que o credor terá direito, ao mesmo tempo, à pretensão restitutória, referente à própria prestação, e à pretensão indenizatória, referente ao interesse de cumprimento, desde que tenha valor superior à prestação, enquanto o devedor não terá direito ao recebimento da contraprestação.[882]

---

[880] Cf. Pinto, Paulo Mota. Resolução e indenização por inadimplemento do contrato. In: *VI Jornada de Direito Civil*. Brasília: Conselho da Justiça Federal, Centro de Estudos Judiciários, 2013. p. 21-63. p. 48. Steiner, Renata C. *Reparação de Danos*: interesse positivo e interesse negativo. São Paulo: Quartier Latin, 2018. p.380-382.

[881] Larenz, Karl. *Derecho de Obligaciones*. Tradução de Jaime Santos Briz. Madrid: Editorial Revista de Derecho Privado, 1958. t. 1. p. 334-335. Sobre o tema, cf. Steiner, Renata C. *Reparação de Danos*: interesse positivo e interesse negativo. São Paulo: Quartier Latin, 2018. p. 223-229.

[882] Leitão, Luís Manuel Teles de Menezes. *Direito das Obrigações*. 12. ed. Coimbra: Almedina, 2018. v. 2. p. 269-270.

Por fim, segundo lição clássica de Saleilles, a correspectividade entre as obrigações nos contratos bilaterais, apesar de ter embasamento do ponto de vista econômico (como valores recíprocos), deve ser analisada apenas sob ponto de vista *jurídico*. Isso significa que a obrigação da parte não tem o seu conteúdo em si – em âmbito econômico – afetado pela obrigação da outra parte, de modo que não faz qualquer sentido – repita-se, na esfera jurídica – definir a indenização pelo resultado aritmético da subtração do valor da contraprestação (a cargo do credor, prejudicado pelo inadimplemento) do valor da prestação (a cargo do devedor, ora inadimplente).[883]

3.2.1 Danos emergentes

Danos emergentes (*damnum emergens*) contratuais são tradicionalmente definidos como a perda efetiva patrimonial (em razão de lesão a interesse patrimonial juridicamente protegido, acrescenta-se) causada ao credor, devido à inexecução culposa da obrigação pelo devedor,[884] podendo residir tanto na diminuição do ativo, como no aumento do passivo.[885] Considerada a prevalência da tutela do interesse negativo na resolução, os danos emergentes representarão a diminuição do quantitativo de riqueza no patrimônio da parte que não teria ocorrido se o contrato não tivesse sido concluído.[886] A composição dos danos emergentes deverá ser calculada conforme se verifiquem presentes, na situação concreta, os danos intrínsecos, relacionados ao cumprimento contratual pelo lesado, e os danos extrínsecos, vinculados ao inadimplemento da prestação pelo lesante.

Com efeito, quanto aos danos emergentes *intrínsecos*, analisam-se as despesas incorridas pelo credor no *iter negocial* voltadas à conclusão do contrato e ao cumprimento da prestação que lhe será restituída em razão da extinção retroativa da relação obrigacional, desde que tenham sido com-

---

[883] SALEILLES, Raymond. *Théorie générale de l'obligation*. Paris: Librairie Générale de Droit et de Jurisprudence, 1925. p. 184.

[884] POTHIER, Robert Joseph. *Ouvres de Pothier*. Traité des Obligations. Paris: Béchet Ainé Librairie, 1824. n. 159. p. 80.

[885] GILLIERON, Philippe. *Les dommages-intérêts contractuels*. Lausanne: CEDIDAC, 2011. p. 316.

[886] LAITHIER, Yves-Marie. *Étude comparative des sanctions de l'inexécution du contrat*. Paris: LGPD, 2004. 181.

pletamente inutilizadas diante do inadimplemento. Além dos intrínsecos, os danos emergentes *extrínsecos* são adicionados à base de cálculo, cujo montante é destinado a compensar as consequências causadas pela inexecução da obrigação contratual imputável ao devedor. Trata-se de danos que não teriam ocorrido tanto se o contrato tivesse sido corretamente executado, como também se ele não tivesse sido sequer celebrado.[887]

Como se desenvolverá melhor na sequência, os danos extrínsecos correspondem às despesas causadas à parte pelo inadimplemento contratual e àquelas assumidas por causa da responsabilidade perante terceiros que estejam em relação de necessariedade com o inadimplemento. Suponha-se o seguinte exemplo: em um contrato de prestação de serviço de manutenção de rede de computadores, se houver o inadimplemento absoluto pelo prestador em virtude da contaminação dos computadores por vírus, o dano extrínseco, decorrente da perda das informações armazenadas na rede, constituirá parcela do dano emergente a ser ressarcido tanto se o tomador do serviço optar pela resolução quanto se seguir pela execução do equivalente.[888]

O ressarcimento de tais despesas não é exclusivo da tutela do interesse no cumprimento, porquanto são danos advindos do inadimplemento em si, o que demonstra que o interesse positivo e o negativo não necessariamente terão as respectivas quantificações calculadas de forma oposta. A similitude do *quantum* indenizatório entre os parâmetros positivo e negativo é parcial, uma vez que restrita ao cálculo dos danos extrínsecos; ao revés, os danos emergentes intrínsecos serão apenas ressarcidos como danos da confiança.[889] Portanto, para a fixação da indenização que acompanha a resolução, serão danos emergentes todas "as despesas feitas *em razão do contrato* cujos efeitos vieram a ser resolvidos", sejam elas intrínsecas ou extrínsecas em relação ao objeto contratual.[890]

---

[887] PINNA, Andrea. *La mesure du préjudice contractuel*. Paris: LGDJ, 2007. p. 459.

[888] GILLIERON, Philippe. *Les dommages-intérêts contractuels*. Lausanne: CEDIDAC, 2011. p. 328.

[889] LAITHIER, Yves-Marie. *Étude comparative des sanctions de l'inexécution du contrat*. Paris: LGPD, 2004. 185.

[890] MARTINS-COSTA, Judith. O Árbitro e o Cálculo do Montante da Indenização. In: CARMONA, Carlos Alberto; LEMES, Selma Ferreira; MARTINS, Pedro Batista (Coord.).

Em síntese, na medida do interesse contratual negativo, a perda patrimonial sofrida pelo credor incluirá (i) as despesas incorridas para a formação do contrato e para a execução da prestação a ser restituída, tendo em vista que foram inutilizadas; (ii) as despesas incorridas em função da inexecução de obrigação imputável ao devedor, pois o credor não as teria feito se não tivesse celebrado o contrato, incluídos os gastos de mitigação de danos; e (iii) os custos referentes à assunção de responsabilidade perante terceiros, que a parte não teria arcado se não fosse o inadimplemento do contrato. São essas as verbas analisadas a seguir.

3.2.1.1 Despesas no *iter negocial* inutilizadas

As despesas do credor que terminaram *desaproveitadas* ou *frustradas*, porque visavam a fim que não se concretizou,[891] configuram danos intrínsecos. Essas despesas inutilizadas constituem *danos da confiança*, por terem sido assumidas pela parte, objetivando o cumprimento do contratado, mas tornadas inúteis após o inadimplemento pelo devedor. Como medida da confiança depositada no sinalagma contratual, tais despesas constituem danos que não seriam assim qualificados não fosse o desfazimento retroativo do programa contratual.[892]

Diante do inadimplemento contratual, o devedor deverá arcar com o dano que surge em razão do desperdício de investimento para o credor, que realizou gastos, acreditando na validade e na eficácia da relação obrigacional.[893] As despesas inutilizadas apenas integram os danos emergen-

---

20 Anos da Lei de Arbitragem: Homenagem a Petrônio R. Muniz. 1. ed. São Paulo: Atlas, 2017. p. 609-638. p. 627.

[891] Pereira, Maria de Lurdes. Da indemnização do interesse negativo em caso de resolução do contrato por incumprimento à indemnização de despesas inutilizadas na responsabilidade contratual. In: Guedes, Agostinho Cardoso; Oliveira, Nuno Manuel Pinto. *Colóquio de Direito Civil de Santo Tirso*. Almedina, 2017. p. 157.

[892] Carneiro da Frada, Manuel António de Castro Portugal. *Teoria da confiança e responsabilidade civil*. Coimbra: Almedina, 2007. p. 664. Como visto, em inglês, esses são os danos definidos como o *reliance interest* ou interesse da confiança. Cf. Fuller, L. L.; Perdue Jr., William R. The Reliance Interest in Contract Damages: 1. In: *Yale Law Journal*, v. 46, p. 52-96, 1936. p. 54.

[893] Martins-Costa, Judith. *Comentários ao novo Código civil*: do inadimplemento das obrigações. Rio de Janeiro: Forense, 2003. v. 5, t. 2. p. 332.

tes se a indenização for fixada pelo parâmetro do interesse negativo, uma vez que são compostas por dispêndios realizados consoante a legítima expectativa da parte em relação ao cumprimento do objeto contratual.[894] Dito diversamente, a indenização desses danos no interesse negativo, que encontra fundamento na tutela da confiança, não poderá servir como subterfúgio para a eliminação de riscos econômicos que seriam assumidos pela parte no exercício da atividade econômica.[895]

Ponto bastante relevante para delimitar a indenizabilidade dos danos da confiança está na verificação do nexo causal com o inadimplemento. Ressalta a doutrina que a relação de causalidade é dotada de certa peculiaridade, pois está mais vinculada ao aspecto psicológico da conduta do credor do que propriamente à conduta física do devedor.[896] De fato, essas despesas não nasceram como danos, no entanto foram voluntariamente feitas para a conclusão e execução do contrato, não configurando *per se* lesões a interesses patrimoniais.[897] Ou seja, somente após evento superveniente (*i. e.* inadimplemento), que representa a violação da confiança depositada no programa contratual, elas sofrem *transformação no aspecto funcional* e passam a ter a qualificação de danos.

A título exemplificativo, suponha-se que a sociedade ABC tenha feito contrato de distribuição com a sociedade FGH com a finalidade de distribuir, em nova região do país, produto que tenha reconhecida aceitação no mercado. Para executar a prestação, a sociedade ABC realiza diversos contratos, como de transporte e de depósito. Se a sociedade FGH vier a inadimplir de forma definitiva a obrigação assumida, levando a sociedade ABC a pedir a resolução, caberá pedido de indenização, para res-

---

[894] ZANETTI, Cristiano de Sousa. A transformação da mora em inadimplemento absoluto. In: *Revista dos Tribunais.* v. 942, p. 117-139, 2014. p. 137-138.

[895] ZANETTI, Cristiano de Sousa. *Responsabilidade pela ruptura das negociações.* São Paulo: Editora Juarez de Oliveira, 2005. p. 158.

[896] PINTO, Paulo Mota. *Interesse contratual negativo e interesse contratual positivo.* Coimbra: Coimbra Editora, 2008. v. 2. p. 1076.

[897] STEINER, Renata C. *Reparação de Danos:* interesse positivo e interesse negativo. São Paulo: Quartier Latin, 2018. p. 238.

sarcimento de todos os investimentos realizados de boa-fé pelo credor prejudicado.[898]

Sob o ponto de vista da causalidade, deve ser verificado o *momento* em que o credor realiza as despesas para estabelecer a inclusão como danos da confiança. Caso tenham sido realizadas para a conclusão do contrato, elas terão a qualificação de danos intrínsecos diante da resolução. Assim, como regra, todos os custos e investimentos incorridos pelo credor por ocasião da celebração do contrato, considerando que têm causa na confiança depositada na avença, devem ser considerados danos ressarcíveis. Tradicionalmente, mencionam-se dispêndios com serviços de consultoria na matéria do contrato, pagamento de emolumentos notariais devidos à exigência formal ou ainda custeio de encargos e tributos incidentes na operação econômica.[899]

Por sua vez, alguma polêmica poderá existir em relação às despesas anteriores efetuadas na fase preparatória à formação do contrato, diante da resolução.[900] Nos ordenamentos da *common law*, afirma-se que, se o contrato não tivesse sido concluído, os dispêndios teriam sido desperdiçados, de forma que constituem risco econômico alocado à parte, que

---

[898] O exemplo é inspirado em NEVES, José Roberto de Castro. *Direito das Obrigações.* 7. ed. Rio de Janeiro: LMJ Mundo Jurídico, 2017. p. 339.

[899] PINTO, Paulo Mota. *Interesse contratual negativo e interesse contratual positivo.* Coimbra: Coimbra Editora, 2008. v. 2. p. 1077. Cf., na jurisprudência, "[...] Primeiramente, quanto ao dano emergente, cabe salientar que, ocorrendo a resolução por inadimplemento da apelante, o apelado deve ser indenizado segundo o seu interesse negativo, isto é, deve ser reposto à condição em que estaria na hipótese de o contrato não ter sido celebrado. Nesse sentido, a apelante não deve apenas aquilo que foi pago diretamente a si, como simples restituição. Antes, deve indenizar o apelado pelo que efetivamente perdeu (art. 402 do Código Civil), no que se incluem todas as despesas que cercaram a contratação, sobretudo em se considerando que o contrato de prestação de serviços celebrado com empresa INMOB Consultoria Imobiliária Ltda. é quatro dias posterior à contratação entre as partes (fls. 38-39), causa daquele contrato" (São Paulo. Tribunal de Justiça de São Paulo. *AC 0001973-75.2011.8.26.0625.* Relator: Des. Rômolo Russo. Julgamento: 16/04/2015. Órgão Julgador: 7ª Câmara de Direito Privado. Publicação: DJe 16/04/2015).

[900] LAITHIER, Yves-Marie. *Étude comparative des sanctions de l'inexécution du contrat.* Paris: LGPD, 2004. 182.

não pode transferi-los ao interesse da confiança.[901] Apenas serão ressarcíveis se superarem o teste da previsibilidade (*foreseeability test*), isto é, conforme sejam considerados, para ambos os contratantes no momento da contratação, consequências previsíveis da celebração do contrato.[902]

Entende Paulo Mota Pinto que não se deve aprioristicamente excluir a indenizabilidade das despesas somente por antecederem à formação do contrato, admitindo-se, ao revés, o ressarcimento, desde que a parte interessada comprove a justificativa da confiança que a levou a realizar os dispêndios. Para a mensuração dos danos, o essencial é identificar o nexo causal, de modo que farão parte da indenização os custos incorridos e os investimentos realizados após a criação da situação de confiança que lhes deu causa, já que, antes desse momento, o contratante terá agido sob próprio risco.[903]

O elemento essencial para a qualificação das despesas como dano intrínseco – que foram voluntariamente feitas pela parte prejudicada – é a *confiança*. Em havendo situação que caracterize a legítima expectativa da parte no programa contratual, não há incongruência lógica em argumentar que as despesas anteriores à formação da relação jurídica não teriam sido feitas pelo credor se o contrato não tivesse sido celebrado, já que visavam exatamente à sua celebração. Portanto, essas despesas são

---

[901] TREITEL, Guenter Heinz. *Remedies for breach of contract*. Oxford: Clarendon Press, 1988. p. 85-86; FARNSWORTH, E. Allan. *Contracts*. 4. Ed. New York: Aspen Publishers, 2004. p. 805.

[902] BURROWS, Andrew S. *Remedies for torts, breach of contract, and equitable wrongs*. 4. ed. Oxford: Oxford University Press, 2019. p. 254. Na *common law*, há o precedente *Anglia Television Ltd. v. Reed*, [1972] I QB 60, 63-4, que estabeleceu parâmetro para o tratamento de despesas tornadas inúteis pelo inadimplemento contratual, pelo qual somente serão ressarcidas a título de *reliance interest* as despesas prévias ao momento de formação do contrato que puderem ser consideradas como previsíveis no momento da contratação: "[...] nevertheless, when the defendant entered into this contract he must have known perfectly well that certain expenses had already been incurred in preparation of this play". Cf. MARKESINIS, Basil S.; LORENZ, Werner; DANNEMANN, Gerhard. *The Law of Contracts and Restitution*: A Comparative Introduction. Oxford: Clarendon Press, 1997. p. 639. Sobre o teste de previsibilidade, ver item 3.1.1 *supra*.

[903] PINTO, Paulo Mota. *Interesse contratual negativo e interesse contratual positivo*. Coimbra: Coimbra Editora, 2008. v. 2. p. 1082-1083.

indenizáveis no interesse da confiança, até mesmo dentro da seara da responsabilidade pré-contratual.[904]

Reafirme-se que, com a tutela do interesse negativo, objetiva-se conduzir as partes ao *status quo ante*, indenizando-se, quanto aos danos emergentes, todos "os investimentos efetuados e prejuízos sofridos com vistas à celebração do contrato – responsabilidade pré-contratual – ou com seu cumprimento – responsabilidade contratual".[905] Por conseguinte, quando as despesas tenham sido feitas na legítima expectativa da formação e execução do contrato, elas poderão constituir danos indenizáveis, uma vez que seja comprovado o liame de causalidade com o inadimplemento.[906]

Ademais, serão ressarcíveis as despesas inutilizadas que o credor tenha incorrido após a conclusão do contrato. Apartada da restituição da prestação, caso a parte a tenha inutilmente cumprido, a indenização complementar abrigará os gastos e investimentos relacionados ao sinalagma contratual, porque, se visavam ao cumprimento da prestação, perderam a razão de existir diante do inadimplemento. O ressarcimento de tais despesas frustradas, todavia, *não* deve ser confundido com a restituição da prestação, nem com os frutos que a acompanham, ainda que em pecúnia. Em outras palavras, farão parte da indenização as despesas não componentes da prestação, já que a prestação em si será objeto da restituição, não podendo significar, simultaneamente, as perdas e danos.[907]

---

[904] LAITHIER, Yves-Marie. *Étude comparative des sanctions de l'inexécution du contrat.* Paris: LGPD, 2004. 183. Em sentido contrário, contra a indenizabilidade na resolução das despesas feitas anteriormente à formação do contrato, cf. PINNA, Andrea. *La mesure du préjudice contractuel.* Paris: LGDJ, 2007. p. 461-462.

[905] TEPEDINO, Gustavo. Formação progressiva dos contratos e responsabilidade pré--contratual: notas para uma sistematização. In: BENETTI, Giovana Valentiniano, et al (Org.). *Direito, Cultura, Método:* leituras da obra de Judith Martins-Costa. Rio de Janeiro: GZ Editora, 2019. p. 598.

[906] STEINER, Renata C. *Reparação de Danos:* interesse positivo e interesse negativo. São Paulo: Quartier Latin, 2018. p. 240-241.

[907] PINNA, Andrea. *La mesure du préjudice contractuel.* Paris: LGDJ, 2007. p. 463-464. Em sentido contrário, cf. PINTO, Paulo Mota. *Interesse contratual negativo e interesse contratual positivo.* Coimbra: Coimbra Editora, 2008. v. 2. p. 1079-1080, que parece permitir o cômputo do valor da prestação realizada como parte da indenização pelo interesse contratual negativo. Sobre a necessidade de separação dos efeitos restitutório e indenizatório na resolução por inadimplemento, ver item 2.4.2 *supra*.

A indenização é complementar à restituição, diante da eficácia retroativa, porém não devem ser misturadas as parcelas que componham os efeitos restitutório e indenizatório. Por exemplo, na promessa de compra e venda de bem imóvel, considerando a resolução contratual por inadimplemento pelo promitente vendedor, o promissário comprador, além da restituição do integral preço, terá direito à indenização por danos emergentes, o que inclui, a título de despesas inutilizadas, o ressarcimento de valores referentes à comissão de corretagem, à cota condominial e aos impostos incidentes sobre o bem imóvel (*e. g.* IPTU). Não obstante, em diversos julgados, a jurisprudência analisa de forma conjunta a restituição do preço do contrato, que é independente de nexo de imputação, e os danos emergentes referentes aos gastos em contratos conexos e em relações institucionais, que o prejudicado realizou inutilmente em razão do contrato.[908]

Consequentemente, devem ser ressarcidas todas as despesas realizadas pela parte, objetivando o atendimento do programa contratual, porquanto foram feitas confiando na correspectividade estabelecida na avença. Apesar de a retroatividade da resolução garantir o ressarcimento dos danos emergentes intrínsecos, isso *não* se confunde com a concessão do valor referente à prestação correspectiva. A prestação contratual em si não fará parte da indenização; ela terminou inadimplida pelo devedor, a qual o credor faria originalmente jus, mas abriu mão ao requerer a extinção da relação obrigacional, e que, por sua vez, representaria a execução pelo equivalente.[909]

---

[908] Cf., exemplificativamente: São Paulo. Tribunal de Justiça de São Paulo. *AC 0001179-90.2010.8.26.0301*. Relator: Des. Rômulo Russo. Julgamento: 13/03/2015. Órgão Julgador: 7ª Câmara de Direito Privado. Publicação: DJe 13/03/2015; São Paulo. Tribunal de Justiça de São Paulo. *AC 0009180-29.2013.8.26.0602*. Relator: Des. Enéas Costa Garcia. Julgamento: 17/09/2019. Órgão Julgador: 1ª Câmara de Direito Privado. Publicação: DJe 17/09/2019; São Paulo. Tribunal de Justiça de São Paulo. *AC 1011131-72.2014.8.26.0451*. Relator: Des. Francisco Loureiro. Julgamento: 20/03/2018. Órgão Julgador: 1ª Câmara de Direito Privado. Publicação: DJe 20/03/2018; São Paulo. Tribunal de Justiça de São Paulo. *AC 1015357-31.2017.8.26.0576*. Relator(a): Des. Jonize Sacchi de Oliveira. Julgamento: 26/09/2019. Órgão Julgador: 24ª Câmara de Direito Privado. Publicação: DJe 30/09/2019.
[909] LAITHIER, Yves-Marie. *Étude comparative des sanctions de l'inexécution du contrat*. Paris: LGPD, 2004. 183-184.

Além de realizadas na confiança da eficácia do negócio jurídico, para que haja a indenizabilidade dos danos advindos do objeto do contrato, é necessário que as despesas tenham sido completamente inutilizadas. Ou seja, para que se verifique o nexo de causalidade, o credor deverá ter incorrido na despesa, mesmo se já iniciada a execução do contrato, *antes* que pudesse ter ciência acerca do inadimplemento absoluto, até porque, caso contrário, a parte estará atuando contrariamente ao ônus de mitigar o próprio prejuízo, pois ciente do desaproveitamento.[910] A título exemplificativo, podem-se mencionar os dispêndios realizados com o registro da coisa adquirida e com a realização de contratos acessórios, a exemplo de contrato de seguro, de financiamento e de transporte da mercadoria contratada.[911]

Portanto, além da confiança, será fundamental, para a verificação da causalidade, que as despesas intrínsecas tenham sido efetivamente desaproveitadas, inutilizadas ou frustradas em razão do inadimplemento contratual, o que configura ônus de comprovação ao credor.[912] Isso, porque, a princípio, a despesa foi livre e voluntária pela parte, na legítima expectativa da formação e execução do contrato, ou seja, o dispêndio não configurava dano no momento em que foi assumido ou custeado.

A despeito do inadimplemento, a despesa não será indenizável se o credor puder lhe dar destino diverso, uma vez que a nova destinação retira a qualidade de frustrada, constituindo dispêndio voluntariamente aplicado em atividade econômica. A despesa feita no *iter negocial* é parte do risco econômico do contrato, de forma que, se o dano não chegou a se concretizar, "tudo se passa como se [a parte] obtivesse o reembolso da despesa e tomasse a decisão de gastar a quantia correspondente para outro fim".[913] É necessária a efetiva diminuição patrimonial diante da inu-

---

[910] Sobre o tema da mitigação de danos, ver item 3.1.1 *supra*.

[911] Pinto, Paulo Mota. *Interesse contratual negativo e interesse contratual positivo*. Coimbra: Coimbra Editora, 2008. v. 2. p. 1079-1080.

[912] Steiner, Renata C. *Reparação de Danos:* interesse positivo e interesse negativo. São Paulo: Quartier Latin, 2018. p. 246.

[913] Pereira, Maria de Lurdes. Da indemnização do interesse negativo em caso de resolução do contrato por incumprimento à indemnização de despesas inutilizadas na responsabilidade contratual. In: Guedes, Agostinho Cardoso; Oliveira, Nuno Manuel Pinto. *Colóquio de Direito Civil de Santo Tirso*. Almedina, 2017. p. 197. Cf. na jurisprudência: "[...]

tilização da despesa, uma vez que "o caráter inútil ou desaproveitado é uma marca indelével da possibilidade de reparação".[914]

Nada obstante, o reaproveitamento da despesa em outra operação econômica não se confunde com a *compensatio lucri cum damno*. Como antes visto, a compensação do lucro com dano significa que os prejuízos do credor devem ser contrabalanceados com os ganhos desde que advenham do mesmo fato gerador (*i. e.* do inadimplemento contratual).[915] Isso não se confunde com a discussão sobre a indenizabilidade da despesa feita no *iter negocial*, porque "o fundamento da exclusão da indenização da despesa *não assenta na dedução de vantagens* que o credor tenha tido com a nova destinação." Aqui, o ponto central é inexistência de dano diante da reutilização da despesa, e não a verificação de lucro ao credor na nova operação, que apresenta título autônomo: a despesa não era qualificada como dano, mas mero dispêndio dentro da álea normal do contrato, e não terá *status* de dano, visto que lhe foi atribuída nova destinação, o que poderá trazer novos ganhos legítimos ao credor.[916]

3.2.1.2 Danos relacionados ao inadimplemento da prestação

Por sua vez, a segunda espécie de dano emergente refere-se àqueles que sejam consequências necessárias do inadimplemento da prestação do

---

De fato. As requeridas não têm o dever de reembolsar despesa contraída por escolha livre e exclusiva do autor para a elaboração de projeto de arquitetura por terceiro. Ademais, o projeto arquitetônico não é inutilizável e, conforme exposto na sentença (pág. 278), pode ser alterado em razão da compra de um outro terreno com características semelhantes. Ressalta-se que não foi juntada cópia do projeto para demonstrar características tão peculiares como aquelas aventadas pelo autor nas suas razões recursais capazes de impor, diante da comprovação de dano patrimonial efetivo, o ressarcimento tal como solicitado [...]" (São Paulo. Tribunal de Justiça de São Paulo. *AC 1015400-83.2015.8.26.0625*. Relator(a): Des. Maria do Carmo Honorio. Julgamento: 24/07/2020. Órgão julgador: 3ª Câmara de Direito Privado. Publicação: DJe 24/07/2020).

[914] STEINER, Renata C. *Reparação de Danos:* interesse positivo e interesse negativo. São Paulo: Quartier Latin, 2018. p. 241.

[915] Sobre a *compensatio lucri cum damno*, ver item 3.1.1 *supra*.

[916] PEREIRA, Maria de Lurdes. Da indemnização do interesse negativo em caso de resolução do contrato por incumprimento à indemnização de despesas inutilizadas na responsabilidade contratual. In: GUEDES, Agostinho Cardoso; OLIVEIRA, Nuno Manuel Pinto. *Colóquio de Direito Civil de Santo Tirso*. Almedina, 2017. p. 198, destaque no original.

contrato. A indenizabilidade justifica-se, porque esses danos possuem relação de causalidade direta e imediata com a inexecução total ou parcial da obrigação contratual imputável ao devedor. Assim, somente reivindicando o ressarcimento, o credor poderá ter o patrimônio recomposto na situação econômico-jurídica que teria se não tivesse optado por celebrar o contrato.[917]

Também denominados de *incidentais*, são danos "que não teriam sido realizados nem na hipótese de o negócio ter sido cumprido, nem na hipótese de não se ter criado ilicitamente a situação de confiança".[918] Ao menos em tese, tais danos podem ser indenizáveis, independentemente de a medida da diferença patrimonial ser definida pelo interesse positivo ou negativo, pois correspondem às consequências patrimoniais geradas pelo incumprimento da prestação.[919] Por tal razão, afirma-se que os danos não estão baseados nem na ideia de expectativa nem na de confiança, evidenciando que a medida da indenização não fica restrita às duas categorias, isto é, o importante, para a mensuração das perdas e danos, é o nexo causal.[920]

Por conseguinte, é preciso traçar a diferença do ponto de vista da relação de causalidade. No caso dos danos de confiança (*i. e.* intrínsecos), há a ocorrência de fato superveniente (inadimplemento) que transforma o aspecto funcional das despesas, pois deixam de ser verba inerente ao custo econômico do contrato, dentro da álea normal, para se tornarem dano indenizável, tendo em vista que recebem a qualificação de despesa inutilizada. Por sua vez, no caso dos danos incidentais (*i. e.* extrínsecos), como eles constituem dispêndios assumidos pela parte já ciente da inexe-

---

[917] ZELLER, Bruno. *Damages under the convention on contracts for the international sale of goods.* 3. ed. Oxford University Press, 2018. p. 146.

[918] PINTO, Paulo Mota. *Interesse contratual negativo e interesse contratual positivo.* Coimbra: Coimbra Editora, 2008. v. 2. p. 1072.

[919] Cf. LAITHIER, Yves-Marie. *Étude comparative des sanctions de l'inéxécution du contrat.* Paris: LGPD, 2004. 186. GILLIERON, Philippe. *Les dommages-intérêts contractuels.* Lausanne: CEDIDAC, 2011. p. 327.

[920] TREITEL, Guenter Heinz. *Remedies for breach of contract.* Oxford: Clarendon Press, 1988. p. 86-87.

cução contratual, há nexo causal direto com o evento danoso, porquanto não fosse a sua ocorrência, as despesas jamais teriam lugar.[921]

Dessa forma, constituem danos incidentais os gastos extraordinários feitos pelo credor em resultado da lesão,[922] ou seja, incorridos após o inadimplemento, nos quais se incluem aqueles destinados a custear os esforços de mitigação de danos.[923] Por um lado, o credor não poderá requerer a indenização referente às consequências perdulárias, caso não tenha adotado as providências razoáveis para contê-las ou evitá-las;[924] por outro lado, serão danos indenizáveis os custos necessários para conter ou evitar o crescimento das consequências do inadimplemento,[925] ainda que não tenham sido plenamente eficazes.[926]

Não se pode esperar que a parte prejudicada tome medidas para tentar conter ou reduzir o prejuízo do inadimplemento às próprias custas. A despesa na mitigação de danos, na medida em que seja razoável frente ao objeto contratual, poderá ser considerada como parcela integrante da perda patrimonial consequente à inexecução contratual.[927] Como ressalta a doutrina, tal dispêndio constitui efeito necessário da lesão causada pelo inadimplemento por consistir em "*substitutivo* ou *sucedâneo* do pre-

---

[921] STEINER, Renata C. *Reparação de Danos:* interesse positivo e interesse negativo. São Paulo: Quartier Latin, 2018. p. 244.

[922] JORGE, Fernando de Sandy Lopes Pessoa. *Ensaio sobre os pressupostos da responsabilidade civil.* 3. reimp. Coimbra: Almedina, 1999. p. 378-379.

[923] LAITHIER, Yves-Marie. *Étude comparative des sanctions de l'inexécution du contrat.* Paris: LGPD, 2004. 187. Sobre mitigação de danos, ver item 3.1.1 *supra.*

[924] TREITEL, Guenter Heinz. *Remedies for breach of contract.* Oxford: Clarendon Press, 1988. p. 86.

[925] ZELLER, Bruno. *Damages under the convention on contracts for the international sale of goods.* 3. ed. Oxford University Press, 2018. p. 146.

[926] NEVES, José Roberto de Castro. *Direito das Obrigações.* 7. ed. Rio de Janeiro: LMJ Mundo Jurídico, 2017. p. 357. Sobre o tema das despesas preventivas do dano, ver RODRIGUES, Cássio Monteiro. Reparação de danos e função preventiva da responsabilidade civil: parâmetros para o ressarcimento das despesas preventivas do dano. In: *Civilistica.com*, v. 9, n. 1, p. 1-37, maio 2020.

[927] ZIMMERMANN, Reinhard. Art. 9:504: Loss Attributable to Aggrieved Party. In: JANSEN, Nils; ZIMMERMANN, Reinhard. *Commentaries on European Contract Laws.* Oxford: Oxford University Press, 2018. p. 1475-1486. p. 1483.

juízo inicialmente sofrido e representa sempre a diminuição, efetiva e atual, do patrimônio, que caracteriza o dano emergente".[928]

A perda patrimonial a ser ressarcida será formada pelas consequências que necessariamente advenham do evento danoso em si – o que justifica o ônus da parte de não as agravar, sob pena de a extensão do supérfluo acrescida não ser imputável ao devedor –, mas incluirá os gastos realizados na adoção das medidas, com vistas a conter ou reduzir o dano que poderia advir do evento. A título exemplificativo, mencionam-se as despesas de manutenção, movimentação, manuseio, transporte ou armazenamento do objeto contratual para evitar o seu perecimento.[929]

Ademais, mesmo que, em tese, os danos extrínsecos sejam ressarcíveis independentemente do parâmetro do interesse do credor, não parece que produzirão sempre as mesmas consequências patrimoniais, mas que, ao reverso, poderão variar na relação jurídica concreta. Situação interessante é a indenizabilidade da diferença entre o preço acordado no contrato e o custo que o credor teve de pagar para obter bem ou serviço semelhante no mercado, a qual é denominada de *operação de cobertura*.[930]

É possível que, diante do inadimplemento, o contratante prejudicado que *mantenha interesse* no objeto do contrato, considerando a existência de livre oferta no mercado, e, na posição de comprador, veja-se na situação de ter de adquirir de terceiro o mesmo bem ou serviço a maior preço, ou ainda, como vendedor, ter de, ao contrário, aceitar aliená-lo a terceiro por preço reduzido. O credor que assim atua, como o comprador que, na falta de entrega do vendedor, faz a compra de cobertura para o *mesmo objeto do contrato*, terá direito não apenas à diferença entre o custo dessa nova operação econômica (desde que superior) e o preço

---

[928] JORGE, Fernando de Sandy Lopes Pessoa. *Ensaio sobre os pressupostos da responsabilidade civil*. 3. reimp. Coimbra: Almedina, 1999. p. 379. No mesmo sentido, cf. CARNEIRO DA FRADA, Manuel António de Castro Portugal. *Teoria da confiança e responsabilidade civil*. Coimbra: Almedina, 2007. p. 664.

[929] GILLIERON, Philippe. *Les dommages-intérêts contractuels*. Lausanne: CEDIDAC, 2011. p. 322.

[930] GILLIERON, Philippe. *Les dommages-intérêts contractuels*. Lausanne: CEDIDAC, 2011. p. 327.

do contrato, mas também às despesas envolvidas na realização do contrato de substituição.[931]

Contudo, se a parte mantém interesse no objeto daquele contrato, a operação de cobertura é medida voltada à execução contratual, ainda que a prestação venha a ser cumprida por terceiro, e não à extinção retroativa da relação obrigacional que se dá com a resolução. Em outras palavras, a indenizabilidade da operação de cobertura parece estar no campo do interesse positivo do credor.[932] Se a parte credora ainda tem interesse no cumprimento da prestação contratual, que poderá ser atendida por terceiro, a qual ainda lhe é útil, a situação concreta poderá configurar mora, isto é, inadimplemento relativo. No ordenamento jurídico brasileiro, a execução por terceiro é solução para a situação de mora do devedor que deixa de cumprir a prestação consistente em obrigação de fazer, porém *fungível*, podendo a parte prejudicada determinar que terceiro a cumpra no lugar da parte inadimplente, que deverá arcar com o custo da nova contratação, além da indenização dos danos sofridos.[933]

Por sua vez, o credor poderá manter interesse no objeto contratual, porém não mais desejar a manutenção daquele específico contrato com o devedor inadimplente. Assim, a parte poderá optar pela resolução contratual, diante do inadimplemento absoluto, requerendo a respectiva indenização pelo parâmetro negativo, além da restituição da prestação correspectiva, c, em seguida, ela estará liberada para realizar outro contrato com novo parceiro comercial, o qual poderá ter idêntico objeto da operação primitiva. O que o credor não poderá fazer é, simultaneamente, optar pela extinção da relação obrigacional, com eficácia retroativa, e exi-

---

[931] PINTO, Paulo Mota. *Interesse contratual negativo e interesse contratual positivo.* Coimbra: Coimbra Editora, 2008. v. 2. p. 1072.

[932] TREITEL, Guenter Heinz. *Remedies for breach of contract.* Oxford: Clarendon Press, 1988. p. 86. Por sua vez, Paulo Mota Pinto entende pela indenizabilidade dos danos emergentes referentes ao contrato de cobertura na resolução por inadimplemento, porém utilizando o parâmetro do interesse contratual positivo, com a aplicação do método da diferença. Cf. PINTO, Paulo Mota. *Interesse contratual negativo e interesse contratual positivo.* Coimbra: Coimbra Editora, 2008. v. 2. p. 1656.

[933] Art. 249 do Código Civil, já transcrito na nota 187. Cf., na doutrina, ALVIM, Agostinho. *Da inexecução das obrigações e suas consequências.* 3. ed. Rio de Janeiro ‑ São Paulo: Editora Jurídica e Universitária Ltda., 1965. p. 58.

gir do devedor inadimplente a indenização pelo parâmetro do contrato resolvido, pois não mais terá que executar a própria prestação.

Não obstante, a situação da *operação de cobertura* não se confunde com os prejuízos que o credor teve que assumir diante da mora do devedor no cumprimento da obrigação contratual, mas que, ao fim e ao cabo, se converteu em inadimplemento absoluto. Em outras palavras, com a transmudação da mora em incumprimento definitivo, em razão da perda do interesse do credor no vínculo obrigacional, os danos de mora devem ser ressarcidos, mesmo que a parte opte pela resolução com a extinção retroativa, pois são danos direta e imediatamente decorrentes do inadimplemento contratual, isto é, não teriam ocorrido caso a parte não tivesse sequer adentrado no contrato.[934]

Suponha-se o seguinte exemplo: a sociedade Transportadora LTDA. realiza contrato de compra e venda com a sociedade Novos Carros LTDA., cujo objeto era a aquisição de veículo automotor (caminhão) para compor a frota da Transportadora LTDA., que exerce atividade de transporte de alimentos perecíveis para supermercados. No momento da entrega do objeto do contrato, a compradora verifica a existência de evidente defeito na suspensão do caminhão, requerendo a substituição ou o conserto. Então, a vendedora pede o prazo de 10 dias, com o que a compradora concorda. Após o prazo, diante da ausência da entrega (mora), Transportadora LTDA. decide alugar um veículo similar para atender a demanda urgente, a fim de cumprir vários contratos com supermercados. Depois de três meses sem receber o caminhão, a compradora pede a resolução contratual, diante da manifesta impossibilidade de a devedora cumprir a prestação. A título de perdas e danos, a credora prejudicada poderá querer o ressarcimento do aluguel pago pelo veículo substituto durante o período de mora da devedora, já que constitui consequência necessária do inadimplemento da prestação.[935]

---

[934] Sobre a transformação da mora em inadimplemento absoluto, a teor do parágrafo único do artigo 395 do Código Civil, ver item 1.3.2 *supra*.

[935] O exemplo foi inspirado no seguinte julgado: Rio Grande do Sul. Tribunal de Justiça do Rio Grande do Sul. *AC 70075837229*. Relator: Des. Guinther Spode. Julgamento: 16/05/2018. Órgão Julgador: 11ª Câmara Cível. Publicação: DJe 18/05/2018.

3.2.1.3 Danos por causa da responsabilidade perante terceiros

Em face do princípio da reparação integral, a medida da indenização poderá conter parcela referente aos danos por causa da responsabilidade perante terceiros (*Haftungsinteresse*). Esses danos constituem lesão patrimonial diversa do objeto do contrato e envolvem a responsabilidade do lesado perante terceiros. Trata-se da situação em que o inadimplemento da prestação pelo devedor acaba por prejudicar o patrimônio de terceiro, mas é o credor (*i. e.* a parte não inadimplente) quem é diretamente obrigado a reparar o dano.[936] De fato, tais danos não possuem relação direta com a prestação devida pelo devedor, que foi inadimplida, nem com a contraprestação que seria devida pelo credor, a qual, por sua vez, perdeu a razão de existir diante do inadimplemento absoluto.[937] De logo, evidencia-se a *distância* existente na relação de causalidade entre o dano e o evento danoso, o que poderá trazer dificuldades concretas ao reconhecimento da indenizabilidade.

No direito alemão, a parte prejudicada pelo inadimplemento poderá requerer à parte inadimplente o ressarcimento do dano por causa da responsabilidade assumida perante terceiro, como interesse patrimonial *indireto*, o que é visto como medida de equidade, pois as consequências do dano passam a pesar sobre quem as originou.[938] Por exemplo, imagine-se que, em contrato de compra e venda, a ausência de entrega tempestiva de mercadorias pelo vendedor, que já tinham sido revendidas pelo comprador para a sua clientela, poderá fazer com que a parte lesada não consiga cumprir os compromissos assumidos, tendo de arcar com multa pelo atraso (*i. e.* cláusula penal moratória). Os custos assumidos pelo credor, por causa da responsabilidade perante terceiro, devem ser ressarcidos pelo devedor, desde que apresentem relação de causalidade com o inadimplemento.[939]

---

[936] FISCHER, Hans Albrecht. *Los daños civiles y su reparación*. Tradução de W. Roces. Madrid: Suarez, 1928. p. 71.

[937] ZIMMERMANN, Reinhard. *La indemnización de los daños contractuales*. Santiago: Ediciones Olejnik, 2019. p. 86.

[938] FISCHER, Hans Albrecht. *Los daños civiles y su reparación*. Tradução de W. Roces. Madrid: Suarez, 1928. p. 71-72.

[939] GILLIERON, Philippe. *Les dommages-intérêts contractuels*. Lausanne: CEDIDAC, 2011. p. 323.

No direito brasileiro, não afasta *per se* a indenizabilidade dos danos por causa da responsabilidade perante terceiros. Isso, porque, se o dano emergente diz respeito não somente à diminuição de ativo, mas também ao aumento do passivo no patrimônio do credor, deverá ser levado em conta o prejuízo que incidir ao pagar cláusula penal que seja devida em outro contrato firmado com terceiro, em virtude da situação criada pela inexecução de obrigação contratual imputável ao devedor.[940] A quantificação dos danos emergentes deve ser definida levando-se em conta todo o aumento do passivo que o credor prejudicado teve em seu patrimônio em razão do inadimplemento. Tal passivo poderá incluir, ao menos em tese, as despesas relacionadas à responsabilidade da parte para com seus parceiros comerciais, quer seja convencional (*e. g.* cláusula penal), quer seja legal (*e. g.* indenizações substitutivas).[941]

O inadimplemento poderá impedir o credor de atender a compromissos em outras relações jurídicas. Suponha-se promessa de contrato de compra e venda de bem imóvel em que haja o inadimplemento absoluto pelo promitente vendedor. Diante do pedido de resolução, o promissário comprador poderá requerer indenização do prejuízo assumido perante terceiro, em razão de contrato subsequente (*e. g.* fabricação de móveis planejados para o específico apartamento objeto do contrato), que não cumpriu diante do inadimplemento pelo promitente devedor.[942] Para

---

[940] ALVIM, Agostinho. *Da inexecução das obrigações e suas consequências.* 3. ed. Rio de Janeiro ‑ São Paulo: Editora Jurídica e Universitária Ltda., 1965. p. 174-175. Cf., jurisprudência sobre a indenizabilidade pelo devedor de valor referente à cláusula penal que o credor teve que arcar por ter celebrado contrato com terceiro: Bahia. Tribunal de Justiça da Bahia. *AC 0322924-94.2012.8.05.0001.* Relator: Des. Manuel Carneiro Bahia de Araujo. Julgamento: 17/04/2019. Órgão Julgador: 4ª Câmara Cível. Publicação: DJe 15/05/2019; Paraná. Tribunal de Justiça do Paraná. *AC 1396808-4.* Relator: Des. Sigurd Roberto Bengtsson. Julgamento: 30/03/2016. Órgão Julgador: 11ª Câmara Cível. Publicação: DJe 13/04/2016.

[941] LAITHIER, Yves-Marie. *Étude comparative des sanctions de l'inexécution du contrat.* Paris: LGPD, 2004. 171.

[942] Cf. "[...] 7 ‑ Nos termos do art. 389 do Código Civil, não cumprida a obrigação responde o devedor por perdas e danos, acrescidos de juros e correção monetária. [...] 8 ‑ Comprovado nos autos que os Autores rescindiram contrato para a fabricação de móveis planejados em razão do imóvel não ter sido entregue por culpa exclusiva das Rés, devem elas lhes restituírem o valor pago pela multa decorrente da rescisão" (Distrito Federal. Tribunal de Justiça do Distrito Federal. *AC 0024273-31.2015.8.07.0007.* Relator: Des.

tanto, é necessário que a parte prejudicada comprove que, efetivamente, arcou com a responsabilidade perante o terceiro, ou seja, que realizou o ressarcimento do próprio credor.[943]

A bem da verdade, como são danos extrínsecos, que configuram consequências patrimoniais da inexecução contratual imputável ao devedor, não importa *a priori* o parâmetro indenizatório para a medida da diferença patrimonial, uma vez que tais danos não teriam ocorrido seja se o contrato tivesse sido devidamente executado, seja se ele não tivesse sido sequer concluído.[944] Os danos por causa da responsabilidade perante terceiros serão ressarcíveis, "desde que esteja[m] em nexo de causalidade com a criação e frustração de confiança".[945] O nexo de causalidade exerce controle *positivo* da indenização, porque não permite que a quantificação fique além do dano causado pelo devedor e, assim, define "a extensão do dano que será, de fato, computada".[946]

Para tanto, é imprescindível a comprovação do liame causal entre o dano sofrido pelo credor, ainda que *indireto*, e a situação de confiança criada pelo contrato e frustrada diante do inadimplemento contratual. Mesmo os danos tradicionalmente definidos como *indiretos* – como os danos por responsabilidade perante terceiros – serão indenizáveis se significarem efeito necessário do inadimplemento diante da inexistência de outras causas mais próximas. Em síntese, comprovado o liame de causalidade entre o evento lesivo e a despesa subsequente, ela deverá ser ressarcida, independentemente de o parâmetro ser o interesse positivo ou o negativo.[947]

Angelo Passareli. Julgamento: 31/01/2018. Órgão Julgador: 5ª Turma Cível. Publicação: DJe 08/02/2018).

[943] PINTO, Paulo Mota. *Interesse contratual negativo e interesse contratual positivo*. Coimbra: Coimbra Editora, 2008. v. 2. p. 1073.

[944] GILLIERON, Philippe. *Les dommages-intérêts contractuels*. Lausanne: CEDIDAC, 2011. p. 328.

[945] PINTO, Paulo Mota. *Interesse contratual negativo e interesse contratual positivo*. Coimbra: Coimbra Editora, 2008. v. 2. p. 1073.

[946] GUEDES, Gisela Sampaio da Cruz. *Lucros cessantes*: do bom-senso ao postulado normativo da razoabilidade. São Paulo: Editora Revista dos Tribunais, 2011. p. 93.

[947] STEINER, Renata C. *Reparação de Danos*: interesse positivo e interesse negativo. São Paulo: Quartier Latin, 2018. p. 235. Sobre o papel do nexo causal como limite à indenização, ver item 3.1.1 *supra*.

3.2.2 Lucros cessantes

Lucros cessantes (*lucrum cessans*) contratuais são tradicionalmente definidos como o aumento patrimonial de que o credor foi privado por culpa do devedor, em virtude da inexecução da obrigação contratual.[948] A indenização que acompanha a resolução contratual deverá conter parcela referente a lucros cessantes, caso presentes na situação jurídica concreta. A composição do dano indenizável pelo parâmetro do interesse contratual negativo levará em conta não só a efetiva diminuição patrimonial, mas também a perda sofrida devido à *frustração de ganho provável*, que o credor poderia ter obtido, caso tivesse optado pela celebração de contrato alternativo ao que o devedor não executou e, por isso, terminou sem efeitos.[949]

A indenizabilidade dos lucros cessantes no *interesse na não conclusão do contrato* foi reconhecida por Jhering, para quem deverá ser ressarcida a *perda de lucro* que a parte teve por se omitir, abrir mão de buscar ou, até mesmo, recusar a oportunidade de firmar outro negócio que terceiro lhe tenha oferecido.[950] Na mesma direção, afirmam Fuller e Perdue que não há nada, na definição do *interesse da confiança,* que permita a exclusão, ao menos em tese, da consideração sobre as oportunidades de ganhos, obstadas em razão da confiança do credor na promessa feita pelo devedor.[951] Na esfera econômica, os lucros cessantes traduzem-se no *custo de oportunidade* decorrente da assinatura do contrato, ou seja, o preço da renúncia voluntária pela parte de realização de outros contratos ofertados no mercado, que tenham o mesmo objeto do contrato ora resolvido, ou de novos investimentos que poderiam ter sido feitos alternativamente com o capital dedicado ao contrato frustrado.[952]

---

[948] POTHIER, Robert Joseph. *Ouvres de Pothier.* Traité des Obligations. Paris: Béchet Ainé Librairie, 1824. n. 159. p. 80.

[949] FISCHER, Hans Albrecht. *Los daños civiles y su reparación.* Tradução de W. Roces. Madrid: Suarez, 1928. p. 99.

[950] JHERING, Rudolf Von. *Culpa in contrahendo ou indemnização em contratos nulos ou não chegados à perfeição.* Tradução e nota introdutória de Paulo Mota Pinto. Coimbra: Almedina, 2008. p. 16.

[951] FULLER, L. L.; PERDUE JR., William R. The Reliance Interest in Contract Damages: 1. In: *Yale Law Journal*, v. 46, p. 52-96, 1936. p. 54-56.

[952] COOTER, Robert; ULEN, Thomas. *Law & Economics.* 6. ed. Pearson Education, 2011. Edição Kindle.

No contexto do interesse positivo, a execução do contrato teria, em princípio, permitido à parte obter lucro que consistiria nos benefícios econômicos diretos ou indiretos da prestação recebida, após descontados os custos de cumprir a prestação correspectiva. Isso não se confunde com o lucro perdido no contexto do interesse negativo, que não representa o produto da execução da prestação, uma vez que se supõe que o contrato nunca tenha sido celebrado. Diversamente, o lucro cessante será formado pelos ganhos alternativos que o credor poderia ter realizado, se tivesse celebrado outro negócio em vez do contrato inadimplido, contanto que a parte demonstre que a celebração com terceiro era bastante provável ou *quase certa*.[953]

O retorno dos contratantes ao *status quo ante* é sempre *dinâmico*, considerando o lapso temporal ocorrido entre a formação do contrato e o incumprimento definitivo da prestação. Pelo parâmetro do interesse negativo, objetiva-se posicionar o credor na situação econômico-jurídica em que estaria, no momento da extinção da relação obrigacional, se não tivesse celebrado o contrato, de modo que haverá a reparação a título de lucros cessantes do que a parte razoavelmente deixou de auferir. Assim, consideram-se os "recursos que dedicou à negociação (ou em confiança na eficácia do negócio concluído) numa utilização alternativa, que lhe tivesse trazido mais do que o valor da despesa realizada (caso contrário estamos perante mero dano emergente)".[954]

Reconhecidamente, a prova dos lucros cessantes no interesse negativo tende a ser bastante complexa para o credor. Como antes visto, tal dificuldade na comprovação das oportunidades perdidas induz parcela da doutrina a afirmar que a responsabilização exclusiva pela confiança poderá privar o credor do ressarcimento integral dos danos, além de gerar incentivo econômico ao devedor para – intencionalmente – não cumprir a prestação (*i. e.* quebra eficiente do contrato).[955] De fato, se é verdade

---

[953] GILLIERON, Philippe. *Les dommages-intérêts contractuels.* Lausanne: CEDIDAC, 2011. p. 330.

[954] PINTO, Paulo Mota. *Interesse contratual negativo e interesse contratual positivo.* Coimbra: Coimbra Editora, 2008. v. 2. p. 1091-1092.

[955] Cf. PROENÇA, José Carlos Brandão. *Lições de cumprimento e não cumprimento das obrigações.* 2. ed. rev. e atual. Porto: Universidade Católica Editora Porto, 2017. p . 380. STEINER,

que o problema é, reconhecidamente, recorrente, como explica Hans Fischer, ele não é exclusivo da reparação de lucros cessantes no interesse da confiança, mas, ao reverso, constitui dificuldade comum à reparação de ganhos perdidos no interesse no cumprimento. Isso, porque, como lucros cessantes tendem a constituir *danos futuros*, não passíveis de delimitação precisa, uma vez que a sua concretização envolve fatores diversos, independentemente de qual o parâmetro adotado.[956]

Nesse sentido, destaca Fischer que o regime jurídico dos lucros cessantes é diverso daquele dos danos emergentes, porque é necessário *critério externo* para fixar o limite da obrigação de indenizar. Para o autor, o marco sólido para a mensuração dos ganhos perdidos é que tal lucro teria surgido, com certa margem de segurança, se o evento prejudicial não tivesse se interposto. Ainda assim, permanece a dúvida, se, senão por isso, alguma outra circunstância teria vindo a modificar o curso das coisas e teria sido capaz *per se* de impedir a concretização do lucro, de maneira a interromper o nexo causal com o evento danoso.[957]

Para amenizar o problema que – repita-se, pela relevância – é recorrente na mensuração dos lucros cessantes, aponta-se, como parâmetro, a *probabilidade* ou a *verossimilhança objetiva* da perda de ganhos, considerado o curso esperado dos acontecimentos. Não bastará a simples possibilidade de realização do lucro, que poderá configurar mera situação conjuntural, mas também não será exigível – ao menos na maioria dos casos – a segurança da certeza de concretização do ganho. Assim, é suficiente a probabilidade objetiva que resulte do curso normal do desenrolar dos fatos, devendo ser consideradas as circunstâncias específicas do caso concreto.[958]

No direito brasileiro, é sempre lembrada a lição de Agostinho Alvim, para quem o Código Civil [de 1916] trouxe referência expressa ao que a

---

Renata C. *Reparação de Danos:* interesse positivo e interesse negativo. São Paulo: Quartier Latin, 2018. p. 381. Sobre os argumentos a favor do parâmetro do interesse positivo na indenização que acompanha a resolução contratual, ver item 2.4.1 *infra*.

[956] FISCHER, Hans Albrecht. *Los daños civiles y su reparación*. Tradução de W. Roces. Madrid: Suarez, 1928. p. 100.

[957] FISCHER, Hans Albrecht. *Los daños civiles y su reparación*. Tradução de W. Roces. Madrid: Suarez, 1928. p. 42-43.

[958] FISCHER, Hans Albrecht. *Los daños civiles y su reparación*. Tradução de W. Roces. Madrid: Suarez, 1928. p. 45.

parte *razoavelmente deixou de lucrar*, de modo que "até prova em contrário, admite-se que o credor haveria de lucrar aquilo que o bom senso diz que lucraria. Há aí uma presunção de que os fatos se desenrolariam dentro do seu curso normal, tendo-se em vista os antecedentes".[959] Dessa forma, a noção de lucros cessantes é normativa, e não apenas naturalista, devendo ser informada pelas circunstâncias fáticas e pela causa do contrato.[960] Considerando que os lucros cessantes tendem a se qualificar como *danos futuros*, devem ser apartados os ganhos que estejam "entre o *meramente possível* e o *fundamentadamente provável*, sendo ressarcíveis somente os últimos".[961]

No trabalho em que se dedicou ao estudo do tema, Gisela Sampaio da Cruz Costa Guedes conclui que o parâmetro da *certeza* do dano, em matéria de mensuração de lucros cessantes, não deve ser adotado de forma rígida. A imposição de análise de probabilidade objetiva para a comprovação dos lucros cessantes cria novos dilemas, como "saber qual é a prova mínima que o lesado precisa produzir e com que critérios hão de ser calculados os lucros cessantes". Em cada caso concreto, a análise a ser feita pelo intérprete – posterior ao evento danoso –, deverá buscar a definição de "interesse certo, porque a responsabilidade civil não tutela prejuízos eventuais ou incertos".[962] Para tanto, será necessário especial atenção às circunstâncias concretas, bem como às medidas tomadas pelo lesado, que devem apresentar conexão com a atividade desenvolvida, para que a

---

[959] ALVIM, Agostinho. *Da inexecução das obrigações e suas consequências*. 3. ed. Rio de Janeiro ‑ São Paulo: Editora Jurídica e Universitária Ltda., 1965. p. 188. A referência do autor era feita ao artigo 1.059 do Código Civil de 1916, que foi praticamente reproduzido no artigo 402 do Código Civil de 2002.

[960] MARTINS-COSTA, Judith. Responsabilidade civil contratual. Lucros cessantes. Interesse positivo e interesse negativo. Distinção entre lucros cessantes e lucros hipotéticos. Dever de mitigar o próprio dano. Dano moral e pessoa jurídica. In: LOTUFO, Renan; NANNI, Giovanni Ettore; MARTINS, Fernando Rodrigues (Coord.). *Temas relevantes do direito civil contemporâneo*: reflexões sobre os 10 anos do Código Civil. São Paulo: Atlas, 2012. p. 559-595. p. 573.

[961] MARTINS-COSTA, Judith. O Árbitro e o Cálculo do Montante da Indenização. In: CARMONA, Carlos Alberto; LEMES, Selma Ferreira; MARTINS, Pedro Batista (Coord.). *20 Anos da Lei de Arbitragem*: Homenagem a Petrônio R. Muniz. 1. ed. São Paulo: Atlas, 2017. p. 609-638. p. 622, destaque no original.

[962] GUEDES, Gisela Sampaio da Cruz. *Lucros cessantes:* do bom-senso ao postulado normativo da razoabilidade. São Paulo: Editora Revista dos Tribunais, 2011. p. 89.

reparação possa alcançar a integralidade do dano, considerada a singularidade de quem o sofreu.[963]

Seja como for, o fato é que o dilema acerca da comprovação dos lucros cessantes não é exclusivo do parâmetro do interesse da confiança, mas comum à indenizabilidade de qualquer *dano futuro*, mesmo que tenha como parâmetro o interesse do cumprimento. Como foi abordado, ao se tratar da teoria da diferença, ela não poderá ser utilizada de forma acrítica para a apreciação dos lucros cessantes, cuja extensão, em muitas situações, não poderá ser verificada pela medida da diferença focada no momento do fato danoso, contudo depende de análise de probabilística quanto a fatos futuros ou, ao menos, ainda pendentes.

A excepcionalidade da reparação dos lucros cessantes no interesse negativo, especificamente se referentes às oportunidades de negócios alternativos, é que não se trata de dano futuro, tendo em vista que a oportunidade era *alternativa ao contrato* e, de fato, ficou presa no passado, de sorte que o credor não poderá mais recuperá-la. Os lucros cessantes, no interesse negativo, advêm da relação etiológica entre a oportunidade de ganhos alternativos ao contrato e a confiança depositada no programa contratual, que terminou fraudada pelo incumprimento resolutivo, o que constitui o nexo causal. Em síntese, os lucros cessantes consistem no que o credor prejudicado teria obtido se a conduta do devedor não tivesse despertado nele a confiança na eficácia do contrato, em razão da qual a

---

[963] GUEDES, Gisela Sampaio da Cruz. *Lucros cessantes*: do bom-senso ao postulado normativo da razoabilidade. São Paulo: Editora Revista dos Tribunais, 2011. p. 342. Cf., na jurisprudência: "[...] 3. A configuração dos lucros cessantes exige mais do que a simples possibilidade de realização do lucro, requer probabilidade objetiva e circunstâncias concretas de que estes teriam se verificado sem a interferência do evento danoso. 4. O postulado da razoabilidade, extraído do art. 402 do Código Civil, impõe a consideração da regular performance da empresa para os fins de análise da extensão dos lucros cessantes, porém a necessária observação da experiência pretérita, por si só, não é suficiente para ensejar a reparação dos lucros cessantes, especialmente considerando-se as peculiaridades da presente demanda em que o ato ilícito foi somente um dos diversos fatores que levaram o negócio à falência. 5. A mensuração dos lucros impõe a observância do disposto no art. 403 do CC, que estabelece, como regra inflexível, que o devedor só responde pelos danos diretos e imediatos. [...]" (BRASIL. Superior Tribunal de Justiça. *REsp 1553790/PE*. Relator: Min. Ricardo Villas Bôas Cueva. Julgamento: 25/10/2016. Órgão Julgador: 3ª Turma. Publicação: DJe 09/11/2016).

parte perdeu (ou, melhor dizendo, abandonou) a oportunidade de auferir certa vantagem alternativa.[964]

Nesse sentido, é importante ressaltar que, para que haja o ressarcimento do ganho perdido na medida do interesse da confiança, é fundamental que o lucro tenha sido *impedido* e não apenas *adiado*, devido ao inadimplemento da prestação pelo devedor. A ideia é de ressarcimento do benefício econômico que adviria de oportunidade negocial alternativa para o credor, que não a perquiriu ou a rejeitou em virtude do contrato firmado e ora inadimplido pelo devedor. Em suma, a oportunidade alternativa está efetivamente perdida e não mais se mostra disponível à parte prejudicada.[965]

Ademais, apesar de ser ainda pouco explorado pela doutrina, além dos danos intrínsecos, relacionados à perda de oportunidade alternativa, há a possibilidade da reparação de outros ganhos obstados, ditos *extrínsecos*, que estejam em relação de causalidade necessária (*i. e.* direta e imediata) com o inadimplemento contratual. Como se desenvolverá melhor em seguida, entende-se que deverão ser ressarcidos, no parâmetro do interesse da confiança, as oportunidades de lucros perdidas pelo credor, referentes a outros negócios que tenham relação etiológica com a confiança despertada na parte no cumprimento do contrato. Tal hipótese poderá acontecer na situação de perda de benefícios que seriam obtidos em negócios subsequentes certos – ou muito prováveis – com terceiros, mas que foram prejudicados em consequência do contrato não executado pelo devedor.

3.2.2.1 Perda de negócios alternativos (custo de oportunidade)

Como já antecipado, ao menos como regra geral, a parcela mais relevante no interesse da confiança referente aos lucros cessantes é constituída pelas oportunidades de negócios alternativos que foram abandonadas pelo credor em razão do compromisso com a execução do contrato frus-

---

[964] Martins-Costa, Judith. *Comentários ao novo Código civil*: do inadimplemento das obrigações. Rio de Janeiro: Forense, 2003. v. 5, t. 2. p. 331.

[965] Jhering, Rudolf Von. *Culpa in contrahendo ou indemnização em contratos nulos ou não chegados à perfeição*. Tradução e nota introdutória de Paulo Mota Pinto. Coimbra: Almedina, 2008. p. 17.

O DANO PATRIMONIAL INDENIZÁVEL NA RESOLUÇÃO CONTRATUAL POR INADIMPLEMENTO

trado.[966] A parte, acreditando no êxito da contratação, escolheu abrir mão de contratar com terceiros, ou de fazer outro tipo de investimento, e teve a confiança depositada no programa contratual frustrada pelo inadimplemento do devedor.

A perda de oportunidade alternativa constitui dano intrínseco, pois está relacionada ao próprio objeto do contrato, de modo que somente será componente da indenização pelo interesse negativo. Isso, porque, caso a parte optasse pela execução do contrato, ainda que pelo equivalente, ela teria que descartar oportunidades de outros negócios, como risco econômico assumido dentro da álea normal do contrato. Trata-se de verba ligada ao *custo de oportunidade*, como a renúncia voluntariamente feita pelo contratante quanto à realização de negócios ofertados no mercado, em prol do programa contratual firmado.[967] A reparação dos lucros cessantes depende da relação de confiança depositada no contrato, considerada a probabilidade de a parte ter celebrado, na ausência desse contrato específico, outro alternativo e, caso comprovada, o lucro cessante será o que for referente ao benefício econômico que poderia ter sido gerado pelo negócio alternativo, após descontadas as despesas operacionais e demais gastos que seriam feitos na operação.[968]

Suponha-se o seguinte exemplo: João, dono de cavalo avaliado em 600 moedas, realiza contrato de permuta com Pedro, proprietário de automóvel avaliado em 500 moedas. É fato conhecido que João pretendia vender o automóvel à Maria pelo preço de 800 moedas e, se não tivesse celebrado o contrato de permuta com Pedro, teria tido a oportunidade de vender o cavalo à Ana por 700 moedas. Imagine-se que, antes do dia mar-

---

[966] TRIMARCHI, Pietro. *Il contratto*: inadempimento e rimedi. Milano: Giuffrè, 2010. p. 86.

[967] COOTER, Robert; ULEN, Thomas. *Law & Economics*. 6. ed. Pearson Education, 2011. Edição Kindle.

[968] PINNA, Andrea. *La mesure du préjudice contractuel*. Paris: LGDJ, 2007. p. 476. Cf. "[...] 7. A reparação de danos patrimoniais tem por finalidade fazer com que o lesado não fique numa situação nem melhor nem pior do que aquela que estaria se não fosse o evento danoso. Então, no cálculo da indenização dos lucros cessantes, devem ser computados não apenas as despesas operacionais e os tributos, mas também outros gastos que o prejudicado teria em regular situação. [...]" (BRASIL. Superior Tribunal de Justiça. *REsp 1553790/PE*. Relator: Min. Ricardo Villas Bôas Cueva. Julgamento: 25/10/2016. Órgão Julgador: 3ª Turma. Publicação: DJe 09/11/2016).

cado para a execução do contrato de permuta, Pedro, por imperícia sua, sofre acidente grave, em que o veículo fica completamente destruído. Se o credor optar pela execução pelo equivalente, ele terá direito, além do equivalente à prestação (no caso, o automóvel) no valor de 500 moedas, à indenização do lucro referente ao contrato, no valor de 300 moedas, mas terá que entregar o cavalo, que foi avaliado em 600 moedas. Se, por sua vez, o credor requerer a resolução, estará liberado da entrega do cavalo, ou terá a restituição da prestação caso já a tenha feito, e terá direito à indenização quanto aos lucros cessantes no valor de 100 moedas, isto é, "o lucro que deixou de obter pela vinculação ao contrato resolvido".[969]

A quantificação do lucro referente à oportunidade alternativa perdida não deverá ser feita pelo preço do contrato inadimplido, mas de acordo com a própria *oportunidade alternativa*. Ressalta Paulo Mota Pinto que não devem ser aceitas meras alegações genéricas, e a prova do dano requer a demonstração de "qual teria sido o *montante obtido* com a *concreta ocasião* alternativa preterida", de maneira que caberá à parte prejudicada comprovar "*que teria encontrado* um parceiro negocial alternativo, para concluir o negócio hipotético, e apurar também *quais seriam as condições* desse negócio alternativo".[970] Contudo, para amenizar a reconhecida dificuldade de prova, podem ser admitidas, no caso concreto, "provas de primeira aparência ou a aceitação de presunções de *facto,* de acordo com as 'regras da experiência' e o 'curso regular dos acontecimentos', que deve considerar-se relevante em geral para o apuramento do lucro cessante".[971]

Por conseguinte, na definição dos lucros cessantes, poderá não ser viável ao credor fazer a prova da certeza do dano, sendo suficiente a comprovação da probabilidade objetiva da sua ocorrência, conforme o curso natural das coisas. Afirma Hans Fischer que, em determinadas situações, o lesado terá direito à indenização mesmo que não comprove o recebimento de proposta alternativa ao contrato frustrado, ou que foi tentada

---

[969] O exemplo é inspirado em FARIA, Jorge Leite Areias Ribeiro de. *Direito das obrigações.* Coimbra: Almedina, 2001. v. 2. p. 428-429.

[970] PINTO, Paulo Mota. *Interesse contratual negativo e interesse contratual positivo.* Coimbra: Coimbra Editora, 2008. v. 2. p. 1102.

[971] PINTO, Paulo Mota. *Interesse contratual negativo e interesse contratual positivo.* Coimbra: Coimbra Editora, 2008. v. 2. p. 1107.

O DANO PATRIMONIAL INDENIZÁVEL NA RESOLUÇÃO CONTRATUAL POR INADIMPLEMENTO

negociação séria com terceiro para tanto. O raciocínio aplica-se, principalmente, se o objeto do contrato constituir mercadoria facilmente negociável no mercado, cujo preço, no momento da contratação, possa ser aferido com razoável segurança, supondo-se ainda que a atividade desenvolvida pelo credor envolva a comercialização desse objeto, ou de coisa que o utilize como insumo. Inversamente, fora das situações de preço de mercado, o credor terá de provar que a celebração de negócio com terceiro era fundamentalmente provável, ou até quase certa, para fazer jus ao ressarcimento da perda de oportunidade alternativa a título de lucros cessantes.[972]

Como antes mencionado, se o contrato tiver sido celebrado em mercado competitivo, o lucro esperado no contrato inadimplido (pelo interesse no cumprimento) e aquele referente à oportunidade alternativa (pelo interesse da confiança) poderão, em termos quantitativos, ser *idênticos*: se o contrato não cumprido não tivesse sido concluído, a vítima teria feito outro alternativo de idêntico teor. A mensuração do ganho conforme o preço do contrato poderá constituir representação bastante fiel ao preço de mercado, podendo ser adotada como presunção de perda de oportunidade. Por sua vez, a diferença entre as duas fórmulas ficará bem evidente na presença de mercado não competitivo, em que o negócio alternativo ao não cumprido poderia apresentar condições significativamente diferentes e, em particular, poderia ter gerado margem de lucro bastante inferior para o credor.[973]

Dessa forma, nas situações em que o preço do contrato seja fixado consoante o preço de mercado, reconhece-se a possibilidade de correspondência factual entre o interesse da confiança e o interesse no cumprimento apenas quanto aos lucros cessantes, ressalvada a existência de

---

[972] FISCHER, Hans Albrecht. *Los daños civiles y su reparación*. Tradução de W. Roces. Madrid: Suarez, 1928. p. 50-51. Para Paulo Mota Pinto, caso o contrato frustrado tenha como objeto coisa fora do mercado, como na situação de objeto único ou de contrato único, a parte lesada terá de fazer a prova da capacidade e do potencial de atividade negocial que pudesse ter sido empregue em negócio de outro tipo, que foi obstado em prol do programa contratual. Cf. PINTO, Paulo Mota. *Interesse contratual negativo e interesse contratual positivo*. Coimbra: Coimbra Editora, 2008. v. 2. p. 1107-1108, n. 3108.

[973] PINNA, Andrea. *La mesure du préjudice contractuel*. Paris: LGDJ, 2007. p. 479.

outros ganhos diversos.[974] Não se trata, contudo, da situação mais recorrente, pois o esperado é que o valor dos lucros cessantes correspondentes ao interesse negativo seja inferior ao positivo, contanto que "o preço do negócio alternativo fosse (melhor do que o preço de mercado atual mas) menos favorável do que o preço do negócio frustrado (isto é, mais elevado para o comprador e mais baixo para o vendedor)".[975]

Ademais, mesmo na situação de livre mercado, a atuação concreta das partes poderá não corresponder, ao menos de maneira que se possa considerar como precisa ou exata, ao modelo dito ideal da concorrência perfeita. Distintamente, reconhecem-se "inúmeros custos de transação e por distorções de concorrência que impedem efetivamente cada participante no mercado de aproveitar oportunidades negociais alternativas, ainda que elas existam".[976] Seja como for, reitere-se que a relevância do critério subjetivo na quantificação das perdas e danos, de forma que, não necessariamente, o credor terá direito ao valor de mercado (i. e. *aestimatio rei*), ainda que a pretexto de oportunidade alternativa, o que deve ser visto como pauta orientadora do quantitativo de ganhos obstados para o lesado.

Questão enfrentada pela doutrina refere-se à existência de identidade ou, ao menos, de similitude entre a perda de negócios alternativos como parcela do dano indenizável a título de lucros cessantes e a teoria da perda da chance. No direito francês, em que a perda da chance é vista como dano autônomo, é comum sua associação com a perda da oportunidade alternativa por parcela relevante da doutrina: o lucro perdido no interesse negativo poderá se reduzir, assim, à perda da chance de o credor entrar em contrato semelhante ao não executado, mas que fosse válido e eficaz. Em outras palavras, a não ser que o credor tenha como provar que, efetivamente, renunciou à entrada em negócio certo com terceiro, em razão da confiança no programa contratual (hipótese em que o ganho perdido será quantificado pelo preço desse negócio alternativo), o lucro

---

[974] FULLER, L. L.; PERDUE JR., William R. The Reliance Interest in Contract Damages: 1. In: *Yale Law Journal*, v. 46, p. 52-96, 1936. p. 62.

[975] PINTO, Paulo Mota. *Interesse contratual negativo e interesse contratual positivo*. Coimbra: Coimbra Editora, 2008. v. 2. p. 1695-1696.

[976] PINTO, Paulo Mota. *Interesse contratual negativo e interesse contratual positivo*. Coimbra: Coimbra Editora, 2008. v. 2. p. 1097-1098.

cessante será equivalente à perda da chance de oportunidade alternativa. Consequentemente, a compensação pelo ganho perdido no interesse negativo é, necessariamente, menor do que a concedida para o interesse positivo.[977]

Por sua vez, Andrea Pinna argumenta que, na resolução, a aniquilação retroativa da relação obrigacional significa que é a oportunidade renunciada pelo credor em favor da celebração do contrato – que terminou sem efeitos – que deverá ser compensada. Entretanto, é fato certo que a chance da celebração alternativa desapareceu já no passado, desde o momento em que foi feita a *escolha* pelo lesado em celebrar o contrato com o lesante. É essa a diferença entre a perda da chance e a perda da oportunidade alternativa. Enquanto a reparação da perda da chance corresponde ao fato de não se ter podido tentar a chance de obter o ganho ou evitar a perda, a perda da oportunidade alternativa corresponde à ocasião potencialmente lucrativa que foi *voluntariamente* dispensada, pois não se buscou alcançá-la por causa da conclusão do contrato que, ao final, foi frustrado.[978]

No direito brasileiro, apesar de a indenizabilidade da perda da chance ser reconhecida,[979] é assunto que merece melhor desenvolvimento no futuro. Sem qualquer pretensão de estudo aprofundado, não se tratando de sede adequada para tanto, objetiva-se analisar o problema específico sobre a perda da chance como parcela do dano indenizável nos limites

---

[977] LAITHIER, Yves-Marie. *Étude comparative des sanctions de l'inexécution du contrat*. Paris: LGPD, 2004. 188-189. No mesmo sentido, cf. VITALE, Laura. *La perte de chances en droit privé*. Paris: LGDJ, 2020. p. 159. GILLIERON, Philippe. *Les dommages-intérêts contractuels*. Lausanne: CEDIDAC, 2011. p. 331-332. GUELFUCCI-THIBIERGE, Catherine. *Nullité, Restitutions et Responsabilité*. Paris: Librairie Générale de Droit et de Jurisprudence, 1992. p. 114-115.

[978] PINNA, Andrea. *La mesure du préjudice contractuel*. Paris: LGDJ, 2007. p. 477.

[979] Cf. obra considerada paradigma do tema no direito brasileiro: SILVA, Rafael Peteffi da. *Responsabilidade civil pela perda de uma chance*. 3. ed. São Paulo: Atlas, 2013. p. 72 e ss. Cf. na jurisprudência: "[...] III – A chamada "teoria da perda da chance", de inspiração francesa e citada em matéria de responsabilidade civil, aplica-se aos casos em que o dano seja real, atual e certo, dentro de um juízo de probabilidade, e não de mera possibilidade, porquanto o dano potencial ou incerto, no âmbito da responsabilidade civil, em regra, não é indenizável [...]" (BRASIL. Superior Tribunal de Justiça. *REsp 1104665/RS*. Relator: Min. Massami Uyeda. Julgamento: 09/06/2009. Órgão Julgador: 3ª Turma. Publicação: 04/08/2009).

do interesse negativo, a qual seria equivalente ou substituiria a perda de oportunidade alternativa (*i. e.*, a título de lucros cessantes). Ainda que bastante óbvio, é fundamental ressaltar que se está referindo à qualificação da chance como vinculada ao negócio alternativo que não se realizou, e não ao contrato frustrado pela inexecução.[980]

Conforme Gisela Sampaio da Cruz Costa Guedes, dentro do conceito de lucro cessante, está "o exame do que normalmente acontece, exame este que, por sua vez, exige a demonstração de que o lucro que se pleiteia é o que provavelmente adviria daquela atividade, com base numa probabilidade objetiva". Por sua vez, no conceito da perda da chance, "a perda da chance em si é certa – e é justamente o que se deve indenizar –, mas o resultado final, este, sim, será sempre aleatório, de modo que não se enquadra no que normalmente acontece". De acordo com a autora, para a aplicação da teoria da perda da chance, a vantagem patrimonial esperada não poderá consistir em consequência objetivamente provável, que seria esperada pelo curso regular dos acontecimentos no momento que se realizou o evento danoso. Dito diversamente, se a vantagem patrimonial constituir a consequência normal, com certa margem de segurança, se o evento danoso não tivesse ocorrido, serão devidos ao credor "lucros cessantes por ter perdido a própria vantagem esperada, e não [...] indenização pela perda da chance de obter tal vantagem".[981]

De acordo com Renata Steiner, a perda da chance não deverá ser adotada como "sucedâneo da reparação por lucros cessantes de contratações alternativas cuja plausibilidade não se comprovou". No contexto de livre

---

[980] PINTO, Paulo Mota. *Interesse contratual negativo e interesse contratual positivo*. Coimbra: Coimbra Editora, 2008. v. 2. p. 1095, n. 3078. Nesse sentido, o uso do parâmetro da perda da chance em relação ao lucro esperado com a execução do contrato frustrado não é admitido nem no direito francês, a teor do artigo 1.112 do Código Civil francês, após a reforma no direito das obrigações de 2016: "Art. 1.112 (2) En cas de faute commise dans les négociations, la réparation du préjudice qui en résulte ne peut avoir pour objet de compenser ni la perte des avantages attendus du contrat non conclu, ni la perte de chance d'obtenir ces avantages". Cf. BÉNABENT, Alain. *Droit des Obligations*. 18. ed. Issy--les-Moulineaux: LGDJ, 2019. p. 82-83, que ressalta a exclusão legislativa expressa do parâmetro na responsabilidade pré-contratual.

[981] GUEDES, Gisela Sampaio da Cruz. *Lucros cessantes:* do bom-senso ao postulado normativo da razoabilidade. São Paulo: Editora Revista dos Tribunais, 2011. p. 117-118.

mercado, em que haja competividade, e se aceita a presunção de perda de oportunidade alternativa ao contrato feito, a exemplo de bens que possam ser livremente adquiridos e vendidos no mercado de balcão, ela não deve ser confundida com a indenização da chance perdida, uma vez que, "se cabível a presunção, não haverá indenização da chance, e sim do lucro cessante." Excepcionalmente, a autora aceita o recurso à perda da chance na hipótese em que a parte, em razão da confiança no programa contratual, deixar de procurar negócios alternativos, cujo êxito em si era incerto, tendo perdido a chance de aproveitar a "janela negocial".[982]

Não se pretende a completa exclusão da possibilidade de configuração de dano indenizável advindo de perda de chance na resolução, especialmente como danos emergentes, por a chance constituir "valor que já compõe o patrimônio [do lesado] à época do evento danoso".[983] Porém tal chance perdida *não* deve ser confundida com a oportunidade alternativa voluntariamente abandonada, que compõe parcela do dano indenizável a título de lucros cessantes no interesse negativo. Em outras palavras, para que haja a reparação de lucros cessantes, "parece não bastar para fundar a existência de um dano a prova da perda de chances de obtenção de lucros com aplicações alternativas".[984]

---

[982] STEINER, Renata C. *Reparação de Danos:* interesse positivo e interesse negativo. São Paulo: Quartier Latin, 2018. p. 257-258.

[983] Cf. GUEDES, Gisela Sampaio da Cruz. *Lucros cessantes:* do bom-senso ao postulado normativo da razoabilidade. São Paulo: Editora Revista dos Tribunais, 2011. p. 123. Cf., na jurisprudência: "Contrato de compra e venda de maquinário – Ação de rescisão contratual cumulada com pedido de indenização – Sentença proferida dentro dos limites do pedido – Reparação de danos – Perda de uma chance – Natureza jurídica – Dano emergente – Maquinário adquirido para produção de moldes ortodônticos – Demonstração de que o equipamento não atingiu o objetivo a que se propunha – Expressa previsão contratual de possibilidade de devolução do equipamento caso não atingisse o objetivo – Rescisão contratual – Reparação de danos – Teoria da perda da chance – Exigência de prejuízo real e certo, dentro de juízo de probabilidade mínimo – Demonstração do prejuízo – Presentes pressupostos para a responsabilização – Sentença mantida. Recursos de apelação não provido e recurso adesivo provido" (São Paulo. Tribunal de Justiça de São Paulo. *AC 0005467-62.2010.8.26.0566.* Relator: Des. Sá Moreira de Oliveira. Julgamento: 09/12/2019. Órgão Julgador: 33ª Câmara de Direito Privado. Publicação: DJe 11/12/2019).

[984] PINTO, Paulo Mota. *Interesse contratual negativo e interesse contratual positivo.* Coimbra: Coimbra Editora, 2008. v. 2. p. 1103. Cf. exemplo citado pelas professoras Aline Terra e

Com efeito, a perda de negócio alternativo é considerada como *dano intrínseco*, isto é, constituiria consequência normal da álea contratual assumida pelo credor, se o negócio tivesse os efeitos exauridos. No entanto, o seu aspecto funcional é alterado pela frustração do programa contratual, passando a configurar o dano indenizável. Trata-se de verba ligada ao *custo de oportunidade*: o negócio alternativo foi abandonado por *escolha* do credor, e o papel da vontade na produção do evento que teria lhe sido benéfico exclui qualquer discussão acerca da existência de chance perdida em si e, portanto, torna, no mínimo, *questionável* a compensação pela perda da chance.[985]

Não se indeniza a chance da perda da oportunidade alternativa, mas a própria oportunidade perdida em si, contanto que seja considerada objetivamente provável, ou melhor, desde que configure a *frustração de ganho provável*.[986] Entende-se que a comprovação dos ganhos frustrados depende de "o lesado ter podido obter o lucro cessante, o tê-lo querido

---

Gisela Guedes: "próspero comerciante decide desenvolver novo negócio – menos lucrativo, de acordo com o plano negócios, mas também menos trabalhoso e demandante – em parceria com um amigo. Como não teria condições de cuidar de ambos simultaneamente, o comerciante decide encerrar as atividades de seu negócio primitivo. Se o amigo incorre em inadimplemento absoluto no âmbito do novo negócio e o comerciante decide exercer seu direito de resolução, a indenização que lhe será devida, voltada a recompor seu interesse negativo, deve considerar os lucros que deixou de auferir com o encerramento das atividades do primeiro negócio. Não se trata aqui, frise-se, de situação de perda da chance, mas sim de lucro cessante. O postulado normativo da razoabilidade indica que o comerciante continuaria percebedo referido lucro se não tivesse encerrado as atividades, até porque já os vinha auferindo há anos e continuadamente. O interesse negativo nesse caso atinge cifras mais elevadas do que o próprio interesse positivo, já que, como destacado, o próprio plano de negócios da nova atividade já indicava que sua lucratividade seria inferior ao negócio antecedente" (TERRA, Aline de Miranda Valverde; GUEDES, Gisela Sampaio da Cruz. Efeito indenizatório da resolução por inadimplemento. In: TERRA, Aline de Miranda Valverde; GUEDES, Gisela Sampaio da Cruz (Coord.). *Inexecução das Obrigações*: pressupostos, evolução e remédios. Rio de Janeiro: Editora Processo, 2020. p. 410-411).

[985] VACARIE, Isabelle. La perte d'une chance. In: *Revue de la Recherche Juridique*. Droit Prospectif, Aix-Marseille: Presses Universitaires, n. 3, p. 903-932, 1987. p. 910.

[986] FISCHER, Hans Albrecht. *Los daños civiles y su reparación*. Tradução de W. Roces. Madrid: Suarez, 1928. p. 99.

e a licitude do ganho".[987] Os lucros cessantes serão fixados em virtude de ter o lesado perdido a vantagem que poderia ter obtido, caso tivesse seguido por caminho negocial alternativo, cujo valor, em regra, poderá ter como parâmetro o preço de mercado, conforme definido no momento da celebração do contrato frustrado (e não o preço fixado no contrato em si); situação diversa da indenização pela perda de chance que nunca se realizou por fato externo à vontade da parte.[988]

---

[987] MARTINS-COSTA, Judith. O Árbitro e o Cálculo do Montante da Indenização. In: CARMONA, Carlos Alberto; LEMES, Selma Ferreira; MARTINS, Pedro Batista (Coord.). *20 Anos da Lei de Arbitragem*: Homenagem a Petrônio R. Muniz. 1. ed. São Paulo: Atlas, 2017. p. 609-638. p. 622.

[988] Cf. decisão sobre a distinção entre lucros cessantes e perda da chance na resolução contratual, porém se concluiu pela não indenizabilidade dos ganhos perdidos na situação concreta, por serem considerados hipotéticos ou remotos: "[...] 1.Ação de rescisão contratual c/c indenização por danos materiais, em fase de liquidação de sentença por arbitramento. [...] 4. De acordo com o CC/02, os lucros cessantes representam aquilo que o credor razoavelmente deixou de lucrar, por efeito direto e imediato da inexecução da obrigação pelo devedor. 5. A perda de uma chance não tem previsão expressa no nosso ordenamento jurídico, tratando-se de instituto originário do direito francês, recepcionado pela doutrina e jurisprudência brasileiras, e que traz em si a ideia de que o ato ilícito que tolhe de alguém a oportunidade de obter uma situação futura melhor gera o dever de indenizar. 6. Nos lucros cessantes há certeza da vantagem perdida, enquanto na perda de uma chance há certeza da probabilidade perdida de se auferir uma vantagem. Trata-se, portanto, de dois institutos jurídicos distintos. 7. Assim feita a distinção entre os lucros cessantes e a perda de uma chance, a conclusão que se extrai, do confronto entre o título executivo judicial ‾ que condenou a ré à indenização por lucros cessantes ‾ e o acórdão recorrido ‾ que calculou o valor da indenização com base na teoria perda de uma chance ‾ é a da configuração de ofensa à coisa julgada. 8. Especificamente quanto à hipótese dos autos, o entendimento desta Corte é no sentido de não admitir a indenização por lucros cessantes sem comprovação e, por conseguinte, rejeitar os lucros hipotéticos, remotos ou presumidos, incluídos nessa categoria aqueles que supostamente seriam gerados pela rentabilidade de atividade empresarial que sequer foi iniciada [...]" (BRASIL. Superior Tribunal de Justiça. *REsp 1750233/SP*. Relator(a): Min. Nancy Andrighi. Julgamento: 05/02/2019. Órgão Julgador: 3ª Turma. Publicação: DJe 08/02/2019). Em sentido contrário, com a aplicação da perda chance para a definição dos lucros cessantes referentes à perda de oportunidade alternativa na resolução por inadimplemento, cf. São Paulo. Tribunal de Justiça de São Paulo. *AI 2101219-32.2017.8.26.0000*. Relator: Des. L. G. Costa Wagner. Julgamento: 25/10/2017. Órgão Julgador: 34ª Câmara de Direito Privado. Publicação: DJe 06/11/2017; Distrito Federal. Tribunal de Justiça do Distrito Federal.

Além disso, tradicionalmente se defende que, para a indenizabilidade de ganhos frustrados referentes a negócios alternativos no interesse da confiança, o lucro deverá ter sido *obstado,* e não somente *adiado* devido ao inadimplemento pelo devedor. Isso significa que a oportunidade negocial está ultrapassada e não mais se mostra disponível à parte prejudicada.[989] Em suma, "caberá ao lesado comprovar o caráter definitivo do lucro que deixou de obter sob pena de não fazer jus à sua indenização".[990]

A questão merece análise mais detalhada. Poderá ser admitido o ressarcimento de lucros cessantes, mesmo que a oportunidade de celebrar o contrato alternativo não tenha sido completamente perdida, porém a quantificação será necessariamente menor. Para tanto, caberá ao credor comprovar que o lucro que poderá ser obtido no novo contrato celebrado com terceiro é *inferior* ao que poderia ter sido obtido não no contrato frustrado (o que seria interesse no cumprimento), mas em contrato alternativo se tivesse sido celebrado no *passado.* A avaliação dos lucros cessantes resultará da diferença entre o novo benefício que poderia ser alcançado, caso a parte optasse por novo contrato com terceiro e o ganho que ela teria obtido, se tivesse celebrado o contrato alternativo *sem demora*, isto é, na ausência do contrato que restou sem efeitos. Se não houver diferença, não há lucro cessante a ser indenizado, pois a oportunidade negocial não foi obstada, mas meramente atrasada.[991]

A *ratio* é que, se o ganho perdido no interesse positivo é apreciado no momento da inexecução da obrigação, o lucro cessante referente à perda de oportunidade alternativa no interesse negativo deve ser verificado conforme o valor da prestação alternativa, no momento da conclusão do

---

AC 0000914-36.2016.8.07.0001. Relator: Des. Gilberto Pereira de Oliveira. Julgamento: 14/09/2016. Órgão Julgador: 3ª Turma Cível. Publicação: DJe 20/09/2016.

[989] JHERING, Rudolf Von. *Culpa in contrahendo ou indemnização em contratos nulos ou não chegados à perfeição.* Tradução e nota introdutória de Paulo Mota Pinto. Coimbra: Almedina, 2008. p. 17.

[990] STEINER, Renata C. *Reparação de Danos:* interesse positivo e interesse negativo. São Paulo: Quartier Latin, 2018. p. 250. No mesmo sentido, MARINO, Francisco Paulo de Crescenzo. Perdas e Danos. In: LOTUFO, Renan; NANNI, Giovanni Ettore (Coord.). *Obrigações.* São Paulo: Atlas, 2011. p. 653-685. p. 673.

[991] GUELFUCCI-THIBIERGE, Catherine. *Nullité, Restitutions et Responsabilité.* Paris: Librairie Générale de Droit et de Jurisprudence, 1992. p. 115-116.

contrato (em regra, pelo preço de mercado). Isso, porque, quando da formação da relação jurídica, o credor renunciou à concretização de outros negócios com terceiros.[992] Os lucros cessantes no interesse da confiança podem depender de análise de probabilidade referente a momento pretérito, uma vez que a oportunidade era *alternativa ao contrato* e, por conseguinte, morreu no passado, de modo que o credor não poderá mais recuperá-la, mesmo que o dano patrimonial possa ser reduzido por meio de novo contrato que possa garantir à parte algum ganho, porém inferior.[993]

Por fim, questão a ser enfrentada é a indenizabilidade, a título de lucros cessantes, do uso ou da fruição do bem (*e. g.* aluguel do bem a terceiro) durante a vigência do contrato pela parte que terá que restituí-lo, considerando a perda retroativa de eficácia da relação obrigacional diante da resolução. Retomando-se o exemplo da promessa de compra e venda imobiliária, verifica-se certa incongruência na jurisprudência brasileira. Por um lado, na situação de inadimplemento do *promitente vendedor*, concedem-se alugueis como frutos civis que devem acompanhar prestação a ser restituída, isto é, os alugueis retornam à parte (mesmo inadimplente) com a propriedade do bem objeto do contrato.[994] Por outro lado, na situação de inadimplemento do *promissário comprador*, o valor referente à fruição do imóvel pela parte, ora inadimplente, passa a ser concedido como parcela da indenização a título de perda de oportunidade alternativa ao credor prejudicado (promitente vendedor).[995]

Parece ser o melhor caminho considerar a verba referente aos aluguéis pelo uso e pela fruição do imóvel como frutos civis, constituindo eficácia

---

[992] GILLIERON, Philippe. *Les dommages-intérêts contractuels.* Lausanne: CEDIDAC, 2011. p. 331.

[993] PINTO, Paulo Mota. *Interesse contratual negativo e interesse contratual positivo.* Coimbra: Coimbra Editora, 2008. v. 2. p. 1696-1697. O tema do valor produzido por oportunidade alternativa será melhor explorado no item 3.3 *infra*.

[994] Cf. BRASIL. Superior Tribunal de Justiça. *REsp 1613613/RJ.* Relator: Min. Ricardo Villas Bôas Cueva. Julgamento: 12/06/2018. Órgão Julgador: 3ª Turma. Publicação: DJe 18/06/2018.

[995] Cf. BRASIL. Superior Tribunal de Justiça. *REsp 1.258.998/MG.* Relator: Min. Paulo de Tarso Sanseverino. Julgamento: 18/02/2014. Órgão Julgador: 3ª Turma. Publicação: DJe 06/03/2014. Sobre o tema ver itens 2.3, 2.4.2 e 3.1.2 *supra*, em que foi citada farta jurisprudência.

da restituição, os quais independem de nexo de imputação. Isso, porque não faz sentido alterar a função da verba conforme a responsabilidade pela falta de cumprimento.[996] Contudo, tal conclusão não significa a existência de impedimento à parte lesada (no caso, o promitente vendedor) para que comprove, na relação concreta, a perda de oportunidade alternativa que lhe fosse economicamente mais vantajosa do que os aluguéis fixados conforme preço-padrão de mercado. Assim, em tal situação, o credor lesado terá direito, como indenização complementar à restituição a título de lucros cessantes, ao valor da diferença entre o aluguel-padrão e o custo de oportunidade, referente ao negócio alternativo perdido.

3.2.2.2 Lucros obstados em negócios subsequentes

Da mesma forma que na composição dos danos emergentes, os lucros cessantes poderão ser extrínsecos em relação ao objeto contratual. Por estarem vinculados ao inadimplemento da prestação pelo devedor, e não ao cumprimento da prestação correspectiva pelo credor, eles poderão ser indenizados independentemente de a parte optar pela resolução ou pela execução. Assim, no que se refere ao ganho extrínseco perdido, ele poderá ser ressarcido tanto considerando como parâmetro a situação jurídico-econômica do credor se não houvesse feito a celebração do contrato (interesse negativo), como a situação esperada do cumprimento contratual (interesse positivo). O exemplo mais comum desse tipo de dano, tradicionalmente qualificável como indireto, porém indenizável, é representado pela perda de ganho provável futuro que teria sido gerado caso o lesado tivesse realizado contrato subsequente, o que lhe foi impedido pelo inadimplemento contratual.[997]

---

[996] No mesmo sentido do texto, cf. AGUIAR JÚNIOR, Ruy Rosado de. *Comentários ao novo Código Civil*: da extinção do contrato. Rio de Janeiro: Forense, 2011. v. 6, t. 2. p. 693. TERRA, Aline de Miranda Valverde. *Cláusula Resolutiva Expressa*. Belo Horizonte: Fórum, 2017. p. 191, nota 65. Em sentido contrário, STEINER, Renata C. *Reparação de Danos*: interesse positivo e interesse negativo. São Paulo: Quartier Latin, 2018. p. 404-405, nota 975, para quem o pagamento de aluguéis, apesar de constituir eficácia própria da resolução, teria função híbrida, "se em favor da parte adimplente, qualificável como indenização e, ao contrário, em favor da parte inadimplente, como enriquecimento sem causa".

[997] PINNA, Andrea. *La mesure du préjudice contractuel*. Paris: LGDJ, 2007. p. 475-476. A origem da classificação remonta à Pothier. Cf. POTHIER, Robert Joseph. *Ouvres de Pothier*.

A título exemplificativo, imagine-se que, em contrato de comodato de obra de arte para participar de relevante exposição, haja o inadimplemento absoluto pelo comodatário, que deixou a obra em posição que ficasse exposta à luz solar excessiva, trazendo-lhe danos permanentes, provocando o pedido de resolução, acompanhado da restituição imediata do objeto do contrato antes do prazo contratual.[998] Em razão da necessidade de longo processo de restauração, cujos custos farão parte do dano emergente como incidental ao inadimplemento, o comodante perde a oportunidade de negócio certo que lhe permitiria vender a obra a terceiro pelo preço de R$ 15.000.000,00, somente conseguindo vendê-lo pelo preço de R$ 9.000.000,00, em leilão realizado dois anos após concluída a restauração. Em tal situação, o comodante poderá exigir a diferença (R$ 6.000.000,00) como representativo do lucro frustrado.[999]

Apesar de não encontrar muito desenvolvimento na doutrina, os lucros cessantes extrínsecos, que constituam danos que tenham relação necessária com o inadimplemento, podem ser verificados, com alguma frequência, na jurisprudência. Especialmente, nos casos em que haja prejuízo à atividade econômica exercida pelo credor, que atue em cadeia de produção ou de fornecimento de bens ou serviços no mercado.[1000] Trata-se de lucros cessantes referentes a negócios jurídicos que seriam (provavelmente) ou que chegaram a ser realizados pelo credor, mas que terminaram prejudicados pelo (anterior) inadimplemento absoluto da

---

Traité des Obligations. Paris: Béchet Ainé Librairie, 1824. n. 164-167. p. 84-87.

[998] Sobre a possibilidade de resolução em contrato unilateral, ver item 1.3.1 *supra*.

[999] O exemplo é inspirado em TELLES, Inocêncio Galvão. *Direito das Obrigações*. 7. ed. (Reimpressão). Coimbra: Coimbra Editora, 2010. p. 377.

[1000] Cf. exemplificativamente: "[...] Perdas e danos devidos. Lucros cessantes. Demonstração. Cana de açúcar colhida e que era destinada a industrialização (álcool hidratado) e uso do bagaço da cana. Pedido acolhido. Apuração em liquidação. [...] A indenização por perdas e danos é devida e, nos termos do artigo 402 do Código Civil, deve abranger aquilo que o credor efetivamente perdeu na hipótese. No caso, a pretensão à indenização por lucros cessantes prospera na medida em que o objetivo dos contratos não era mera compra da cana de açúcar, mas de sua utilização para fins industriais na obtenção de etanol hidratado e bagaço de cana, cuja apuração far-se-á mediante liquidação por arbitramento" (São Paulo. Tribunal de Justiça de São Paulo. *AC 1007913-32.2014.8.26.0032.* Relator: Des. Kioitsi Chicuta. Julgamento: 11/08/2016. Órgão Julgador: 32ª Câmara de Direito Privado. Publicação: DJe 11/08/2016).

prestação pelo devedor. Por conseguinte, o lesado poderá requerer indenização a título de ganhos frustrados quanto ao lucro que era esperado da revenda ou da troca, que teria por objeto o mesmo bem do contrato, ou de novo bem manufaturado originado dele (*i. e.* o objeto contratual era insumo). Para tanto, a parte terá que comprovar que o negócio subsequente, obstado pela frustração do contrato, era certo ou, ao menos, fundamentalmente provável, bem como que mantinha relação etiológica com a confiança depositada no contrato.[1001]

Se o incumprimento da prestação do contrato tornou o lucro esperado no contrato subsequente impossível, o credor prejudicado deverá ser indenizado, a despeito da perda de eficácia retroativa da relação obrigacional. Não se trata aqui de conferir à vítima o equivalente ao que poderia ter aspirado se o contrato (original) tivesse sido executado, mas, sim, o que teria obtido se não o tivesse celebrado. Das duas uma: ou o lesado terá de provar que o negócio subsequente teria sido formado mesmo na ausência do contrato, porém se tornou impossível diante do seu inadimplemento (conforme o exemplo *supra* da compra e venda que restou frustrada, por causa do incumprimento anterior do comodato da obra de arte), ou terá de provar a perda de oportunidade alternativa ao contrato e, em consequência, a perda de lucro esperado no negócio subsequente.[1002]

Com efeito, verifica-se alguma peculiaridade na indenização do lucro cessante extrínseco no interesse negativo, considerando a aniquilação retroativa dos efeitos produzidos no contrato pela resolução. Isso, porque, no caso concreto, a existência do dano extrínseco (*i. e.* perda de lucro provável em negócio subsequente) poderá depender da simultâ-

---

[1001] MARTINS-COSTA, Judith. *Comentários ao novo Código civil*: do inadimplemento das obrigações. 2. ed. Rio de Janeiro: Forense, 2009. v. 5, t. 2. p. 490-491. Cf. na jurisprudência: "[...] Compra e venda – Máquina de fazer salgados – Ação de rescisão contratual c/c. perdas e danos – Lucros cessantes comprovados – Autora que dependia da máquina adquirida para atender a encomendas de salgados – Alegação de fraude na contratação da autora que não encontra respaldo nas provas dos autos – Valor da indenização a ser apurado em liquidação de sentença – Sentença mantida – Recurso improvido" (São Paulo. Tribunal de Justiça de São Paulo. *AC 1005815-15.2016.8.26.0320*. Relator(a): Des. Maria Cláudia Bedotti. Julgamento: 28/06/2018. Órgão Julgador: 36ª Câmara de Direito Privado. Publicação: DJe 28/06/2018).

[1002] PINNA, Andrea. *La mesure du préjudice contractuel*. Paris: LGDJ, 2007. p. 476.

nea existência (e comprovação) de dano intrínseco, referente à perda de oportunidade alternativa ao contrato frustrado. Em outras palavras, para obter o benefício esperado com o contrato subsequente, é necessário que a parte pudesse celebrá-lo mesmo *sem* a presença do (anterior) contrato frustrado. Caberá ao lesado a prova (como questão prévia) de que poderia ter celebrado algum contrato alternativo, o que lhe teria permitido, por sua vez, celebrar o contrato lucrativo subsequente.[1003]

Mais uma vez, ressalte-se que os lucros cessantes, sejam referentes às oportunidades alternativas perdidas, já que pretéritas, sejam referentes aos danos propriamente futuros, como no caso de oportunidades lucrativas em contratos subsequentes, não costumam permitir a prova da certeza da ocorrência do evento pelo lesado: é suficiente que a parte demonstre que o negócio seria objetivamente provável, especialmente no contexto de livre mercado.[1004] Nesses casos, o incumprimento do contrato surge em relação causal com o lucro cessante decorrente do contrato (subsequente) que o credor poderia ter assinado com terceiro, ainda que a oportunidade apenas aparecesse durante ou até após a execução do contrato frustrado.[1005]

A título exemplificativo, imagine-se a seguinte situação: a sociedade Bon Vivant LTDA. (compradora), que tem loja de bebidas alcóolicas importadas, adquire 1000 garrafas de vinhos franceses anualmente da sociedade Vins de Bordeaux LTDA. (vendedora), para revenda em restaurantes de luxo no Brasil, obtendo excelente margem lucrativa na operação, de modo que repete idêntica operação por mais de 10 anos. Suponha-se que, em determinado ano, a compradora não receba a mercadoria, sendo afirmado pela vendedora que não mais poderá entregá-la, diante do aparecimento de outro concorrente disposto a lhe pagar o dobro do preço acordado. Caso opte pela resolução, Bom Vivant poderá reclamar indenização por perdas e danos, incluídos lucros cessantes, considerando a perda de oportunidade alternativa (a princípio, pelo preço de mercado

---

[1003] Pinna, Andrea. *La mesure du préjudice contractuel.* Paris: LGDJ, 2007. p. 476.

[1004] Fischer, Hans Albrecht. *Los daños civiles y su reparación.* Tradução de W. Roces. Madrid: Suarez, 1928. p. 49-50.

[1005] Gillieron, Philippe. *Les dommages-intérêts contractuels.* Lausanne: CEDIDAC, 2011. p. 331.

dos mesmos vinhos ou de outros de qualidade semelhante no momento de celebração do contrato e não o preço do contrato em si), o que fez com que deixasse de faturar pela revenda, embora não tenha chegado a firmar os contratos anuais de venda com os restaurantes, sendo suficiente a demonstração da realidade pretérita.[1006]

Por fim, ressalte-se que os lucros frustrados devem ser entendidos como *lucros líquidos*, nos casos em que o lesado, para obtê-los, teria que efetuar desembolsos que o fato lesivo tornou desnecessários (inclusive, referente ao custeio da própria prestação pelo credor, que lhe será dispensada ou restituída na resolução). Além disso, no exemplo acima, as despesas poupadas que a parte teria na execução da operação subsequente, a exemplo da realização de contrato de transporte das mercadorias, devem ser descontadas para se averiguar qual o lucro que teria sido efetivamente obtido no negócio com terceiros (revenda), que ficou frustrado por causa do inadimplemento absoluto da prestação pelo devedor do contrato original.[1007]

[1006] O exemplo é inspirado em NEVES, José Roberto de Castro. *Direito das Obrigações*. 7. ed. Rio de Janeiro: LMJ Mundo Jurídico, 2017. p. 338.

[1007] DÍEZ-PICAZO, Luis. *Derecho de daños*. Madrid: Civitas, 1999. p. 324. Cf. jurisprudência: "O recorrente alegou, em sua inicial, que adquiriu os produtos do recorrido pelo valor de R$ 560,00 (quinhentos e sessenta reais), porém, os revendeu para terceiros pelo valor de R$ 800,00 (oitocentos reais), razão pela qual faria *jus* a restituição do valor que iria receber com a venda do produto. [...] Assim, tem-se que os lucros cessantes restaram configurados, vez que, diante do não cumprimento do contrato pelo recorrido, o recorrente ficou impossibilitado de cumprir com o contrato firmado com terceiro. Porém, uma vez que os lucros cessantes se referem ao efetivo prejuízo sofrido pela parte, conforme acima já mencionado, o valor da indenização a este título deve ser fixado em relação a diferença entre o valor restituído para o terceiro e o valor efetivamente pago pelo produto (R$ 800,00 – R$ 560,00), qual seja, R$ 240,00 (duzentos e quarenta reais)" (Paraná. Tribunal de Justiça do Paraná. *RI 0010777-29.2016.8.16.0045*. Relator: Juiz Nestario da Silva Queiroz. Julgamento: 12/11/2018. Órgão Julgador: 1ª Turma Recursal. Publicação: DJe 13/11/2018, trecho retirado do voto do relator). A bem da verdade, como antes afirmado, a diferença deverá ser verificada considerando o preço da oportunidade alternativa perdida, e não do contrato frustrado, porém, presumindo-se a adoção do parâmetro do preço de mercado, é possível concluir pela equivalência contábil de valores.

3.3 A subtração do "passivo" na composição da indenização: as despesas reutilizadas, os valores produzidos e as perdas evitadas

Diante de tudo que foi antes estudado, fica claro que a resolução constitui remédio *preventivo* que a Lei Civil concede ao credor prejudicado pelo inadimplemento contratual, cujo escopo é evitar a concretização do risco de perda da prestação. A *eficácia liberatória* é particularmente relevante, considerando a correspectividade encontrada nas obrigações assumidas pelas partes nos contratos bilaterais. Afinal, o credor poderá deixar de atender a prestação, que representaria esforço inútil, uma vez que não há mais interesse na manutenção da avença. Por sua vez, o devedor não terá de cumprir a prestação correspectiva, que não está mais apta ao atendimento da causa do contrato.[1008]

Com efeito, se o contratante prejudicado decidir pela resolução *antes* de ter executado a prestação, mesmo assim permanecem (em tese) indenizáveis os danos relacionados aos esforços dedicados ao cumprimento do objeto contratual, porque foram realizados na confiança de conclusão da relação jurídica. Com a extinção retroativa da relação obrigacional, todavia, a parte estará liberada para buscar no mercado novo parceiro comercial, de sorte que, caso as despesas sejam reaproveitáveis em negócio subsequente, elas não irão compor as perdas e danos. Portanto, todo o investimento que o credor conseguir – até em cumprimento do ônus de mitigar danos, relembre-se – reutilizar em novo contrato, deverá ser excluído do montante indenizatório.

Se a despesa puder ser *reutilizada* em outras relações jurídicas, não terá de ser ressarcida a título de dano intrínseco, pois não constitui dano, mas mero dispêndio em atividade econômica. Destaque-se que essas despesas configuram custos normais dentro da álea contratual e, considerado o seu aspecto funcional, não chegaram a se qualificar como danos, uma vez que sempre foram e continuam sendo voluntariamente aplicadas pela parte em atividade econômica e, portanto, não deverão compor a medida da indenização.[1009] Em consequência, caberá criteriosa comprovação, na

---

[1008] Aguiar Júnior, Ruy Rosado de. *Extinção dos contratos por incumprimento do devedor.* 2. ed. rev. e atual. Rio de Janeiro: AIDE Editora, 2003. p. 48-49.

[1009] Steiner, Renata C. *Reparação de Danos:* interesse positivo e interesse negativo. São Paulo: Quartier Latin, 2018. p. 246.

situação jurídica concreta, se a despesa deixou de fazer sentido ou se, ao contrário, ainda poderá servir em outra operação econômica, tendo em vista que aquilo que o lesado puder recuperar não é qualificado como dano ressarcível.[1010]

Suponha-se que a sociedade Peixe Feliz LTDA. (compradora), fabricante de atum enlatado, realize contrato de compra e venda, cujo objeto eram 50.000 embalagens de metal ao preço de R$ 2 reais cada uma (total R$ 100.000 reais), com a sociedade Prata SA. (vendedora), fornecedora de diversos tipos de embalagens. Em havendo inadimplemento absoluto pela compradora, a vendedora, ao optar pela resolução, poderia requerer a indenização referente aos dispêndios feitos para cumprir a prestação, a exemplo da contratação de sociedade terceirizada para transportar as mercadorias, que seriam divididas em dois caminhões, ao preço de R$ 10.000 reais cada (total R$ 20.000,00). Imagine-se que, já ciente do inadimplemento, Prata SA. consiga que um dos caminhões que faria o transporte das embalagens de lata de atum seja designado para a entrega de mercadorias a outro cliente. Em tal situação, a título de danos intrínsecos, Prata SA. somente poderá requerer de Peixe Feliz o valor referente à metade do custo do contrato de transporte.[1011]

Por sua vez, se já consumada, ao menos, parcela do projeto de intercâmbio entre prestação e contraprestação prevista no programa contratual, entra em cena a *eficácia restitutória* da resolução. Ou seja, caso o credor lesado decida pela resolução *após* ter cumprido a prestação, não bastará a liberação para que haja o retorno ao *status quo ante*. A restituição garante a recuperação patrimonial referente ao valor da prestação e, em consequência, caso seja feita *in natura*, poderá permitir ao contratante comercializá-la novamente no mercado, possibilitando não só a reutilização das despesas, como também evitando a realização da perda do

---

[1010] Pinto, Paulo Mota. *Interesse contratual negativo e interesse contratual positivo.* Coimbra: Coimbra Editora, 2008. v. 2. p. 1077.

[1011] O exemplo é inspirado em Pereira, Maria de Lurdes. Da indemnização do interesse negativo em caso de resolução do contrato por incumprimento à indemnização de despesas inutilizadas na responsabilidade contratual. In: Guedes, Agostinho Cardoso; Oliveira, Nuno Manuel Pinto. *Colóquio de Direito Civil de Santo Tirso.* Almedina, 2017. p. 197.

lucro esperado no contrato inadimplido, ou, no mínimo, não a tornando definitiva.[1012]

A questão remonta à fixação de lucros cessantes como danos intrínsecos consoante o parâmetro do interesse negativo, isto é, o que o contratante poderia ter obtido com oportunidade alternativa renunciada em prol da execução do contrato, no qual deverá ser diferenciado o lucro obstado daquele que tenha sido simplesmente adiado. Em termos práticos, a renúncia ao negócio alternativo poderá ter sido *temporária*, sendo possível a realização da nova operação econômica, tão ou até mais lucrativa para o credor, o que poderá lhe permitir obter novo *valor produzido*, que, então, deverá ser deduzido do *quantum* indenizatório.[1013]

A mensuração da indenização deverá levar em conta a existência da restituição *in natura*, considerando a evolução do valor de mercado do objeto contratual. Se a prestação restituída, entre o dia da celebração do contrato e o dia em que foi confirmada a resolução, em regra por decisão judicial transitada em julgado, tiver aumentado de valor, as vantagens obtidas com o valor produzido na nova operação podem levar à eliminação da existência de danos – apenas no que concerne à perda de oportunidade alternativa. Para tanto, é necessário que o credor prejudicado consiga recolocá-la no mercado por preço superior ao da oportunidade alternativa perdida (que deve ser definido conforme o momento de celebração do contrato frustrado). Em tal situação, não houve concretamente perda de oportunidade e, assim, a resolução foi (ironicamente) vantajosa ao credor.[1014]

Em síntese, deve ser considerado que o *aumento* de valor de mercado da prestação restituída poderá excluir qualquer prejuízo do credor, referente à perda de oportunidade alternativa, contanto que a margem de lucro na nova comercialização do objeto contratual seja superior à margem de lucro que teria sido obtida pela celebração de negócio alternativo ao contrato frustrado (e relembre-se, não segundo a margem esperada na execução do contrato em si). Inversamente, se a prestação restituída *perdeu* valor de mercado até a data da confirmação da resolução, deverá

[1012] PINNA, Andrea. *La mesure du préjudice contractuel*. Paris: LGDJ, 2007. p. 497.

[1013] PINNA, Andrea. *La mesure du préjudice contractuel*. Paris: LGDJ, 2007. p. 497-498.

[1014] PINNA, Andrea. *La mesure du préjudice contractuel*. Paris: LGDJ, 2007. p. 480.

ser concedida a indenização a título de lucros cessantes pela perda de oportunidade alternativa, conquanto o valor possa ser reduzido, considerando novo contrato feito pelo credor, que poderá lhe garantir algum lucro, mesmo em condições econômicas menos favoráveis que o contrato original.[1015]

Não obstante, ressalte-se que a contabilização do valor produzido como *passivo* na definição da indenização, devido à valorização da prestação restituída no mercado, não se confunde com a aplicação da *compensatio lucri cum damno*. Pela *compensatio*, os prejuízos do credor devem ser contrabalanceados com os ganhos que advenham como consequência necessária do inadimplemento pelo devedor. Na hipótese da realização de nova comercialização do objeto contratual, o novo contrato representa título autônomo de justificação do enriquecimento patrimonial da parte, afastando, por conseguinte, a aplicação da compensação do lucro, uma vez que tenha fonte própria, com o dano causado pelo inadimplemento.[1016]

Diversamente, a justificativa para a dedução do valor produzido na mensuração da indenização, ou melhor, da exclusão de indenizabilidade da perda de oportunidade alternativa a título de lucros cessantes, é o fato de que o dano não se concretizou, porquanto a parte conseguiu a recolocação do objeto contratual no mercado, e ainda obteve preço superior. Em outras palavras, o credor poderá não sofrer qualquer dano a ser ressarcido quanto aos *danos emergentes* (despesas inutilizadas) e aos *lucros cessantes* (perda de oportunidades alternativas), como danos intrínsecos relacionados ao objeto contratual (*i. e.* danos da confiança). Isso, porque não houve a concreta diminuição patrimonial, tendo em vista que as despesas foram reaproveitadas, e a restituição permitiu novo valor produzido, não havendo propriamente a perda da oportunidade lucrativa alternativa ao contrato. No entanto, ressalva-se a possibilidade de se ter, na situação jurídica concreta, outras perdas efetivas referentes a danos extrínsecos (*i. e.* danos emergentes incidentais e por responsabilidade perante terceiros, além de lucros frustrados em razão de perda de oportunidades negociais subsequentes).

[1015] PINNA, Andrea. *La mesure du préjudice contractuel*. Paris: LGDJ, 2007. p. 480.
[1016] Sobre a *compensatio lucri cum danmo*, ver item 3.1.1 *supra*.

Ademais, para o cálculo da medida da indenização, deve ser verificado se, na relação jurídica concreta, há consequências patrimoniais *poupadas* ou *evitadas* devido à resolução, de modo que, a toda evidência, elas devem ser deduzidas do *quantum* das perdas e danos. Mais tecnicamente, as perdas evitadas não chegam sequer a compor a medida da indenização, porquanto não são consequência direta e imediata da inexecução da obrigação contratual imputável ao devedor. A indenizabilidade dos danos relacionados ao inadimplemento está intimamente vinculada ao ônus do credor de mitigação de danos, tendo em conta que a perda patrimonial a ser ressarcida será constituída pelas consequências que, necessariamente, advenham do evento danoso, e não aquelas supérfluas e evitáveis relacionadas à omissão do credor em proteger o próprio patrimônio.[1017]

Entende-se que a mitigação de danos não configura, propriamente, dever jurídico do credor; entretanto, a conduta da parte diante do inadimplemento poderá representar contribuição causal que afete a *extensão* da indenização, isto é, em relação às consequências patrimoniais atribuídas à causalidade da conduta do devedor inadimplente. Ao deixar de tomar medidas razoáveis para evitar ou reduzir as consequências da inexecução da obrigação, o credor não perde o direito à resolução nem à indenização dos danos sofridos, pois houve, de fato, o incumprimento imputável ao devedor. Contudo, inegavelmente, é afetada a medida da indenização no que tange àquelas consequências causadas direta e imediatamente pela conduta da parte lesada.[1018]

Ao definir a indenização, as condutas do devedor e do credor deverão ter as respectivas causalidades dimensionadas, para se chegar ao dano patrimonial indenizável. Se a parte credora adotar as medidas razoáveis para mitigar os danos, as *perdas evitadas* não deverão ser levadas em conta na definição do dano patrimonial indenizável, porquanto não chegaram nem a se concretizar; mas, se, porventura, diante da falha do credor em mitigar os danos, elas tivessem sido concretizadas, também estariam

---

[1017] FARNSWORTH, E. Allan. *Contracts*. 4. ed. New York: Aspen Publishers, 2004. p. 780-781. BURROWS, Andrew S. *Remedies for torts, breach of contract, and equitable wrongs*. 4. ed. Oxford: Oxford University Press, 2019. p. 127.
[1018] Sobre a mitigação de danos pelo credor ver item 3.1.1 *supra*.

excluídas da indenização por serem atribuíveis à conduta da parte, e não ao inadimplemento do devedor.

A indenização é mensurada pela extensão do dano, conforme fique comprovado o nexo de causalidade. Suponha-se que, em um contrato de empreitada, tenha havido o inadimplemento absoluto pelo dono da obra, após a conclusão do contrato, porém antes do início da execução da obra. Entretanto, o empreiteiro já tinha contraído despesas, visando ao cumprimento da prestação (*e. g.* contratação de mão de obra e compra de materiais). O empreiteiro prejudicado poderá requerer, a título de danos emergentes, o ressarcimento das despesas inutilizadas; a parte poderá recuperar o dano da confiança (*cost of reliance*), após a dedução das perdas evitadas (*e. g.* reaproveitamento do material em outro contrato de empreitada em curso com terceiro) ou, ainda, daquelas que deveriam ter sido evitadas, se a parte tivesse adotado as corretas medidas de salvamento.[1019]

Portanto, as despesas referentes às perdas evitadas não deverão compor as perdas e danos, seja porque corretamente a parte evitou a sua concretização, seja porque não o fez e terá que arcar por si com os prejuízos patrimoniais. A medida da indenização deverá ser determinada pelas consequências patrimoniais que, necessariamente, advenham do inadimplemento, inclusive quanto às despesas realizadas pelo credor, visando a conter ou a reduzir o dano que poderia advir do mesmo evento, as quais configuram substitutivo ou sucedâneo do prejuízo sofrido.[1020] [1021]

3.4 A composição das perdas e danos na resolução prospectiva nos contratos de duração – a tutela progressiva do interesse contratual positivo do credor

Como antes visto, nem sempre a resolução extinguirá o dever de prestar das partes, que poderá ficar mantido quanto ao *passado*, isto é, no que for

---

[1019] FARNSWORTH, E. Allan. *Contracts*. 4. ed. New York: Aspen Publishers, 2004. p. 806.

[1020] JORGE, Fernando de Sandy Lopes Pessoa. *Ensaio sobre os pressupostos da responsabilidade civil*. 3. reimp. Coimbra: Almedina, 1999. p. 378-379.

[1021] Sobre o tema das despesas preventivas do dano, ver RODRIGUES, Cássio Monteiro. Reparação de danos e função preventiva da responsabilidade civil: parâmetros para o ressarcimento das despesas preventivas do dano. In: *Civilistica.com*, v. 9, n. 1, p. 1-37, maio 2020.

devido anteriormente ao inadimplemento absoluto. Em determinadas situações, mesmo que a parte não inadimplente decida pela resolução, poderá ser concretamente inviável o retorno dos contratantes ao *status quo ante*. A presença da retroatividade dos efeitos da resolução deverá ser avaliada consoante a situação jurídica concreta, podendo ser caso de preservação da parcela do que foi executado antes da configuração do inadimplemento absoluto, suscitando o incumprimento parcial frente ao programa do contrato.

Nos contratos duradouros, diante da divisibilidade econômica da obrigação e tendo em vista o (possivelmente longo) lapso temporal percorrido do início da execução até o momento do inadimplemento absoluto, a quebra de reciprocidade entre as prestações correspectivas das partes poderá não afetar todo o objeto do contrato. Assim, nos contratos de execução periódica, afasta-se a retroeficácia do remédio resolutivo pela necessidade de preservação do sinalagma entre as prestações fracionadas das partes, já executadas e cuja eficácia poderá estar até exaurida. Por sua vez, nos contratos de execução continuada, não haverá a retroatividade, porque a parcela executada do contrato pelo devedor é capaz, mesmo que não plenamente, de satisfazer o interesse do credor, conforme o resultado útil programado no contrato, de modo que a parte credora, por sua vez, deverá ter atendido, ou ser capaz de atender, a parcela equivalente da contraprestação, ficando preservado o sinalagma contratual.

Se o que justifica a retroeficácia da resolução é a quebra da causa de atribuição entre a prestação e a contraprestação, se houver a necessidade de se manter a correspectividade, diante do cumprimento por certo tempo ou referente à parte do contratado, deverá ser afastada, em igual medida, a retroatividade do remédio resolutivo. Em consequência, tanto nos contratos de execução periódica como nos de execução continuada, a resolução poderá ser dotada de eficácia *ex nunc*. Não se libera os contratantes quanto ao passado, que devem atender ao programa contratual até o momento em que foi configurado o inadimplemento absoluto, sem que se justifique a restituição da parcela executada do contrato.[1022]

[1022] Nesse sentido, afirma Araken de Assis que a resolução nos contratos de duração, quando dotada de eficácia *ex nunc*, poderá preservar as prestações consumadas e exauridas. Para o autor, acolhe-se a orientação do artigo 128 do Código Civil, de modo que

A ausência de retroatividade da resolução nos contratos de duração poderá ter consequências na identificação do interesse do credor lesado a ser tutelado pelo ordenamento. Se há o atendimento por certo tempo (nos contratos de execução periódica) ou, ao menos, parcial (nos contratos de execução continuada) da função econômico-individual do contrato, não há sentido em se garantir o retorno dos contratantes à situação econômico-jurídica em que estariam se nunca tivessem contratado. Por conseguinte, aceita-se que o ressarcimento do dano do credor esteja vinculado ao benefício que a parte esperava obter com o cumprimento do contrato, e não mais ao interesse na sua não conclusão, já que, de fato, o negócio jurídico produziu efeitos.

O ponto central é a necessidade de preservação da sinalagmaticidade do contrato. Nos contratos duradouros, em que o sinalagma é articulado na sequência de prestações e contraprestações, que são capazes de satisfazer o interesse de cada credor recíproco (ainda que de forma não plena, frente ao objeto contratual), o posterior inadimplemento não compromete o equilíbrio existente entre as prestações periodicamente fracionadas ou as respectivas frações continuamente executadas, e, portanto, a resolução não afeta os efeitos anteriormente produzidos.[1023] Isso significa que, se o contrato efetivamente teve eficácia no mundo jurídico, não faz sentido desconsiderá-la para fins de fixação da indenização que acompanha a resolução. Em suma, na medida em que afastada a retroatividade da resolução quanto à restituição, a indenização passará a ser medida pela lesão ao interesse positivo do credor.[1024]

---

a resolução não afetará "os atos já praticados, desde que compatíveis com a natureza da condição pendente e conforme os ditames da boa-fé". No caso de contrato de locação, a resolução será somente a partir da configuração do inadimplemento absoluto, de modo que resta preservada "a correspondência das prestações até este momento". (Assis, Araken de. *Resolução do contrato por inadimplemento*. 6. ed. rev., atual. e ampl. São Paulo: Thomson Reuters Brasil, 2019. p. 129-130).

[1023] TERRA, Aline de Miranda Valverde; GUEDES, Gisela Sampaio da Cruz. Resolução por inadimplemento: o retorno ao *status quo ante* e a coerente indenização pelo interesse negativo. In: *Civilistica.com*, v. 9, n. 1, p. 1-22, maio 2020. p. 6-7.

[1024] MARTINS-COSTA, Judith. O Árbitro e o Cálculo do Montante da Indenização. In: CARMONA, Carlos Alberto; LEMES, Selma Ferreira; MARTINS, Pedro Batista (Coord.).

Ressalte-se que a tutela é *progressiva* do interesse positivo do credor conforme haja a preservação da eficácia da relação obrigacional e, consequentemente, não se defende a garantia ao lesado da integralidade dos benefícios que eram esperados com a execução contratual. Dito diversamente, a indenização complementar à resolução com eficácia prospectiva, embora seja medida pelo parâmetro do contrato, não deve ser confundida com a indenização referente à totalidade da prestação a que a parte prejudicada teria direito, caso tivesse optado pela execução, ainda que pelo equivalente, situação na qual ela não só não teria direito à restituição, como também deveria entregar a totalidade da prestação correspectiva.

Não será considerado como dano indenizável o lucro que advenha para o credor do cumprimento integral do objeto do contrato, o que necessariamente viola a alocação de riscos do contrato e o sinalagma autonomamente estabelecido. Diante da manutenção dos efeitos produzidos na relação obrigacional até o momento do inadimplemento absoluto, admite-se que o lesado tenha direito, na mesma medida, ao benefício econômico que almejava com a prestação contratual, porém não na sua integralidade, uma vez que ele próprio não realizou toda a prestação correspectiva que lhe incumbia.

O parâmetro para preservação do conteúdo contratual não será apenas quantitativo do que foi efetivamente executado, mas também (e principalmente) qualitativo em relação ao atendimento da finalidade econômica do contrato, conforme a sua função econômico-individual (causa contratual). Em razão do princípio da conservação dos negócios jurídicos, deve-se preservar o equilíbrio econômico entre as prestações dos contratantes, ao menos quanto ao passado (*i. e.*, o período anterior ao inadimplemento absoluto). Assim, em relação à parte do programa contratual que o lesante e o lesado efetivamente executaram, cuja existência e efeitos não se podem apagar *sequer por ficção*, o contratante prejudicado terá direito à indenização referente aos benefícios econômicos que seriam esperados de acordo com o preço do contrato.[1025]

---

20 Anos da Lei de Arbitragem: Homenagem a Petrônio R. Muniz. 1. ed. São Paulo: Atlas, 2017. p. 609-638. p. 628-629.

[1025] MARTINS-COSTA, Judith. O Árbitro e o Cálculo do Montante da Indenização. In: CARMONA, Carlos Alberto; LEMES, Selma Ferreira; MARTINS, Pedro Batista (Coord.).

Portanto, algumas conclusões podem ser alcançadas. Em primeiro lugar, é necessário que haja alguma parcela do objeto contratual a ser resolvida. Especialmente em relação aos lucros cessantes, a indenização *complementar* à resolução, mesmo que tenha efeitos *ex nunc*, não poderá ser, ao menos abstratamente considerada, idêntica àquela que a parte receberia se tivesse optado pela execução do programa contratual pelo equivalente pecuniário. Isso, porque, ainda que a resolução seja prospectiva, ela garante a *liberação* de ambas as partes do cumprimento da prestação que seria devida *após* o inadimplemento absoluto: o credor estará desobrigado de adimplir o restante do contratado, mas não poderá exigir, por inteiro, o benefício econômico que era esperado do adimplemento contratual pelo devedor.

Em segundo lugar, a quantificação das perdas e danos pelo interesse positivo não dependerá de recurso ao chamado *método da diferença* entre prestação e contraprestação para se mensurar a indenização.[1026] Entende-se que o nexo de correspectividade entre prestação e contraprestação, que caracteriza o sinalagma contratual, deverá ser preservado até o momento do inadimplemento absoluto. Como antes afirmado, a correspectividade entre as prestações deve ser medida juridicamente, de modo que a prestação do contratante é tida como o equivalente jurídico

---

20 Anos da Lei de Arbitragem: Homenagem a Petrônio R. Muniz. 1. ed. São Paulo: Atlas, 2017. p. 609-638. p. 628.

[1026] Relembre-se que, de acordo com parte da doutrina, o método da diferença, de origem alemã, é adotado na quantificação das perdas e danos complementares à resolução pelo parâmetro do interesse positivo, com o escopo de autorizar a parte lesada a *não* cumprir a prestação e, simultaneamente, exigir, como indenização, a *diferença* encontrada entre o valor da prestação que lhe incumbia e a prestação correspectiva, ora inadimplida pelo devedor, além de ser ressarcida dos demais danos sofridos (*e. g.* danos emergentes extrínsecos). No direito alemão, cf. LARENZ, Karl. *Derecho de Obligaciones*. Tradução de Jaime Santos Briz. Madrid: Editorial Revista de Derecho Privado, 1958. t. 1. p. 334-335. Por sua vez, sugerem a adoção do método na resolução contratual por inadimplemento no direito português e brasileiro, respectivamente, cf. PINTO, Paulo Mota. Resolução e indenização por inadimplemento do contrato. In: *VI Jornada de Direito Civil*. Brasília: Conselho da Justiça Federal, Centro de Estudos Judiciários, 2013. p. 21-63. p. 48. STEINER, Renata C. *Reparação de Danos:* interesse positivo e interesse negativo. São Paulo: Quartier Latin, 2018. p.382.

da contraprestação do outro contratante, a despeito do seu efetivo valor econômico (consoante o preço de mercado).[1027]

Melhor dizendo: o que importa é se houve, ou não, o atendimento do resultado útil programado, isto é, da função econômico-individual do contrato, mesmo que apenas quanto à fração do objeto contratado. Não se pode pretender a transformação do contrato bilateral em unilateral, e, contanto que *mantida* a eficácia produzida pela relação obrigacional, a indenização que acompanha a resolução terá que levar em conta a correspectividade, no que tange ao que chegou a ser efetivamente cumprido, ou seja, conforme tenha sido atendido interesse do credor previsto no contrato.

Com efeito, ao se defender a tutela progressiva do interesse positivo nos contratos de duração, desde que a resolução tenha eficácia prospectiva, considerando o atendimento parcial ou por certo período da finalidade econômica do contrato, não se está propondo a adoção do método da diferença. A ideia defendida é exatamente *contrária*: objetiva-se a manutenção do equilíbrio sinalagmático segundo estabelecido no programa contratual pelas partes. Tal equilíbrio deverá ser verificado de acordo com o que tiver sido efetivamente executado e até exaurido *antes* do incumprimento definitivo, isto é, tanto o que for referente à prestação do devedor, quanto o que for referente à contraprestação do credor, levando-se em conta o sinalagma contratual.

Em terceiro lugar, a indenizabilidade dos danos emergentes extrínsecos não é afetada na resolução prospectiva dos contratos de duração: as despesas incidentais e os seus sucedâneos para a mitigação dos danos, bem como os custos assumidos pelo credor em função de responsabilidade perante terceiros, deverão ser ressarcidos pelo devedor, contanto que seja comprovado o nexo causal. A bem da verdade, tais danos não teriam ocorrido tanto se o contrato tivesse sido corretamente executado, como se não tivesse sido sequer celebrado, devendo ser ressarcidos independentemente do parâmetro adotado.[1028]

[1027] SALEILLES, Raymond. *Théorie générale de l'obligation*. Paris: Librairie Générale de Droit et de Jurisprudence, 1925. p. 184

[1028] TREITEL, Guenter Heinz. *Remedies for breach of contract*. Oxford: Clarendon Press, 1988. p. 87. Cf., na jurisprudência, caso em que se reconheceu devida a indenização

Em quarto lugar, tendo em vista a ausência de retroatividade dos efeitos resolutivos, ficará afastada, a princípio, a indenizabilidade dos danos da confiança intrínsecos ao objeto contratual. Como enfaticamente repetido, tais danos são somente ressarcíveis no interesse negativo, pois fazem parte dos custos esperados como consequências normais na execução do programa do contrato, cujo risco econômico era mesmo da parte não inadimplente. As despesas feitas no *iter negocial* e as oportunidades alternativas *dispensadas*, no momento da celebração do contrato, não deverão ser indenizadas, porque, a despeito do inadimplemento absoluto, está mantida a eficácia anteriormente produzida pelo contrato.[1029]

Não se admite qualquer mistura entre o parâmetro do interesse negativo e o do positivo na medida da indenização, isto é, há a alternatividade de parâmetro para ressarcimento do dano, restando vedada a dupla recuperação. Excepcionalmente, todavia, quanto às despesas na execução do objeto do contrato, elas poderão vir a ser ressarcidas como danos intrínsecos, mesmo na resolução prospectiva, se a parte provar que, no momento em que finda a eficácia obrigacional diante do incumprimento definitivo, essas despesas ficaram completamente frustradas (*e. g.* estoque perecível inutilizado). Ressalte-se, todavia, que a indenizabilidade só se justifica se a parte lesada não estava ciente do inadimplemento absoluto,

---

referente aos danos extrínsecos que a parte sofreu em razão do inadimplemento, inclusive considerando a responsabilidade assumida pelo credor em contratos com terceiros: São Paulo. Tribunal de Justiça de São Paulo. *AC 0025726-43.2013.8.26.0576*. Relator: Des. Ricardo Negrão. Julgamento: 29/05/2017. Órgão Julgador: 2ª Câmara Reservada de Direito Empresarial. Publicação: DJe 30/05/2017.

[1029] Cf. "Franquia. Rescisão. Gratuidade. Indeferimento mantido. Ausência de provas e recolhimento regular do preparo. Inadimplemento. Cláusula de não-concorrência. Cerceamento de defesa não ocorrido. [...] Circular entregue e, de todo modo, contrato executado por onze meses. Precedentes. Inadimplemento do dever de suporte da franqueadora não demonstrado. Risco do negócio que é do franqueado, inclusive quanto à escolha do ponto comercial. Problemas de ordem sanitária sobre os quais não se esclareceu e que surgiram, de todo modo, muito depois do início da exploração da unidade. Ausência de promessa de lucro ou resultado específico. Devolução dos valores investidos indevida. Cobrança das obrigações pendentes devida. Efeitos *ex nunc* da resolução em contratos de duração [...]" (São Paulo. Tribunal de Justiça de São Paulo. *AC 1002960-37.2017.8.26.0576*. Relator: Des. Claudio Godoy. Julgamento: 16/05/2019. Órgão Julgador: 2ª Câmara Reservada de Direito Empresarial. Publicação: DJe 16/05/2019).

O DANO PATRIMONIAL INDENIZÁVEL NA RESOLUÇÃO CONTRATUAL POR INADIMPLEMENTO

quando realizou os investimentos, sob pena de descumprimento do ônus de mitigação dos danos.[1030]

Por fim, a questão central se atém na definição do *quantum* da indenização a título de lucros cessantes, a ser concedido à parte prejudicada na resolução dos contratos duradouros. Como já mencionado, nesses contratos, se a extinção da relação obrigacional for *prospectiva*, entende-se que a quantificação do ganho perdido poderá ser mensurada conforme o lucro esperado pela parte não inadimplente, com a execução da prestação do contrato, ou seja, garante-se, em alguma medida, a tutela do interesse positivo.[1031]

O credor prejudicado, que fez investimentos naquele negócio jurídico válido e eficaz, terá direito ao benefício econômico que esperava obter com o cumprimento da prestação contratual pelo devedor, não mais lhe sendo exigível que comprove o que teria feito em situação alternativa ao contrato celebrado. Diante da eficácia produzida pela relação obrigacional, que teve a sinalagmaticidade concretizada, ainda que somente em relação à parte do contratado, admite-se que o lesado possa utilizar o parâmetro do preço do contrato para a aferição dos lucros cessantes, dispensada a comprovação de perda de oportunidade alternativa ao contrato inadimplido (o que, ademais, representaria a tutela do interesse negativo).

[1030] Cf., na jurisprudência, em caso de inadimplemento absoluto de contrato de franquia pelo franqueador, determinou-se a indenização das despesas feitas pelo franqueado que terminaram frustradas, a exemplo de estoques inutilizados e dos investimentos com logomarca que não chegou a ser explorada: São Paulo. Tribunal de Justiça de São Paulo. *AC 0010004-11.2013.8.26.0562*. Relator: Des. Claudio Godoy. Julgamento: 28/08/2014. Órgão Julgador: 1ª Câmara Reservada de Direito Empresarial. Publicação: DJe 01/09/2014; São Paulo. Tribunal de Justiça de São Paulo. *AC 9163261-52.2004.8.26.0000*. Relator: Des. Paulo Jorge Scartezzini Guimarães. Julgamento: 03/10/2018. Órgão Julgador: 11ª Câmara de Direito Privado. Publicação: DJe 15/10/2008.

[1031] MARTINS-COSTA, Judith. O Árbitro e o Cálculo do Montante da Indenização. In: CARMONA, Carlos Alberto; LEMES, Selma Ferreira; MARTINS, Pedro Batista (Coord.). *20 Anos da Lei de Arbitragem*: Homenagem a Petrônio R. Muniz. 1. ed. São Paulo: Atlas, 2017. p. 609-638. p. 629.

De acordo com a lição de Pontes de Miranda, intervém na relação obrigacional a *irreversibilidade do tempo*.[1032] Atenta-se para a legítima expectativa que a parte depositou no programa contratual, o que poderá, inclusive, lhe ter afetado outros negócios subsequentes. A tutela do interesse do cumprimento justifica-se pela necessidade de proteção à atividade econômica exercida pelo credor, especialmente daquele que atue em cadeia de produção ou de fornecimento de bens ou serviços no mercado. Ou seja, de certa forma, garante-se sobrevida ao programa contratual por meio da indenização substitutiva ao que era esperado como benefício econômico que teria, muito provavelmente, advindo da execução da prestação.

Nada obstante, reitere-se que não se defende a tutela integral do interesse positivo, o que representaria a execução do contrato e dependeria de que ambos os contratantes entregassem a respectiva prestação por inteiro, mesmo que a parte inadimplente o fizesse pelo equivalente pecuniário diante da impossibilidade do cumprimento *in natura* ou da perda de interesse pela parte prejudicada no seu recebimento. Isso significa que, na resolução com efeitos *ex nunc,* deve ser mantida a sinalagmaticidade contratual, não se podendo transformar o contrato bilateral numa relação de liquidação em único sentido em favor do lesado.[1033]

Nesse ponto, é necessária observação acerca do tratamento encontrado na jurisprudência brasileira na definição da indenização que acompanha a resolução nos contratos de duração. Pelo que se pode constatar, há a utilização de critérios bastante randômicos para parametrização dos danos, especialmente quanto aos lucros esperados do próprio contrato inadimplido ou ainda em relação aos lucros previstos em negócios subsequentes, que restaram frustrados pelo inadimplemento do contrato anterior. Ressalte-se que, tendo em vista o escopo do presente trabalho, não se objetiva a proposição de parâmetros para a quantificação desses danos, mas apenas a indicação das categorias de danos indenizáveis na resolução.

[1032] MIRANDA, Pontes de. *Tratado de Direito Privado.* NERY JUNIOR, Nelson; NERY, Rosa Maria de Andrade (Atual.). São Paulo: Editora Revista dos Tribunais, 2012. t. 25. p. 461.
[1033] LEITÃO, Luís Manuel Teles de Menezes. *Direito das Obrigações.* 12. ed. Coimbra: Almedina, 2018. v. 2. p. 269.

O DANO PATRIMONIAL INDENIZÁVEL NA RESOLUÇÃO CONTRATUAL POR INADIMPLEMENTO

Nesse sentido, a título exemplificativo, menciona-se este caso do Tribunal de Justiça do Estado de Minas Gerais: em contrato de locação predial urbana com finalidade não residencial, com o prazo determinado de 5 anos, após dois anos de vigência, em razão de as calhas do telhado estarem entupidas, houve a inundação do imóvel depois de chuva forte. Tal fato ocasionou a impossibilidade de fruição do bem pelo locatário, no restante do período de duração do contrato. Acrescente-se que a parte também sofreu a perda do estoque. Diante do inadimplemento absoluto pelo locador, tendo em vista que o imóvel não estava mais apto ao uso a que se destinava, porquanto o locatário estava *impedido* de utilizá-lo na atividade econômica exercida, a parte requereu a resolução acompanhada das perdas e danos. Reconheceu-se que, além dos danos emergentes incidentais ao inadimplemento (*i. e.* destruição do estoque pela chuva), a indenização deveria conter parcela a título de lucros cessantes, *sem* que houvesse a necessidade de o credor comprovar a simultânea perda de oportunidade alternativa (danos intrínsecos), mas, inversamente, considerando o período de vigência do contrato inadimplido.[1034]

Em suma, entendeu-se que deveriam ser ressarcidos os ganhos que o lesado razoavelmente deixou de aferir por não ter podido dar continui-

---

[1034] Cf. "Locação comercial. Obrigações do locador. Entrega e manutenção do imóvel apto ao fim a que se destina. Descumprimento. Calhas. Ausência de manutenção. Entupimento. Inviabilidade do escoamento da água pluvial. Inundação. Impossibilidade de continuação da atividade mercantil. Rescisão contratual. Possibilidade. Comprometimento de parte do estoque da locatária. Indenização devida. Lucros cessantes. Cabimento.1. Conforme estabelece a norma do artigo 22, incisos I e III, da Lei nº. 8.245/91, compete ao locador entregar ao locatário o imóvel alugado em estado de servir ao uso a que se destina, bem como manter, durante a locação, a forma e o destino do imóvel. 2. A ausência de manutenção das calhas do imóvel, inviabilizando o regular escoamento da água pluvial, consiste em fato determinante para o alagamento do imóvel em decorrência de chuva. 3. Restando inviabilizada a manutenção da atividade comercial que era desenvolvida no imóvel locado, deve ser rescindido o contrato de locação, condenando-se a locadora ao pagamento dos lucros cessantes decorrentes do impedimento da continuidade das atividades comerciais que eram realizadas no imóvel 4. Comprovado que o evento danoso acarretou a inutilização de parte do estoque da locatária, devem ser indenizados os danos materiais ocasionados" (Minas Gerais. Tribunal de Justiça de Minas Gerais. *AC 1.0000.19.108649-5/001*. Relator: Des. Cabral da Silva. Julgamento: 12/11/2020. Órgão Julgador: 10ª Câmara Cível. Publicação: DJe 18/11/2020).

dade à atividade econômica que era realizada no imóvel, considerado o tempo razoável para que a parte pudesse começar a exercer sua atividade em outro imóvel, se assim desejasse. Por conseguinte, uma vez que a parte teve frustrada a justa expectativa de lucros em função da atividade econômica que exercia, ficou autorizada a utilização do parâmetro do lucro que era esperado com a execução do contrato, o que, na decisão do TJMG, foi definido com base "[n]os doze meses de vendas anteriores ao acidente descrito nos autos, verificando-se a média de lucro da autora".[1035]

Por sua vez, noutro exemplo, retirado da jurisprudência do Tribunal de Justiça do Estado de São Paulo, em contrato de franquia, com duração prevista de 10 anos, houve o inadimplemento absoluto pela franqueada, após 29 meses de execução contratual. Diante da resolução com eficácia prospectiva, a franqueadora requereu indenização, a título de lucros cessantes, pelos *royalties* que receberia da parte inadimplente referentes a todo o tempo de duração do contrato (*i. e.* pelos 91 meses restantes), o que não foi concedido pelo tribunal. Diversamente, entendeu-se que a parte apenas teria direito à parcela do proveito que era esperado da execução do contrato, e não à sua integralidade, que deveria ficar limitado ao "tempo equitativamente firmado considerando a contrapartida que, igualmente, se afastou da franqueadora". Portanto, mensurou-se como adequado, na hipótese concreta, o ressarcimento do equivalente a mais 29 meses de *royalties*, que seriam subsequentes aos vencidos.[1036]

De modo similar, menciona-se exemplo de contrato de execução continuada, inspirado em caso também julgado pelo TJSP: em empreitada de mão de obra e de materiais, houve o inadimplemento absoluto pelo dono da obra, a autorizar a resolução acompanhada de indenização ao empreiteiro. Além da reparação dos danos emergentes, especialmente daqueles incidentais ao inadimplemento, reconheceu-se à parte

---

[1035] Cf. Minas Gerais. Tribunal de Justiça de Minas Gerais. *AC 1.0000.19.108649-5/001.* Relator: Des. Cabral da Silva. Julgamento: 12/11/2020. Órgão Julgador: 10ª Câmara Cível. Publicação: DJe 18/11/2020.

[1036] Cf. São Paulo. Tribunal de Justiça de São Paulo. *AC 1098766-77.2014.8.26.0100.* Relator: Des. Claudio Godoy. Julgamento: 30/07/2018. Órgão Julgador: 2ª Câmara Reservada de Direito Empresarial. Publicação: DJe 30/07/2018.

prejudicada o direito à indenização por lucros cessantes "calculados em função do que a empreiteira teria ganho caso o contrato atingisse o fim esperado". Contudo, levando em conta a extinção com eficácia *ex nunc* operada pela resolução, com o fim do dever de prestar para ambos os contratantes, considerou-se descabida a pretensão da percepção integral desses valores, "porquanto a cessação dos trabalhos [pela empreiteira] também rendeu economia dos recursos vertidos à obra". Na situação concreta, entendeu-se por bem fixar os ganhos frustrados no patamar de "20% do valor total que seria recebido caso a construtora concluísse a obra".[1037]

Reafirme-se que a tutela do interesse contratual negativo na resolução está inexoravelmente vinculada à retroatividade da resolução, não constituindo posição estanque que não possa ceder diante das vicissitudes do caso concreto. Ao contrário, o parâmetro do interesse contratual negativo do credor deverá ser superado, se houver a necessidade de preservação

---

[1037] Cf. São Paulo. Tribunal de Justiça de São Paulo. AC 0002060-15.2010.8.26.0577. Relator(a): Des. Jonize Sacchi de Oliveira. Julgamento: 05/10/2017. Órgão Julgador: 24ª Câmara de Direito Privado. Publicação: DJe 10/10/2017. Ressalte-se que, nos contratos de empreitada, há a regra do artigo 623 do Código Civil, segundo a qual "mesmo após iniciada a construção, pode o dono da obra suspendê-la, desde que pague ao empreiteiro as despesas e lucros relativos aos serviços já feitos, mais indenização razoável, calculada em função do que ele teria ganho, se concluída a obra". De acordo com a melhor doutrina, apesar de o artigo se referir à suspensão, cuida-se, a rigor, "de hipótese de resilição unilateral do contrato, gerando a extinção do contrato de empreitada". Assim, mesmo que não se confunda com a hipótese de resolução contratual por inadimplemento, a resilição unilateral pelo dono da obra também só produz efeitos *ex nunc*, "devendo o dono da obra pagar ao empreiteiro todos os gastos realizados (e comprovados) até a dissolução do vínculo contratual, assim entendida a remuneração vencida e não paga do empreiteiro, corrigida monetariamente e acrescida de juros moratórios. Deverá ser observada, ainda, a 'indenização razoável'. O cálculo dos valores devidos levará em conta o estado da obra, seu porte e os valores já pagos, mantido critério razoável" (TEPEDINO, Gustavo; BARBOZA, Heloisa Helena; e MORAES, Maria Celina Bodin de. *Código Civil interpretado conforme a Constituição da República*. Rio de Janeiro: Renovar, 2006. v. 2. p. 377-378). Cf., na jurisprudência: São Paulo. Tribunal de Justiça de São Paulo. *AC 0072388-41.2008.8.26.0576*. Relator: Des. Edgard Rosa. Julgamento: 06/02/2013. Órgão Julgador: 25ª Câmara de Direito Privado. Publicação: DJe 06/02/2013.

do quanto se tenha alcançado da finalidade econômica do contrato.[1038] Trata-se de situação comum nos contratos duradouros, cuja execução se prolonga no tempo, de modo a justificar preservação da eficácia dos deveres prestacionais, até mesmo por conta das atividades desenvolvidas pelos contratantes em outros contratos, que podem ter sido afetados pelo inadimplemento, a depender das peculiaridades da situação jurídica concreta.[1039]

Bem por isso, considerando também as possíveis incertezas interpretativas, que refletem na ausência de parâmetros seguros na jurisprudência, caberá ao credor, diante do inadimplemento absoluto, refletir acerca da escolha que melhor atenda aos seus interesses, sendo certo que poderá recorrer à execução da prestação pelo equivalente, sempre vinculada à tutela do interesse positivo; porém, para receber o equivalente pecuniário, a parte terá que atender à totalidade da prestação correspectiva.[1040] Portanto, especialmente quando a execução da prestação esteja em estágio avançado no momento do incumprimento definitivo, parece ser preferível que o credor prejudicado dê continuidade ao programa contratado, ainda que receba do devedor a parcela faltante da prestação por meio do pagamento do valor equivalente em pecúnia, além da indenização de perdas e danos.

Em tal situação, considerando que a (parte da) prestação executada por ambos os contratantes foi capaz de garantir o resultado útil programado, poderá ser inviável ou, ao menos, impraticável a resolução da relação obrigacional. Mesmo que somente lhe seja atribuída a eficácia prospectiva, devem ser considerados os altos dispêndios e investimentos realizados por ambas as partes no contrato, que podem ser perdidos, além do próprio custo da resolução em si. Ao credor, muito provavelmente, poderá ser mais interessante, no aspecto econômico, realizar a entrega

---

[1038] GUEDES, Gisela Sampaio da Cruz. *Lucros cessantes*: do bom-senso ao postulado normativo da razoabilidade. São Paulo: Editora Revista dos Tribunais, 2011. p. 140-141.

[1039] TEPEDINO, Gustavo. Formação progressiva dos contratos e responsabilidade pré-contratual: notas para uma sistematização. In: BENETTI, Giovana Valentiniano, et al (Org.). *Direito, Cultura, Método*: leituras da obra de Judith Martins-Costa. Rio de Janeiro: GZ Editora, 2019. p. 599.

[1040] Sobre a resolução por inadimplemento como direito potestativo do credor, que poderá optar pela execução da prestação pelo equivalente pecuniário, ver item 1.4 *supra*.

integral da prestação que lhe incumbe e requerer, da parte inadimplente, o preço de mercado referente à parcela frustrada do objeto contratual, podendo dar continuidade à atividade econômica exercida por meio de novo contrato com terceiro.[1041]

A duração da relação obrigacional por longo tempo tende a tornar mais frequente a ocorrência de perturbações na operação de intercâmbio planejada pelos contratantes. No entanto, a resolução não parece ser a forma mais eficiente (em âmbito econômico) nas situações de incumprimento definitivo. Isso, porque os custos incorporados durante a execução do contrato ou relacionados à eliminação dos seus efeitos passam a ser cada vez mais relevantes.[1042] Diante de obrigações continuadas ou periódicas, ao menos em tese, parece preferível que o lesado siga com a opção pela execução, buscando o cumprimento, ainda que não (plenamente) satisfatório, considerando o recebimento da prestação correspectiva pelo

---

[1041] Cf. decisão que, apesar de falar em resolução contratual("rescisão do contrato"), determinou, como indenização substitutiva à prestação do devedor, o pagamento *integral* do valor da parcela faltante da prestação a cargo do devedor, conforme estimado pelo preço atual de mercado, com a finalidade de ultimação do serviço contratado. Segundo o raciocínio desenvolvido neste trabalho, tal medida parece ser, ao fim e ao cabo, o valor devido no interesse do cumprimento por inteiro, o que seria alçando apenas pela execução pelo equivalente pecuniário, ressaltando-se ainda que a decisão determinou a não devolução dos valores pagos pelo contratante não inadimplente (*i. e.* não houve a aplicação da eficácia restitutória): "ação de rescisão contratual c/c indenização por descumprimento. Contrato de empreitada. Obra inacabada e com defeitos. [...] 3 ⁻ Considerando que, nos termos da perícia realizada, restou comprovado que o contrato de prestação de serviços não foi cumprido nos termos previamente estabelecidos, indicando que 74,65% dos serviços contratados foram executados, além de terem sido constatados defeitos nos trabalhos executados, bem como que serão necessários novos serviços para conclusão da obra, impõe-se a rescisão do contrato, sem a devolução do valor pago pelo Contratante, já que deve este pagar pelos serviços efetivamente realizados, e com a condenação do Contratado ao pagamento do valor que será necessário para a conclusão da obra, além da multa contratual em valor proporcional à fração do serviço realizado" (Distrito Federal. Tribunal de Justiça do Distrito Federal. *AC 00056536820158070007.* Relator: Des. Angelo Passareli. Julgamento: 13/02/2019. Órgão Julgador: 5ª Turma Cível. Publicação: DJe 19/02/2019).

[1042] DELFINI, Francesco. *Autonomia privata e rischio contrattuale.* Milano: Giuffrè Editore, 1999. p. 35.

equivalente pecuniário, além das perdas e danos conforme o interesse positivo.[1043]

[1043] MARTINS-COSTA, Judith. O Árbitro e o Cálculo do Montante da Indenização. In: CARMONA, Carlos Alberto; LEMES, Selma Ferreira; MARTINS, Pedro Batista (Coord.). *20 Anos da Lei de Arbitragem*: Homenagem a Petrônio R. Muniz. 1. ed. São Paulo: Atlas, 2017. p. 609-638. p. 629-630. No mesmo sentido, pela preferência, nos contratos de duração, à execução pelo credor em vez de exercer o direito à resolução, cf. MIRANDA, Pontes de. *Tratado de Direito Privado*. NERY JUNIOR, Nelson; NERY, Rosa Maria de Andrade (Atual.). São Paulo: Editora Revista dos Tribunais, 2012. t. 25. p. 430.

CONCLUSÃO

O contrato constitui instrumento aberto à autonomia privada pelo qual as partes criam relações jurídicas patrimoniais, viabilizam operações econômicas e as introduzem no meio social, o que possibilita a sua interação com outras relações já existentes. Adimplir a obrigação contratual configura dever jurídico vinculado a todas as normas do ordenamento. Em perspectiva funcional, o adimplemento visa à satisfação plena do interesse do credor, isto é, que lhe garanta o resultado útil programado.

Para esse fim, não é suficiente o mero cumprimento da prestação principal pelo contratante: imprescindível a observância de demais deveres secundários e acessórios presentes na relação concreta, que estejam relacionados à finalidade econômica do contrato. Em suma, o adimplemento constitui a forma ideal de extinção das obrigações, pois, ao cumprir a prestação devida, o devedor se libera da obrigação e, ao mesmo tempo, o credor obtém a satisfação de seu interesse.

Por sua vez, o inadimplemento pode ser definido como a não satisfação do interesse concreto do credor devido ao não cumprimento da prestação ou ao seu cumprimento imperfeito, desde que por fato que seja imputável ao devedor. A noção de inadimplemento apoia-se em dois aspectos: o subjetivo e o objetivo. O primeiro traduz-se no comportamento culpável do devedor (ou, senão culpável, que lhe seja imputável, conforme norma contratual ou legal) em contraste com a obrigação que lhe incumbe. O segundo verifica-se na falta de satisfação do interesse do credor, em razão do não recebimento da prestação devida.

No âmbito da responsabilidade contratual, como aspecto objetivo do conceito de inadimplemento, o interesse contratual deve ser considerado na perspectiva do credor, considerado o escopo da relação obrigacional é o cumprimento do programa contratual. A leitura tradicional da obrigação, restrita ao dever do devedor de cumprir a prestação principal, parece não dar conta de tutelar todos os interesses subjacentes às operações econômicas. Diversamente, a obrigação deve ser concebida como processo dinâmico, cujas fases surgem no desenvolvimento da relação concreta e se ligam com interdependência, compondo todas as atividades necessárias ao adimplemento devido.

Com a funcionalização da relação obrigacional, passa a ser necessária a atenção de ambas as partes a todos os deveres que compõem a complexidade da obrigação. Tanto a violação de deveres prestacionais, principais e secundários acessórios à prestação principal, ou ainda anexos ou instrumentais, quanto daqueles de proteção, ainda que heterônomos, fundados diretamente na boa-fé objetiva, poderão gerar o direito de o credor resolver o contrato, com a transmudação da mora em inadimplemento absoluto.

Dessa forma, a resolução contratual por inadimplemento é causa de extinção da relação obrigacional, em virtude da execução defeituosa ou da não execução (parcial ou total) da obrigação imputável ao devedor, que tornou a prestação impossível de ser atendida ou inútil ao alcance do interesse do credor. Trata-se de direito potestativo da parte prejudicada, que encontra previsão no artigo 475 do Código Civil. Para tanto, devem estar presentes os pressupostos autorizativos, quais sejam: (i) a correspectividade das obrigações inter-relacionadas à função econômico-individual do contrato, que caracterizam (como regra) os contratos sinalagmáticos; (ii) a definitividade do incumprimento, considerando não só da impossibilidade subjetiva de execução da prestação, mas também da perda irrecuperável do interesse do credor no recebimento, desde que por fato imputável ao devedor; e (iii) a não inadimplência da parte que decide pela resolução, para evitar oportunismo em seu comportamento.

A resolução visa a garantir aos contratantes o retorno ao *status quo ante*, trazendo fim à relação obrigacional, e, no seu lugar, formando a relação de liquidação, como última fase do processo obrigacional. Com a resolução, há a produção dos seguintes efeitos: (i) a liberação das partes do cumprimento das obrigações correspectivas, se ainda não adimplidas; (ii) o dever de ambas as partes de restituição do que foi prestado em razão da relação ora extinta; e (iii) o dever da parte lesante de indenizar a parte

CONCLUSÃO

prejudicada, para recompor seu patrimônio no estado em que estaria, no momento da extinção da relação obrigacional, se não fosse a existência do contrato.

A avaliação da relevância das obrigações inadimplidas pelo devedor, no contexto do concreto regulamento de interesses, é feita, *a priori*, unilateralmente pelo credor, a quem cabe decidir pelo pedido de resolução. Tal avaliação, todavia, deverá ser revista, *a posteriori*, em todo o seu mérito, pelo órgão julgador, que irá deferir, ou não, o pedido. Dessa forma, ressalvada na previsão de cláusula resolutiva expressa, a sentença de confirmação da resolução, a qual efetivamente extingue a relação obrigacional, garante que o exercício do direito potestativo pela parte não transforme a discricionariedade da autonomia privada em espaço para arbitrariedade. Isso, porque há o controle de conformidade do direito em relação aos pressupostos, assegurando proteção à outra parte, mesmo na condição de inadimplente.

Ademais, o risco do inadimplemento constitui espaço aberto à autonomia privada, de modo que se entende possível (e até preferível) que os próprios contratantes, no momento de definição do conteúdo contratual, ao antever riscos passíveis de atingir a operação econômica, valorem as consequências da inexecução da obrigação e distribuam entre si os custos, que deverão refletir na definição do preço da operação econômica. Nesse sentido, quanto à gestão positiva do risco de inadimplemento absoluto da prestação, as partes podem recorrer à cláusula resolutiva expressa e à cláusula de irresolubilidade.

Diversamente da cláusula resolutiva expressa, que é amplamente aceita e encontra previsão expressa no artigo 474 do Código Civil, questiona-se, em doutrina, a admissibilidade da cláusula de irresolubilidade, uma vez que constituiria renúncia prévia ao direito de resolver o contrato. Defende-se, todavia, a admissibilidade dessa cláusula com fundamento na autonomia privada, que permite às partes a livre alocação dos riscos referentes ao incumprimento contratual. Não se trata de renúncia prévia ao direito à resolução, porquanto os seus pressupostos ainda não se concretizaram. Tal afirmação não afasta o controle de juridicidade da distribuição dos riscos entre os contratantes em cada relação concreta.

A resolução traz fim ao dever de prestar dos contratantes, recolocando-os no estado em que estariam, no momento da extinção da relação obrigacional, se nunca tivessem contratado, e apagando, até o limite que a realidade permita, as consequências do negócio no mundo jurídico e econômico. O tema da amplitude da retroatividade da resolução tem enorme relevância prática, pois traz consequências na posição econômico-jurídica das partes, isto é, afetará a definição de todos os seus efeitos: liberatório, restitutório e indenizatório.

A principal finalidade da resolução é desvincular as partes do cumprimento do programa contratual, que se liberam para procurar novas propostas negociais no mercado, caso assim desejem. Se o direito à resolução é direito formativo extintivo, trazendo fim à relação obrigacional, ele também é gerador, porquanto dá origem à relação legal de liquidação, cujos propósitos centrais serão restituir os contratantes ao *status quo ante* e indenizar o credor pelo dano sofrido. Por conseguinte, considerando a resolução como fase componente do processo obrigacional global, fica evidenciado que a retroatividade dos efeitos não encerra todas as obrigações das partes. Especialmente nos contratos bilaterais, a retroatividade tende a ser limitada às obrigações prestacionais recíprocas dos contratantes, que deixam de fazer sentido com o término definitivo do programa contratual.

Dessa forma, a relação contratual não desaparece, mas subsiste apoiada em outras obrigações. O efeito liberatório não afetará outros deveres que tenham origem autônoma no contrato, como também não fará desaparecer os deveres heterônomos de conduta, fundados na boa-fé objetiva, ainda que possam ter o conteúdo alterado pela extinção dos deveres de prestação. Assim, permanecem vigentes: (i) as cláusulas relativas à forma de solução de litígios (*e. g.* cláusula compromissória e de eleição de foro); (ii) as cláusulas que estabeleçam deveres de conduta para os contratantes (*e. g.* cláusulas de não concorrência, de confidencialidade e de sigilo); e (iii) as cláusulas voltadas à alocação de risco referentes aos efeitos restitutório e indenizatório (*e. g.* arras confirmatórias, cláusula penal compensatória, de decaimento e de garantias).

Além do efeito liberatório, a resolução garante a restituição, permitindo a recuperação pelas partes do que tenham prestado no cumprimento do programa contratual. A *ratio* do efeito restitutório está no fato de que a resolução elimina a causa justificadora das obrigações prestacionais, fazendo com que não mais exista justificativa (causa) para os contratantes manterem consigo o que receberam em razão da execução do contrato.

Ressalvada a existência de legislação específica, na execução da sentença resolutiva, a restituição deverá ser imediata, mas a parte obrigada a restituir poderá se recusar a fazê-lo, até que a outra cumpra simultaneamente o dever que lhe incumbe. Aplica-se a exceção de contrato não cumprido à hipótese por se tratar de relação sinalagmática, mesmo que nascida da lei. A exceção poderá ser utilizada por qualquer contratante, indistintamente, seja ele o devedor inadimplente, seja o credor prejudicado. Ademais, as restituições das prestações também podem ser compensadas, caso ambas sejam dívidas em dinheiro.

A restituição, como regra, será feita *in natura*: se a obrigação for de dar coisa genérica, a parte deverá restituir coisa de mesmo gênero, qualidade e quantidade. Se a obrigação for de dar coisa certa, a parte fará a entrega da própria *res,* desde que esteja em seu poder. Se a obrigação for de pagar dinheiro, a parte deverá restituir o valor, acompanhado da atualização. Se constituir em obrigação de fazer, será no valor do que foi inutilmente prestado pela parte. Enfatize-se, contudo, que a devolução será de toda a prestação ou de apenas da parte executada, de modo que não necessariamente englobará todo o programa contratual.

A medida de restituição poderá abarcar valores complementares, inclusive os acessórios da prestação contratual que, porventura, tenham sido produzidos ou realizados ao longo da relação obrigacional. Tais valores se dividem em três grupos, quais sejam: (i) a restituição dos frutos, civis e naturais, percebidos e pendentes; (ii) o ressarcimento das benfeitorias necessárias e úteis, com a possibilidade de exercício pela parte de direito de retenção; e (iii) o ressarcimento de melhoramentos resultantes de acessão e, ainda, o direito de retenção até que haja o pagamento do valor equivalente.

Acrescente-se que o dever da restituição detém natureza obrigacional, cujos efeitos serão somente *inter partes.* Nada obstante, há situações específicas em que a eficácia da resolução poderá alcançar a esfera jurídica de estranhos à relação obrigacional, o que dependerá da análise da boa-fé subjetiva do terceiro. Do mesmo modo, poderá não ser possível a devolução da prestação *in natura*, especialmente quando haja a necessidade de proteção de terceiros de boa-fé ou quando tenha se tornado impossível a devolução da coisa recebida (*i. e.* em razão de destruição ou de deterioração).

Nem sempre haverá a restituição de tudo aquilo realizado até a resolução, podendo restar mantido o dever de prestar de ambos os contratantes quanto ao que for devido até o momento do incumprimento definitivo. Especificamente nos contratos de duração, caso haja o atendimento do interesse do credor, ainda que parcialmente em relação ao objeto contratual ou apenas durante certo período, nos contratos de execução continuada ou periódica, respectivamente, não se justifica a restituição da prestação já executada e exaurida, ou ainda que não executada pela parte, mas exigível pela outra parte, realizando-se a liberação de dever de prestar apenas no futuro.

Outrossim, na resolução, a parte não inadimplente terá direito ao ressarcimento de perdas e danos. O dever de indenizar é atribuído ao devedor como consequência do dano causado pela parte, em razão do inadimplemento absoluto da prestação, o qual é pressuposto da resolução. Enfatize-se que é extinta pela resolução apenas a obrigação de prestar das partes, mas se mantém hígida a obrigação de indenizar do devedor.

A resolução conduz ao retorno dos contratantes ao *status quo ante*, ou seja, à posição econômico-jurídica em que estariam se não tivessem realizado o contrato, o que não configura retorno estático. Trata-se de retorno *dinâmico*, que deverá levar em conta o lapso temporal ocorrido entre a formação do contrato e o incumprimento definitivo da prestação. Isso significa que, para a definição da indenização, a comparação entre patrimônios do credor (real e hipotético) deve ser feita, considerando o momento da resolução, e não aquele no passado em que se formou a relação jurídica.

Em termos práticos, todos os efeitos resolutivos serão afetados pela morte retroativa da relação obrigacional, inclusive a identificação da indenização devida à parte prejudicada. Nesse sentido, é inegável que o tema da delimitação de qual o interesse do credor a ser tutelado na resolução desperta acirrada disputa no direito brasileiro. Verifica-se divergência na doutrina e na jurisprudência sobre a medida do dano patrimonial indenizável na resolução por inadimplemento.

Por um lado, pela tutela do interesse contratual positivo na resolução contratual, argumenta-se sobre: (i) a compatibilidade entre a concessão

CONCLUSÃO

de indenização pelo interesse positivo e a extinção do vínculo operada pela resolução, pois a retroatividade é restrita ao efeito restitutório; (ii) a desconstrução da similitude ontológica entre a sistemática da indenização na invalidade do negócio jurídico e na resolução, já que na resolução o evento lesivo é o inadimplemento; (iii) a identificação teleológica da indenização na execução do contrato e aquela devida na resolução, diferenciando-se apenas pela aplicação do método da diferença no cálculo da última; (iv) a melhor proteção do patrimônio do credor pela indenização pelo interesse positivo, que não tem efeito apenas eliminatório do dano, mas, diversamente, pode garantir até certo efeito punitivo do devedor; e (v) a dificuldade prática na quantificação do interesse negativo, uma vez que os lucros cessantes (especialmente se referentes à perda de oportunidades alternativas) são de difícil prova.

Por outro lado, pela defesa da tutela do interesse contratual negativo, afirma-se que: (i) a ausência de compatibilidade entre a concessão da indenização pelo interesse positivo e a extinção do vínculo obrigacional retroativa pela resolução, que deve ter idêntico reflexo em todos os efeitos; (ii) a semelhança ontológica entre a resolução e a invalidade, já que em ambas há a perda de eficácia retroativa da relação obrigacional; (iii) a diversidade teleológica entre a demanda de cumprimento do contrato e a demanda resolutiva, em que há a liberação das partes da execução da prestação, o que não é coerente com a concessão ao credor de indenização pelo cumprimento; (iv) a proteção efetiva do patrimônio do credor pela indenização pelo interesse negativo, que seja informada pelo princípio da reparação integral, mas que não admita ânimo vingativo do credor ou intenção de punição do devedor; e (v) o receio de dificuldade prática de quantificação dos lucros cessantes no interesse negativo, além de também existir na definição do interesse positivo, não pode prejudicar o direito à indenização do credor. Os argumentos encontram-se sintetizados no Apêndice A.

Entende-se que, à luz do ordenamento brasileiro, melhor razão está com os autores que defendem a tutela do interesse negativo na definição do dano indenizável na resolução contratual por inadimplemento. Isso, porque, pelo prisma funcional, a identificação do dano deverá indicar aquele sem o qual seja possível conduzir os contratantes ao *status quo ante*. Com efeito, objetiva-se reposicionar o credor na posição econômico-jurídica em que estaria, no momento da extinção da relação obrigacional, se o contrato não tivesse sequer existido, de modo a ressarcir o dano sofrido pela parte por haver confiado na manifestação de vontade da outra parte inadimplente e, assim, contratado inutilmente.

Daí, considerada a eficácia retroativa do remédio resolutivo, parece ser conclusão lógica e inevitável que o interesse da confiança (negativo) do credor seja o tutelado, e não aquele referente ao cumprimento do programa do contrato (positivo). Diversamente da situação em que a parte requer a execução da prestação contratual, ainda que pelo equivalente, se optar pela resolução, haverá os efeitos liberatório, restitutório, além do indenizatório. Em síntese, a definição do parâmetro para que se tenha a adequada ponderação de valores relevantes à composição da reparação patrimonial, na resolução, não pode ser dissociada da análise da retroatividade dos efeitos do remédio resolutivo, a qual deverá ser avaliada na relação jurídica concreta.

Em situações excepcionais, especialmente nos contratos de duração, admite-se a tutela do interesse contratual positivo, porém não integral, na definição da indenização devida ao credor, considerando-se a atribuição de eficácia apenas prospectiva à resolução. Caso haja o atendimento parcial ou por certo tempo da função econômico-individual do contrato, justifica-se, ao menos em alguma medida, que o ressarcimento do dano esteja vinculado ao valor da prestação a cargo do devedor, ora inadimplida, isto é, às vantagens que a parte lesada almejava obter com o recebimento da prestação.

Por sua vez, a mensuração das perdas e danos na resolução não configura tarefa fácil ou mesmo trivial na grande parte dos casos concretos. Tradicionalmente, para a fixação dos limites do dano patrimonial ressarcível, defende a doutrina a aplicação da teoria da diferença, de origem germânica. A medida da indenização deverá ser determinada com base no cálculo da diferença resultante entre a situação real do patrimônio do lesado após o evento danoso e o estado imaginário que ele apresentaria, no momento da extinção da relação obrigacional, se tal evento nunca tivesse ocorrido. Apesar das críticas, o método comparativo da diferença patrimonial é bastante útil, desde que seja adotado, como parâmetro, o interesse concreto do credor específico da relação obrigacional (*i. e.* o critério subjetivo ou *id quod interest*).

CONCLUSÃO

A indenização tem a extensão definida pela relação de causalidade do dano, que deverá ser, conforme determina o artigo 403 do Código Civil, consequência direta e imediata da inexecução da obrigação pelo devedor. Em síntese, a medida da indenização deverá abarcar todo o dano que configure efeito não só abstrato, mas também concreto da conduta da parte inadimplente. A presença do nexo causal é, portanto, imprescindível para definir o dano ressarcível, devendo ser desconsiderados prejuízos que não decorram, necessariamente, do inadimplemento da prestação contratual pelo devedor.

Ressalvadas as normas contratuais específicas como a cláusula penal ou a cláusula limitativa da indenização, a alocação de riscos no contrato não depende necessariamente do que ambas as partes poderiam – ou mesmo do que uma delas poderia – razoavelmente prever ao contratar em relação à mensuração de danos como consequência do inadimplemento. Para a reparação integral, incluem-se, na extensão do dano, aqueles efetivos que configurem consequências diretas e imediatas da inexecução da obrigação, independentemente de característica de previsibilidade para as partes.

Além disso, em determinadas situações, o inadimplemento pelo devedor poderá ocasionar ao credor não somente consequências patrimoniais negativas, mas também outras que lhe sejam positivas. Em tais casos, os prejuízos sofridos devem ser contrabalanceados pelos ganhos recebidos, considerando que ambos sejam provenientes do mesmo fato gerador, o que se denomina de *compensatio lucri cum damno*. A indenização deverá ser fixada conforme a diferença encontrada no patrimônio do lesado, a qual deverá corresponder ao valor das perdas após a dedução dos ganhos.

Se a indenização é compensatória, ela não deve enriquecer o credor, que não poderá recuperar mais do que os danos efetivos. No momento da mensuração das perdas e danos, as condutas do devedor e do credor deverão ter as respectivas causalidades dimensionadas para se chegar ao dano indenizável. A mitigação de danos pelo credor visa a garantir que a parte não inadimplente adote medidas razoáveis para reduzir ou evitar as consequências da inexecução da obrigação, o que não apaga a reivindicação de danos. Isso, porque houve o inadimplemento pelo devedor, sendo afetada apenas a medida da indenização em relação àquelas consequências supérfluas e evitáveis, exatamente por serem atribuídas à parte lesada.

Na fixação das perdas e danos, não se deve permitir confusão entre o dano sofrido pelo credor e o lucro obtido pelo devedor. A responsabilidade contratual objetiva a reparação integral do dano e, portanto, orienta-se pela medida da diferença. Não se reconhece função preventiva e/ou punitiva na obrigação de indenizar que possa justificar a imposição simultânea de obrigação de restituir os lucros à parte inadimplente, mesmo que sejam consequências do inadimplemento, e ainda que superiores às perdas da parte lesada.

Ademais, no que toca ao papel dos juros moratórios nas obrigações pecuniárias que acompanham a resolução, eles incidem por determinação legal na situação de inadimplemento contratual. Especificamente quanto à situação de incumprimento definitivo, mesmo que o objeto contratual não fosse pecuniário, ao credor não mais interessa o recebimento da prestação *in natura*, mas, sim, a indenização substitutiva. Essa nova obrigação consiste no equivalente em dinheiro ao dano, e incidirão juros de mora se houver mora no pagamento das perdas e danos.

Assim, a função dos juros moratórios é reparatória, constituindo parcela da indenização a título de lucros cessantes concedida ao credor prejudicado pelo inadimplemento de obrigação legal ou contratual, que tenha sido fixada em pecúnia. Reconhece-se a possibilidade tanto da exclusão pela autonomia privada da incidência de juros de mora, quanto da fixação de indenização suplementar ao parâmetro legal por meio de regra convencional. Outrossim, os juros moratórios começam a fluir a partir do momento em que o devedor é constituído em mora no cumprimento da obrigação legal ou contratual, o que poderá ocorrer com a citação ou com a interpelação judicial ou extrajudicial, salvo se a mora for *ex re*.

Quanto à composição das perdas e danos, que acompanham a resolução, a definição do montante indenizatório deverá incluir a perda patrimonial (danos emergentes) e a privação de ganhos (lucros cessantes), desde que estejam em relação de causalidade com o inadimplemento. As perdas e danos adicionais à resolução não devem ser, ao menos abstratamente consideradas, idênticas àquelas que a parte receberia se tivesse decidido por executar o contrato, ainda que pelo equivalente em pecúnia à prestação que lhe era devida, já que a restituição garante, por si só, a recuperação da prestação correspectiva ao credor.

Por conseguinte, a resolução permite à vítima requerer indenização complementar referente a danos diversos. Conforme sistematizado no Apêndice B, eles podem ser intrínsecos, que são danos que o credor sofreu em razão do próprio objeto da obrigação. Trata-se de prejuízos que não teriam sido produzidos se o contrato não tivesse sido celebrado, mas teriam se materializados como consequências patrimoniais dentro da álea normal, se o contrato tivesse sido corretamente executado. Por sua vez, também se incluem, na medida da indenização, os danos extrínsecos, que são aqueles independentes da execução da prestação pelo credor, porém relacionados diretamente à inexecução imputável ao devedor.

No que tange aos danos emergentes, considerada a tutela do interesse negativo na resolução, eles devem ser verificados conforme haja a diminuição do quantitativo de riqueza no patrimônio da parte, que não teria ocorrido se o contrato não tivesse sido concluído. A perda patrimonial sofrida pelo credor incluirá (i) as despesas incorridas para a formação do contrato e para a execução da prestação a ser restituída, tendo em vista que foram inutilizadas; (ii) as despesas incorridas incidentalmente em razão da inexecução de obrigação imputável ao devedor, pois o credor não as teria feito se não tivesse celebrado o contrato, incluídos os gastos de mitigação de danos; e (iii) os custos referentes à assunção de responsabilidade perante terceiros, que a parte não teria arcado se não fosse o inadimplemento do contrato.

Já no que se refere aos lucros cessantes, a composição do dano indenizável pelo parâmetro do interesse contratual negativo levará em conta a perda sofrida devido à frustração de ganho provável, que o credor poderia ter obtido, caso tivesse optado pela celebração de contrato alternativo àquele que o devedor não executou e, por isso, terminou sem efeitos. No plano econômico, os lucros cessantes traduzem-se no custo de oportunidade decorrente da assinatura do contrato, ou seja, o preço da renúncia voluntária pela parte da realização de outros contratos ofertados no mercado que tivessem o mesmo objeto, ou ainda da realização de outros investimentos com o capital dedicado ao contrato frustrado.

Além disso, há a possibilidade da reparação de outros ganhos obstados, ditos extrínsecos, que estejam em relação de causalidade necessária (*i. e.* direta e imediata) com o inadimplemento contratual. Assim, deverão ser ressarcidos, no parâmetro do interesse da confiança, as oportunidades de lucro perdidas pelo credor referentes a outros negócios com terceiros, desde que certos ou objetivamente prováveis, que tenham relação etiológica com a confiança despertada na parte no cumprimento do contrato, e que foram prejudicados devido ao contrato não executado pelo devedor.

Ademais, para o cálculo da medida da indenização, deve ser verificado, na relação concreta, se há valores passivos, que deverão ser subtraídos da composição das perdas e danos, como as despesas reutilizadas, os valores produzidos e as perdas evitadas. Isso, porque o credor poderá não ter sofrido dano quanto às despesas efetuadas, que podem ter sido concretamente reaproveitadas, e às oportunidades alternativas, que podem ter sido recuperadas, permitindo a produção de novos valores pelo retorno do credor ao mercado. Por sua vez, as perdas evitadas não chegam sequer a compor a medida da indenização. Das duas uma: ou a parte corretamente evitou a sua concretização, ou não o fez e, por conseguinte, terá que arcar por si própria com os prejuízos patrimoniais.

Por fim, na composição das perdas e danos na resolução dos contratos de duração, cuja eficácia seja prospectiva, justifica-se a tutela progressiva do interesse positivo do credor. Se há o atendimento por certo tempo (nos contratos de execução periódica) ou, ao menos, parcial (nos contratos de execução continuada) da função econômico-individual do contrato, não há sentido em se defender o retorno dos contratantes à situação econômico-jurídica em que estariam se nunca tivessem contratado. À vista disso, aceita-se que o ressarcimento do dano do credor esteja vinculado ao benefício que a parte esperava obter com o cumprimento do contrato, e não mais ao interesse na sua não conclusão, já que, de fato, o negócio jurídico produziu efeitos.

Reafirme-se que a defesa da tutela do interesse contratual negativo na resolução está inexoravelmente vinculada à eficácia retroativa da resolução. Portanto, deverá ser superada se houver a necessidade de preservação do quanto se tenha alcançado na relação jurídica concreta em relação à execução do programa contratual. Em consequência, poderá justificar-se a preservação da eficácia de deveres prestacionais, até mesmo por conta das atividades desenvolvidas pelos contratantes em outros contratos, que podem ter sido afetados pelo inadimplemento.

REFERÊNCIAS

ADLER, Barry E. Efficient Breach Theory through the Looking Glass. In: *New York University Law Review*, v. 83, n. 6, p. 1679-1725, 2008.

AGUIAR JÚNIOR, Ruy Rosado de. *Comentários ao novo Código Civil*: da extinção do contrato. Rio de Janeiro: Forense, 2011. v. 6, t. 2.

AGUIAR JÚNIOR, Ruy Rosado de. *Extinção dos contratos por incumprimento do devedor.* 2. ed. rev. e atual. Rio de Janeiro: AIDE Editora, 2003.

ALARCÃO, Rui. *Direito das Obrigações.* Coimbra, 1983.

ALMEIDA COSTA, Mário Júlio de. *Direito das Obrigações.* 12. ed. rev. e atual. Coimbra: Almedina, 2009.

ALPA, Guido. Note sul danno contrattuale. In: *Rivista Trimestrale di Diritto e Procedura Civile*, v. 65, n. 2, 2011. p. 365-388.

ALVIM, Agostinho. *Da inexecução das obrigações e suas consequências.* 3. ed. Rio de Janeiro ‑ São Paulo: Editora Jurídica e Universitária Ltda., 1965.

ANDRADE, Darcy Bessone de Oliveira. *Do contrato*: teoria geral. Rio de Janeiro: Forense, 1987.

ARANGIO-RUIZ, Vicenzo. *Istituzioni di diritto romano.* 14. ed. riv. Napoli: Casa Editrice Dott. Eugenio Jovene, 1966.

ASSIS, Araken de. *Comentários ao Código Civil brasileiro*: do direito das obrigações. ALVIM, Arruda; ALVIM, Thereza (Org.). Rio de Janeiro: Forense, 2007. v. 5.

ASSIS, Araken de. Dano positivo e dano negativo na dissolução do contrato. In: *Revista do Advogado*, n. 44, p. 20-23, 1994.

ASSIS, Araken de. Liquidação do dano. In: *Revista dos Tribunais*, n. 759/1999, 1999, p. 11-23.

ASSIS, Araken de. *Resolução do contrato por inadimplemento.* 6. ed. rev., atual. e ampl. São Paulo: Thomson Reuters Brasil, 2019.

ATIYAH, Patrick S. *The rise and fall of freedom of contract.* Oxford: Oxford University Press, 1985.

AUBRY ET RAU. *Droit civil français d'après la méthode de Zacharie*. Paris: Librairie Générale de Jurisprudence, 1902.

AULETTA, Giacomo Giuseppe. *La risoluzione per inadempimento*. Milano: Giuffrè, 1942.

AYRES, Ian; KLASS, Gregory. *Studies in Contract Law*. 8. ed. Foundation Press, 2012.

AZEVEDO, Antônio Junqueira de. A natureza jurídica do contrato de consórcio: Classificação dos atos Jurídicos quanto ao número de partes e quanto aos efeitos. A boa-fé nos contratos relacionais. Contrato de duração. Alteração das circunstâncias e onerosidade excessiva. Sinalagma e resolução contratual. Resolução parcial do contrato. Função social do contrato. In: *Revista dos Tribunais*, v. 94, n. 832, p. 113-137, fev. 2005.

AZEVEDO, Antônio Junqueira de. *Negócio jurídico*: existência, validade e eficácia. 4. ed. São Paulo: Saraiva, 2002.

BAGCHI, Aditi, Managing Moral Risk: The Case of Contract. In: *Colum. L. Rev.*, v. 111, p. 1917-1924, 2011.

BASINI, Giovanni Francesco. *Risoluzione del contratto e sanzione dell'inadempiente*. Milano: Dott. A. Giuffrè Editore, 2001.

BEBCHUK, Lucian Ayre; SHAVELL, Steven. Information and the scope of liability for breach of contract: The rule of Hadley v. Baxendale. In: *The Journal of Law, Economics, & Organization*, v. 7, n. 2, p. 284-312, 1991.

BÉNABENT, Alain. *Droit des Obligations*. 18. ed. Issy-les-Moulineaux: LGDJ, 2019.

BENATTI, Francesco. *A responsabilidade pré-contratual*. Tradução de A. Vera Jardim e Miguel Caeiro. Coimbra: Almedina, 1970.

BENJAMIN, Antônio Herman V.; MARQUES, Cláudia Lima; e BESSA, Leonardo Roscoe. *Manual de direito do consumidor*. 2. ed. São Paulo: Revista dos Tribunais, 2009.

BESSONE, Mario. *Adempimento e rischio contrattuale*. Milano: Giuffrè, 1969.

BEVILAQUA, Clovis. *Código Civil dos Estados Unidos do Brasil*. 8. ed. Rio de Janeiro: Editora Paulo de Azevedo Ltda., 1950. v. 4.

BIRMINGHAM, Robert L. Breach of Contract, Damage Measures, and Economic Efficiency. In: *Rutgers L. Rev.*, v. 24, p. 273-292, 1970.

BOYER, Georges. *Recherches historiques sur la résolution des contrats*. Paris: Les Presses Universitaires de France, 1924.

BUCAR, Daniel; PIRES, Caio Ribeiro. Juros moratórios na teoria do inadimplemento: em busca da sua função e disciplina no direito civil. In: TERRA, Aline de Miranda Valverde; GUEDES, Gisela Sampaio da Cruz (Coord.). *Inexecução das*

Obrigações: pressupostos, evolução e remédios. Rio de Janeiro: Editora Processo, 2020. p. 451-480.

BURROWS, Andrew S. *Remedies for torts, breach of contract, and equitable wrongs*. 4. ed. Oxford: Oxford University Press, 2019.

CALABRESI, Guido. *The Cost of Accidents*: a Legal and Economic Analysis. New Heaven: Yale University Press, 1970.

CAPITANT, Henri. *De la cause des obligations*: contrats, engagements unilatéraux. 3. ed. Paris: Librairie Dalloz, 1927. n. 147.

CARNEIRO DA FRADA, Manuel António de Castro Portugal. *Contrato e deveres de proteção*. Coimbra: Almedina, 1994.

CARNEIRO DA FRADA, Manuel António de Castro Portugal. *Teoria da confiança e responsabilidade civil*. Coimbra: Almedina, 2007.

CARNELUTTI, Francesco. *Il danno e il reato*. Padova: CEDAM, 1926.

CARNEVALI, Ugo; TAMPONI, Michele. Il contrato in generale. La risoluzione. In: BESSONE, Mario. *Trattato di Diritto Privato*. Torino: G. Giappichelli Editore, 2011. v. 13, t. 8.

CARVALHO SANTOS, João Manoel de. *Código Civil brasileiro interpretado*. Rio de Janeiro: Calvino Filho, 1936. v. 15.

CAVARIERI FILHO, Sergio. *Programa de responsabilidade civil*. 8. ed. São Paulo: Atlas, 2008.

CHAVES, Antônio. *Responsabilidade pré-contratual*. 2. ed. rev. ampl. e atual. São Paulo: Lejus, 1997.

CHALHUB, Melhim Namen. *Incorporação imobiliária*. 5. ed. Rio de Janeiro: Forense, 2019.

CHIRONI, Giampietro. *La colpa nel diritto civile odierno*. Torino: Fratelli Bocca Editori, 1897.

COASE, R. Hart. The problem of social costs. In: *Law and Economics*, v. 3. p. 1-41, 1960.

COGO, Rodrigo Barreto de. *A frustração do fim do contrato*: o impacto dos fatores supervenientes sobre o programa contratual. Rio de Janeiro: Renovar, 2012.

COLLURA, Giorgio. *Importanza dell'inadempimento e teoria del contrato*. Milano: Giuffrè, 1992.

CONSTANTINESCO, Léontin-Jean. *Inexécution et faute contractuelle in droit comparé*. Stuttgart-Bruxelles: W. Kohlhammer Verlag et Libraire Encyclopédique, 1960.

CONSTANTINESCO, Léontin-Jean. *La résolution des contrats synallagmatiques en droit allemand*. Paris: Librairie Arthur Rousseau, 1949.

COOTER, Robert; ULEN, Thomas. *Law & Economics*. 6. ed. Pearson Education, 2011. Edição Kindle.

CORBIN, Arthur Linton. *Corbin on contracts*: one volume edition. St. Paul, Minn.: West Publishing Co., 1952.

CORDEIRO, António Menezes. *Da boa fé no direito civil*. Coimbra: Almedina, 2013.

CORDEIRO, António Menezes. *Tratado de direito civil*. 2. ed. Coimbra: Almedina, 2012. v. 6.

CORDEIRO, António Menezes. *Tratado de direito civil*. 3. ed. rev. e aum. Coimbra: Almedina, 2017. v. 9.

DANTAS, San Tiago. *Programa de Direito Civil II*. Rio de Janeiro: Editora Rio, 1983.

DAVIES, F. R. *Contract*. London: Sweet & Maxwell, 1970.

DE CUPIS, Adriano. *Il danno*: teoria generale della responsabilità civile. 3. ed. Milano: Giuffrè, 1979. v. 1.

DELFINI, Francesco. *Autonomia privata e contrato*. Tra sinallagma genetico e sinalagma funzionale. Torino: Giappichelli, 2015.

DELFINI, Francesco. *Autonomia privata e rischio contrattuale*. Milano: Giuffrè Editore, 1999.

DELLACASA, Matteo. Inadempimento e risoluzione del contratto: un punto di vista sulla giurisprudenza. In: *Itinerari della giurisprudenza*: danno e responsabilità, n. 3, p. 261-277, 2008.

DESHAYES, Olivier; GENICON, Thomas; e LAITHIER, Yves-Marie. *Réforme du droit des contrats, du régime général et de la preuve des obligations*. Commentaire article par article. Paris: LexisNexis, 2016.

DIAS, José de Aguiar. *Da Responsabilidade Civil*. 12. ed. Rio de Janeiro: Lumen Juris, 2011.

DICKSON, Brice. Contract and Restitution: A Few Comparative Remarks – A Comment. In: ROSE, Francis D. *Failure of Contracts*: Contractual, Restitutionary and Proprietary Consequences. Oxford: Hart, 1997, p. 243-246.

DÍEZ-PICAZO, Luis. *Derecho de daños*. Madrid: Civitas, 1999.

DÍEZ-PICAZO, Luis. *Derecho de obligaciones y contratos, derecho de daños, enriquecimiento injustificado*. 1. ed. Cizur Menor: Civitas, 2011.

DÍEZ-PICAZO, Luis. *Fundamentos del derecho civil patrimonial*. 6. ed. Cizur Menor: Thomson Civitas, 2007. v.1.

DOLINGER, Jacob; TIBÚRCIO, Carmen. *Direito internacional privado*: arbitragem comercial internacional. Rio de Janeiro: Renovar, 2003.

REFERÊNCIAS

ENGLARD, Izhak. Restitution of Benefits Conferred Without Obligation. In: CAEMMERER, Ernst Von.; SCHLECHTRIEM, Peter. *International Encyclopedia of Comparative Law*: Restitution/Unjust Enrichment and Negotiorum Gestio. Tübingen: Mohr Siebeck, 2007. v. 10.

FAORO, Guilherme de Mello Franco. Comentário sobre o REsp no 1.617.652/DF e a sistematização da disciplina das arras e da cláusula penal nas perdas e danos contratuais. In: *Revista Brasileira de Direito Civil – RBDCivil*. Belo Horizonte, v. 19, p. 159-176, jan./mar. 2019.

FARIA, Guiomar T. Estrella. *Interpretação econômica do Direito*. Porto Alegre: Livraria do Advogado, 1994.

FARIA, Jorge Leite Areias Ribeiro de. *Direito das obrigações*. Coimbra: Almedina, 2003. v. 1.

FARIA, Jorge Leite Areias Ribeiro de. *Direito das obrigações*. Coimbra: Almedina, 2001. v. 2.

FARNSWORTH, E. Allan. Comparative Contract Law. In: REIMANN, Mathias; ZIMMERMANN, Reinhard. *The Oxford Handbook of Comparative Law*. Oxford: Oxford University Press, 2008. p. 899-935.

FARNSWORTH, E. Allan. *Contracts*. 4. ed. New York: Aspen Publishers, 2004.

FARNSWORTH, Ward. *Restitution*: Civil Liability for Unjust Enrichment. Chicago: University of Chicago Press, 2014.

FISCHER, Hans Albrecht. *Los daños civiles y su reparación*. Tradução de W. Roces. Madrid: Suarez, 1928.

FORGIONI, Paula A. *Contratos empresariais*: teoria geral e aplicação. São Paulo: Revista dos Tribunais, 2015.

FONTAINE, Marcel. Les sanctions de l'inexécution des obligations contractuelles: synthèse et perspectives. In: FONTAINE, Marcel. VINEY, Geneviève. *Les sanctions de l'inexécution des obligations contractuelles*: étude de droit comparé. Paris: LGDJ, 2001. p. 1019-1097.

FRADERA, Véra Maria Jacob. Pode o credor ser instado a diminuir o próprio prejuízo? In: *Revista Trimestral de Direito Civil*, v. 19, p. 109-119, jul./set. 2004.

FRIED, Charles. *Contract as promise*: a theory of contractual obligation. 2. ed. 2015.

FRIEDMANN, Daniel. The Efficient Breach Fallacy. In: *The Journal of Legal Studies*, v. 18, n. 1, p. 1-24, 1989.

FULLER, L. L.; PERDUE JR., William R. The Reliance Interest in Contract Damages: 1. In: *Yale Law Journal*, v. 46, p. 52-96, 1936.

FULLER, L. L.; PERDUE JR., William R. The Reliance Interest in Contract Damages: 2. In: *Yale Law Journal*, v. 46, p. 373-420, 1937.

FURTADO, Gabriel Rocha. *Mora e inadimplemento substancial.* São Paulo: Atlas: 2014.

GALLARATI, Alberto. Il contrato irresolubile o quasi. Profilo di sostenibilità della clausola 'exclusive remedy' nell' economia delle parti. In: *Contratto e Impresa*, n. 4-5, p. 1022-1064, 2016.

GAROFALO, Andrea Maria. La causa del contratto tra meritevolezza degli interessi ed equilibrio dello scambio. In: *Rivista di diritto civile*, ano 58, n. 2. Padova, mar./abr. 2012.

GÉRARD, Philippe; OST, François. *Droit et intérêt*: entre droit et non-droit. Bruxelles: Facultés Universitaire Saint-Louis, 1990. t. 2.

GENICON, Thomas. *La résolution du contrat pour inexécution.* Paris: Librairie Générale de Droit et de Jurisprudence, 2007.

GIGLIO, Francesco. *The Foundations of Restitution for Wrongs.* Oxford: Hart, 2007.

GILLIERON, Philippe. *Les dommages-intérêts contractuels.* Lausanne: CEDIDAC, 2011.

GIORGIANNI, Michele. *L'inadempimento*: corso di diritto civile. 3. ed. Milano: Giuffrè, 1975.

GLISSEN, John. *Introdução histórica ao direito.* Tradução de HESPANHA, A. M. e MALHEIROS, L. M. Macaísta. 4. ed. Lisboa: Fundação Calouste Gulbenkian, 2003.

GOETZ, Charles J.; SCOTT, Robert E. Liquidated Damages, Penalties and the Just Compensation Principle: Some Notes on an Enforcement Model and a Theory of Efficient Breach. In *Colum. L. Rev.*, v. 77, p. 554-594, 1977.

GOMES, Orlando. *Contratos.* 26. ed. Rio de Janeiro: Forense, 2008.

GOMES, Orlando. *Obrigações.* 19. ed. Rio de Janeiro: Forense, 2019.

GORDLEY, James. A Perennial Misstep: From Cajetan to Fuller and Perdue to "Efficient Breach". In: *Issues in Legal Scholarship.* Berkeley: Berkeley Electronic Press, 2001.

GORDLEY, James; VON MEHREN, Arthur Taylor. *An introduction to the comparative study of private law.* Cambridge: Cambridge University Press, 2006.

GREZZANA, Giacomo. *A cláusula de declarações e garantias em alienação de participação societária.* São Paulo: Quartier Latin, 2019.

GUEDES, Gisela Sampaio da Cruz. *Lucros cessantes:* do bom-senso ao postulado normativo da razoabilidade. São Paulo: Editora Revista dos Tribunais, 2011.

REFERÊNCIAS

GUEDES, Gisela Sampaio da Cruz. *O problema do nexo causal na responsabilidade civil.* Rio de Janeiro: Renovar, 2005.

GUELFUCCI-THIBIERGE, Catherine. *Nullité, Restitutions et Responsabilité.* Paris: Librairie Générale de Droit et de Jurisprudence, 1992.

GUERRA, Alexandre Dartanhan de Mello. Interesse contratual positivo e negativo: reflexões sobre o inadimplemento do contrato e indenização do interesse contratual positivo. In: *Revista IBERC*, v. 2, n. 2, 2019, p. 1-25.

GUIMARÃES, Paulo Jorge Scartezzini. Responsabilidade civil e interesse contratual positivo e negativo (em caso de descumprimento contratual). In: GUERRA, Alexandre Dartanhan de Mello; BENACCHIO, Marcelo (Coord.). *Responsabilidade civil.* São Paulo: Escola Paulista da Magistratura, 2015. p. 129-158.

HESPANHA, António Manuel. *A cultura jurídica europeia:* síntese de um milénio. Coimbra: Almedina, 2012.

FERREIRA, Aurélio Buarque de Holanda. Miniaurélio: o minidicionário da língua portuguesa. 7. ed. Curitiba: Editora Positivo, 2008.

HOLMES, Oliver Wendall. *The Common Law*, 1881.

HUME, David. *Tratado da natureza humana:* uma tentativa de introduzir o método experimental de raciocínio nos assuntos morais. Tradução de Débora Danowski. 2. ed. São Paulo: Editora UNESP, 2009.

IRTI, Natalino. *Introduzione allo studio del diritto privato.* Padova: Cedam, 1990.

JANSEN, Nils; ZIMMERMANN, Reinhard. *Commentaries on European Contract Laws.* Oxford: Oxford University Press, 2018.

JHERING, Rudolf Von. *Culpa in contrahendo ou indemnização em contratos nulos ou não chegados à perfeição.* Tradução e nota introdutória de Paulo Mota Pinto. Coimbra: Almedina, 2008.

JHERING, Rudolf Von. *L' esprit du droit romain dans les diverses phases de son developpement.* 3. ed. Paris: A. Chevalier-Marescq, 1886. p. 325-329.

JORGE, Fernando de Sandy Lopes Pessoa. *Ensaio sobre os pressupostos da responsabilidade civil.* 3. reimp. Coimbra: Almedina, 1999.

JOURDAIN-FORTIER, Clotilde; MIGNOT, Marc. *Analyse compare du droit français réformé des contrats et des règles matérielles du commerce international.* Paris: LexisNexis, 2016.

KAHNEMAN, Daniel; KNETSCH, Jack L.; THALER, Richard. Fairness as a Constraint on Profit Seeking: Entitlements in the Market. In: *The American Economic Review*, v. 76, n. 4, p. 728-741, 1986.

KATZ, Avery. Virtue Ethics and Efficient Breach. In: *Suffolk University Law Review*, v. 45, p. 777-798, 2012.

KLASS, Gregory. The Rules of the Game and the Morality of Efficient Breach. In: *Yale Journal of Law & Humanities*, v. 29, p. 71-111, 2017.

KLASS, Gregory. Efficient Breach. In: KLASS, Gregory; LETSAS, George; SPRAI, Prince. *Philosophical Foundations of Contract Law*. Oxford: Oxford University Press, 2014. p. 362-387.

KONDER, Carlos Nelson. Arras e cláusula penal nos contratos imobiliários. In: *Revista dos Tribunais*. Rio de Janeiro, v. 4, p. 83-104, 2014.

KONDER, Carlos Nelson. Causa do contrato x função social do contrato: estudo comparativo sobre o controle da autonomia negocial. In: *Revista Trimestral de Direito Civil*, v. 43, p. 33-75, jul./set. 2010.

KONDER, Carlos Nelson; RENTERÍA, Pablo. A funcionalização das relações obrigacionais: interesse do credor e patrimonialidade da prestação. In: TEPEDINO, Gustavo; FACHIN, Luiz Edson. (Org.). *Diálogos sobre direito civil*. Rio de Janeiro: Renovar, 2008. v. 2. p. 265-297.

KÖTZ, Hein. *European contract law*. 2. ed. Oxford: Oxford University Press, 2017.

KRAMER, Adam. *The law of contract damages*. 2. ed. Oxford; Portland, Oregon: Hart Publishing, 2017.

LAITHIER, Yves-Marie. *Étude comparative des sanctions de l'inexécution du contrat*. Paris: LGPD, 2004.

LANDO, Ole. Non-performance (Breach) of Contracts. In: HARTKAMP, Arthur S.; HESSELINK, Martijn W.; HONDIUS, Ewoud H.; MAK, Chantal; DU PERRON, C. Edgar. *Towards a European Civil Code*. 4. ed. Alphen aan den Rijn: Wolters Kluwer, 2011. p. 681-697.

LARENZ, Karl. *Derecho de Obligaciones*. Tradução de Jaime Santos Briz. Madrid: Editorial Revista de Derecho Privado, 1958. t. 1.

LEITÃO. Luís Manuel Teles de Menezes. *Direito das Obrigações*. 12. ed. Coimbra: Almedina, 2018. v. 2.

LEPELTIER, Eugène. *La résolution judiciaire des contrats pour inexécution des obligations*. Paris: Librairie Dalloz, 1934.

LÔBO, Paulo Luiz Netto. *Teoria Geral das obrigações*. São Paulo: Saraiva, 2005.

LOPES, Miguel Maria de Serpa. *Curso de direito civil*. 6. ed. rev. e atual. Rio de Janeiro: Freitas Bastos, 1995. v. 2.

LORENZETTI, Ricardo Luis. *Tratado de los contratos:* parte general. Buenos Aires: Rubinzal – Culzoni, 2004.

LUMINOSO, Angelo. Obbligazioni restitutorie e risarcimento del danno nella risoluzione per inadempimento. In: OPPO, Giorgio. *Il contratto*: silloge in onore di Giorgio Oppo. Milano: CEDAM, 1992. v. 1. p. 497-514.

MACNEIL, Ian R. Efficient Breach of Contract: Circles in the Sky. In: *Virginia Law Review*, v. 68, n. 5, p. 947-969, 1982.

MAIA, Roberta Mauro Medina. A irretratabilidade das promessas de compra e venda e a Lei n. 13. 786/2018 (Lei dos Distratos Imobiliários). In: *Revista Brasileira de Direito Civil⁻RBDCivil*, v. 22, p. 73-97, out./dez. 2019.

MAIA, Roberta Mauro Medina. *Teoria Geral dos Direitos Reais*. São Paulo: Revista dos Tribunais, 2013.

MALES, S. M. Fundamental Breach. Burden of Proof. Reasonableness. In: *The Cambridge Law Journal*, v. 37(1), p. 24-27, 1978.

MALO VALENZUELA, Miguel Ángel. *Remedios frente al incumplimiento contractua*l. Cizur Menor: Aranzadi, 2016.

MARINO, Francisco Paulo de Crescenzo. Perdas e Danos. In: LOTUFO, Renan; NANNI, Giovanni Ettore (Coord.). *Obrigações*. São Paulo: Atlas, 2011. p. 653-685.

MARINO, Francisco Paulo de Crescenzo. Resolução parcial do contrato por inadimplemento: fundamento dogmático, requisitos e limites. In: TERRA, Aline de Miranda Valverde; GUEDES, Gisela Sampaio da Cruz (Coord.). *Inexecução das Obrigações*: pressupostos, evolução e remédios. Rio de Janeiro: Editora Processo, 2020. p. 313-338.

MARINONI, Luiz Guilherme; ARENHART, Sérgio Cruz. In: MARINONI, Luiz Guilherme (Dir.); ARENHART, Sérgio Cruz; e MITIDIERO, Daniel (Coord.). *Comentários ao Código de Processo Civil*: artigos 294 ao 333. São Paulo: Revista dos Tribunais, 2018. v. 7.

MARKESINIS, Basil S.; LORENZ, Werner; DANNEMANN, Gerhard. *The Law of Contracts and Restitution*: A Comparative Introduction. Oxford: Clarendon Press, 1997.

MARKOVITS, Daniel; SCHWARTZ, Alan. The Myth of Efficient Breach: New Defenses of The Expectation Interest. In: *Virginia Law Review*. v. 97, n. 8, 2011, p. 1939-2008.

MARTINS-COSTA, Judith. *A boa-fé no direito privado*: critérios para a sua aplicação. 2. ed. São Paulo: Saraiva, 2018.

MARTINS-COSTA, Judith. A linguagem da responsabilidade civil. In: BIANCHI, José Flávio, PINHEIRO. Rodrigo Gomes de Mendonça; e ALVIM, Teresa Arruda.

Jurisdição e Direito Privado: Estudos em homenagem aos 20 anos da Ministra Nancy Andrighi no STJ. São Paulo: Revista dos Tribunais, 2020. p. 389-418.

MARTINS-COSTA, Judith. Alteração da relação obrigacional estabelecida em acordos societários por impossibilidade superveniente não imputável às partes contratantes em virtude do desaparecimento de sua finalidade (parecer). In: *Revista de Direito Civil Contemporâneo*, vol. 18, p. 371-404, jan./mar. 2019.

MARTINS-COSTA, Judith. *Comentários ao novo Código civil*: do inadimplemento das obrigações. Rio de Janeiro: Forense, 2003. v. 5, t. 2.

MARTINS-COSTA, Judith. *Comentários ao novo Código civil*: do inadimplemento das obrigações. 2. ed. Rio de Janeiro: Forense, 2009. v. 5, t. 2.

MARTINS-COSTA, Judith. Contratos. Conceito e evolução. In: LOTUFO, Renan e NANNI, Giovanni Ettore (Coord.). *Teoria geral dos contratos*. São Paulo: Atlas, 2011. p. 23-66.

MARTINS-COSTA, Judith. O Árbitro e o Cálculo do Montante da Indenização. In: CARMONA, Carlos Alberto; LEMES, Selma Ferreira; MARTINS, Pedro Batista (Coord.). *20 Anos da Lei de Arbitragem*: Homenagem a Petrônio R. Muniz. 1. ed. São Paulo: Atlas, 2017. p. 609-638.

MARTINS-COSTA, Judith. O fenômeno da supracontratualidade e o princípio do equilíbrio: inadimplemento de deveres de proteção (violação positiva do contrato) e deslealdade contratual em operação de descruzamento acionário. In: *Revista Trimestral de Direito Civil*. Rio de Janeiro, v. 7, n. 26, p. 213-249, abr./jun. 2006.

MARTINS-COSTA, Judith. O regime dos juros no novo direito privado brasileiro. In: *Revista da Ajuris*, v. 34, n. 105, p. 237-264, mar. 2007.

MARTINS-COSTA, Judith. Responsabilidade civil contratual. Lucros cessantes. Interesse positivo e interesse negativo. Distinção entre lucros cessantes e lucros hipotéticos. Dever de mitigar o próprio dano. Dano moral e pessoa jurídica. In: LOTUFO, Renan; NANNI, Giovanni Ettore; MARTINS, Fernando Rodrigues (Coord.). *Temas relevantes do direito civil contemporâneo*: reflexões sobre os 10 anos do Código Civil. São Paulo: Atlas, 2012. p. 559-595.

MARTINS-COSTA, Judith; COSTA E SILVA, Paula. *Crise e Perturbações no Cumprimento da Prestação*. São Paulo: Quartier Latin, 2020.

MARTINS-COSTA, Judith; ZANETTI, Cristiano de Sousa. Responsabilidade contratual: prazo prescricional de dez anos. In: *Revista dos Tribunais*, v. 979, p. 215-241, 2017.

MARTINS, José Eduardo Figueiredo de Andrade. Reflexões sobre a incorporação da teoria da quebra eficiente (efficient breach theory). In TEPEDINO, Gustavo; MENEZES, Joyceane Bezerra de; MENDES, Vanessa Correia; e CASTRO E LINS, Ana Paola de. *Anais do VI Congresso do Instituto Brasileiro de Direito Civil*. Belo Horizonte: 2019. p. 93-110.

MAZEAUD, Henri; MAZEAUD, Léon. *Traité théorique et pratique de la responsabilité civile délictuelle et contractuelle*. 4. ed. Paris: Librairie du Recueil Sirey, 1932.

MEORO, Mario E. Clemente. *La resolución de los contratos por incumplimiento*. Valencia: Tirant lo Blanch, 1992.

MIRANDA, Pontes de. *Tratado de Direito Privado*. 2. ed. Rio de Janeiro: Borsoi, 1954. t. 4.

MIRANDA, Pontes de. *Tratado de Direito Privado*. 2. ed. Rio de Janeiro: Borsoi, 1959. t. 25.

MIRANDA, Pontes de. *Tratado de Direito Privado*. 2. ed. Rio de Janeiro: Borsoi, 1959. t. 26.

MIRANDA, Pontes de. *Tratado de Direito Privado*. NERY JUNIOR, Nelson; NERY, Rosa Maria de Andrade (Atual.). São Paulo: Editora Revista dos Tribunais, 2012. t. 25.

MIRANDA, Pontes de. *Tratado de Direito Privado*. AGUIAR JÚNIOR. Ruy Rosado de; NERY JUNIOR, Nelson (Atual.). São Paulo: Editora Revista dos Tribunais, 2012. t. 26.

MIRANDA, Pontes de. *Tratado de Direito Privado*. MARQUES, Claudia Lima; MIRAGEM, Bruno (Atual.). São Paulo: Editora Revista dos Tribunais, 2012. t. 38.

MOMMSEN, Friedrich. *Beitrage zum Obligationenrecht*. Zur Lehre von dem Interesse. Braunschweig, C.U. Schmeschte und Sohn, 1855.

MONTEIRO, Washington de Barros. *Curso de direito civil*. 28. ed. atual. São Paulo: Saraiva, 1995. v. 4.

MORAES, Bruno Terra de. *O dever de mitigar o próprio dano*: fundamento e parâmetros no direito brasileiro. Rio de Janeiro: Lumen Juris, 2019.

MORAES, Maria Celina Bodin de. A causa dos contratos. In: *Na medida da pessoa humana*: estudos de direito civil-constitucional. Rio de Janeiro: Renovar, 2010. p. 289-316.

MORAES, Maria Celina Bodin de. *Danos à pessoa humana*: uma leitura civil-constitucional dos danos morais. Rio de Janeiro: Renovar, 2003.

MORAES, Maria Celina Bodin de. Notas sobre a promessa de doação. In: *Na medida da pessoa humana*: estudos de direito civil-constitucional. Rio de Janeiro: Renovar, 2010. p. 267-288.

MOSCO, Luigi. *La risoluzione del contratto*. Napoli: Casa Editrice Dott. Eugenio Jovene, 1950.

PINTO, Carlos Alberto da Mota. *Cessão da posição contratual*. Coimbra: Almedina, 2003.

NANNI, Giovanni Ettore. Desconto de proveitos (*"compensatio lucri cum damno"*). In: PIRES, Fernanda Ivo (Org.). *Da estrutura à função da responsabilidade civil*: uma homenagem do Instituto Brasileiro de Responsabilidade Civil (IBERC) ao Professor Renan Lotufo. São Paulo: Editora Foco, 2021. p. 281-292.

NANNI, Giovanni Ettore. Frustração do fim do contrato: análise de seu perfil conceitual. In: *Revista Brasileira de Direito Civil* – RBDCivil, Belo Horizonte, v. 23, p. 39-56, jan./mar. 2020.

NANNI, Giovanni Ettore. Mora. In: LOTUFO, Renan; NANNI, Giovanni Ettore (Coord.). *Obrigações*. São Paulo: Atlas, 2011. p. 571-652.

NERY JUNIOR, Nelson; NERY, Rosa Maria de Andrade. *Código de Processo Civil Comentado*. São Paulo: Thomson Reuters, 2018.

NEVES, José Roberto de Castro. *Direito das Obrigações*. 7. ed. Rio de Janeiro: LMJ Mundo Jurídico, 2017.

NOLAN, Richard. Remedies for Breach of Contract: Specific Enforcement and Restitution. In: ROSE, Francis D. *Failure of Contracts*: Contractual, Restitutionary and Proprietary Consequences. Oxford: Hart, 1997, p. 35-59.

OAKLEY, A. J. Damages for Breach of Contract After a Contract has been Repudiated. In: *The Cambridge Law Journal*, v. 36(1), p. 20-24, 1977.

PAOLI, Giulio. *Il reato, il risarcimento, la riparazione*. Bologna: Nicola Zanichelli Editore, 1924.

PARIZATTO, João Roberto. *Multas e Juros no Direito Brasileiro*. São Paulo: Editora de Direito, 1996.

PEREIRA, Caio Mário da Silva. *Instituições de direito civil: teoria geral das obrigações*. 31 ed. rev. e atual. por Guilherme Calmon Nogueira da Gama. Rio de Janeiro: Forense, 2019.

PEREIRA. Fabio Queiroz. *O ressarcimento do dano pré-contratual*: interesse negativo e interesse positivo. São Paulo: Almedina, 2017.

PEREIRA, Maria de Lurdes. Da indemnização do interesse negativo em caso de resolução do contrato por incumprimento à indemnização de despesas inutilizadas na responsabilidade contratual. In: GUEDES, Agostinho Cardoso; OLIVEIRA, Nuno Manuel Pinto. *Colóquio de Direito Civil de Santo Tirso*. Almedina, 2017. p. 155-198.

PERLINGIERI, Pietro. *Manuale di Diritto Civile*. Napoli: ESI, 1997.

PERLINGIERI, Pietro. *Manuale di diritto civile*. 7 ed. Napoli: ESI, 2014.

PERLINGIERI, Pietro. *O direito civil na legalidade constitucional*. Tradução de Maria Cristina de Cicco. Rio de Janeiro: Renovar, 2008.

PEROZZI, Silvio. *Istituzioni di dirito romanocivile*. 2. ed. riv. ed ampl. Roma: Ateneo, 1928. v. 2.

PINNA, Andrea. *La mesure du préjudice contractuel*. Paris: LGDJ, 2007.

PINTO, Paulo Mota. *Interesse contratual negativo e interesse contratual positivo*. Coimbra: Coimbra Editora, 2008. v. 1.

PINTO, Paulo Mota. *Interesse contratual negativo e interesse contratual positivo*. Coimbra: Coimbra Editora, 2008. v. 2.

PINTO, Paulo Mota. Resolução e indenização por inadimplemento do contrato. In: *VI Jornada de Direito Civil*. Brasília: Conselho da Justiça Federal, Centro de Estudos Judiciários, 2013. p. 21-63.

PIRES, Catarina Monteiro. *Aquisição de Empresas e de Participações Acionistas*: Problemas e Litígios. Coimbra: Almedina, 2019.

PIRES, Catarina Monteiro. *Impossibilidade da prestação*. Coimbra: Almedina, 2017.

PLANIOL, Marcel. *Traité élémentaire de droit civil conforme au programme officiel des facultés de droit*. 9. ed. Paris: Librairie Générale de Droit et de Jurisprudence, 1923. t. 2.

POMAR, Fernando Gómez; SALDAÑA, Marian Gili. La complejidad económica del remedio resolutorio por incumplimiento contractual. Su trascendencia en el Derecho español de contratos, en la normativa común de compraventa europea (CESL) y en otras propuestas normativas. In: *Anuario de Derecho Civil*, n. 4, 2014.

POTHIER, Robert Joseph. *Ouvres de Pothier*. Traité des Obligations. Paris: Béchet Ainé Librairie, 1824.

PROENÇA, José Carlos Brandão. *A resolução do contrato no direito civil*: do enquadramento e do regime. Coimbra: Coimbra Editora, 2006.

PROENÇA, José Carlos Brandão. *Lições de cumprimento e não cumprimento das obrigações*. 2. ed. rev. e atual. Porto: Universidade Católica Editora Porto, 2017.

PUGLIATTI, Salvatore. *La proprietà nel nuovo diritto*. Milano: Giuffrè, 1954.

RANGEL, Rui Manuel de Freitas. *A Reparação Judicial dos Danos na Responsabilidade Civil*: Um Olhar sobre a Jurisprudência. 3. ed. rev. ampl. Coimbra: Almedina, 2006.

RENTERÍA, Pablo. *Penhor e autonomia privada*. São Paulo: Atlas, 2016.

RIGALLE-DUMETZ, Corinne. *La résolution partielle du contrat*. Paris: Dalloz, 2003.

RIZZARDO, Arnaldo. *Direito das Obrigações*. 7. ed. rev. e atual. Rio de janeiro: Forense, 2013.

ROCHFELD, Judith. *Les grandes notions du droit privé*. Paris: Presse Universitaire du France, 2011.

RODOTÀ, Stefano. *Le fonti di integrazione del contratto*. Milano: Giuffrè, 1970.

RODRIGUES, Marco Antonio dos Santos. *A modificação do pedido e da causa de pedir no processo civil*. Rio de Janeiro: Mundo Jurídico, 2014.

RODRIGUES, Silvio. *Direito civil*. São Paulo: Saraiva, 2002. v. 2.

ROPPO, Enzo. *O contrato*. Tradução de Ana Coimbra e M. Januário C. Gomes. Coimbra: Almedina, 1988.

ROPPO, Vicenzo. *Diritto Privato*. Linee Essenziali. 2. ed. Torino: G. Giappichelli, 2013.

ROSSETTI, Marco. *La risoluzione per inadempimento*. Milano: Giuffrè, 2012.

SACCO, Rodolfo. *Il contratto*. In: Trattato Vassali, Torino, 1975.

SALEILLES, Raymond. *Théorie générale de l' obligation*. Paris: Librairie Générale de Droit et de Jurisprudence, 1925.

SALGADO, Bernardo Gonçalves Petrucio. *Arras confirmatórias e penitenciais*. Dissertação (Mestrado em Direito Civil) – Faculdade de Direito, Universidade do Estado do Rio de Janeiro, Rio de Janeiro, 2021.

SALLES, Raquel Bellini. *Autotutela nas relações contratuais*. Rio de Janeiro: Editora Processo, 2019.

SANSEVERINO, Paulo de Tarso Viera. *Princípio da reparação integral*. São Paulo: Saraiva, 2011.

SANTORO-PASSARELLI, Francesco. *Dottrine Generali del Diritto Civile*. 9. ed. Napoli: Casa Editrice Dott. Eugenio Jovene, 2012.

SANTOS, Deborah Pereira Pinto dos. Contrato de consórcio e cumprimento da função social: comentários à Apelação nº 0007861-86.2012.8.19.0042 do Tribunal de Justiça do Estado do Rio de Janeiro. In: *Revista Brasileira de Direito Civil* – RBD-Civil, Belo Horizonte, v. 19, p. 177-198, jan./mar. 2019.

SANTOS, Deborah Pereira Pinto dos; LOPES, Marília. Notas sobre a responsabilidade contratual do alienante pela violação das cláusulas de declarações e garantias nos contratos de alienação de participação societária representativa de controle. In: *Revista Brasileira de Direito Civil* – RBDCIVIL. Belo Horizonte, v. 24, p. 241-260, abr./jun. 2020.

REFERÊNCIAS

SANTOS, Deborah Pereira Pinto dos; MENDES, Eduardo Heitor. Função, funcionalização e função social. In: SCHREIBER, Anderson; e KONDER, Carlos Nelson (Coord.). *Direito civil constitucional*. São Paulo: Atlas, 2013. p. 97-124.

SANTOS, Deborah Pereira Pinto dos. *Renúncia a direitos nos contratos de adesão em relações civis e empresariais*: limites à autonomia negocial nos *business to business contracts*. Dissertação (Mestrado em Direito Civil) – Faculdade de Direito, Universidade do Estado do Rio de Janeiro, Rio de Janeiro, 2015.

SAVATIER, René. *Traité de la responsabilité civile en droit français*. 2. ed. Paris: Librairie Générale de Droit et de Jurisprudence, 1951. t. 2.

SAVIGNY, Friedrich Karl Von. *Traité de droit romain*. 2. ed. Paris: F. Didot, 1856. t. 1. p. 7-64.

SCAVONE JUNIOR, Luiz Antonio. *Juros no Direito Brasileiro*. 5. ed. rev., atual. e ampl. Rio de Janeiro: Forense, 2014.

SCHRAGE, Eltjo. Contract and Restitution: A Few Comparative Remarks. In: ROSE, Francis D. *Failure of Contracts*: Contractual, Restitutionary and Proprietary Consequences. Oxford: Hart, 1997, p. 231-242.

SCHREIBER, Anderson. *A proibição de comportamento contraditório*: tutela da confiança e *venire contra factum proprium*. 3. ed. rev. e atual. Rio de Janeiro: Renovar, 2012.

SCHREIBER, Anderson. *Novos paradigmas da responsabilidade civil*. 5. ed. São Paulo: Atlas, 2013.

SCHREIBER, Anderson. Tríplice transformação do adimplemento. In: *Direito Civil e Constituição*. São Paulo: Atlas, 2013. p. 97-118.

SHAVELL, Steve. Damages Measures for Breach of Contract. In: *Bell Journal Economics*, v. 11, 1980.

SILVA, Clovis do Couto e. *A obrigação como processo*. Rio de Janeiro: FGV, 2006.

SILVA, Clóvis do Couto e. Dever de indenizar. In: FRADERA, Vera (Org.). *O direito privado brasileiro na visão de Clóvis Couto e Silva*. Porto Alegre: Livraria do Advogado, 1997.

SILVA, Clóvis do Couto e. O Conceito de dano no Direito brasileiro e comparado. In: FRADERA, Vera (Org.). *O direito privado brasileiro na visão de Clóvis Couto e Silva*. Porto Alegre: Livraria do Advogado, 1997.

SILVA, Jorge Cesa Ferreira da. *A boa-fé e a violação positiva do contrato*. Rio de Janeiro: Renovar, 2002

SILVA, Jorge Cesa Ferreira da. *Inadimplemento das obrigações*. São Paulo: Revista dos Tribunais, 2007.

SILVA, Rafael Peteffi da. *Responsabilidade civil pela perda de uma chance*. 3. ed. São Paulo: Atlas, 2013.

SILVA, Rodrigo da Guia. Interesse contratual positivo e interesse contratual negativo: influxos da distinção no âmbito da resolução do contrato por inadimplemento. In: *Revista IBERC*, v. 3, n. 1, p. 1-37, 2020.

SINGER, Joseph William. *No freedom without regulation*: the hidden lesson of the subprime crisis. Yale Scholarship Press, 2015.

SIQUEIRA, Mariana Ribeiro. *Adimplemento substancial*: parâmetros para a sua configuração. Rio de Janeiro: Lumen Iuris, 2019.

SMITH, Stephen A. Remedies for Breach of Contract: One Principle or Two? In: KLASS, Gregory; LETSAS, George; SPRAI, Prince. *Philosophical Foundations of Contract Law*. Oxford: Oxford University Press, 2014. p. 341-361.

SMITS, Jan M. *Contract law:* a comparative introduction. 2. ed. Cheltenham, UK; Northampton, MA, USA: Edward Elgar Publishing, 2017.

SOMBRA, Thiago Luís Santos. As arras e a cláusula penal no Código Civil de 2002. In: *Revista dos Tribunais*. São Paulo, v. 101, n. 917, p. 75-89, mar. 2012.

SOUZA, Eduardo Nunes de. De volta à causa contratual: aplicações da função negocial nas invalidades e nas vicissitudes supervenientes do contrato. In: *Civilistica. com*. Rio de Janeiro, a. 8, n. 2, 2019. Disponível em: <http://civilistica.com/de--volta-a-causa-contratual/>. Acesso em 04/10/2019.

STANNARD, John E.; CAPPER, David. *Termination for breach of contract*. New York: Oxford University Press, 2014.

STAUB, Hermann. *La violazioni positive del contrato*. Tradução de Giovanni Varanese. Napoli: Edizioni Scientifiche Italiane, 2001

STEINER, Renata C. *Reparação de Danos:* interesse positivo e interesse negativo. São Paulo: Quartier latin, 2018.

SZTAJNBOK, Felipe. A indenização pelo interesse positivo como forma de tutela do interesse do credor nas hipóteses de inadimplemento culposo da obrigação: análises a partir do AgRg no REsp 1.202.506/RJ e do AgRg no AgRg no AI 1.137.044/RJ. In: *Civilistica.com*, a. 3, n. 2, p. 1-20, 2014.

TELLES, Inocêncio Galvão. *Direito das Obrigações*. 7. ed. (Reimpressão). Coimbra: Coimbra Editora, 2010.

TEPEDINO, Gustavo. A teoria da imprevisão e os contratos de financiamento firmados à época do chamado plano cruzado. In: *Revista Forense*, v. 84, n. 301, p. 73-85, jan./mar. 1988.

REFERÊNCIAS

TEPEDINO, Gustavo; BARBOZA, Heloisa Helena; e MORAES, Maria Celina Bodin de. *Código Civil interpretado conforme a Constituição da República*. 2. ed. Rio de Janeiro: Renovar, 2007. v. 1.

TEPEDINO, Gustavo; BARBOZA, Heloisa Helena; e MORAES, Maria Celina Bodin de. *Código Civil interpretado conforme a Constituição da República*. Rio de Janeiro: Renovar, 2006. v. 2.

TEPEDINO, Gustavo. Editorial: Autonomia privada e cláusulas limitativas de responsabilidade. In: *Revista Brasileira de Direito Civil* – RBDCIVIL. Belo Horizonte, v. 23, p. 11-13, jan./mar. 2020.

TEPEDINO, Gustavo. Editorial: O art. 931 e a antijuridicidade do dano injusto. In: *Revista Brasileira de Direito Civil* – RBDCIVIL. Belo Horizonte, v. 22, p. 11-13, out./ dez. 2019.

TEPEDINO, Gustavo. Formação progressiva dos contratos e responsabilidade pré--contratual: notas para uma sistematização. In: BENETTI, Giovana Valentiniano (Org.) et al. *Direito, Cultura, Método:* leituras da obra de Judith Martins-Costa. Rio de Janeiro: GZ Editora, 2019. p. 586-604.

TEPEDINO, Gustavo. Inadimplemento contratual e tutela específica das obrigações. In: *Soluções práticas de direito:* pareceres. São Paulo: Revista dos Tribunais, 2012. v. 2. p. 133-148.

TEPEDINO, Gustavo. Notas sobre a cláusula penal compensatória. In: *Temas de direito civil*. Rio de Janeiro: Renovar. 2006. t. 2. 47-62.

TEPEDINO, Gustavo. Notas sobre o nexo de causalidade. In: *Temas de direito civil*. Rio de Janeiro: Renovar, 2006. t. 2. p. 63-81.

TEPEDINO, Gustavo. O princípio da função social no Direito Civil contemporâneo. In: *Direito e justiça social:* por uma sociedade mais justa, livre e solidária. Estudos em homenagem ao Professor Sylvio Capanema de Souza. São Paulo: Atlas, 2013. p. 257-271.

TEPEDINO, Gustavo. Premissas metodológicas para a constitucionalização do direito civil. In: *Temas de direito civil*. 4. ed. rev. e atual. Rio de Janeiro: Renovar, 2008. t. 1. p. 1-23.

TEPEDINO, Gustavo; KONDER, Carlos Nelson; e BANDEIRA, Paula Greco. *Fundamentos do direito civil*: Contratos. Rio de Janeiro: Forense, 2020. v. 3.

TEPEDINO, Gustavo; MONTEIRO FILHO, Carlos Edison do Rêgo; RENTERÍA, Pablo. *Fundamentos do direito civil*: Direitos Reais. Rio de Janeiro: Forense, 2020. v. 5.

TEPEDINO, Gustavo; SANTOS, Deborah Pereira Pinto dos. A aplicação da cláusula penal compensatória nos contratos de promessa de compra e venda imobiliária. In: TERRA, Aline de Miranda Valverde; GUEDES, Gisela Sampaio da Cruz (Coord.). *Inexecução das Obrigações*: pressupostos, evolução e remédios. Rio de Janeiro: Editora Processo, 2020. p. 511-544.

TEPEDINO, Gustavo; SCHREIBER, Anderson. A boa-fé objetiva no Código de Defesa do Consumidor e no novo Código Civil. In: TEPEDINO, Gustavo (Coord.). *Obrigações*: estudos na perspectiva civil-constitucional. Rio de Janeiro: Renovar, 2005. p. 29-44.

TEPEDINO, Gustavo; e SCHREIBER, Anderson. *Fundamentos do direito civil*: Obrigações. Rio de Janeiro: Forense, 2020. v. 2.

TEPEDINO, Gustavo; TERRA, Aline de Miranda Valverde; e GUEDES, Gisela Sampaio da Cruz. *Fundamentos do direito civil*: Responsabilidade Civil. Rio de Janeiro: Forense, 2020. v. 4.

TEPEDINO, Gustavo; VIÉGAS, Francisco. Notas sobre o termo inicial dos juros de mora e o artigo 407 do Código Civil. In: *Scientia Iuris*, v. 21, n. 1, p. 55-86, 2017.

TERRA, Aline de Miranda Valverde. *Cláusula Resolutiva Expressa*. Belo Horizonte: Fórum, 2017.

TERRA, Aline de Miranda Valverde. Execução pelo equivalente como alternativa à resolução: repercussões sobre a responsabilidade civil. In: *Revista Brasileira de Direito Civil* ̄ RBDCivil. Belo Horizonte, v.18, p. 49-73, out./dez. 2018.

TERRA, Aline de Miranda Valverde. *Inadimplemento anterior ao termo*. Rio de Janeiro: Renovar, 2009.

TERRA, Aline de Miranda Valverde; GUEDES, Gisela Sampaio da Cruz. Adimplemento substancial e tutela do interesse do credor: análise da decisão proferida no REsp 1.581.505. In: *Revista Brasileira de Direito Civil* – RBDCivil, Belo Horizonte, v. 11, p. 95-113, jan./mar. 2017.

TERRA, Aline de Miranda Valverde; GUEDES, Gisela Sampaio da Cruz. Efeito indenizatório da resolução por inadimplemento. In: TERRA, Aline de Miranda Valverde; GUEDES, Gisela Sampaio da Cruz (Coord.). *Inexecução das Obrigações*: pressupostos, evolução e remédios. Rio de Janeiro: Editora Processo, 2020. p. 391-416.

TERRA, Aline de Miranda Valverde; GUEDES, Gisela Sampaio da Cruz. Resolução por inadimplemento: o retorno ao *status quo ante* e a coerente indenização pelo interesse negativo. In: *Civilistica.com*, v. 9, n. 1, p. 1-22, maio 2020.

REFERÊNCIAS

TERRA, Aline de Miranda Valverde; MAIA, Roberta Mauro Medina. Notas sobre a natureza e o regime jurídico da retenção de parcelas autorizada pela Lei dos Distratos. In: *Migalhas*, São Paulo, set. 2020. Acesso em 17/02/2021.

TEIXEIRA, Ana Carolina Brochado; KONDER, Carlos Nelson. Situações jurídicas dúplices: controvérsias na nebulosa fronteira ente patrimonialidade e extrapatrimonialidade. In: TEPEDINO, Gustavo; FACHIN, Luiz Edson (Org.). *Diálogos sobre o Direito Civil*. Rio de Janeiro: Renovar, 2012. v. 3. p. 3-24.

TERRÉ, François; SIMLER, Philippe; LEQUETTE, Yves; e CHÉNEDÉ, François. *Droit civil*: les obligations. 12. ed. Paris: Dalloz, 2018.

TIBURCIO, Carmen. Consequências do Inadimplemento Contratual na Convenção de Viena sobre Venda Internacional de Mercadorias (CISG). In: *Revista de Arbitragem e Mediação*. v. 37, p. 167-183, 2013.

TREITEL, Gunter Heinz. Remedies for breach of contract. In: *International Encyclopedia of Comparative Law*. Tübingen: Mohr Siebeck, 1976. v. 7. p. 3-181.

TREITEL, Guenter Heinz. *Remedies for breach of contract*. Oxford: Clarendon Press, 1988.

TRIMARCHI, Pietro. *Il contratto:* inadempimento e rimedi. Milano: Giuffrè, 2010.

TRINDADE, Marcelo. *Apontamentos sobre os juros nas obrigações pecuniárias.* In: TERRA, Aline de Miranda Valverde; GUEDES, Gisela Sampaio da Cruz (Coord.). *Inexecução das Obrigações*: pressupostos, evolução e remédios, vol. 2, Rio de Janeiro: Editora Processo, 2021. p. 171-204.

TUCCI, José Rogério Cruz e. In: MARINONI, Luiz Guilherme (Dir.); ARENHART, Sérgio Cruz; e MITIDIERO, Daniel (Coord.). *Comentários ao Código de Processo Civil*: artigos 485 ao 538. São Paulo: Revista dos Tribunais, 2018. v. 7.

VACARIE, Isabelle. La perte d'une chance. In: *Revue de la Recherche Juridique*. Droit Prospectif, Aix-Marseille: Presses Universitaires, n. 3, p. 903-932, 1987.

VARELA, João de Matos Antunes. *Das obrigações em geral*. 7. ed. Coimbra: Almedina, 2017. v. 2.

VICENTE, Dário Moura. *Da responsabilidade pré-contratual em direito internacional privado*. Coimbra: Almedina, 2001.

VILLA, Gianroberto. *Danno e risarcimento contrattuale*. Milano: Giuffrè, 2014.

VINEY, Geneviève; JOURDAIN, Patrice; e CARVAL, Suzanne. *Traité de Droit Civil*: les conditions de la responsabilité. 4. ed. Paris: LGDJ, 2013.

VINEY, Geneviève; JOURDAIN, Patrice; e CARVAL, Suzanne. *Traité de Droit Civil*: les effets de la responsabilité. 4. ed. Paris: LGDJ, 2017.

VITALE, Laura. *La perte de chances en droit privé*. Paris: LGDJ, 2020.

WATTS, Peter. Remedies for Breach of Contract: Specific Enforcement and Restitution – A Comment. In: ROSE, Francis D. *Failure of Contracts*: Contractual, Restitutionary and Proprietary Consequences. Oxford: Hart, 1997, p. 61-65.

WAYNE, Courtney. *Contractual Indemnities*. Oxford: Hart, 2015.

WEDDERBURN, K. W. Fundamental Breach of Contract: Onus of Proof. In: *The Cambridge Law Journal*, v. 20(1), p. 17-20, 1962.

WIEACKER, Franz. *El principio general de la buena fe*. Tradução de José Luís Carro. Madrid: Civitas, 1977.

ZANETTI, Ana Carolina Devito Dearo. *Contrato de distribuição*: o inadimplemento recíproco. São Paulo: Atlas, 2015.

ZANETTI, Cristiano de Sousa. A respeito da leitura jurisprudencial da função social do contrato. In: HIRONAKA, Gisela Maria Fernandes Novaes (Coord.). *A outra face do Pode Judiciário*: decisões inovadoras e mudanças de paradigmas. São Paulo: Del Rey, 2007. p. 123-145.

ZANETTI, Cristiano de Sousa. A perda de interesse do credor. In: BENETTI, Giovana; CORRÊA, André Rodrigues; FERNANDES, Márcia Santana; NITSCHKE, Guilherme Carneiro Monteiro; PARGENDLER, Mariana; VARELA, Laura Beck. (Org.). *Direito, cultura, método*: leituras da obra de Judith Martins-Costa. Rio de Janeiro: GZ Editora, 2019. p. 765-787.

ZANETTI, Cristiano de Sousa. A transformação da mora em inadimplemento absoluto. In: *Revista dos Tribunais*. v. 942, p. 117-139, 2014.

ZANETTI, Cristiano de Sousa. Cumplimiento forzado de las obligaciones: la experiência brasilena. In: VIDAL O., Alvaro; MOMBERG U. *Cumplimento específico e ejecución forzada del contrato*. De lo sustantivo a lo procesual. Valparaíso: Ediciones Universitarias de Valparaíso, 2016. p. 437-441.

ZANETTI, Cristiano de Sousa. *Responsabilidade pela ruptura das negociações*. São Paulo: Editora Juarez de Oliveira, 2005.

ZELLER, Bruno. *Damages under the convention on contracts for the international sale of goods*. 3. ed. Oxford University Press, 2018.

ZIMMERMANN, Reinhard. *La indemnización de los daños contractuales*. Santiago: Ediciones Olejnik, 2019.

ZIMMERMANN, Reinhard. Restitution after termination for breach of contract in German Law. In: VISSER, Daniel. *The Limits of the Law of Obligations*. Cape Town: Juta & Co, Ltd., 1997, p. 121-138.

ZIMMERMANN, Reinhard. *The New German Law of Obligations*. Oxford: Oxford University Press, 2005.

ZWEIGERT, Konrad; KÖTZ, Hein. *An introduction to comparative law*. 3. ed. Oxford: Clarendon Press, 1998.

JULGADOS

BRASIL. Supremo Tribunal Federal. *SE 5206 AgR*. Relator: Min. Sepúlveda Pertence. Julgamento: 12/12/2001. Órgão Julgador: Tribunal Pleno. Publicação: DJe 30/04/2004.

BRASIL. Supremo Tribunal Federal. *ARE 656195 AgR*. Relator: Min. Luiz Fux. Julgamento: 18/12/2012. Órgão Julgador: 1ª Turma. Publicação: DJe 19/02/2013.

BRASIL. Superior Tribunal de Justiça. *REsp 803.481/GO*. Relator(a): Min. Nancy Andrighi. Julgamento: 28/06/2007. Órgão Julgador: 3ª Turma. Publicação: DJe 01/08/2007.

BRASIL. Superior Tribunal de Justiça. *REsp 1217951/PR*. Relator: Min. Mauro Campbell Marques. Julgamento: 17/02/2011. Órgão Julgador: 2ª Turma. Publicação: DJe 10/03/2011.

BRASIL. Superior Tribunal de Justiça. *REsp 1707405/SP*. Relator: Min. Ricardo Villas Bôas Cueva, Relator p/ Acórdão Min. Moura Ribeiro. Julgamento: 07/05/2019. Órgão Julgador: 3ª Turma. Publicação: DJe 10/06/2019.

BRASIL. Superior Tribunal de Justiça. *REsp 1.131.073/MG*. Relator(a): Min. Nancy Andrighi. Julgamento: 05/04/2011. Órgão Julgador: 3ª Turma. Publicação: DJe 13/06/2011.

BRASIL. Superior Tribunal de Justiça. *REsp 1.655.139/DF*. Relator(a): Min. Nancy Andrighi. Julgamento: 05/12/2017. Órgão Julgador: 3ª. Turma. Publicação: DJe 07/12/2017.

BRASIL. Superior Tribunal de Justiça; *REsp 309.626/RJ*. Relator: Min. Ruy Rosado de Aguiar. Julgamento: 07/06/2001. Órgão Julgador: 4ª Turma. Publicação: DJe 20/08/2001.

BRASIL. Superior Tribunal de Justiça. *REsp 1294101/RJ*. Relator: Min. Raul Araújo. Julgamento: 24/02/2015. Órgão Julgador: 4ª Turma. Publicação: DJe 26/08/2015.

BRASIL. Superior Tribunal de Justiça. *REsp 1581505/SC*. Relator: Min. Antonio Carlos Ferreira. Julgamento: 18/08/2016. Órgão Julgador: 4ª Turma. Publicação: DJe 28/09/2016.

BRASIL. Superior Tribunal de Justiça. *REsp 1236960/RN*. Relator: Min. Antonio Carlos Ferreira. Julgamento: 19/11/2019. Órgão Julgador: 4ª Turma. Publicação: DJe 05/12/2019.

BRASIL. Superior Tribunal de Justiça. *EREsp 1280825/RJ*. Relator(a): Min. Nancy Andrighi. Julgamento: 27/06/2018. Órgão Julgador: 2ª Seção. Publicação: DJe 02/08/2018.

BRASIL. Superior Tribunal de Justiça. *REsp 1737992/RO*. Relator: Min. Paulo de Tarso Sanseverino. Julgamento: 20/08/2019. Órgão Julgador: 3ª Turma. Publicação: DJe 23/08/2019.

BRASIL. Superior Tribunal de Justiça. *REsp 1728372/DF*. Relator(a): Min. Nancy Andrighi. Julgamento: 19/03/2019. Órgão Julgador: 3ª Turma. Publicação: DJe 22/03/2019.

BRASIL. Superior Tribunal de Justiça. *AgRg no REsp 1293365/RJ*. Relator: Min. João Otávio de Noronha. Julgamento: 06/10/2015. Órgão Julgador: 3ª Turma. Publicação: DJe 13/10/2015.

BRASIL. Superior Tribunal de Justiça. *REsp 1338432/SP*. Relator: Min. Luis Felipe Salomão. Julgamento: 24/10/2017. Órgão Julgador: 4ª Turma. Publicação: DJe 29/11/2017.

BRASIL. Superior Tribunal de Justiça. *EREsp 1281594/SP*. Relator: Min. Benedito Gonçalves, Relator p/ Acórdão Ministro Felix Fischer. Julgamento: 15/05/2019. Órgão Julgador: Corte Especial. Publicação: DJe 23/05/2019.

BRASIL. Superior Tribunal de Justiça. *AgInt nos EDcl no AREsp 1536576/PR*. Relator: Min. Luis Felipe Salomão. Julgamento: 06/02/2020. Órgão Julgador: 4ª Turma. Publicação: DJe 11/02/2020.

BRASIL. Superior Tribunal de Justiça. *REsp 1617652/DF*. Relator(a): Min. Nancy Andrighi. Julgamento: 26/09/2017. Órgão Julgador: 3ª Turma. Publicação: DJe 29/09/2017.

BRASIL. Superior Tribunal de Justiça. *AgInt no AgRg no REsp 1197860/SC*. Relator: Min. Luis Felipe Salomão. Julgamento: 05/12/2017. Órgão Julgador: 4ª Turma. Publicação: DJe 12/12/2017.

BRASIL. Superior Tribunal de Justiça. *AgInt no AgInt no AREsp 1418295/SP*. Relator: Min. Marco Buzzi. Julgamento: 10/09/2019. Órgão Julgador: 4ª Turma. Publicação: DJe 18/09/2019.

BRASIL. Superior Tribunal de Justiça. *AgInt no AREsp 906.340/DF*. Relator(a): Min. Maria Isabel Gallotti. Julgamento: 30/08/2018. Órgão Julgador: 4ª Turma. Publicação: DJe 11/09/2018.

BRASIL. Superior Tribunal de Justiça. *REsp 1669002/RJ*. Relator(a): Nancy Andrighi. Julgamento: 21/09/2017. Órgão Julgador: 3ª Turma. Publicação: DJe 02/10/2017.

REFERÊNCIAS

BRASIL. Superior Tribunal de Justiça. *AREsp 1148835/PR*. Relator: Min. Marco Aurélio Bellizze. Julgamento: 05/09/2017. Publicação: DJe 09/10/2017.

BRASIL. Superior Tribunal de Justiça. *REsp 1864556/RJ*. Relator: Min. Raul Araújo. Julgamento: 28/05/2020. Publicação: DJe 02/06/2020.

BRASIL. Superior Tribunal de Justiça. *AREsp 1198998/SP*. Relator: Min. Moura Ribeiro. Julgamento: 29/11/2017. Publicação: DJe 05/12/2017.

BRASIL. Superior Tribunal de Justiça. *REsp 1823284/SP*. Relator: Min. Paulo de Tarso Sanseverino. Julgamento: 13/10/2020. Órgão Julgador: 3ª Turma. Publicação: DJe 15/10/2020.

BRASIL. Superior Tribunal de Justiça. *REsp 1613613/RJ*. Relator: Min. Ricardo Villas Bôas Cueva. Julgamento: 12/06/2018. Órgão Julgador: 3ª Turma. Publicação: DJe 18/06/2018.

BRASIL. Superior Tribunal de Justiça. *REsp 764.529/RS*. Relator: Min. Paulo de Tarso Sanseverino. Julgamento: 26/10/2010. Órgão Julgador: 3ª Turma. Publicação: DJe 09/11/2010.

BRASIL. Superior Tribunal de Justiça. *REsp 1286144/MG*. Relator: Min. Paulo de Tarso Sanseverino. Julgamento: 07/03/2013. Órgão Julgador: 3ª Turma. Publicação: DJe 01/04/2013.

BRASIL. Superior Tribunal de Justiça. *REsp 1867209/SP*. Relator: Min. Paulo de Tarso Sanseverino. Julgamento: 08/09/2020. Órgão Julgador: 3ª Turma. Publicação: DJe 30/09/2020.

BRASIL. Superior Tribunal de Justiça. *AgInt no REsp 1713608/SP*. Relator: Min. Marco Buzzi. Julgamento: 02/09/2019. Órgão Julgador: 4ª Turma. Publicação: DJe 06/09/2019.

BRASIL. Superior Tribunal de Justiça. *EDcl no AgInt no AREsp 1220381/DF*. Relator(a): Min. Maria Isabel Gallotti. Julgamento: 29/10/2019. Órgão Julgador: 4ª Turma. Publicação: DJe 20/11/2019.

BRASIL. Superior Tribunal de Justiça. *AgInt no AREsp 1587903/MA*. Relator: Min. Luis Felipe Salomão. Julgamento: 20/02/2020. Órgão Julgador: 4ª Turma. Publicação: DJe 03/03/2020.

BRASIL. Superior Tribunal de Justiça. *AgInt no REsp 1290443/SC*. Relator: Min. Lázaro Guimarães (Desembargador convocado do TRF 5ª Região). Julgamento: 19/04/2018. Órgão Julgador: 4ª Turma. Publicação: DJe 25/04/2018.

BRASIL. Superior Tribunal de Justiça. *AgInt no AREsp 763.015/SP*. Relator(a): Min. Maria Isabel Gallotti. Julgamento: 26/09/2017. Órgão Julgador: 4ª Turma. Publicação: DJe 27/10/2017.

INDENIZAÇÃO E RESOLUÇÃO CONTRATUAL

BRASIL. Superior Tribunal de Justiça. *REsp 955.134/SC*. Relator: Min. Luis Felipe Salomão. Julgamento: 16/08/2012. Órgão Julgador: 4ª Turma. Publicação: DJe 29/08/2012.

BRASIL. Superior Tribunal de Justiça. *REsp 845.247/PR*. Relator: Min. Sidnei Beneti. Julgamento: 01/06/2010. Órgão Julgador: 3ª Turma. Publicação: DJe 18/06/2010.

BRASIL. Superior Tribunal de Justiça. *AgRg nos EDcl no Ag 909.924/MG*. Relator: Min. Fernando Gonçalves. Julgamento: 20/10/2009. Órgão Julgador: 4ª Turma. Publicação: DJe 09/11/2009.

BRASIL. Superior Tribunal de Justiça. *REsp 1082752/SP*. Relator: Min. Aldir Passarinho. Julgamento: 16/06/2009. Órgão Julgador: 4ª Turma. Publicação: DJe 04/08/2009.

BRASIL. Superior Tribunal de Justiça. *REsp 73.252/SP*. Relator: Min. Ruy Rosado de Aguiar. Julgamento: 21/11/1995. Órgão Julgador: 4ª Turma. Publicação: DJe 05/02/1996.

BRASIL. Superior Tribunal de Justiça. *REsp 12.074/SP*. Relator: Min. Eduardo Ribeiro. Julgamento: 07/04/1992. Órgão Julgador: 3ª Turma. Publicação: DJe 04/05/1992.

BRASIL. Superior Tribunal de Justiça. AgInt no *REsp 1487000/SC*. Relator: Min. Moura Ribeiro. Julgamento: 09/12/2019. Órgão Julgador: 3ª Turma. Publicação: DJe 11/12/2019.

BRASIL. Superior Tribunal de Justiça. *REsp 1191862/PR*. Relator: Min. Luis Felipe Salomão. Julgamento: 08/05/2014. Órgão Julgador: 4ª Turma. Publicação: DJe 22/05/2014.

BRASIL. Superior Tribunal de Justiça. *REsp 101.571/MG*. Relator: Min. Ruy Rosado de Aguiar. Julgamento: 14/05/2002. Órgão Julgador: 4ª Turma. Publicação: DJe 05/08/2002.

BRASIL. Superior Tribunal de Justiça. *REsp 664.523/CE*. Relator: Min. Raul Araújo. Julgamento: 21/06/2012. Órgão Julgador: 4ª Turma. Publicação: DJe 14/08/2012.

BRASIL. Superior Tribunal de Justiça. *REsp 1361800/SP*. Relator: Min. Raul Araújo, Rel. p/ Acórdão Min. Sidnei Beneti. Julgamento: 21/05/2014. Órgão Julgador: Corte Especial. Publicação: DJe 14/10/2014.

BRASIL. Superior Tribunal de Justiça. *AgInt no AREsp 1667152/SP*. Relator: Min. Marco Buzzi. Julgamento: 29/06/2020. Órgão Julgador: 4ª Turma. Publicação: DJe 03/08/2020.

REFERÊNCIAS

BRASIL. Superior Tribunal de Justiça. *REsp 1615977/DF*. Relator: Min. Marco Aurélio Bellizze. Julgamento: 27/09/2016. Órgão Julgador: 3ª Turma. Publicação: DJe 07/10/2016.

BRASIL. Superior Tribunal de Justiça. *REsp 109.174/SP*. Relator: Min. Ruy Rosado de Aguiar. Julgamento: 20/02/1997. Órgão Julgador: 4ª Turma. Publicação: DJe 31/03/1997.

BRASIL. Superior Tribunal de Justiça. *REsp 403.037/SP*. Relator: Min. Ruy Rosado de Aguiar. Julgamento: 28/05/2002. Órgão Julgador: 4ª Turma. Publicação: DJe 05/08/2002.

BRASIL. Superior Tribunal de Justiça. *REsp 1.258.998/MG*. Relator: Min. Paulo de Tarso Sanseverino. Julgamento: 18/02/2014. Órgão Julgador: 3ª Turma. Publicação: DJe 06/03/2014.

BRASIL. Superior Tribunal de Justiça. *REsp 107.426/RS*. Relator: Min. Barros Monteiro. Julgamento: 20/02/2000. Órgão Julgador: 4ª Turma. Publicação: DJe 30/04/2001.

BRASIL. Superior Tribunal de Justiça. *REsp 1808079/PR*. Relator(a): Ministra Nancy Andrighi. Julgamento: 06/08/2019. Órgão Julgador: 3ª Turma. Publicação: DJe 08/08/2019.

BRASIL. Superior Tribunal de Justiça. *EREsp 1191598/DF*. Relator: Min. Marco Aurélio Bellizze. Julgamento: 26/04/2017. Órgão Julgador: 2ª Seção. Publicação: 03/05/2017.

BRASIL. Superior Tribunal de Justiça. *AgRg no REsp 1537273/SP*. Relator: Min. Paulo de Tarso Sanseverino. Julgamento: 24/11/2015. Órgão Julgador: 3ª Turma. Publicação: DJe 01/12/2015.

BRASIL. Superior Tribunal de Justiça. *REsp 1401233/RS*. Relator: Min. Paulo de Tarso Sanseverino. Julgamento: 17/11/2015. Órgão Julgador: 3ª Turma. Publicação: DJe 26/11/2015.

BRASIL. Superior Tribunal de Justiça. *REsp 758.518/PR*. Relator: Min. Vasco Della Giustina (Desembargador convocado do TJ/RS). Julgamento: 17/06/2010. Órgão Julgador: 3ª Turma. Publicação: DJe 28/06/2010.

BRASIL. Superior Tribunal de Justiça. *EDcl no REsp 1089720/RS*. Relator: Min. Mauro Campbell Marques. Julgamento: 27/02/2013. Órgão Julgador: 1ª Seção. Publicação: DJe 06/03/2013.

BRASIL. Superior Tribunal de Justiça. *REsp 1138695/SC*. Relator: Min. Mauro Campbell Marques. Julgamento: 22/05/2013. Órgão Julgador: 1ª Seção. Publicação: DJe 31/05/2013.

BRASIL. Superior Tribunal de Justiça. *AgRg no REsp 1486100/SC*. Relator: Min. Mauro Campbell Marques. Julgamento: 18/12/2014. Órgão Julgador: 2ª Turma. Publicação: DJe 19/12/2014.

BRASIL. Superior Tribunal de Justiça. *AgInt no REsp 1169276/RJ*. Relator: Min. Marco Buzzi. Julgamento: 12/06/2018. Órgão Julgador: 4ª Turma. Publicação: DJe 19/06/2018.

BRASIL. Superior Tribunal de Justiça. *REsp 317.914/MG*. Rel. Min. Barros Monteiro. Julgamento: 27/11/2001. Órgão Julgador: 4ª Turma. Publicação: DJe 22/04/2002.

BRASIL. Superior Tribunal de Justiça. *REsp 1846819/PR*. Relator: Min. Paulo de Tarso Sanseverino. Julgamento: 13/10/2020. Órgão Julgador: 3ª Turma. Publicação: DJe 15/10/2020.

BRASIL. Superior Tribunal de Justiça. *EDcl no REsp 1025298/RS*. Relator: Min. Massami Uyeda, Relator p/ Acórdão Ministro Luis Felipe Salomão. Julgamento: 28/11/2012. Órgão Julgador: 2ª Seção. Publicação: DJe 01/02/2013.

BRASIL. Superior Tribunal de Justiça. *EREsp 727.842/SP*. Relator: Min. Teori Albino Zavascki. Julgamento: 08/09/2008. Órgão Julgador: Corte Especial. Publicação: DJe 20/11/2008.

BRASIL. Superior Tribunal de Justiça. *REsp 1102552/CE*. Relator: Min. Teori Albino Zavascki. Julgamento: 25/03/2009. Órgão Julgador: 1ª Seção. Publicação: DJe 06/04/2009.

BRASIL. Superior Tribunal de Justiça. *REsp 1110547/PE*. Relator: Min. Castro Meira. Julgamento: 22/04/2009. Órgão Julgador: 1ª Seção. Publicação: DJe 04/05/2009.

BRASIL. Superior Tribunal de Justiça. *REsp 1114398/PR*. Relator: Min. Sidnei Beneti. Julgamento: 08/02/2012. Órgão Julgador: 2ª Seção. Publicação: DJe 16/02/2012.

BRASIL. Superior Tribunal de Justiça. *REsp 1270983/SP*. Relator: Min. Luis Felipe Salomão. Julgamento: 08/03/2016. Órgão Julgador: 4ª Turma. Publicação: DJe 05/04/2016.

BRASIL. Superior Tribunal de Justiça. *REsp 644.984/RJ*. Relator(a): Min. Nancy Andrighi. Julgamento: 16/08/2005. Órgão Julgador: 3ª Turma. Publicação: DJe 05/09/2005.

BRASIL. Superior Tribunal de Justiça. *REsp 1556834/SP*. Relator: Min. Luis Felipe Salomão. Julgamento: 22/06/2016. Órgão Julgador: 2ª Seção. Publicação: DJe 10/08/2016.

BRASIL. Superior Tribunal de Justiça. *AgInt no REsp 1839801/RJ*. Relator: Min. Luis Felipe Salomão. Julgamento: 30/11/2020. Órgão Julgador: 4ª Turma. Publicação: DJe 03/12/2020.

BRASIL. Superior Tribunal de Justiça. *AgInt no AREsp 1484066/MG*. Relator: Min. Raul Araújo. Julgamento: 18/05/2020. Órgão Julgador: 4ª Turma. Publicação: DJe 01/06/2020.

BRASIL. Superior Tribunal de Justiça. *AgInt no REsp 1596064/RJ*. Relator: Min. Paulo de Tarso Sanseverino. Julgamento: 07/03/2017. Órgão Julgador: 3ª Turma. Publicação: DJe 16/03/2017.

BRASIL. Superior Tribunal de Justiça. *AgRg no REsp 759.903/MG*. Relator: Min. Vasco Della Giustina (Desembargador convocado do TJ/RS). Julgamento: 15/06/2010. Órgão Julgador: 3ª Turma. Publicação: DJe 28/06/2010.

BRASIL. Superior Tribunal de Justiça. *REsp 1.157.444/MS*. Relator: Min. Paulo de Tarso Sanseverino. Julgamento: 24/08/2011. Publicação: DJe 29/08/2011.

BRASIL. Superior Tribunal de Justiça. *REsp 1553790/PE*. Relator: Min. Ricardo Villas Bôas Cueva. Julgamento: 25/10/2016. Órgão Julgador: 3ª Turma. Publicação: DJe 09/11/2016.

BRASIL. Superior Tribunal de Justiça. *REsp 1104665/RS*. Relator: Min. Massami Uyeda. Julgamento: 09/06/2009. Órgão Julgador: 3ª Turma. Publicação: 04/08/2009.

BRASIL. Superior Tribunal de Justiça. *REsp 1750233/SP*. Relator(a): Min. Nancy Andrighi. Julgamento: 05/02/2019. Órgão Julgador: 3ª Turma. Publicação: DJe 08/02/2019.

BRASIL. Superior Tribunal de Justiça. *EREsp 1789863/RJ*. Relator(a): Min. Marco Buzzi. Julgamento: 10/08/2021. Órgão Julgador: 4ª Turma Publicação: DJe 04/10/2021.

BRASIL. Superior Tribunal de Justiça. *EREsp 1789863/RJ*. Relator(a): Min. Marco Buzzi. Julgamento: 10/08/2021. Órgão Julgador: 4ª Turma Publicação: DJe 04/10/2021.

BRASIL. Superior Tribunal de Justiça. *REsp 1635398/PR*. Relator: Min. Marco Aurélio Bellizze. Julgamento: 17/10/2017. Órgão Julgador: 3ª Turma. Publicação: 23/10/2017.

São Paulo. Tribunal de Justiça de São Paulo. *AC 0113668-68.2008.8.26.0001*. Relator: Des. Alberto Gosson. Julgamento: 02/02/2017. Órgão Julgador: 22ª Câmara de Direito Privado. Publicação: DJe 07/02/2017.

São Paulo. Tribunal de Justiça de São Paulo. *AC 1007700-88.2013.8.26.0152*. Relator: Des. Edgard Rosa. Julgamento: 18/06/2015. Órgão Julgador: 25ª Câmara de Direito Privado. Publicação: DJe 19/06/2015.

São Paulo. Tribunal de Justiça de São Paulo. *AC 1002508-03.2017.8.26.0196*. Relator: Des. Andrade Neto. Julgamento: 19/09/2018. Órgão Julgador: 30ª Câmara de Direito Privado. Publicação: DJe 08/10/2018.

São Paulo. Tribunal de Justiça de São Paulo. *AC 1023668-16.2019.8.26.0002*. Relator: Des. Francisco Loureiro. Julgamento: 03/03/2020. Órgão Julgador: 1ª Câmara de Direito Privado. Publicação: DJe 03/03/2020.

São Paulo. Tribunal de Justiça de São Paulo. *AC 0054892-11.2004.8.26.0100*. Relator: Des. Cerqueira Leite. Julgamento: 14/09/2016. Órgão Julgador: 12ª Câmara de Direito Privado. Publicação: DJe 15/09/2016.

São Paulo. Tribunal de Justiça de São Paulo. *AC 0056342-69.2011.8.26.0576*. Relator: Des. Fabio Tabosa. Julgamento: 15/05/2017. Órgão Julgador: 2ª Câmara Reservada de Direito Empresarial. Publicação: DJe 17/05/2017.

São Paulo. Tribunal de Justiça de São Paulo. *AC 1020681-64.2016.8.26.0114*. Relator: Des. Claudio Godoy. Julgamento: 20/03/2018. Órgão Julgador: 2ª Câmara Reservada de Direito Empresarial. Publicação: DJe 20/03/2018.

São Paulo. Tribunal de Justiça de São Paulo. *AI 0088817-89.2013.8.26.0000*. Relator: Des. Francisco Loureiro. Julgamento: 31/07/2014. Órgão Julgador: 6ª Câmara de Direito Privado. Publicação: DJe 01/08/2014.

São Paulo. Tribunal de Justiça de São Paulo. *AC 0021800-61.2012.8.26.0003*. Relator: Des. João Carlos Saletti. Julgamento: 30/07/2019. Órgão Julgador: 10ª Câmara de Direito Privado. Publicação: DJe 19/08/2019.

São Paulo. Tribunal de Justiça de São Paulo. *AC 1037992-63.2015.8.26.0224*. Relator(a): Des. Maria do Carmo Honorio. Julgamento: 28/11/2020. Órgão Julgador: 3ª Câmara de Direito Privado. Publicação: DJe 28/11/2020.

São Paulo. Tribunal de Justiça de São Paulo. *AC 1002960-37.2017.8.26.0576*. Relator: Des. Claudio Godoy. Julgamento: 16/05/2019. Órgão Julgador: 2ª Câmara Reservada de Direito Empresarial. Publicação: DJe 16/05/2019.

São Paulo. Tribunal de Justiça de São Paulo. *AC 0004597-59.2010.8.26.0358*. Relator: Des. Mario Chiuvite Junior. Julgamento: 18/12/2013. Órgão Julgador: 26ª Câmara de Direito Privado. Publicação: DJe 18/12/2013.

São Paulo. Tribunal de Justiça de São Paulo. *AC 1000280-92.2018.8.26.0625*. Relator: Des. Alcides Leopoldo. Julgamento: 12/08/2020. Órgão Julgador: 4ª Câmara de Direito Privado. Publicação: 12/08/2020.

São Paulo. Tribunal de Justiça de São Paulo. *AC 1019476-72.2015.8.26.0554*. Relator: Des. Enéas Costa Garcia. Julgamento: 15/08/2017. Órgão Julgador: 1ª Câmara de Direito Privado. Publicação: 15/08/2017.

São Paulo. Tribunal de Justiça de São Paulo. *AC 9120164-31.2006.8.26.0000*. Relator: Des. Álvaro Torres Júnior. Julgamento: 13/06/2011. Órgão Julgador: 20ª Câmara de Direito Privado. Publicação: DJe 28/07/2011.

São Paulo. Tribunal de Justiça de São Paulo. *AC 1077374-76.2017.8.26.0100*. Relator: Des. Kioitsi Chicuta. Julgamento: 24/01/2020. Órgão Julgador: 32ª Câmara de Direito Privado. Publicação: DJe 24/01/2020.

São Paulo. Tribunal de Justiça de São Paulo. *AC 9163261-52.2004.8.26.0000*. Relator: Des. Paulo Jorge Scartezzini Guimarães. Julgamento: 03/10/2018. Órgão Julgador: 11ª Câmara de Direito Privado. Publicação: DJe 15/10/2008.

São Paulo. Tribunal de Justiça de São Paulo. *AC 1041420-40.2015.8.26.0002*. Relator: Des. Enéas Costa Garcia. Julgamento: 18/12/2019. Órgão Julgador: 1ª Câmara de Direito Privado. Publicação: DJe 18/12/2019.

São Paulo. Tribunal de Justiça de São Paulo. *AC 0048346-62.2011.8.26.0562*. Relator: Des. Luiz Ambra. Julgamento: 10/04/2015. Órgão Julgador: 8ª Câmara de Direito Privado. Publicação: DJe 10/04/2015.

São Paulo. Tribunal de Justiça de São Paulo. *AC 9146036-82.2005.8.26.0000*. Relator: Des. José Malerbi. Julgamento: 17/10/2011. Órgão Julgador: 35ª Câmara de Direito Privado. Publicação: DJe 19/10/2011.

São Paulo. Tribunal de Justiça de São Paulo. *AC 0001973-75.2011.8.26.0625*. Relator: Des. Rômolo Russo. Julgamento: 16/04/2015. Órgão Julgador: 7ª Câmara de Direito Privado. Publicação: DJe 16/04/2015.

São Paulo. Tribunal de Justiça de São Paulo. *AC 0001179-90.2010.8.26.0301*. Relator: Des. Rômulo Russo. Julgamento: 13/03/2015. Órgão Julgador: 7ª Câmara de Direito Privado. Publicação: DJe 13/03/2015.

São Paulo. Tribunal de Justiça de São Paulo. *AC 0009180-29.2013.8.26.0602*. Relator: Des. Enéas Costa Garcia. Julgamento: 17/09/2019. Órgão Julgador: 1ª Câmara de Direito Privado. Publicação: DJe 17/09/2019.

São Paulo. Tribunal de Justiça de São Paulo. *AC 1011131-72.2014.8.26.0451*. Relator: Des. Francisco Loureiro. Julgamento: 20/03/2018. Órgão Julgador: 1ª Câmara de Direito Privado. Publicação: DJe 20/03/2018.

São Paulo. Tribunal de Justiça de São Paulo. *AC 1015357-31.2017.8.26.0576*. Relator(a): Des. Jonize Sacchi de Oliveira. Julgamento: 26/09/2019. Órgão Julgador: 24ª Câmara de Direito Privado. Publicação: DJe 30/09/2019.

São Paulo. Tribunal de Justiça de São Paulo. *AC 1015400-83.2015.8.26.0625*. Relator(a): Des. Maria do Carmo Honorio. Julgamento: 24/07/2020. Órgão julgador: 3ª Câmara de Direito Privado. Publicação: DJe 24/07/2020.

São Paulo. Tribunal de Justiça de São Paulo. *AC 0005467-62.2010.8.26.0566.* Relator: Des. Sá Moreira de Oliveira. Julgamento: 09/12/2019. Órgão Julgador: 33ª Câmara de Direito Privado. Publicação: DJe 11/12/2019.

São Paulo. Tribunal de Justiça de São Paulo. *AI 2101219-32.2017.8.26.0000.* Relator: Des. L. G. Costa Wagner. Julgamento: 25/10/2017. Órgão Julgador: 34ª Câmara de Direito Privado. Publicação: DJe 06/11/2017.

São Paulo. Tribunal de Justiça de São Paulo. *AC 1007913-32.2014.8.26.0032.* Relator: Des. Kioitsi Chicuta. Julgamento: 11/08/2016. Órgão Julgador: 32ª Câmara de Direito Privado. Publicação: DJe 11/08/2016.

São Paulo. Tribunal de Justiça de São Paulo. *AC 1005815-15.2016.8.26.0320.* Relator(a): Des. Maria Cláudia Bedotti. Julgamento: 28/06/2018. Órgão Julgador: 36ª Câmara de Direito Privado. Publicação: DJe 28/06/2018.

São Paulo. Tribunal de Justiça de São Paulo. *AC 0025726-43.2013.8.26.0576.* Relator: Des. Ricardo Negrão. Julgamento: 29/05/2017. Órgão Julgador: 2ª Câmara Reservada de Direito Empresarial. Publicação: DJe 30/05/2017.

São Paulo. Tribunal de Justiça de São Paulo. *AC 0010004-11.2013.8.26.0562.* Relator: Des. Claudio Godoy. Julgamento: 28/08/2014. Órgão Julgador: 1ª Câmara Reservada de Direito Empresarial. Publicação: DJe 01/09/2014.

São Paulo. Tribunal de Justiça de São Paulo. *AC 1098766-77.2014.8.26.0100.* Relator: Des. Claudio Godoy. Julgamento: 30/07/2018. Órgão Julgador: 2ª Câmara Reservada de Direito Empresarial. Publicação: DJe 30/07/2018.

São Paulo. Tribunal de Justiça de São Paulo. *AC 0002060-15.2010.8.26.0577.* Relator(a): Des. Jonize Sacchi de Oliveira. Julgamento: 05/10/2017. Órgão Julgador: 24ª Câmara de Direito Privado. Publicação: DJe 10/10/2017.

São Paulo. Tribunal de Justiça de São Paulo. *AC 0072388-41.2008.8.26.0576.* Relator: Des. Edgard Rosa. Julgamento: 06/02/2013. Órgão Julgador: 25ª Câmara de Direito Privado. Publicação: DJe 06/02/2013.

Rio de Janeiro. Tribunal de Justiça do Rio de Janeiro. *AI 0059332-97.2017.8.19.0000.* Relator(a): Des. Sandra Santarém Cardinali. Julgamento: 08/02/2018. Órgão Julgador: 26ª Câmara Cível. Publicação: DJe 15/02/2018.

Rio de Janeiro. Tribunal de Justiça do Rio de Janeiro. *AC 0013297-39.2014.8.19.0209.* Relator(a): Des. Denise Levy Tredler. Julgamento: 20/08/2019. Órgão Julgador: 21ª Câmara Cível. Publicação: DJe 29/08/2019.

Rio de Janeiro. Tribunal de Justiça do Rio de Janeiro. *AC 0371991-33.2015.8.19.0001.* Relator: Des. Ricardo Rodrigues Cardozo. Julgamento: 28/05/2019. Órgão Julgador: 15ª Câmara Cível. Publicação: DJe 30/05/2019.

REFERÊNCIAS

Rio de Janeiro. Tribunal de Justiça do Rio de Janeiro. *AC 0046627-50.2011.8.19.0203*. Relator: Des. Elton Martinez Carvalho Leme. Julgamento: 04/04/2018. Órgão Julgador: 17ª Câmara Cível. Publicação: DJe 16/04/2018.

Rio de Janeiro. Tribunal de Justiça do Rio de Janeiro. *AI 0034448-67.2018.8.19.0000*. Relator(a): Des. Marianna Fux. Julgamento: 13/11/2019. Órgão Julgador: 25ª Câmara Cível. Publicação: DJe 14/11/2019.

Rio de Janeiro. Tribunal de Justiça do Rio de Janeiro. *AC 0039860-31.2018.8.19.0209*. Relator: Des. Cintia Santarem Cardinali. Julgamento: 15/10/2020. Órgão Julgador: 24ª Câmara Cível. Publicação: DJe 19/10/2020.

Rio de Janeiro. Tribunal de Justiça do Rio de Janeiro. *AC 0110011-69.2015.8.19.0001*. Relator(a): Des. Sônia de Fátima Dias. Julgamento: 08/03/2017. Órgão Julgador: 23ª Câmara Cível. Publicação: DJe 10/03/2017.

Rio de Janeiro. Tribunal de Justiça do Rio de Janeiro. *AC 0025370-82.2010.8.19.0209*. Relator: Des. Horácio dos Santos Ribeiro Neto. Julgamento: 19/04/2016. Órgão Julgador: 15ª Câmara Cível. Publicação: DJe 25/04/2016.

Rio de Janeiro. Tribunal de Justiça do Rio de Janeiro. *AC 0023126-70.2007.8.19.0021*. Relator(a): Des. Luisa Cristina Bottrel Souza. Julgamento: 29/04/2009. Órgão Julgador: 17ª Câmara Cível. Publicação: DJe 14/05/2009.

Distrito Federal. Tribunal de Justiça do Distrito Federal. *AC 07095539420198070001*. Relator(a): Des. Sandra Reves. Julgamento: 04/03/2020. Órgão Julgador: 2.º Turma Cível. Publicação: DJe 10/03/2020.

Distrito Federal. Tribunal de Justiça do Distrito Federal. *AC 20150111445335*. Relator: Des. Mario-Zam Belmiro. Julgamento: 23/02/2017. Órgão Julgador: 8ª Turma Cível. Publicação: DJe 14/03/2017.

Distrito Federal. Tribunal de Justiça do Distrito Federal. *AC 20161210045010*. Relator: Des. Sandoval Oliveira. Julgamento: 28/11/2018. Órgão Julgador: 2ª Turma Cível. Publicação: DJe 05/12/2018.

Distrito Federal. Tribunal de Justiça do Distrito Federal. *AC 20170510055080*. Relator: Des. Nídia Corrêa Lima. Julgamento: 25/04/2019. Órgão Julgador: 8ª Turma Cível. Publicação: DJe 03/05/2019.

Distrito Federal. Tribunal de Justiça do Distrito Federal. *AC 07146543120188070007*. Relator(a): Des. Simone Lucindo. Julgamento: 23/10/2019. Órgão Julgador: 1ª Turma Cível. Publicação: DJe 18/11/2019.

Distrito Federal. Tribunal de Justiça do Distrito Federal. *AC 20140110297866*. Relator: Edi. Maria Coutinho Bizzi. Julgamento: 11/11/2014. Órgão Julgador: 3ª Turma Recursal. Publicação: DJe 13/11/2014.

INDENIZAÇÃO E RESOLUÇÃO CONTRATUAL

Distrito Federal. Tribunal de Justiça do Distrito Federal. *AC 07023003720198070007*. Relator(a): Soníria Rocha Campos D'Assunção. Julgamento: 17/10/2019. Órgão Julgador: 1ª Turma Recursal. Publicação: DJe 06/11/2019.

Distrito Federal. Tribunal de Justiça do Distrito Federal. *AC 0024273-31.2015.8.07.0007*. Relator: Des. Angelo Passareli. Julgamento: 31/01/2018. Órgão Julgador: 5ª Turma Cível. Publicação: DJe 08/02/2018.

Distrito Federal. Tribunal de Justiça do Distrito Federal. *AC 0000914-36.2016.8.07.0001*. Relator: Des. Gilberto Pereira de Oliveira. Julgamento: 14/09/2016. Órgão Julgador: 3ª Turma Cível. Publicação: DJe 20/09/2016.

Distrito Federal. Tribunal de Justiça do Distrito Federal. *AC 00056536820158070007*. Relator: Des. Angelo Passareli. Julgamento: 13/02/2019. Órgão Julgador: 5ª Turma Cível. Publicação: DJe 19/02/2019.

Minas Gerais. Tribunal de Justiça de Minas Gerais. *AC 1.0024.11.306720-1/002*. Relator: Des. Pedro Bernardes. Julgamento: 10/06/2014. Órgão Julgador: 9ª Câmara Cível. Publicação: DJe 16/06/2014.

Minas Gerais. Tribunal de Justiça de Minas Gerais. *AI 1.0114.11.013289-0/001*. Relator: Des. Pedro Bernardes. Julgamento: 12/06/2012. Órgão Julgador: 9ª Câmara Cível. Publicação: DJe 19/06/2012.

Minas Gerais. Tribunal de Justiça de Minas Gerais. *AC 1.0000.19.108649-5/001*. Relator: Des. Cabral da Silva. Julgamento: 12/11/2020. Órgão Julgador: 10ª Câmara Cível. Publicação: DJe 18/11/2020.

Rio Grande do Sul. Tribunal de Justiça do Rio Grande do Sul. *AC 70038419461*. Relator: Des. Liege Puricelli Pires. Julgamento: 25/08/2011. Órgão Julgador: 17ª Câmara Cível. Publicação: DJe 13/09/2011.

Rio Grande do Sul. Tribunal de Justiça do Rio Grande do Sul. *AC 70062710173*. Relator: Des. Giuliano Viero Giuliato. Julgamento: 23/02/2017. Órgão Julgador: 18ª Câmara Cível. Publicação: DJe 06/03/2017.

Rio Grande do Sul. Tribunal de Justiça do Rio Grande do Sul. *AC 70082785320*. Relator: Des. Eduardo João Lima Costa. Julgamento: 02/07/2020. Órgão Julgador: 19ª Câmara Cível. Publicação: DJe 17/09/2020.

Rio Grande do Sul. Tribunal de Justiça do Rio Grande do Sul. *AC 70075837229*. Relator: Des. Guinther Spode. Julgamento: 16/05/2018. Órgão Julgador: 11ª Câmara Cível. Publicação: DJe 18/05/2018.

Santa Catarina. Tribunal de Justiça de Santa Catarina. *AC 0307233-08.2015.8.24.0033*. Relator: Des. Saul Steil. Julgamento: 19/11/2019. Órgão Julgador: 3ª Câmara de Direito Civil.

REFERÊNCIAS

Santa Catarina. Tribunal de Justiça de Santa Catarina. *AC 0008854-82.2012.8.24.0045*. Relator: Des. Paulo Ricardo Bruschi. Julgamento: 27/06/2019. Órgão Julgador: 1ª Câmara de Direito Civil.

Santa Catarina. Tribunal de Justiça de Santa Catarina. *AC 2012.020398-8*. Relator: Des. Carlos Prudêncio. Julgamento: 23/04/2013. Órgão Julgador: 1ª Câmara de Direito Civil.

Santa Catarina. Tribunal de Justiça de Santa Catarina. *AC 0309144-37.2014.8.24.0018*. Relator: Des. Luiz Felipe Schuch. Julgamento: 30/01/2019. Órgão Julgador: 1ª Câmara de Enfrentamento de Acervos.

Santa Catarina. Tribunal de Justiça de Santa Catarina. *AC 0307643-71.2016.8.24.0020*. Relator: Des. Fernando Carioni. Julgamento: 26/11/2019. Órgão Julgador: 3ª Câmara de Direito Civil.

Paraná. Tribunal de Justiça do Paraná. *AC 0004947-86.2017.8.16.0194*. Relator: Des. Vitor Roberto Silva. Julgamento: 03/10/2018. Órgão Julgador: 18ª Câmara Cível. Publicação: DJe 04/10/2018.

Paraná. Tribunal de Justiça do Paraná. *AC 1396808-4*. Relator: Des. Sigurd Roberto Bengtsson. Julgamento: 30/03/2016. Órgão Julgador: 11ª Câmara Cível. Publicação: DJe 13/04/2016.

Paraná. Tribunal de Justiça do Paraná. *RI 0010777-29.2016.8.16.0045*. Relator: Juiz Nestario da Silva Queiroz. Julgamento: 12/11/2018. Órgão Julgador: 1ª Turma Recursal. Publicação: DJe 13/11/2018.

Bahia. Tribunal de Justiça da Bahia. *AC 0322924-94.2012.8.05.0001*. Relator: Des. Manuel Carneiro Bahia de Araujo. Julgamento: 17/04/2019. Órgão Julgador: 4ª Câmara Cível. Publicação: DJe 15/05/2019.

APÊNDICE A

Tabela de argumentos pela adoção do parâmetro do interesse contratual positivo ou do interesse contratual negativo na resolução contratual por inadimplemento

Argumentos	
Interesse Positivo	**Interesse Negativo**
(i) compatibilidade entre a concessão de indenização pelo interesse positivo e a extinção do vínculo operada pela resolução, pois a retroatividade é restrita ao efeito restitutório;	(i) incompatibilidade entre a concessão de indenização pelo interesse positivo e a extinção do vínculo operada pela resolução, pois a retroatividade tem idêntico reflexo em todos os efeitos;
(ii) ausência de similitude ontológica entre a sistemática da indenização na invalidade do negócio jurídico e na resolução por inadimplemento, já que na resolução o evento lesivo é o inadimplemento contratual;	(ii) semelhança ontológica entre a resolução por inadimplemento e a invalidade, já que em ambas há a perda de eficácia retroativa da relação obrigacional, havendo a identidade de escopo (retorno ao dinâmico *status quo ante*);
(iii) identidade teleológica entre a indenização na execução do contrato e aquela devida na resolução, diferenciando-se apenas pela aplicação do método da diferença no cálculo nesta última;	(iii) diversidade teleológica entre a indenização na execução do contrato e aquela devida na resolução, em que há a liberação das partes da execução da prestação, o que não é coerente com a concessão ao credor de indenização pelo cumprimento, sob pena de se criar desequilíbrio na estrutura sinalagmática do contrato;
(iv) proteção mais efetiva do patrimônio do credor por meio da indenização pelo interesse positivo, que lhe garante os lucros do contrato (ainda que não a própria prestação), não tendo efeito apenas eliminatório do dano, mas pode alcançar até certo efeito punitivo do devedor, quem foi responsável pelo incumprimento;	(iv) proteção efetiva do patrimônio do credor por meio da indenização pelo interesse negativo informada pelo princípio da reparação integral, que garante a reparação de todo (e apenas) o dano sofrido pela parte prejudicada; a indenização pelo interesse positivo ostentaria ânimo vingativo do credor ou intenção de punição do devedor;

Argumentos	
Interesse Positivo	**Interesse Negativo**
(v) dificuldade prática na quantificação do interesse negativo, uma vez que os lucros cessantes, especialmente referentes à perda de oportunidades alternativas ao contrato frustrado, são de difícil prova, o que poderá levar à proteção deficiente, além de facilitar o inadimplemento eficiente pelo devedor.	(v) o receio de dificuldade prática de quantificação dos lucros cessantes no interesse negativo, além de também existir na definição dos lucros cessantes referentes ao interesse positivo, não pode prejudicar o direito à indenização do credor, podendo ser adotado, como parâmetro razoável, em muitas situações, o preço de mercado.

APÊNDICE B

Composição da indenização complementar à resolução: danos emergentes e lucros cessantes abarcados pelo interesse contratual negativo do devedor.

Interesse Contratual Negativo			
Danos Emergentes		**Lucros Cessantes**	
Danos Intrínsecos	Danos Extrínsecos	Danos Intrínsecos	Danos Extrínsecos
Despesas no *iter negocial* inutilizadas: despesas incorridas para a formação do contrato e para a execução da prestação a ser restituída, tendo em vista que restaram completamente inutilizadas em razão da frustração do programa contratual.	**Danos relacionados ao inadimplemento da prestação:** despesas incorridas incidentalmente em razão da inexecução de obrigação imputável ao devedor, pois o credor não as teria feito se não tivesse celebrado o contrato, incluídos os gastos necessários à mitigação de danos.	**Perda de negócios alternativos (custo de oportunidade):** perda sofrida devido à frustração de ganho provável, que o credor poderia ter obtido, caso tivesse optado pela celebração de contrato alternativo àquele que o devedor não executou e, por isso, terminou sem efeitos.	**Lucros obstados em negócios subsequentes:** oportunidades de lucros perdidas pelo credor referentes a outros negócios com terceiros, desde que certos ou objetivamente prováveis, que tenham relação etiológica com a confiança despertada na parte no cumprimento do contrato, e que foram prejudicados em razão do inadimplemento do contrato pelo devedor.
	Danos por causa da responsabilidade perante terceiros: custos referentes à assunção de responsabilidade perante terceiros, que a parte não teria arcado se não fosse o inadimplemento do contrato.		